서양문학에 나타난

죽음

✤ 일러두기

이 책의 일부는 이런저런 형태로 여러 학술지에 이미 발표되었다.

- 「오코너 작품에 나타난 은총의 그로테스크성」. 『미국학논집』. 44.2(2012): 151-83.
- 「서구 죽음학에서 베케트 죽음관 자리매기기」. 『영어영문학』. 58.4(2012): 611-32.
- 「크리스티나 로제티의 내세적 상상력: 현세 부정과 애착의 변증법적 발전」. 『19세기 영어권문학』. 15.1(2011): 165-202.
- 「예술의 불멸화 기능: 셰익스피어 소네트 연구」. 『영어영문학 21』. 22.2(2009): 119-46.
- 「메멘토 모리의 문화적 진화 - 홀바인 2세의 『죽음의 무도』에서 동시대의 '비가시적 죽음'까지」. 『영어영문학』. 59.1(2013): 25-50.
- 「코키스의 『퀘벡의 죽음의 무도(*La danse macabre du Québec*)』(1999)에 구현된 포스트모던 죽음관」. 『비평과 이론』. 18.1(2013): 247-75.
- 「*W;t*에 나타난 죽음의 역설과 공포(*timor mortis*)」, 『현대영미드라마』. 26.1(2013): 263-92.

서양문학에 나타난

죽음

황훈성 지음

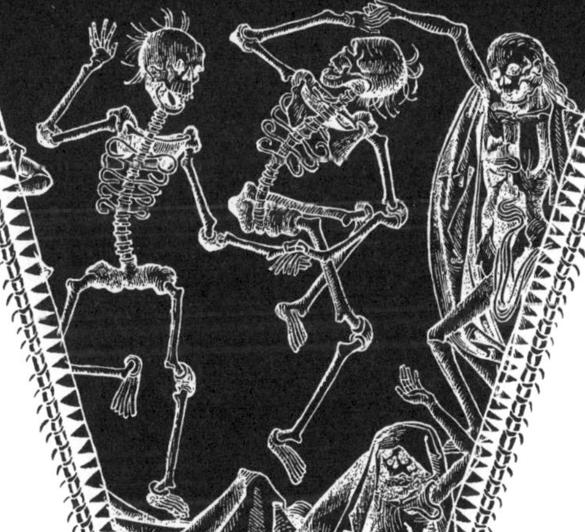

서울대학교출판문화원

책을 펴내며

미국인의 경우 90%는 인격신을 믿으나 자연과학 분야 노벨상 수상자 500여 명 중 단 7명만 신앙인이라고 도킨스Richard Dawkins는 소개한다. 이 엄청난 인식의 갭을 어떻게 메울 수 있는가? 그에 앞서 이 틈새를 우리는 어떻게 해석할 수 있을까? 그리고 앞으로 50년, 100년 뒤에 우리는 또 어떠한 추세를 드러내는 통계 숫자를 목도하게 될 것인가? 이 불가사의한 인식의 갭을 고려할 때 바로 이 삶과 죽음의 문제가 향후 인문학의 가장 비중 있는 화두가 될 것임은 의심할 바 없다. 인문학은 과학적 인간관과 종교적 인간관 사이에서 어떠한 해결책을 제시할 것인가?[1] 과학과 종교를 아우르면서 포괄하는 새로운 죽음의 인식론이

1 물론 필자의 질문제기는 이미 한물 간 논의라는 주장이 학계에서는 지배적일 수 있다. 20세기를 지배한 프로이트, 실존주의 철학자 하이데거, 사르트르, 까뮈 등 대부분이 과학적 인간관에 한 표를 던졌다. 이 화두는 종결된 의제로 분류될 수 있다. 기라성 같은 지적 엘리트들의 호언장담에도 불구하고 여전히 인간이 이성으로는 도저히 파악할 수 없는 영역과 차원이 존재한다는 일종의 불가지론(agnosticism)이 여전히 맹위를 떨치고 있는 것도 사실이다. 캠벨(Joseph Campbell)의 에너지 영혼설은 개별 영혼이 사후 에너지로 변환하여 집단적 영혼, 일종의 우주혼(*anima mundi*)에 편입된다는 신비주의적 관점이 있으며 필자가 참석한 2010년 미국의 죽음학회 ADEC 캔자스 시티 연례총회에서 한 발표자는 인간의 개별 영혼을 스마트폰에 비유하였다. 개별 스마트폰이 기계 고장으로 파괴되더라도 그 정보는 소실되지 않고

대두될 수 있을까? 마치 입자와 파동의 병립불가능한 속성을 지닌 빛을 규정한 상호 보완 원리처럼. 가령 전통적인 기독교의 인격신에 근거한 죽음관과 루크레티우스적 과학적 죽음관이 현재 대립하고 있지만 먼 미래에, 불멸하지만 인간 개별자는 소멸하는 불교의 영혼관이나 신화학자 캠벨Joseph Campbell의 우주의 에너지에 기초한 영혼관이 접점을 이루어 완전히 새로운 차원에서 영혼의 불멸성이 수용되는 획기적인 죽음관이 마련될 것인가?

현대의 지식인들은 대체로 과학주의자 편에 서서 세속의 종교인들이 매달리고 있는 내세관에 대해 다소 경멸적인 시선을 보내며 지적 우월성을 즐기는 듯 보인다. 반면 종교인들은 이들이 주장하는 과학 유물론의 편협함에 한탄하며 이에 편승하는 인간의 어리석은 자만심에 한숨을 내쉴 따름이다. 지적 우월감과 신앙적 동정심 사이에서 우리가 취할 수 있는 유일한 태도는 불가지론이다. 이 세상만사는 이미 한계가 명백한 자연과학적 잣대로 측정될 순 없다. 마찬가지로 신앙인들이 설파하는 영혼과 초월적 존재와 내세의 풍경에 대해서 또한 납득될 수 없다.

과천 서울대공원에 가면 아프리카 폐어African Lungfishes: Protopterus sp가 있다. 설명에 의하면 폐어목 폐어과에 속하는 이 물고기는 "진화적으로 양서류의 조상으로 추정되는 고대어이다. 세계적으로 호주에 1종, 남미

기지국의 중앙 통제 센터 데이터 저장소에 고스란히 보존되어 있으며 새로운 스마트폰을 사용시키면 데이터가 온전하게 보존·활용될 수 있다는 가설을 내세웠다. 현재 과도기 포스트모던 신학자들은 종래의 기독교의 인격신의 이미지를 과학주의적 이미지와 수렴할 수 있도록 조정하고 있는 듯 보인다. 『다아윈 이후 신(*God After Darwin*)』의 저자 존 호트(John Haught)의 신의 개념은 동양/서양, 자연과학/신학 두 대립적인 영역에 걸쳐 있는 하이브리드 개념이다. 그는 인간의 모든 행위를 관장하고 개입하는 인격신이 아니라 노자의 도덕경의 도처럼 비어 있음으로써 모든 것을 수용하는 "궁극적 실체의 겸허함(humility of ultimate reality)"으로 신성(Divinity)을 이해한다. Youtube. "John Haught-God After Darwin". 2012. 3. 17. www.youtube.com.

과천 서울대공원 수족관의 폐어

에 1종, 그리고 아프리카에 4종, 총 6종이 분포하고 있다. 아프리카 폐어는 가장 거대한 폐어로 2m, 60kg까지 자란다. 가뭄일 때 땅속으로 들어가 고치를 만들어 가뭄을 견디고 우기가 올 때까지 휴면한다. 폐어는 부레 대신 허파를 가지고 있어서 산소가 부족한 웅덩이에서 공기 호흡으로 산소를 얻을 수 있다".

폐어와는 달리 인간의 비극은 수륙양서의 존재가 될 수 없다는 사실이다. 어차피 물속에서 아가미 호흡을 하는 인간이 차원을 상승시켜 지상으로 올라오면 호흡곤란으로 죽을 수밖에 없다. 허파를 내장하지 않은 인간이 물에 녹지 않은 대기 속의 산소를 호흡할 수 없기 때문이다. 인간이 양서류로 진화하지 않는 한 신의 문제, 영혼의 문제, 궁극적으로 죽음의 문제 해결은 불가능한 듯 보인다. 그리하여 인간은 과학주의와 영혼주의 사이 영원한 불가지론자로 남는다.

21세기 인간들은 이러한 형이상학적 숙변을 대장에 쌓아 둔 채 살아가고 있다. 그리하여 『고도를 기다리며』 중 럭키의 기묘하면서도 슬픈 춤의 제목은 "변비"이다. 다만 자본주의의 욕망기계가 맹렬하게 작동하는 가운데 순간순간 땜질하여 아슬아슬하게 모면하며 살아가는 우리 현대인들은 자신도 모르게 변비를 잊고 살아갈 따름이다. 그 와중에 우리는 죽음이라는 근원적 문제를 망각해 버렸다. 톨스토이에 의하면 곧 하류 끝 폭포수 아래로 우리 인생의 배는 추락하여 물거품으로 사라져 버릴 텐데, 우리는 노도 젓지 않고 선상파티를 즐기고 있다. 이 책은 21세기 죽음이란 숙변 치료를 위한 첫걸음에 해당한다.

이 책을 완성하는 데 꼭 6년이 소요되었다. 가장 박차를 가했던 시기는 물론 2008-2009년 듀크Duke 대학 안식년 기간이었다. 듀크 대학에서 홀바인Holbein 2세의 목판화, 코키스Kokis의 『퀘벡의 죽음의 무도*La danse macabre du Québec*』 등 희귀한 자료들을 복사할 행운을 갖게 되었다. 그러나 대부분의 자료 복사와 연구는 인문학 도서관으로는 버클리 대학UC Berkeley과 쌍벽을 이루는 노스캐롤라이나 채플 힐North Carolina, Chapel Hill 대학에서 이루어졌다. 이듬해 2010년 한국연구재단에서 시행하는 인문학 저술지원 사업에 선정되는 경사가 겹쳐서 죽음에 대한 연구는 더욱 박차를 가하게 되었다. 이 책을 저술하는 가운데 많은 사람들로부터 도움을 받았다. 사실 죽음이란 주제가 낯설고 특히 철학적인 논구는 필자의 능력을 넘어서는 작업이라 철학자들의 도움을 받았다. 한국 웰다잉학회 화명 선생님의 조언은 물론 방송통신대 이정호 교수의 도움이 지대했다. 이 선배님 덕분에 1부 1장 영혼의 존재 부분은 그리스-로마 원전을 연구하는 사단법인 〈정암학당〉 김재홍(충북대), 강성훈(인제대) 교수님의 사려 깊은 질정을 받아 그나마 현재의 수준을 유지할 수 있게 되었다. 그리고 코키스의 불어 텍스트 번역을 교정해 준 외우 이규현에게 감사

드린다. 듀크 대학에서 단테의 『신곡』 강의를 들을 때, 육체를 여읜 영혼이 어떻게 신체적 고통을 느낄 수 있느냐는 무지한 질문에 깜짝 놀라면서도 친절하게 답해 준 로베르토Dainotto Roberto 교수, 2010년 캔자스 시티Kansas City에서 열린 미국 죽음학회ADEC 총회에서 "죽음의 무도에 대한 문화적 진화The Cultural Evolution of Dance Macabre" 발표 시 날카로운 지적을 해 주신 학회 회원들께도 이 자리를 빌려서 감사를 표하고자 한다.

저술기간 동안 대학원 세미나 몇 강좌에서 이 책 내용을 다루었는데 수업 중 토론 또는 기말 페이퍼를 통해 내 글의 논지를 정교하게 하는 데 도움을 준 승묘 스님, 손윤희, 김지현, 김애슬, 조수진 등 동국대 대학원생들에게 감사를 드린다. 책 출판 마무리 작업에서 궂은 일을 도맡아 챙겨 준 조정착에게 고마운 마음을 전한다. 그리고 능력 부족으로 죽음을 쉽게 풀어 쓰지 못한 탓에 읽다가 거의 죽을 뻔 했다는 고향 친구 한필애에게 미안함을 표한다. 그 미안함은 출판사를 찾는 가운데에서도 계속되었다. 인문학 서적의 불경기 때 이런 학구적인 책은 상업성이 없어서 곤란하다는 모 출판사의 회신을 받고서 왜 시중에 쏟아져 나오는 자기계발서처럼 죽음에 대한 태도와 삶의 처세술을 단순명쾌하고 쉬운 경구적 교훈으로 표현하지 못하는가에 대한 자책을 하기도 하였다. 결국 죽음에 대한 필자의 인식이 불철저하여 그렇지 않았는가 하는 회의가 밀려올 때, 새옹지마로 서울대학교에서 판매부수에 괘념치 않고 흔쾌히 출판을 허락해 주신 데 대해 무한한 감사를 드린다. 그 과정에서 성가신 일들을 자기 일처럼 처리해 주신 서울대학교출판문화원의 여러분, 그리고 외우 허남진, 정상준 교수에게 감사를 드린다. 물론 실질적으로 가장 큰 도움을 준 것은 한국연구재단의 인문저술 사업이었다. 이 자리를 빌려 감사를 표하고자 한다.

애정 어린 인내와 격려를 보내 준 아내와 현규, 민규에게도 고마움을 표한다. 마지막으로 캘리포니아 대학 데이비스 캠퍼스UC Davis 유학 시절 필자의 마음속 깊이 심어 준 베케트의 사생관이란 씨앗이 이 책으로 개화하는 걸 보시지도 못하고 2011년 10월 18일 세상을 떠난 학문의 지도교수 루비 콘Ruby Cohn 선생님, 그리고 2012년 겨울 먼 길 떠나신 인생의 지도교수 어머님께 이 책을 바친다.

2013년 10월

하니, 나미, 수리, 청계가 제공해 준 사색의 장소에서

황훈성

차례

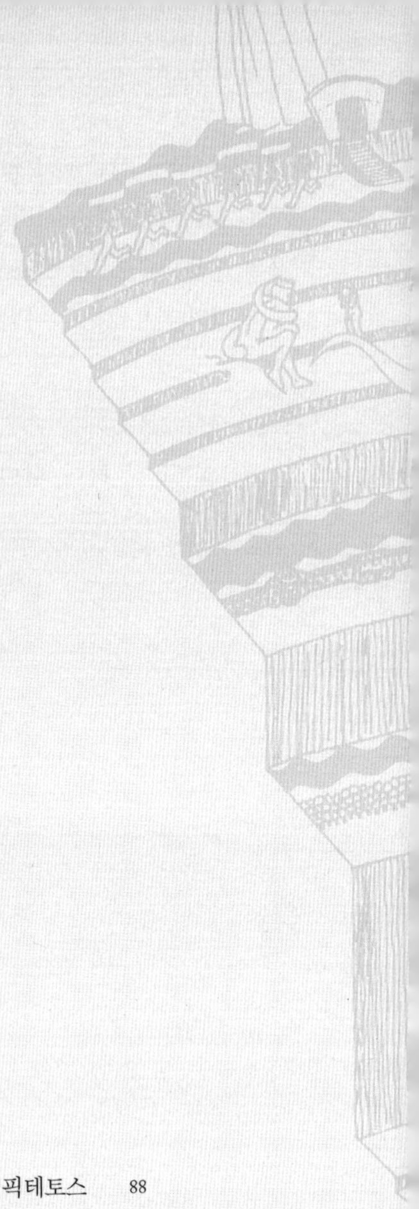

2부 죽음의 공포와 죽음의 상기

죽음의 얼굴들

인류가 이 지구상에 출현한 이후 죽음은 다양한 문화와 윤리, 사회제도를 창출해 왔으나 아직 죽음 그 자체는 미해결로 남아 있다. 죽음은 인류에게 가장 중요한, 그러나 풀리지 않는 난제이다. 그럼에도 불구하고 죽음은 우리 삶의 구석구석까지 지대한 영향을 미쳐 왔고 현재 이 순간에도 우리를 압도하고 있다. 특히 과학이 인류의 삶을 지배하는 우리 시대와는 달리 종교가 모든 것을 관장하던 고대나 중세 때 만약 죽음이 없었다면, 즉 인간이 불멸을 누릴 수 있었다면 종교가 그토록 큰 영향력을 가졌을까 의심해 봄 직하다. 인류학자 말리노프스키 말처럼, "종교의 모든 원천 중에서 삶의 절정이며 궁극적인 위기인 죽음이 단연 그 핵심을 이루고 있다"(Bowker 7 재인용). 인간과 동물을 확연히 구분하는 잣대 중의 하나도 죽음에 대한 인식 유무이다. 동물은 가족이나 동료가 죽어도 그 시체를 무표정으로 지나치나, 인간은 망자에 대해 그 시체를 끌어안고서 마치 자기가 죽은 양 통곡한다. 그리고 조문객들은 마음에서 우러나는 애도의 절차를 거치며, 적어도 마음 한구석엔 육체와 분리된 영혼이 어디쯤 존재할 것이라고 막연히 기대하며 훗날에 만날 기약을 하기도 한다.

이처럼 영혼과 육체를 동시에 가진 인간의 이중성은 죽음에 대한 성찰의 요체를 이룬다. 베커Ernest Becker는 이 이중성을 "숙명적 존재 속의 개별성individuality within finitude"으로 부른다. 즉 인간은 "자연계에서 작은 신의 위상을" 누리며 "원자들과 무한성에 대해 성찰할 정도로 도약하는 정신을 가진 창조자"인 반면, "그의 몸은 여러모로 그에게 낯선 물질 육체적 껍질이다. 아프고 피 흘리고 마침내 썩어 문드러져 죽는, 가장 낯설고 혐오스러운 존재이다"(Becker 26). 인간존재의 고통은 바로 이 빙탄불상용의 영육 딜레마에서 비롯된다고 해도 과언이 아니다.

그에 반해 저급 동물들은 "상징적 아이덴티티와 자의식"(Becker 26) 없이 본능에 의존한 생존을 영위하므로 갈등이 덜하다. "죽음에 대한 인식은 반성적이고 개념적인데 동물들은 이로부터 면제되어 있다. 그들은 아무런 생각 없이 살다가 사라져 버린다. 불과 수 분 동안 일어나는 공포 그리고 수초에 걸친 괴로움 그리고는 모든 게 끝이다"(Becker 27). 동물들의 의식이 죽음에 대한 형이상학적 인식으로 나아가지 못하는 건 주위 환경을 파악하는 지능intelligence의 결핍 또는 현재와 다른 세계를 그려 낼 수 있는 상상력의 미흡함 탓일 수 있다. 특히 이를 심적 기능 중 자신의 의식이나 행동에 대한 의미부여 기능의 결핍으로 보는 학자들도 있다. 즉 한 유기체의 삶을 시작, 중간, 끝을 지닌 삶의 전체성으로 조망할 내러티브 능력을 결여하기 때문이다. 미래 삶의 궤적을 위하여 현재 어떠한 계획과 노력을 기울여야 하는지, 또는 삶이란 내러티브의 종말을 어떻게 완결지어야 하는지에 대한 플롯짜기emplotment 개념이 동물들의 머릿속에는 들어 있지 않다. 암매한 상태에서 그저 매순간 일어나는 몸의 욕구에 즉각적으로 반응하면서 생명을 지탱하고 있을 따름이다. 따라서 일상사를 전체 내러티브의 한 구성요소로서 파악하는 능력, 즉 의미를 부여하는 능력이 그들에게 결여되었으므로 유기체의 내러티브에서 가장 의미 있는 완결인 죽음의 의미를 깨닫지 못하는 건 너무도 당연하다.

죽음을 앞둔 인간이 자신의 삶에 대한 평가를 내릴 때, 한 편의 희극이었느냐 아니면 비극이었느냐는 판단은 벨르만David J. Velleman이 주장하듯 "부가적additive이지 않다"(331). 즉, 순간순간들의 행복 총합이 인생 전체의 행복으로 계산될 수는 없다. "한 인간이 특정 시기를 어떻게 보냈느냐는 건 일시적으로 지엽적인 문제이다. 반면, 그의 삶의 특정 시기의 행복가치는 그 시기의 전체적 양상과 맞물려 있다"(Velleman 331). 좀 더 구체적으로 말하면, "연장된 기간의 가치는 사건들의 전체적 질서나 구조, 다시 말하여 소위 그들의 내러티브나 극구성적 관계 여하에 달려 있다"(Velleman 331). 가령 청상과부로서 평생 외아들을 위해 삯바느질하며 살아 온 할머니가 다복하고 성대한 환갑잔치에서 회고하는 삶이나 평생을 무명작가로 물질적 궁핍에 시달려 온 작가가 인생 말년에 그의 작품이 새로운 조명을 받으며 위대한 예술가의 반열에 오른 경우가 이에 해당할 것이다. 이처럼 어두운 뒤안길로 도배된 삶에서 순간순간 행복의 산술적 총합은 당연히 미미하겠지만 그러한 신산한 삶의 순간들이 인생 내러티브의 전체적 양상에서 조명되면 특정시기의 의미나 행복가치는 완전히 다른 양상을 띨 수 있다. 죽음도 그런 의미에서 일생이라는 한 편의 드라마의 전체적 질서나 구조를 결정짓는 궁극적인 사건이다.

그런 의미에서 현재 인생이란 플롯 구조에서 전개 단계development를 거쳐 가는 인간들에게 대단원denouement에 해당하는 죽음에 대한 성찰은 자신의 전체적 극적 구조를 미학적으로 구성하는 데 필수적이다. 그럼에도 불구하고 우리는 죽음에 대해 고민하지 않는다. 금수禽獸와 다를 바 없이 우리는 자신의 삶의 극적 구성에 소홀하다. 주위 널려진 주검들을 힐끗 둘러보고도 우리는 동물들처럼 스쳐 지나간다. 제3자의 죽음은 마음에 잠시 그늘을 남기나 우리는 다시 일상의 늪 속으로 이내 빠져 허우적거린다. 모두들 외견상으로는 주체적 삶의 확고한 프로젝트를 치밀하게 수행하는 듯 보이지만 사실 그들은 죽음을 벽장 속에 가두어 놓고 내면적·실존적으로 허둥지둥 그저 관성에 몸과 마음을 맡기고 끌려가는 노예의 삶을 영위한다. 라로쉬푸코François Duc de La Rochefoucauld가 일깨워 주듯, "죽음과 친숙한 사람은 거의 없다. 그것은 일반적으로 결단이 결코 아닌 마비와 관습에 끌려 감수되는 대상이다. 대부분 어찌할 도리가 없어 죽는다"(Scarre 3 재인용).

죽음을 인생 내러티브 구성에 활용하기는커녕 그 앞에서 인간은 오히려 무기력해지며 심지어 도저한 공포를 느낀다. 죽음에 대한 공포의 근저에는 죽음이 결코 삼인칭이 될 수 없다는 사실이 도사리고 있다. 죽음은 일인칭이며 따라서 실존적이다. 핑가레트Herbert Fingarette가 진단하듯 "나의 존재가 끝나면 내가 살고 있는 온 세상이—그 공간, 시간, 그것에 포함된 모든 것—사라진다"(30). 포팃William H. Poteat이 예를 들듯, "'존이 죽는다', '존이 죽었다', '존이 죽을 것이다'라고 내가 조리 있게 서술하는 건 의미가 완벽하게 통하는 진술이다. '내가 죽었다'라는 진술은 의미가 통하지 않는다. 이 동사는 과거형 일인칭 단수로 동사 활용되면 의미가 통하지 않는다.—문법적으로는 존재하지만 활용할 수 없다"(Perrett 29 재인용).

죽음은 일인칭으로 체험이 불가능하며 대체 또한 불가능한 고유 개별적ownmost 체험이다. 이로부터 실존적 공포가 생겨난다. 이처럼 도저한 무기력과 공포를 극복한 선인들의 지혜는 무엇이었을까? 소크라테스, 플라톤, 에픽테토스로 이어지는 영혼불멸설은 영혼의 내세적 삶을 인정함으로써 이들을 극복하려 하며, 에피쿠로스, 루크레티우스, 스피노자로 이어지는 에피쿠로스 쾌락주의Epicureanism와 금욕주의Stoicism 철학 전통은 죽음에 대한 부질없는 공포를 떨쳐버림으로써 청안하고 여유로운 현세의 삶을 추구한다.[1] 중세 유럽의 지배적 세계관이었던 기독교는 강력한 영혼불멸설에 기초한 독특한 내세관으로 중세인들을 죽음의 공포로부터 구출하였다. 실제로 "종교[만큼] 죽음과 망각이라는 진실을 대면할 수 없는 사람들에게 보상적 천국을 제공해 주는"(Bowker 6) 완벽한 심리적 기제도 찾기 힘들다.

그러나 다아윈 등의 진화론을 비롯하여 자연과학의 발견이 기독교의 신관과 내세관을 인류 최상의 허구supreme fiction로 만들어 버린 결과, 현대에 들어서 특히 많은 지식인들 사이에는 기독교적 세계관에 등을 돌리고 인간은 그저 진화한 고등동물에 불과하다고 믿는 경향이 늘어나고 있다. 그러나 지적 엘리트와 세속인 사이에 놓인 영혼관의 괴리는 불가해할 정도로 엄청나다. 도킨스의 주장에 의하면 수백 명이나 되는 "과학 분야의 노벨상 수상자들 중 단 여섯 명이" 교인으로 등록되어 있고 "미국 국립 과학 아카데미 회원에 선출될 정도의 미국 과학자들 중 인격신을 믿는 사람이 약 7퍼센트에 불과한" 반면, 미국 대중들은 "90퍼센트 이상이 일종의 초자연적인 존재를 믿는다"(『만들어진 신』 159).[2]

지식인과 일반대중 사이에 가로놓인 이 엄청난 괴리는 불가해한 현상이다. 한 가지 명백한 사실은 신이 증발한 시대 상황에 처한 현대

1 물론 이 철학자들 사이에도 상당한 편차가 존재한다. 에픽테토스, 키케로, 스피노자를 금욕주의자 계열에 분류한다면 에피쿠로스, 루크레티우스는 정통 에피쿠로스 쾌락주의에 포함될 것이다. 이들 차이에 대한 논구는 각각, 이 책의 1부 1장 소크라테스, 에피쿠로스, 에픽테토스, 루크레티우스의 영혼관과 죽음관을 소개하는 부분에서 자세히 다룬다.

2 흐루시초프(Khrushchev)는 우주 공간을 유영한 최초의 인류인 유물론 마르크스주의자 가가린이 대기권 밖에서 한 시간 반 동안 머물렀으나 천국 같은 건 구경도 못했으며 혹시 관찰 시간이 짧았을까봐 다시 티토프(Herman Titov)도 수시간 동안 관찰했으나 결국 그도 천국은 목격하지 못했다는 보고를 받았다고 서구 자본주의 기독교 문화를 조롱하고 있다. "『위대한 소비에트 백과사전(*The Great Soviet Encyclopedia*)』 '지옥'항목에도 신학자나 성직자들이 지옥의 개념을 천국과 대비시켜 신자들의 양심과 감정에 영향력을 행사하기 위하여 사용한다"라고 기술되어 있다(Bowker 6-7).

인은 중세 내세관의 안온한 보금자리에 더 이상 머무를 수 없다는 실존적 불안감Angst의 포로 신세라는 점이다. 거대한 영혼의 버팀목을 박탈당한 현대인들은 마치 원시인들처럼 죽음에 대해 불가항력을 느끼며 무력감과 공포에 빠져 있다. 우리 시대에 죽음은 더 이상 그리스 철학이나 서구 기독교나 인도의 신비주의 종교(브라만 종교나 불교)가 교설한 친숙한 얼굴을 지니고 있지 않다. 영혼불멸설에 근거한 전통적 내세관의 원천무효가 선언된 형편에서 현대인들은 너무나 낯선 죽음의 얼굴을 대면해야 한다. 파스칼이 신의 존재 여부에 대해 도박을 하던 시대는 지났다. 인격신에 베팅하는 자는 판돈을 잃을 상황이다. 신의 증발과 영혼필멸이란 엄연한 현실에 의해 낯설게 다가오는 죽음과 현대인은 쉽게 화해하지 못한다. 무지의 공포에 질려 일종의 퇴행현상을 보이며 현대인은 죽음에 대한 의도적 망각으로 대처한다. 이 변모한 죽음의 얼굴을 제대로 이해하기 위한 모색의 일환으로 현대 죽음학이 출범하게 된다.

> 죽음이란 주제에 대한 현대 철학, 즉 '죽음학'은 죽음에 대한 이 같은 부정이나 거부로부터 말미암은 졸린 마비 증세로부터 인간을 각성시키는 목표를 지닌다. 이 학문은 인간으로 하여금 자신의 필멸성과 대면하게 만든다. 또한 직접 대응함으로써, 죽음에 대한 인간의 전형적인 태도를 이해하려는 노력을 통해, 그리고 그것이 야기하는 공포의 타당성을 캐물음으로써 죽음을 어느 정도 받아들이라고 한다.
>
> (Schumacher 2)

즉, 이 책의 소박한 바람은 인류 역사상 현인들이 치열하게 씨름한 죽음이란 화두를 재조명함으로써 동시대인들에게 삶과 죽음의 의미를 새롭게 일깨우는 데 있다.

죽음에 대해 각기 부정적, 무관심한, 그리고 긍정적인 세 가지 태도를 현대인에게서 찾아볼 수 있다. 첫째, "우리의 삶이 임박한 죽음에 의해 독해당하고 마비되었다는 식으로 죽음에 대해 성찰하기, 아니면 그것을 우리 자신과 연결시켜 생각하기를 전적으로 거부하기, 마지막으로 매 새로운 순간을 마치 그것이 우리의 마지막인 양 간주할 필요 없이 우리의 필멸성에 대한 활기찬 의식을 유지하기이다"(Scarre 27). 이러한 태도는 기본적으로 영혼과 사후세계에 대해 부정하는 현대적 죽음관에 근거하고 있으며 이러한 죽음의식은 영혼불멸설에 입각한 서양의 전통적 성찰과는 정반대편에 위치한다. 영혼필멸설에 기반한 첫 번째 사생관은 죽음에 대한 극단적인 부정과 그로 인한 허무주의적 경향으로 자칫하면 무절제한 쾌락주의를 현대인들 사이에 조장하기도 한다. 두 번째 사생관은 대부분의 현대인들이 견지하는 태도로 죽음이 당장 자신에게 닥칠 때까지는 죽음을 쉬쉬하면서 외설시한다. 마지막 사생관은 죽음이란 인간의 필멸성을 자연현상으로 수용하면서 최선의 삶을 누리는 태도로 에피쿠로스 쾌락주의의 현대적 변용이다.

스케어가 분류한 죽음의 태도는 당연히 현대적인 영혼필멸설에 근거하고 있으나 보다 더 균형감 있는 사생관을 제시하려면 필멸설 반대편에 놓인 영혼불멸설에 대한 이해도 포함해야 한다.[3] 전통적으로 영혼의 불멸성과 필멸성에 대한 신조에 의해 죽음관은 크게 두 파로 나뉜다. 1910년 5월 15일 일요일 런던의 바울 대성당에서 열린 에드워드 7세의

3 수많은 과학주의자들의 유물론적 무신론 주장에도 불구하고 현재로서 보다 균형감을 지닌 태도는 영혼불멸설과 필멸설 사이에서 일종의 중립적인 불가지론을 견지하는 것일 것이다. 이 시대 최첨단의 유물론적 무신론자인 도킨스도 자신이 무신론 잣대 1부터 7까지 눈금에서 6.9 정도 위치한다고 농담 삼아 언급한 바 있다. Richard Dawkins & Rowan Williams Archbishop of Canterbury discuss human nature & ultimate religion. 2012. 2. 24. www.youtube.com.

입관 추도 집전 미사에서 스코트-홀랜드Scott-Holland 신부는 이 부분을 감동적으로 설교한다. 인간은 "서로 도저히 화해할 수 없는 것처럼 보이는 죽음에 대한 두 태도 사이에서 방황한다". 첫 번째 태도에 의하면 죽음은 "돌이킬 수 없는 최악의 재난"이며 "우리를 덫에 옭아매는 잔인한 매복이며 파괴의 구렁텅이이다. 그것은 마구 때려 부수어서 패배와 파멸로 이끈다. 그 어느 종말도 이보다 더 어이없고 이보다 더 빙퉁그러질untoward 수 없다".

한편 정반대의 죽음관이 있다.[4]

> 죽음은 아무 것도 아니야. 중요하지 않아. 단지 나는 잠시 빠져나와 옆방으로 갈 따름이야. 아무 일도 일어나지 않았고. 모든 게 옛날 꼭 그대로야. 나는 나고 너는 너고… 단절되지 않은 절대적 연속성이 존재해. 죽음이 무어야 시시한 사건에 불과하지 않아? 내가 안 보인다고 왜 내가 잊혀져야 해. 나는 단지 너를 기다리고 있을 따름이야. 잠시 동안 아주 가까이 이쯤에서, 바로 코앞에서. 만사 다 잘 되고 있어. 어느 것 하나 다치지도 잃어버리지도 않았어. 눈 깜박할 순간이 지나면 모든 게 옛날처럼 돌아갈 거야. 다시 만날 때 우리는 이별의 쓰라림을 떠올리며 얼마나 한바탕 웃어댈까!
>
> (www.goodreads.com/.../132529-death-is-nothing-at-all)

영혼필멸론자에게 죽음은 모든 것의 끝이다. 그러나 그 종말은 긍

4 월튼(Douglas Walton)의 세속/종교적 죽음관 구분도 같은 맥락이다. 죽음의 세속적 관념은 "의식과 감각의 총체적 그리고 환원불가능한 사멸이며 개별적 인성의 실제적 생존이 단절됨을 포함한다". 반면, 죽음에 대한 종교적 관념은 "개별 인성의 실제적 생존은 물론 사후(*post mortem*) 의식과 감각의 계속성을 상정한다"(Perrett 10 재인용).

정적일 수도 부정적일 수도 있다. 가령 에피쿠로스주의자들은 모든 것이 종말이고 죽음의 당사자도 더 이상 죽음을 체험할 수 없다는 사실을 확신한다. 따라서 죽음이 임종자에게 아무런 고통이나 해악을 끼치지 못하므로 지레 겁을 먹고 죽음에 대한 공포를 느끼는 건 매우 어리석은 일에 해당한다. 살아 있는 동안 청안한 즐거움을 누리는 게 가장 훌륭한 삶이다. 죽음에 대한 이런 긍정적 인식은 에피쿠로스의 쾌락주의, 스토아주의, 인본실존주의, 예술불멸론 등 다양한 방식으로 나타난다. "우리의 나날들이 얼마 남아 있지 않다는 자각은 우리의 삶을 최고도로 풍요롭고 보람 있게 만드는 데 초점을 맞추도록 해 줄 수 있다" (Scarre 2). 세네카도 죽음의 해악이 삶에 대한 긍정적 적극적 태도를 오히려 고무시킨다고 한다.

> 우리가 살아가야 할 삶이 짧은 게 아니라 우리가 낭비하는 삶이 엄청나다는 것이다. 인생은 충분히 길며 충분히 넉넉한 시간이 주어졌으므로 모두 제대로 투자하면 최고의 성취를 맛볼 수 있다.
>
> (Scarre 38 재인용)

죽음에 대한 긍정적 인식 계열의 최근 추세에서 내러티브 이론은 매우 핵심적인 담론이다. 이 이론에 의하면 아리스토텔레스가 『시학』에서 밝힌 플롯 개념처럼 삶은 시작, 중간과 종말을 지닌 하나의 내러티브이다. 따라서 죽음은 회피할 수 없는 이야기의 종말인 동시에 완결이다. 완결에 초점을 맞추면 인간의 몫은 자신의 내러티브를 얼마나 멋있게 주체적으로 구성하는가에 달려 있다. 물론 인생이란 이야기는 잘 짜여진 각본대로 흘러가지 않는다.

내 실제 삶의 이야기는 깔끔하게 다듬어진 이야기는 아니며 미학적

> 으로 통일되고 일관성 있는 드라마나 소설이 아니다. 뭔가 뒤죽박죽이다. 일탈과 중첩되는 소플롯들, 미완의 행위노선unfinished lines of action, 잡동사니, 양식과 톤의 변화, 지루한 연장 등. 하지만 그나마 그것이 나름 의미 있는 행위가 될 수 있었다면 그건 고스란히 그것이 갖는 내러티브 의미 때문일 것이다. 어떤 형식도 그러지 못할 것이다.
> (Fingarette 41)

스케어의 주장처럼, "우리 스스로 자신의 잠재력을 깨닫고 보람 있는 목표를 실천하는 한, 죽음은 우리 스토리의 깔끔한 결말에 해당할지 모른다. 잘 구술되어 완결된 이야기를 마감하는 마지막 종지부로서"(40).

혹자는 치유불가능의 염세주의에 빠져 인생사가 본질적으로 허망하며 플롯이 있다고 믿는 건 하나의 환각maya에 지나지 않는다고 주장할지 모른다. 그러나 현실적인 판단을 해 보면 인간의 삶은 결코 허망하지 않다. 자기중심적 나르시시즘이나 자기 연민에 빠진 자를 제외하고는. 아프리카 오지에서 펼친 인도주의적 의료봉사는 수많은 원주민들의 육체적 삶이 봉사자들의 삶이 종결한 이후에도 오랫동안 존속하도록 하였으며 셰익스피어의 비극, 모차르트의 피아노 협주곡들은 작가 사후에도 수많은 영혼들에게 삶의 의미를 부여하였을 것이다. 스케어의 설명에 따르면, "어떤 개인들은 죽은 상태에서 아직 살아 있는 자들보다 더욱 깊숙이, 끊임없이 산 자들의 체험 형성에 가담하고 있다(셰익스피어나 베토벤을 생각해 보라)"(123). 다시 말하여 그들의 개별적 삶은 하나의 밀알로 썩어 사라졌지만 거기로부터 탐스러운 알곡이 더욱 풍요롭게 수확되는 것이다. 그런 의미에서 나의 내러티브는 나로 종결되는 것이 아니라 그 지적·예술적 성취는 일종의 발어매개적 효과perlocutionary effect를 가지며 상당기간 영속된다. 좀 더 거창하게 주장하면,

우리는 거대한 인류적 프로젝트에 한 줌의 기여를 하는 것이다. 개별적 죽음에 의해 개인의 삶은 종식되는 게 아니라 인생은 일종의 릴레이 경주와 같다. 의미와 가치를 지닌 인생의 기획, 즉 우리의 인생 플롯에 따라 우리는 "우리 무대를 질주한 이후 바통을 우리 팀 주자에게 넘겨주어야"(Scarre 43) 한다.

반면, 같은 영혼필멸론자라도 죽음을 염세적으로 받아들여 향락주의, 찰라주의, 염세주의 등 죽음으로부터 도피, 망각, 절망 등에 빠지는 경우가 허다하다. 사실 우리 시대의 대세는 향락적인 영혼필멸론이다. 사후에 한 줌의 재로 돌아간다면, 육체의 사멸과 더불어 영혼도 대기 속으로 증발 소실되어 버리고 그 흔적도 찾아볼 수 없게 된다면, 우리 삶의 풍경화도 이 소실점vanishing point에 의해 근경, 중경, 원경으로 재배치되어야 한다. 쾌락의 원근법perspecive of pleasure에 따르면 가능한 한 현재 이 순간에서 가장 강렬한 쾌락을 뿜어내는 풍경이 캔버스의 맨 앞쪽으로 배치되어야 한다. 즉, 일반적으로 영혼은 육체의 노예에 불과하니 영혼의 그림은 후경으로 두고 육체의 그림을 전경으로 배치하여야 한다. 다시 말하여 살아 있는 육체의 욕구를 최대한도로 만족시키는 방향으로 삶이 구성되어야 한다. 그런 점에서 까르페 디엠*carpe diem*식 향락주의는 매우 솔직한 인간적 반응이다.[5]

마벨Andrew Marvell의 시는 감각적 쾌락을 지상의 목표로 삼는 화자의 마음을 잘 그려 내고 있다.

내 등 뒤에 바싹

5 에피쿠로스주의와 향락주의는 종이 한 장 차이이다. 둘 다 지상의 쾌락과 행복을 추구하지만 전자가 정신적 유열에 방점이 가 있다면 후자는 육체적 감각적 쾌락에 더 집착한다.

날개 달린 시간 마차가 질주하여
덮쳐 오는 소리를 놓치는 때가 없으니,
…
놀 수 있을 때 실컷 놀아 보자.
…
우리의 모든 근력과
우리 모두의 사랑을 공 하나로 뭉쳐 굴러서
인생의 강철문들을 통과해 갈 때
몸부림을 쳐서라도 쾌락을 짜내어 갑시다.

But at my back I always hear
Time's wingèd chariot hurrying near,
…
Now let us sport us while we may,
…
Let us roll all our strength and all
Our sweetness up into one ball,
tear our pleasures with rough strife
Thorough the iron gates of life:
(Andrew Marvell, "To His Coy Mistress")

지상의 체류기간은 이미 한정된 상황에서 시간은 날개 달린 마차처럼 목덜미를 시시각각으로 윽박질러 올 때 이 중압감과 초조함을 떨쳐버릴 수 있는 유일한 방법은 남녀가 서로 부둥켜안고 공처럼 하나가 되어 교합의 열락에 이르는 길이다. 인생행로는 어차피 강철로 된 대문을 하나하나 열면서 나아가는 것이니 놀 수 있을 때 실컷 놀아야 죽음을 맞을 때도 후회가 덜할 것이다.

죽음을 긍정적으로 포옹하든 부정적으로 타기시하든 인류 역사를 통해 죽음만큼 문학, 철학, 예술의 핵심적인 화두로 등장한 주제는 없었다. 특히 철학의 경우 철학적 삶은 바로 죽음과정과 동일시되었다. 소크라테스도 『파이돈』편을 통해 "육체적 하자瑕疵"를 갖지 않는 지혜의 영혼은 평소의 삶에서도 육체와의 교류를 삼가고 항상 "추상화를 학업으로 삼았고", "항상 죽음연습을 해 왔으니, 결국 철학은 죽음학이 아니겠는가?"라고 제자들에게 되묻는다. 즉, 죽음의 정의가 영혼이 육체를 이탈하는 현상이라면 평소에도 육체의 욕망을 극복하려는 구도 작업을 하는 철학자는 죽음학을 항상심으로 실천하고 있는 것이다.

단테의 웅장한 서사시 『신곡』도 현실적 삶에 존재하지 않는 공상 속의 사후세계를 마치 눈앞에서 일어나듯이 생생하게 묘사한 고전 문학이다. 한편 세익스피어의 소네트도 시간의 파괴성과 죽음에 대한 예술적인 불멸화 작업이며 19세기 에밀리 디킨슨의 죽음에 대한 집요한 시적 형상화 작업을 비롯하여 크리스티나 로제티의 시편들도 죽음을 종교적으로 극복하려는 영성적 간구의 산물이다. 블룸Harold Bloom은 이러한 현상을 요약하여 만약 죽음의 세계를 지배하는 정신이 존재한다면 이것이야말로 전 서구의 정전들을 하나로 묶는 통합적 주제 자격이 있다고 언명한 적 있다.

죽음의 메타포

죽음의 문학적 형상화는 전술한 철학적 명상과는 근본적으로 다르다. 철학하기가 육체로부터 영혼을 떼어 내는 죽음연습이라면 문학은 영혼과 육체가 결합된 구체적 인간의 초상화작업이다. 인간은 우주의 빅뱅을 추론해 내는 지력과 신을 형상화하는 상상력을 지니고 있는 동시에 뼈와 살, 그리고 피가 도는 몸뚱이를 지닌 존재인데, 그 육체는 희로애락의 감정에 끊임없이 흔들리고 있다. 소크라테스는 이러한 영육의 교호작용을 혐오하여 "영혼도 [육체가 속한] 무상변전의 세계에 들어와 방황하고 혼돈에 빠지게 되고, 세상은 빙글빙글 돌고 영혼이 술취한 듯 비틀거리는" 걸 경계한다. 문학은 오히려 이 무상한 현상계에 오염되고 취한 영혼을 그리고자 한다.

따라서 죽음이란 주제를 다룰 때 문학은 철학처럼 이성적 논증방식을 취하지 않는다. 설득을 위한 수사법이나 비유를 사용한다. 죽음은 논리의 문제가 아니라 체험의 문제이며, 특히 죽음체험은 삼인칭 관찰자 체험이 아니라 일인칭 직접체험이기 때문이다. 어느 누구도 일인칭 죽음체험을 할 수 없다. 문학은 단지 이에 가장 근접한 체험에 독자들이 이를 수 있도록 감동의 구조를 설치하여 마침내 독자의 가슴을 뒤흔들고 죽음현상을 뇌리에 깊이 각인시킨다. 바로 여기에 일상적인 소통이 아닌 문학적 소통방식의 유효성이 증명된다. 아래 베데 신부(The venerable Bede, 673-735)가 왕에게 행한 설법은 그 좋은 보기이다.

> 오 왕이시여, 이 지상에서 인간의 삶이란 장군과 대신들의 옹위를 받고 좌정하신 폐하의 궁전을 가로질러 날아가는 겨울철 참새의 비상과도 다를 바 없습니다. 이쪽 문으로 들어와 반대편 문으로 나가 버리지요. 실내에 머무르는 동안은 겨울 삭풍으로부터 잠시 피신을 하겠지

> 만 이 고요한 찰나의 순간이 지나면 우리의 시야에서 사라지면서 본래 겨울로 돌아가 버립니다. 인생도 마찬가지입니다. 다가올 내세나 지나간 전생에 대해서 우리는 깜깜절벽입니다.
>
> (Enright 2)

왕에게 베푼 베데 신부의 설법은 매우 절묘한 기지와 절실한 일상의 이미지가 결합된 메타포를 동원하여 죽음에 대한 한 편의 계시적인 그림을 던져 준다. 그 누가 죽음을 설법하면서 성서를 인용하거나 지옥이나 육체와 영혼의 존재 등에 대해 강설하지 않고 참새 한 마리의 움직임을 묘사하겠는가? 비유의 친화성이란 측면에서 판단해도 죽음과 참새의 비상은 너무나 동떨어져 있다. 그러나 죽음이란 화두에 몰입되어 있는 베데 신부에게 이 세상의 모든 현상은 아무리 미미할지라도 죽음이란 사건의 구체적인 현현에 불과하다. 그 결과 이처럼 소박한 참새의 비상이 죽음이란 영혼을 뒤흔드는 강력한 메타포로 변신할 수 있는 것이다. 나아가서 베데 신부의 강설에 내포된 전략은 일상적인 사물이나 사건을 낯선 맥락 속으로 던져 넣을 때 생기는 일종의 낯설게 하기 전략이다. 그 결과 죽음에 대한 상투적인 인식의 고리가 끊어지고 왕은 관념적이 아닌 보다 실존적인 차원에서 죽음의 절박감을 체험하게 된다. 다시 말하여 상투적인 인식을 초월하게 해 주는 이 메타포는 주위의 친숙한 매재媒材, vehicle의 도입으로 야기된 체험의 직접성과 실존성을 활성화시킴으로써 훌륭한 개종의 방편方便으로 기능하는 것이다. 신약에 나오는 수많은 예수의 방편parable이나 성현들의 비유나 상징은 이처럼 모두 메타포가 갖는 직접성과 실존성에 힘입어 그 영원한 생명력을 갖게 된 좋은 예들이다.

여기에서 베데 신부가 제시하는 삶은 두 가지 속성을 지니고 있다. 우선 인생은 찰라라는 것이다. 어전에서 회의를 하고 있는 동안 겨울새는 잠시도 실내에 머무르지 않는다. 그냥 천장을 가로질러 반대편으로 나가 버리는 것이다. 겨울새의 비상과는 달리 범인인 우리가 상식적으로 판단하기에 한평생은 충분히 길다. 희로애락으로 점철된 긴 여정인 것이다. 그러나 신부의 영원한 기독교적 시간관에서 보면 인생은 눈 깜박할 사이의 수유須臾에 지나지 않는다.

둘째, 우리 모두는 자기의 출생 전이나 사망 이후의 삶을 전혀 보지 못하는 청맹과니라는 것이다. 찰라 속의 영광과 풍요를 누리면서 또는 누린다는 착각 속에서 온 길과 갈 길을 모르고 칠흑 같은 어둠 속을 헤매며 밤이슬에 젖고 있는 나그네가 바로 인간인 것이다. 겨울새가 궁전 홀을 날아가는 동안 잠시 바람을 피하며 일시적인 안온함을 느꼈다는 게 무어 그리 중요한가? 곧 겨울 폭풍 속으로 휩쓸려 들어가 버릴 텐데. 베데 신부는 하나님에게 귀의하지 않는 삶은 바로 겨울 참새 신세라는 걸 강조하고 있는 것이다.

한 이교도 왕궁 현장에서 일어난 자연현상에 바로 빗대어 이렇게 촌철살인적인 이미지를 구사한 1,300년 전 이 법문은 가히 압도적이다. 당시 왕이나 주위의 신하들에게도 깊은 감동의 소용돌이를 일으켰겠지만 오랜 세월이 흐른 지금도 그 이미지가 별로 퇴색하지 않고 우리의 심혼을 건드리는 건 아마 죽음 자체가 인간의 심성 속에 매우 보편적이고 원형적인 형태로 자리 잡고 있기 때문일 것이다. 애써 무시하지만 죽음은 그림자처럼 욕망과 집착의 구름이 끼지 않는 한 항상 햇빛 반대편에 모습을 드러내며 나를 따라다니고 있다. 고개를 약간 모로 돌리면 금방 그 존재를 확인할 수 있다. 원시 부족의 신앙체계에서 죽음을 조망하던 왕과 대신들에게 기독교적인 시간관과 전생, 사후 세계에 대한 계시적인 설법은 죽음에 대한 새로운 통찰을 심어 주고, 이는 곧 기독교 개종에 대한 열망으로 자연스럽게 이어졌을 것이다.

메타포는 이처럼 설득이란 측면에서 중요한 수사학 기능을 수행하지만 메타포가 발생할 수 있는 조건에는 단순히 수사적 측면만 존재하는 건 아니다. 본질적 측면에서, 즉 인간의 사고와 언어 연결의 미흡함이란 언어사용의 본질적 조건 때문에 메타포는 발생한다. 나이스트롬Christine Nystrom의 정의처럼, "메타포는 낯설고 기이한 미지의 대상을 이미 알려진 것, 즉 우리가 비교적 성공적으로 예측, 통제할 수 있는 것에 비유함으로 그걸 이해하는 방식이다"(81).

환한 태양 아래 밝음을 지향하고 살아갔던 수많은 현자, 문인, 예술가들은 바투 붙어 있는 검은 그림자 죽음에 이름을 지어 주고자 노력했다. 그러나 그 검은 동반자는 인간의 언어로 묘사할 수 없는 불립문자의 존재였다. 언어로 묘사할 수 없는 이유는 우리 모두는 죽음 체험의 주체가 될 수 없기 때문이다. 죽음과 나는 에피쿠로스 경구처럼 서로 동침할 수 없다. 죽음은 "존재론적 밀도"를 지니지 못한다. 죽음은 "개별 자아성ipséité의 결핍이며 대자pour soi의 부재"라는 그 속성상 "우리에게 단지 그 문턱까지만 보여줄 따름 우리는 비유와 상징에 의존할 수밖에 없다"(Schumacher 119). 죽음에 관한 한 제3자일 수밖에 없는 처지에 놓인 인간은 자신들의 체험을 보다 생생하게 전하기 위해 새로운 비유나 방편들을 창조해 낼 수밖에 없었다.

호프만Frederick Hoffman의 말처럼, "생의 필멸성을 재현하기 위해 역사상 존재했던 모든 문화들은 그들의 가장 핵심적인 이미지와 메타포를 동원하였으며… 죽음은 문학적 표현 방식에 특별한 영향력을 행사했다"(27). 그 결과 어떤 것은 우리 시대에까지 그 생명력을 발휘하여 상투어로 일상 대화에 남아 있기도 하고, 또 어떤 것은 강렬하고도 오묘한 암시성 덕택에 무한한 시적 상상력의 샘물로 작용하고 있다. 이 장은 따라서 선각자들이 창안한 비유를 통해 그들이 거쳐 간 체험에 대해 공감하고자 하는 노력이다.

죽음에 대한 비유는 크게 나누어 1) 의인화, 2) 여행, 3) 장애물,

험상궂은 추수꾼(Grim Reaper)

또는 경계(도랑, 해협, 출입문), 4) 구속으로부터 해방 또는 부화, 5) 잠, 그리고 6) 의학적 비유 등으로 나타난다. 의인화의 보기는 허다하다. 우리나라에서 전래되어 오는 죽음은 항상 갓을 쓰고 검은 한복 성장을 하고 부채를 든 선비의 모습으로 나타난다. 서양에서 죽음은 예로부터 해골이나 긴 낫을 들고 있는 노인이나 해골로 묘사된다. 농경시대에 인간들은 추수를 하면서 곡물-인간-절대자란 위계질서에서 자신들을 중간자로 파악한 것이다. 그리하여 절대자가 인간세상이란 들판에 곡물이 무르익듯 인간의 나이가 지긋해지면 추수를 하여 저세상으로 데리고 간다고 믿었다. 따라서 가을걷이에 대한 농부들의 정서는 복합감정이다. 자신이 주체가 되어 작물을 수확한다는 뿌듯함과 자신이 수확의 대상이 되어 거두어져 어디로 실려가 버린다는 공포가 공존한다.

수확철인 가을이 환기시키는 이 두 가지 복합 감정은 키이츠의

「가을에 부쳐To Autumn」에도 잘 드러나 있다. 절정에 이른 수확물이 가져다주는 성숙, 충만, 완결이란 긍정적인 감정과 추수 이후에 닥쳐오는 조락, 쇠퇴, 소멸이란 부정적 감정이 공존한다. 키이츠는 가을을 의인화하여 "사과압착기 옆에 앉아 매시간 똑똑 떨어지는 과즙을/물끄러미 쳐다보는Or by a cyder-press, with patient look,/Thou watchest the last oozings hours by hours" 노파에 비유한다.

사과는 "위대한" 여름을 지내면서 빨갛게 영글고 짧아지는 늦가을 날 "이틀만 더 남국의 햇볕을" 받아 "마지막 단물이" 스며들게 되면 그 자체 완성된다. 이제 남은 것은 가지에서 분리되어 어디론가 실려 가는 일만 남았다. 사과압착기에 부어진 사과들은 사과즙으로 형체가 바뀌어 양철통에 처음에는 주룩주룩, 나중에는 긴 간격을 두고 한 방울씩 마치 태엽이 풀려 버린 괘종시계 타종처럼 느리게 똑똑 떨어져 내린다. 임종 시 고갈된 생명력이 최후의 한 방울을 짜내어 밖으로 밀어내듯이. 마치 한여름의 사과 향기essence가 가을날 사과압착기 주위를 떠돌듯이 죽음의 침상 주위엔 떠나는 자의 삶의 정수精髓, essence가 방을 가득 채우고 있다. 그걸 쳐다보는 가을은 완숙의 향기와 조락의 허무함을 동시에 관조한다. 1연에서 시적 화자는 가을을 "그대"라고 부르면서 가을이 연출하는 조락과 충만, 그리고 부패와 향기를 동시에 느끼는 관찰 주체인데 반해 2연에서 시인은 가을의 화신인 노파와 물아일체되어 소멸과 죽음과정을 지켜보는 함축 주체implied subject가 된다.

그러나 보통 사람들은 스스로를 수확당하는 대상으로 본다. 즉, 안심입명의 향기를 느낀다든지 삶의 충만성과 완결성을 느끼기보다 가지에서 떼어져 나가 땅에 굴러 떨어지든지 사과 상자에 실려 시장으로 팔려 가든지 낯선 곳으로 옮겨 가는 두려움에 싸여 있다. 바로 이런 두려움에서 험상궂은 추수꾼Grim Reaper이란 원형적 형상이 빚어졌다.

낫을 든 험상궂은 추수꾼이란 이미지는 자체 변종을 만들며 낫은 시간이고 추수꾼은 죽음이란 발전된 형태를 보이기도 한다. 인생의 무상함을 노래한 소네트 60번에서 셰익스피어는 세월의 흐름을 거침없이 베어 가는 낫질에 비유하며 시간의 낫을 든 죽음은 만인에게 평등함*omnia mors aequat*을 설파한다.

> 시간은 청춘에 드리워진 화려한 치장물을 걷어 가 버리고
> 미인의 이마에 주름 고랑을 패게 하며
> 절세가인을 파먹어 들어가니
> 그의 베어 가는 낫질에 버틸 존재가 어디 있으랴.
>
> Time doth transfix the flourish set on youth
> And delves the parallels in beauty's brow,
> Feeds on the rarities of nature's truth,
> And nothing stands but for his scythe to mow:
> (William Shakespeare, Sonnet 60)

한편 죽음의 이미지는 중세에 유행했던 농부들의 낫에 한정되지 않고 현대에 와서는 제유적 이미지로 농부들이 애용하는 농기구인 외발 손수레wheelbarrow에도 부착된다.

> 너무나 많은 것이
> 달려 있다
>
> 빗물로
> 번들거리며
> 하얀 병아리들

옆에 놓인

빨간 외발
손수레에

So much depends
upon

a red wheel
barrow

glazed with rain
water

besides the white
chickens.
(William C. Williams, "So much depends")

이 시는 우리 필부들이 죽음이 주위에 엄습하고 있는데도 알아차리지 못하고 세속의 향락이건, 필생의 숙원사업이건 외골수로 몰두하며 살아가는 모습을 그리고 있다. 외발 손수레는 농장에서 거름을 나르거나 동물의 시체를 버릴 때 사용하는 손수레이다. 비로 패인 물웅덩이 옆에 미끄럽게 번들거리며 여차하면 외발 손수레 바퀴는 굴러 내려오게 되어 있다. 바퀴가 둘도 넷도 아닌 외발이므로 미끄러져 오는 각도도 예측할 수 없다. 비틀비틀 나선형으로 굴러 오다 그 끝 무렵에 치이는 병아리는 죽게 되어 있다. 가축들의 영구차인 외발 수레와의 부딪침은 바로 죽음과의 조우이다. 이처럼 죽음은 느닷없이 우연히 들이닥친다. 현대 죽음의 가장 큰 특징은 이 느닷없음이다. 현대의 사고사는 문명의 이기들이 졸지에 흉기로 바뀌어 재난이 되는 비명횡사인 경우가 허다하다. 윌리엄스William Carlos Williams는 이 모더니즘 계열 시에서 죽음의 현대성을 그리고 있다. 미끄러져 내려 금방이라도 덮칠 것 같은 외발 손수레의 존재는 까맣게 망각하고 병아리들은 연신 물 한 모금 입에 물고 하늘 한 번 쳐다보면서 현재의 시간을 감각적으로 향수하고 있다.

육중하게 내려 누르는 실존적 죽음을 용케 비켜서 있는 우리 시대의 인간도 여기 병아리처럼 귀엽고 예쁘면서도 불쌍하다. 죽음을 미래의 수술실, 영안실 내지는 화장터에 맡겨 놓고 방향도 불분명한 목표를 위해 자신을 채찍질하거나 혹은 한 방울의 덧없는 쾌락을 짜내기 위해 우리는 동분서주하고 있다. 사실 그럴 수밖에 없다. 실존적 각성을 통한 거듭남의 기회는 아쉽게도 대개 주어지지 않는다. 카프카Franz Kafka의 K처럼 체포되기 전까지는, 또 그레고르 잠자Gregor Samsa처럼 흉측한 벌레로 변신하기 전까지는 죽었다 깨어나도 지금까지와 다르게 살 수 없다. 그냥 살아 온 습관이 패 놓은 홈통을 따라 굴러갈 따름. 이것이 현대인의 비극 중에서 가장 슬프고 안타까운 부분이다. 자기에게 다시 새롭게 삶을 살 수 있는, 가령 죽음 같은 실존적 계기가 좀체 주어지지 않는다는 것, 주어졌을 땐 대개 이미 늦었다는 것, 왜냐하면 죽음은 언제나 3인칭이지 일인칭 체험으로 다가올 수 없기 때문이다.

복잡하면서도 정교한 현대적 삶의 틀 속에서 자기 좌표를 설정하고 거기에 적응하는 데 온 신경을 곤두세우며 살아가는 동시대인들은 죽음에 곁을 줄 여유가 없다. 죽음은 의료공학화되고 추상화되어 우리의 실존적 각성과는 몇 발자국 떨어져 있다. 영안실에서 벌어지는 애도 행위는 상주인 친구나 동료를 위한 구태의연한 의식이지, 영정에 있는 실제 죽음의 당사자는 평생 이야기 한 번 나누어 보지 못한 존재일 경우가 허다하다. 그러면서도 죽음에 대한 구태의연한 예의와 의식을 차리고 지낸 후 우리는 술을 마시고 도박을 하며 잠시 죽음이란 막막한 현실에서 도피한다. 심지어 친구의 부음을 전해 듣고 슬퍼하기 전에 우리는 당황하기도 한다. 톨스토이의 단편 「이반 일리치의 죽음」에 나오는 페터 이바노비치처럼 친구의 죽음이 주는 중압감이 부담스럽고 이를 떨쳐 버리기 위해 문상 후 바로 다른 친구들과 밤샘 카드 게임에 몰두해 버린다. 죽음에 대한 진지한 대면을 할 기회는 사라지고 실존적 체험은 상투화된 예의로 바뀐다.

> 마음은 두고
> 왔어요. 몸만
> 들고 와 2배를 하니 영정 속의
> 얼굴은 생면부지이군요. 하기야
> 절은 다리와 허리가 하는 것이지 마음은
> 굽혀지는 물건이 아니잖아요. 요 몸이라도 이렇게 오지 않으면 번연히
> 눈을 뜨고 있는 상주의 맘이 상한다기에 이렇게
> 몸을 옮겨와 엎드립니다. 널리
> 양해해 주시고 이렇게 너스레를
> 떨지 않아도 망자의 마음은
> 몸에서
> 풀려나 자유롭게 우주를
> 떠다니실 테니. 제 마음속에도 들어가 훔쳐
> 봤을 테니까. 다
> 너그럽게 용서해 주십시오. 하기야
> 둘러보니 나처럼 마음
> 빼놓고 친구 만나러 온 화상들

꽤나 되네요.

(졸시, 「삼성병원 영안실」)

이런저런 도피를 즐기면서 현대인들은 정작 자기들이 무엇을 즐기고 있는지 모른다. 과거 농경 시대에 죽음은 바로 집안에서 그리고 마을 단위로 일어나는 실존적인 사건événement이며 동시에 "길들여지고 안락한 죽음tame death"(Ariès, *The Hour* 603)이었다. 고인과 문상객은 서로 몸과 몸이 부딪히고 감정과 감정의 골이 패이고 묻히기를 거듭한 실존적 관계이다. 따라서 애도 행위는 바로 자신의 삶과 죽음에 대한 성찰로 이어지는 하나의 실존적 사건으로 발생했다. 그러나 현대의 죽음은 낯설고 조문객과 고인의 태도는 상투화되고 의식화ritualized되었다. 그러나 이 관계보다 더욱더 현대의 죽음을 낯설게 만드는 것은 죽음의 돌발성이다. 현대는 옛날에 비해 더욱 미끄럽고 빗물로 번들거린다. 현대 과학은 일반 문외인의 이해 범위를 넘어섰고 그들이 초래할지도 모를 잠재적인 재난의 파괴력에 대해선 과학자들끼리도 합의에 이르지 못하고 있다.[6] 이처럼 교통사고 또는 대재난 형식의, 자연사가 아닌 느닷없는 죽음이 우리의 일상과 불편한 동침을 하고 있다. 근대 이전의 죽음은 어느 정도 예측된 사건이었다. 게다가 죽음의 희생자인 인간들은 자연적 재난을 신의 섭리로 파악했기 때문에 수용의 자세가 되어 있었다.

죽음에 익숙해 있고 평소에 항상 죽음을 의식하는 전근대인에게

6 1966년 체르노빌 원전 사고로 800만 명이 방사능에 노출되었고 2011년 3월 11일 일본 후쿠시마 지진과 쓰나미로 초래된 2차 원전 사고는 28,000명의 고귀한 생명을 앗아갔으며 주변 지역 생태계는 당분간 회복 불가능 상태로 파괴되었다. 2년이 지난 지금도 계속 누출되는 방사성 물질은 바닷속 플랑크톤, 그리고 상위 먹이사슬에 의해 연속적으로 포식흡수되고, 그 해양 생명체들이 해류를 따라 이동함을 예상할 때 이 돌발적 재난이 가져올 파급효과의 규모를 측정하는 건 우리 인간들에게 거의 불가능한 일이다.

이 존재는 험상궂은 추수꾼에 그치지 않고 때로는 사냥꾼으로 변신한다. 호쏜든William Drummond of Hawthornden은 죽음을 사냥개들을 몰고 다니며 인간들을 사냥하는 사냥꾼으로 묘사한다.

세상은 사냥터
사냥감은 불쌍한 인간, 포악한 님로드 사냥꾼은 죽음,
쏜살같은 사냥개들은
음욕, 질병, 질투, 근심, 그리고
우리네 숨이 붙어 있는 한 추격하는 이 악행들과 합세하여
어김없이 들이닥치는 분쟁.

행여 (운이 좋아) 이 집요한 추격에서
벗어났다 해도
곧 늙음이 살금살금 뒤를 밟아
그물을 던지면 우리는 헐떡거리다 죽어 간다.

The World a Hunting is,
The prey, poor Man, the Nimrod fierce is Death,
His speedy Greyhounds are
Lust, Sickness, Envy, Care,
Strife that ne'er falls amiss,
With all those ills which haunt us while we breathe.

Now if (by chance) we fly
Of these the eager Chase,
Old Age with stealing Pace

Casts up his Nets, and there we panting die.

(William Drummond of Hawthornden, "The Flowers of Sion: Madrigal")

시의 화자는 죽음의 공포*timor mortis*로 전율한다. 그는 더 이상 만물의 영장이 아니며 사냥의 뿔나팔이 울리면 죽을 둥 살 둥 피난처를 찾아 나서야 하는 여우나 사슴의 신세이다. 이 사냥꾼과 추수꾼 두 이미지를 겹친 강력한 문화적 아이콘이 바로 근대 초기 유럽을 휩쓸었던 〈죽음의 무도*danse macabre*〉이다.[7] 국가별로 시대별로 다양한 벽화나 판화 등에서 주인공 해골은 긴 낫을 들거나 활 또는 창을 소지하고 여러 계층의 인물들을 포획하여 죽음의 길로 인도한다.

현대에 와서 죽음의 의인화는 보다 일상화되었다. 가령 에밀리 디킨슨에게 죽음은 마차를 몰아 파티장으로 귀부인을 모시고 가는 정중한 마부 신사이다.

내가 죽음을 찾아갈 수 없이
죽음이 친절하게도 들러 주었다.
마차엔 우리 둘만-
그리고 영생을 태우고.
우리는 천천히 움직였다. 그는 서두를 줄 몰랐다.
그의 정중한 초대에 응하기 위해
나는 나의 노동과 여가까지도
잠시 미루어 두었다.

7 자세한 설명은 이 책 4장 참조.

Because I could not stop for Death
He kindly stopped for me-
The Carriage held but just Ourselves-
And Immortality.
We slowly drove, he knew no haste,
And I had put away
My labor, and my leisure too,
For his civility.

(Emily Dickinson, "Because I Could not Stop for Death")

죽음에 대한 여행의 비유는 이제 상투어구가 되었다. 익숙한 현세에서 낯선 내세로 옮겨 가기 때문에 죽음은 여행의 출발인 셈이다. 소크라테스도 사약을 앞에 두고 제자들에게 펼치는 토론에서 죽음을 여행이라고 규정한다. 자살시도와 죽음에 대한 소크라테스의 의연한 대면에 대한 차이를 묻는 케베스에게 그는 "내세로 여행을 떠날 차비를 차린 사람은 이 여행이 어떤 여행인지에 대해 묻고 생각해 보아야 한다"라고 말문을 연다. 그리고 '죽음이란 여행에 대한 질문과 사고가 바로 철학자의 평생 본업이다'라고 규정하면서, 따라서 새삼스럽게 죽음이 닥쳐오자 억울해 하는 건 사리에 맞지 않다고 주장한다.[8]

> 속인들이야 물론 알 리가 없지. 실제로 철학에 본격적으로 종사하는 모든 사람들이 다름 아닌 죽음의 과정과 죽음만을 실천하고 있다는 사실을. 이게 사실이라면 이 문제에 평생 골몰했던 사람들이 정작 이

8 소크라테스의 죽음 여행에 대해서 이 책 1부 1장 참조.

것이 다가오자 억울해 한다는 건 이치에 맞지 않지. 그들이 그토록 오랫동안 골몰하고 실천했던 일인데.

소크라테스가 여행에 대해 꺼려하거나 두려워하지 않는 이유는 그 목적지에 대한 비전이 밝고 희망차기 때문이다.

내가 자네들이나 스승들을 여기 두고 떠나는 걸 힘들다거나 억울해 하지 않는 이유는 여기 못지않게 거기에도 훌륭한 스승들과 동학들을 만날 수 있다고 믿기 때문이야.

반면 크리스티나 로제티의 여행은 미지의 세계에 대한 불안과 두려움으로 가득 차 있다. 상상 속 죽음의 안내자와 대화를 주고받으면서 초행인 저승길에 대한 그림을 그려 본다.

계속 오르막길인가요?
　그럼, 꼭대기 끝까지.
그날 여행이 하루 종일 걸려요?
　아침부터 밤까지 꼬박이라네.

숙박할 쉼터라도 있는가요?
　밤이 서서히 떨어지면 거처가 나타나지.
깜깜하여 눈에 안 띌 수 있잖아요?
　그 여관을 놓칠 순 없지.

밤에 다른 여행객들과 만나게 될까요?
　먼저 떠난 선인들을.

그러면 노크를 해야 하나 아니면 나타나면 불러야 하나요?
　　문간에 세워 두지는 않을 거야.

평안할까 아니면 노독으로 쓰러질까요?
　　수고한 대가를 받게 될 거야.
나와 모든 찾는 사람들에게 침대는 넉넉할까요?
　　물론, 모두에게 침대는 돌아가지.

Does the road wind uphill all the way?
　　Yes, to the very end.
Will the day's journey take the whole long day?
　　From morn to night, my friend.

But is there for the night a resting-place?
　　A roof for when the slow dark hours begin.
May not the darkness hide it from my face?
　　You cannot miss that inn.

Shall I meet other wayfarers at night?
　　Those who have gone before.
Then must I knock, or call when just in sight?
　　They will not keep you standing at that door.

Shall I find comfort, travel-sore and weary?
　　Of labour you shall find the sum.
Will there be beds for me and all who seek?

Yea, beds for all who come.

(Christina Rosetti, "Up-Hill")

그녀의 불안에도 불구하고 로제티의 마지막 연은 죽음은 그렇게 적대적인 존재가 아니며 여행의 종착지에선 모두가 침대에서 잠을 청할 수 있다는 희망적인 상태를 그리고 있다.

그러나 에드워드 토마스의 저승길은 앞을 내다볼 수 없고 자신의 의지가 실종되는 지점에서 출발한다. 길을 잃고 자신마저 잃고서 풀썩 주저앉게 만든다. 그러나 죽음을 정면으로 응시하고 결과적으로 회의를 드러낸다는 측면에서 토마스는 로제티보다 더욱 현대적이다.

잠의 가장자리에 이르렀다.
속을 들여다볼 수 없이 깊숙한
숲, 모두들 그들의 길을
잃어야 하는, 아무리 올곧건
구부러졌건, 먼저 왔건 늦게 왔건
그들에겐 신댁의 여지가 없다.

동트자마자 시작하여
숲 가장자리에 도달하기까지
밟아 왔던
수많은 길과 행로가
여행객들을 속여 오더니
이제는 흐릿하게 사라지며
땅속으로 푹 꺼져 버린다.
여기서는 사랑도 끝나고

절망도 야망도 끝이 난다.

모든 쾌락도 모든 고난도

제아무리 황홀하고 끔찍해도

여기서 막을 내린다. 그 어떤 고귀한

과업보다도 감미로운 잠 속으로.

홀로 떠나서 가야 할

미지의 세계로 들어가기 전, 지금

펼쳐보고 싶지 않은

만나보고 싶지 않은

책과 그리운 얼굴이

어디 있겠는가?

하늘을 찌를 듯한 숲

우거진 녹음이 층층이

앞으로 기울고

내 길과 내 자신을 잃기 위해

그 침묵에 귀 기울이며 복종한다.

I have come to the borders of sleep,

The unfathomable deep

Forest, where all must lose

Their way, however straight

Or winding, soon or late;

They cannot choose.

Many a road and track

That since the dawn's first crack
Up to the forest brink
Deceived the travellers,
Suddenly now blur,
And in they sink.

Here love ends–
Despair, ambition ends;
All pleasures and all troubles,
Although most sweet or bitter,
Here ends, in sleep that is sweeter
Than tasks more noble.

There is not any book
Or face of dearest look
That I would not turn from now
To go into the unknown
I must enter, and leave, alone,
I know not know.

The tall forest towers:
Its cloud foliage lowers
Ahead, shelf above shelf:
Its silence I hear and obey
That I may lose my way
And myself.

(Edward Thomas, "Lights Out")

토마스는 2연에서 동이 트자마자, 즉 세상에서 고고성을 울린 이후 "숲 가장자리에 도달하기까지/밟아 왔던/수많은 길과 행로가/여행객들을 속여 오더니"라고 표현하여 세상의 행적과 저승의 행로가 동일하지 않음을 통찰한다. 세상의 도덕과 내세의 심판이 각기 다른 잣대를 가지고 있는 걸 깨닫는 순간 임종 시 당황할 수밖에 없다. 현대 기독교인들에게 신의 섭리는 더욱 불가해해졌다. 전통적인 성경해석과 그에 기초한 죽음의 기술은 더 이상 통용될 수 없다. 그런 의미에서 토마스의 죽음은 현대적이다. 그에 비해 19세기까지 유럽 기독교인들은 현대인들에 비해서 보다 안락하게 죽음을 맞을 수 있었을 것이다. 그들의 현세적 도덕관은 보다 견고하게 기독교적 내세관과 결합되어 있기 때문이다.

토마스가 보여 주는 죽음에 대한 회의와 두려움도 현대성의 한 측면이지만 로렌스D. H. Lawrence가 노래하는 "순수 망각의 다정한 본향"으로서의 죽음도 현대성의 한 축을 담당하고 있다. 이 현대성은 신이 증발한 시대에 죽음에 대한 무한 긍정의 휴머니즘이다. 로렌스는 영혼이 "이제는 가망 없는 육체의 은빛 도시의 성곽"에서 풀려나면 우선 해야 할 일이 죽음의 여행을 떠나기 위해 조그마한 배를 만들고 식량을 준비하는 거라고 충고한다.

친절을 베풀어라. 오, 너의 망자들에게
그들에게 용기를 조금 불어넣어
작은 죽음의 배를 짓도록 하여라.

영혼은 사후에 순수 망각의 다정한 본향으로

머나먼 여행을 떠나야 하니까.

모두들 자신의 조그만 배, 작은 배와
먼 장거리 여행에 대비한 식량이 필요하다.

오, 진정한 마음에서 우러나온 배려로
너의 망자들에게 마치 출범하는 선원을 대하듯
사랑스럽게 채비를 차려 주어라.

조심해, 그리고 죽음을 살살 다뤄.
죽기가 쉽지 않아. 문이 설사 열린다고 해도
그 문을 통과하기가 쉽지 않아.

현재 가망 없는 육체의 은빛 도시의 성곽을 벗어나면
불쌍한 망자들
그들은 어디로 가야 하나. 오 어디로 가야 하나?

지구의 그림자 밑에서 배회한다.
지구의 긴 원뿔 모양의 그림자 아래엔
엄청난 변화의 바다를 건널 줄 모르는 영혼들로 가득 차 있다.

Be kind, Oh be kind to your dead
and give them a little encouragement
and help them to build their little ship of death.

For the soul has a long, long journey after death

to the *sweet home of pure oblivion.*

Each needs a little ship, a little ship
and the proper store of meal for the longest journey.

Oh, from out of your heart
provide for your dead once more, equip them
like departing mariners, lovingly.

Be careful, then, and be gentle about death.
For it is hard to die, it is difficult to go through
the door, even when it opens.

And the poor dead, when they have left the walled
and silvery city of the now hopeless body
where are they to go, Oh where are they to go?

They linger in the shadow of the earth.
The earth's long conical shadow is full of souls
That cannot find the way across the sea of change.
(D. H. Lawrence, "All Souls' Day")

로렌스에게 죽음은 존재의 종식이 아니라 "순수 망각의 다정한 본향"으로 들어가서 새로운 자아로 거듭나는 사건이다. 이 거듭남의 체험은 물론 서구 유대 기독교의 내세 체험과는 완전 별개이다. 어쩌면 『티베트의 죽음의 서』에 보다 가까운 영혼의 여행인지 모른다(Yeung-Jin

Oh 67-74). 그러나 대부분이 죽음과 삶의 상호 교환성에 대해 무지한 상태에서 "지구의 긴 원뿔 모양의 그림자 아래엔/엄청난 변화의 바다를 건널 줄 모르는 영혼들로 가득 차 있다". 어쩌면 로렌스는 비인간화되는 기술문명에 함몰되어 인간 본성의 자아를 상실하고 죽음이라는 성스러운 제의를 맞을 준비를 평소에 하지 못하는 현대인의 어리석은 태도를 안타까워하는지 모른다.

죽음을 장애물이 아닌 해방의 이미지에 빗대는 사례도 허다하다. 앞에서 감상한 로렌스의 시에서도 육체를 "은빛 도시의 성곽"이라 불렀지만, 휘트만Walt Whitman에게도 육체는 "강고한 성채로 이루어진 집을 둘러친 벽"이며 "꽉 잠긴 자물통의 죔쇠"이다. 따라서 죽음은 이러한 폐쇄와 구속으로부터 "부유하며 빠져나오는" 행위이다.

마침내, 부드럽게,
강고한 성채로 이루어진 집을 둘러친 벽으로부터
꽉 잠긴 자물통의 죔쇠로부터, 굳게 닫힌 감옥으로부터
나를 소리 없이 미끄러져 나오게 하소서
부드러움의 열쇠로 자물통을 열고—속삭임으로
문들을 열치소서. 오 영혼이여.

부드럽게—서두르지 말고,
(오! 끈 스러실 육체여, 그토록 꽉 쥐나니
오! 사랑이여, 그토록 꽉 붙들다니)

At last, tenderly
From the walls of the powerful fortress'd house,
From the clasp of the knitted locks, from the keep of the well-closed

doors,
Let me be wafted.

Let me glide noiselessly forth;
With the key of softness unlock the locks—with a whisper,
Set ope the doors O soul.

Tenderly—be not impatient,
(Strong is your hold O mortal flesh,
Strong is your hold O love)
(Walt Whitman, "The Last Invocation")

이처럼 선인들에게 육체는 정신을 활기차게, 또 자유롭게 해 주기보다는 항상 가두고 옥죄며 구속하는 역할을 한다. 물론 때로는 육체도 단순한 구속에 그치지 않고 영혼을 외부로부터 보호해 주는 집이나 성에 비유되기도 한다.

가이우스 무소니우스(Gaius Rufus Musonius, c.30-c.100)도 육체를 집과 연상시킨다. 따라서 지상에서의 삶은 임대한 집에 거주하는 것이다. "집주인이 임대료를 못 받자 문을 뜯어내고 서까래를 주저앉히고 우물을 메워 버린다. 이처럼 나도 이 몸뚱아리 집에서 내쫓겼다. 자연은 임대해 주었던 눈, 귀, 손, 발 등을 하나하나 빼앗아 간다. 나도 따라서 더 이상 머뭇거리지 않겠다. 즐겁게 잔치를 파하고 떠나듯 가겠다"라고 선언한다.

에드문드 월러Edmund Waller는 늙은 육체를 "영혼의 무너져 내릴 듯 퇴락한 어두운 오두막집"에 비유한다.

무너져 내릴 듯 퇴락한 영혼의 어두운 오두막집이
시간이 갈라놓은 터진 벽의 금들 사이로 새 빛을 들인다.
자신의 영원한 보금자리로 다가가면서, 인간들은
쇠약으로 오히려 강인해지고, 현인이 된다.
옛 집을 떠나면서 양쪽 세계를 동시에 조망한다.
새 집의 문지방에 발을 딛고서.

The Soul's dark cottage, batter'd and decay'd,
Lets in new light through chinks that time has made;
Stronger by weakness, wiser men become,
As they draw near to their eternal home:
Leaving the Old, both worlds at once they view,
That stand upon the threshold of the New.
(Edmund Waller, "Of the Last Verses in the Book")

월러는 노화현상이 사람을 더욱 강인한 현인으로 성숙시킨다고 믿는다. 비록 몸은 세월의 비바람으로 무너져 내리지만 갈라터진 벽 틈으로 스며든 지혜의 빛에 의해 새로운 보금자리를 볼 수 있는 혜안과 이사할 수 있는 근력을 그들은 동시에 가지게 된다. 마침내 죽음의 문턱에 이르러 야누스처럼 지나온 세계와 다가올 세계, 즉 두고 온 낡은 집과 입주할 새 보금자리를 동시에 조망하게 되는 것이다.

죽음을 문을 나서는 외출의 의미로 차용하되 죽음의 방식을 문에 빗댄 경우도 있다. 사형집행인 보솔라가 말피 공작부인에게 교살형을 받는 입장에서 무섭지 않느냐고 하자 조금도 두렵지 않다며,

다이아몬드 환도로 효수당하든

계수나무 껍질로 교살당하든
진주 총알로 저격당하든
그 무엇이 나를 즐겁게 하겠나?
죽음엔 인간들이 퇴장할 수 있는
수만 개의 문이 있다는데.
기이한 기하학적 돌쩌귀에 달려 있어
양쪽으로 열 수도 있다는데.

What would it pleasure me to have my throat cut
With diamonds? or to be smothered
With cassia? or to be shot death with pearls?
I know death hath ten thousand several doors
For men to take their exits; and 'tis found
They go on such strange geometrical hinges,
You may open them both ways:
(John Webster, *The Duchess of Malfi* 4.2.159-65)

말피 공작부인에게 죽는다는 건 죽음의 문을 열고 나갈 수도 있지만 죽음의 문을 열고 들어올 수도 있는 양쪽으로 열린 문이다. 죽음의 문을 열고 들어오면 그곳은 죽음의 방이 아니라 삶의 방이며 영원한 내세의 방이다. 즉, 사형을 당하더라도 죽음의 문을 열고 들어오면 거기엔 비록 이 세상과는 다르지만 또 다른 영생의 세계가 펼쳐지리라는 믿음을 가지고 있다. 따라서 이승을 떠나지만 결코 죽어서 사멸되는 것이 아니므로 궁극적으로 죽는 게 아니다. 다만 다른 세계로 떠나는 여행일 따름이다.

이상에서 살펴보았듯이 문이란 매재는 죽음에 대한 여행의 이미지와 집의 이미지를 동시에 포섭하는 강력한 시적 환기력을 가지고 있다. 여행과 집은 반대 개념이다. 여행은 집의 부재이다. 집에 머무르지 않고 떠돌아다니든지 현재 거주공간에서 다른 공간으로 이동하는 동안을 여행이라고 한다. 집은 반대로 고착된 공간이다. 여행과 집의 경계 지역에 위치한 존재가 문이다. 문을 나서면 여행이고 문으로 들어오면 집이다.

죽음학자들에게 영원불멸의 문제는 바로 문의 존재를 인정하는가에 달려 있다. 사멸론자의 집엔 문이 붙어 있지 않으며 따라서 여행도 불가능하다. 집이 퇴락하여 쓰러지면 문도 집의 일부로 같이 허물어져 내린다. 문 밖으로 빠져나올 존재는 없다. 집이 바로 본질이기 때문이다. 한편, 영혼불멸론자에게 집은 임시 거처이다. 집주인인 영혼은 문을 들락거리며 집이란 물질적 존재를 잠시 이용하고 있을 따름이다. 영원한 저택인 진짜 보금자리는 육체라는 이 현세의 집에 붙은 대문을 나와서 새롭게 찾아가야 할 집이며. 집주인인 영혼이 빠져나올 통로가 바로 문인 것이다.

누구나 자기의 집에 문이 달려 있길 바란다. 그러한 간절한 바람이 영원불멸에 대한 희구로 이어지고 많은 시인 묵객들은 문을 나서서 떠나는 여행으로 죽음을 노래하는 것이다. 집 문을 나서서 죽음의 여행을 한 후 내세로 들어가는 문이 열려 있길 바란다. "그러면 노크를 해야 하나 아니면 나타나면 불러야 하나요?"라는 로제티의 조바심은 바로 죽음이 문이 달리지 않은 소멸의 벽일 수 있다는 불안에서 비롯된다.

죽음에 대해서 비교적 긍정적인 예술가들은 죽음을 하나의 새로운 거듭남, 화려한 변신 등으로 이해한다. 추리 소설가 코난 도일Conan Doyle에게 죽음은 고치cocoon에서 풀려나 경쾌하고도 화려한 변신을 하는 나비의 모습에 비유된다. 질버트의 설명에 의하면;

> 모든 심리적 믿음의 물질적 기반은 영혼이 육체의 완벽한 복제이며 비록 훨씬 더 엷은 물질로 구성되어 있긴 하지만 아주 미세한 부분에 이르기까지 흡사하다는 사실이다. 죽음 이후엔 이 가볍고 "훨씬 엷은" 물체가 자신을 감쌌던 무거운 껍질이나 "고치"에서부터 벗겨져 나오나, 세상 사람들은 "그 고귀한 내용물이 어찌 되었는지에 대해 알아보려는 수고는 내팽개치고" 아주 엄숙하게 그 고치 "매장 의식을 치른다".
>
> (Gilbert 74)

죽음에 대한 가장 친숙한 메타포는 잠이다. 죽음과 잠은 본질적으로 완전히 다른 상태이나 외견상 유사점을 많이 공유하고 있다. 첫째, 현실 의식이 끊어지면서 잠에 곯아떨어지는 순간 다른 의식, 즉 잠재의식이나 무의식의 영역으로 인간의 사고 활동이 이동된다. 전혀 다른 사고 활동에 의해 잠 속의 세계는 구성된다. 둘째, 활동의 영역뿐만 아니라 사고 활동의 주체도 깨어 있는 현실 자아가 아니라 꿈의 주체이며 현실 주체는 대부분의 경우 이 낯선 주체를 동일시하지도 이해하지도 못하며 회상된 사건들을 불가사의하게unheimlich 받아들인다. 과연 꿈속의 나는 현재의 나와 동일한 존재인가? 나의 분신이라도 때로는 전혀 터무니없는 분신이 아닌가? 꿈속의 자아와 현재의 자아가 너무나 동떨어진 존재일 때 우리는 이를 합리화시키며 아마 전생의 나의 분신일지도 모른다는 공상을 하기도 한다. 실제로 수많은 철학자, 선지자들은 꿈을 전생의 존재에 대한 훌륭한 증거물로 채택하였다.

죽음과 잠의 동일시는 서구인들에게 고래로 매우 친숙했다. 셰익스피어의 햄릿도 "사느냐 죽느냐"로 시작하는 유명한 독백에서 죽음을 잠에 빗댄다.

죽음은 잠드는 것—
단지 그뿐—한숨 잠으로써 가슴 아픈 일도 잊고
육체가 고스란히 떠맡는 헤아릴 수 없이 무수한 나날의 충격도 어느덧 사라져 버리니,
이야말로 정성을 다해 간구해야 할 절정의 순간이지, 죽음은 잠드는 것,
잠드는 건 아마 꿈꾸는 것이겠지: 그래, 바로 그게 문제야,
그 죽음의 잠에서 꾸는 꿈은
이 이승의 인연 사슬에서 벗어나 해방된 우리에게
안식을 주어야 하는데.

…

미답의 세계, 그 여행지에서 어느 여행자도
되돌아 온 적 없다는, 사후 무엇인가에 대한 두려움이
그 의지를 곤혹스럽게 하고
우리를 낯선 곳으로 날아가게 하느니보다
차라리 우리 현재의 악을 견디도록 한다.

To die, to sleep—
No more—and by a sleep to say we end
The heartache, and the thousand natural shocks
That flesh is heir to. 'Tis a consummation
Devoutly to be wished. To die, to sleep—
To sleep—perchance to dream: ay, there's the rub,
For in that sleep of death what dreams may come
When we have shuffled off this mortal coil,
Must give us pause

…

But that the dread of something after death,
The undiscovered country, from whose bourn
No traveller returns, puzzles the will,
And makes us rather bear those ills we have
Than fly to others that we know not of?
(William Shakespeare, *Hamlet* 3.1.62-84)

많은 유사성에도 불구하고 햄릿이 지적하듯 죽음과 잠의 가장 큰 차이는 죽음은 깨어날 수 없는 잠이라는 점이다. 하지만 죽음에 대한 일인칭 직접체험을 할 수 없는 인간에게 잠의 체험만큼 죽음에 가까운 경우는 없다. 따라서 살아서 겪는 잠으로 망자의 죽음상태를 기술하는 오류를 범하기도 한다. 그리하여 오랜 옛날부터 사람들은 무덤에 안장하면서 '여기에 모모 씨가 영면하다, 잠들다'라는 비석을 세운다. 과거의 유명한 사례는 아리에Philippe Ariès가 들고 있는 순교자 스테판이다. 그는 기독교인이라는 이유로 돌에 맞아 순교하였는데 사도행전에 "주님 곁에 잠들다*obdormivit in Domino*"라고 기록되어 있다(*The Hour* 23). 그러나 여기서 주목해야 할 점은 스테판 성인이 우리 지상의 거주자들에게 잠이 든 상태이지 천국에서는 그 영혼이 잠들어 있지 않다는 점이다. 즉, 그의 영혼이 우리 세상 사람들과는 소통하지 않아 마치 잠든 듯 보이지만 하늘나라에서는 축복받은 영혼들과 열락을 누리고 있다는 점이다.

그러나 영면하고 있는 영혼에 대한 사람들의 관념은 대체로 부정확하고 모순적이기까지 하다. 한 공원묘지 관리인의 에피소드는 이를 잘 드러내 준다. 어떤 미망인이 도로가의 묘소를 꺼려했다. 영면을 취하기엔 차량통행으로 인한 소음이 너무 심하다는 이유였다. 그래서 관리자는 그녀에게 남편의 생전의 취미가 무엇이냐고 묻고, 조깅이라고 하자 "고인은 도로를 달리는 조깅선수들을 보고 얼마나 좋아하겠어요" 하였다. 그러자 그녀는 묘소를 한길가로 마련하는 데 동의하였다.

20세기 들어와 죽음현상 중 가장 괄목할 만한 사실은 대부분 죽음이 병원 시설 내에서 이루어진다는 점이다. "서구의 의학이 신화 속의 영웅처럼 불구대천의 원수로 규정한 인간의 필멸성과 용맹스러운 전투를 치루고 있다"(Nuland 265). 눌난드Shewin Nuland가 제시하듯, "우리는 죽음의 예술art of dying 시대에 사는 게 아니라 목숨구하기 기술art of saving life 시대"(265)에 살고 있다. 죽음은 의료공학화되었다medicalized. 죽음의 문화를 이제 의료종사자들이 주도하게 되면서 죽음에 대한 묘사나 비유도 의료화되어 버렸다. 죽음은 더 이상 꿈이나 여행 또는 고치에서 탈각하기 등 인간적이고 낭만적인 메타포가 아니다. "경보발동coded"이란 의료공학적 용어부터 지극히 냉소적인 유머에서 나온 "PBAB"(Pine Box at Bedside), "Circling"(선회함), 그리고 "lost"(망실했다), "gone"(가버렸다) 등의 일상적 표현이 있다.

경보발동이란 병원 경보체계에서 보통 생명이 걸린 중요한 사건이 발생하고 있다고 의료진에게 경보를 발할 때 사용하는 용어이다(예를 들면, 청색경보 심장미비, 황색경보 병원회제). 그러면 의료진은 경보팀에 배속되고 '경보발동된' 고객에게 CPR(심폐기능소생법) 같은 조치의 책임을 진다. PBAB는 "Pine Box at Bedside"(병상 곁의 사과궤짝)의 약어인데 여기서 물론 사과궤짝은 쓰레기통 대용이든지 아니면 환자가 죽으면 들어가야 할 나무 관을 의미한다. 임종 직전의 환자를 가리키는 "선회한다"는 표현은 죽은 시체 위를 파먹기 위해 그 위를 선회하고 있는 말똥가리의 모습을 비유한 것이다. 얼핏 유머스럽게 보이지만 사실은 매우 냉소적인 메타포이다. 인간은 결국 죽으면 사과궤짝에나 실려 갈 쓰레기 같은 존재가 아니면 맹금들이 파먹을 시체에 불과하다.

1부

영혼과 구원의 문제

1장 영혼의 존재

2장 사후세계와 구원의 문제

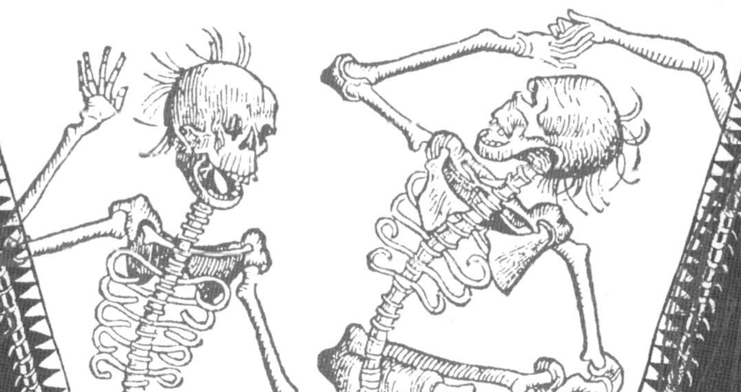

❖1장❖

영혼의 존재

장사 지내는 날 영구차가 움직이기 시작할 때,

내가 세상을 떠나기 괴로워한다고 생각하지 마라.

곡을 하면서 "애고애고 하지 마라". 그러면 악마의 덫에 빠지고 그야 말로 애고 아뿔싸야.

내 관을 보면서 "이별이별 그러지 마라". 언젠가 우리는 재회하고 결합할 것이니.

입관하면서 "안녕안녕 그러지 마라". 무덤은 천상의 재결합에 드리워진 베일일 따름.

하관하는 걸 보면서 비상하는 모습을 그려 보라.

일몰과 월몰이 해와 달을 손상시키던가?

서산으로 넘어가는 것처럼 보이지만 그건 다시 떠오르는 것이야.

무덤이 감옥처럼 보이지만 영혼에겐 해방구야.

대지 속으로 심어졌던 씨앗 중에 싹트지 않은 씨앗을 본 적 있는가?

그렇다면 인간의 씨앗에 대해선 왜 의심을 품는가?

우물에 내린 두레박이 찰랑찰랑 물로 채워져서 오르지 않는 경우를 보았는가?

왜 사악한 마음으로 우물 탓을 하는가.

이쪽 이야기엔 입을 닫고 저쪽 말만 전하고 있으니 아무리 의기양양
하게 떠들어도 네 이야기는 허공에 산산히 흩어져 버릴 것이다.

(Jalal Al-Din Rumi 151)

잘랄 알딘 루미(Jalal Al-Din Rumi, 1207-1273)는 사후 세계를 의심하는 사람들에게 알기 쉬운 자연현상에 빗대어 영원불멸을 설파한다. 사실 자연은 인간에게 모든 것은 영원히 되풀이될 따름이지 사멸하지 않는다는 걸 명확히 보여 준다. 당나라 시인 유정지의 「대비백두옹代悲白頭翁」이란 시도 "연연세세 화상사 세세연연 인부동年年世世 花相似 世世年年 人不同"이란 절창을 통해 자연의 영원한 회귀와 극명하게 대비되는 인간의 유한성을 노래한다. "해마다 해가 바뀌면 꽃은 똑같이 피는데, 해가 가고 또 갈수록 사람은 같을 수가 없다." 여기서 사람이 같을 수 없다는 건 봄꽃 앞에 서 있는 사람이 작년에 비하여 몰라볼 정도로 훌쩍 늙고 변해 버렸다는 의미도 있지만 보다 깊은 속뜻은 작년 봄에 꽃 앞에 서 있던 그 사람, 이제는 더 이상 이 세상 사람이 아니라는 데 있다. 그리하여 유정지 시의 화자는 자연은 영원히 반복되는데 인간은 한 번 가고 나면 끝이라고 한탄한다. 이에 반해 루미는 인간도 자연처럼 영원히 거듭나는 존재라고 믿는 것이다. 달이 지면 잠깐 눈에서 사라졌을 뿐 다시 온전히 떠오르고 밀알이 땅속에 묻혀 썩으면 싹을 틔워 그 존재를 드러내고 우물 속에 드리워진 두레박은 이내 찰랑찰랑 물을 채우고 올라온다. 이처럼 인간도 자연의 일부로 영원불멸의 순회를 하고 있는 것이다.

자연과 인간의 원초적 교감을 믿는 인문주의자 괴테도 물론 영혼의 불멸을 믿었으며 철학자가 이에 대해 연역적으로 추론하는 자체를 못마땅하게 생각했다.

> 나로서는 내 영혼의 영원불멸이 나의 활동에 대한 개념으로 증명된다. 내가 죽을 때까지 쉬지 않고 일을 해 나간다면 현재 존재가 더 이상 나의 영혼을 지탱할 수 없을 때 자연은 또 다른 존재 양태를 주지 않을 수 없다고 생각한다.
>
> (Goethe 168)

그러나 대부분의 영혼불멸론자들은 이러한 자연순리자라기보다 특정 종교의 내세관에 깊이 빠져 있는 신앙인들이다. 가령 월터 롤리 경Sir Walter Raleigh 같은 경우,

> 어두운 침묵의 무덤에서
> 우리의 온갖 방황이 끝나면
> 우리 세월의 이야기를 밀봉해 버리는 분.
> 그 흙과 무덤 그리고 먼지로부터
> 주님은 나를 일으켜 세우실 거로 믿는다.
>
> Who in the dark and silent grave
> When we have wandered all our ways
> Shut up the story of our days.
> And from which earth and grave and dust
> The Lord shall raise me up, I trust.
>
> (Sir Walter Raleigh, "Even such is time")

캠피언Thomas Campion은 오히려 죽기 전 이 세상 항해가 세상 풍파로 더욱 순례자를 녹초로 만들기에 어서 빨리 죽음이란 안식의 항구에 닻을 내리고 싶어 한다고 노래한다. 항구에 도착하면 천국 세계가 펼쳐지

리라 믿는다.

하늘나라 고귀한 천국의 즐거움은 언제나 만발하고
차가운 늙음으로 우리의 귀가 멀고 뿌연 김으로 우리의 눈이 흐려지지 않을 것이니.
영광이 햇빛이 무색할 정도로 빛나며 그 빛살은 축복받은 자만 볼 수 있나니.
어서 오세요. 영광스러운 주님이시여, 그리고 나의 영혼을 그대에게로 올려 주십시오.

Ever-blooming are the joys of Heaven's high paradise,
Cold age deafs not there our ears, nor vapour dims our eyes,
Glory there the sun outshines, whose beams the blessèd only see.
O come quickly, glorious Lord, and raise my sprite to thee.
(Thomas Campion, "O come quickly")

이처럼 영혼불멸설이 아무런 의심을 받지 않고 일상적으로 통용되던 시대에도 믿음과 상식 사이의 갈등은 항상 존재했다. 영혼불멸설에서 가장 곤혹스러운 질문은 사후 존재post-mortem existence와 임종 전 존재pre-mortem existence 사이의 동일성 내지는 연속성의 문제이다. 최소한 우리는 우리가 알고 있던 임종 직전의 육체를 고스란히 갖춘 상태에서 영생을 누릴 수는 없다. 왜냐하면 시체는 부패하여 흙으로 돌아가기 때문이다. 그리하여 혹자는 이 관계를 호수에 비유한다. "우리는 호수와 같다. 완전히 바닥까지 말라붙었다가 다시 채워지는 호수처럼"(Nielsen 3). 인간의 몸에 비유하자면 사후에 육체가 비록 부패하여 호수의 물처럼 사라진다 해도 절대자로부터 생명을 다시 부여받는 순간 호수에는 새로운 물이 어느덧 가득 차서 넘실거리리라는 것. 이와 같은 영혼불멸에 대한 확고한 믿음이 있었기에 인류 역사상 많은 순교자들이 자신들의 목숨을 초개처럼 내놓았을 것이다. 토마스 모아Thomas More도 단두대에서 도끼를 든 망나니에게 이르길 "여보게, 자네의 직무를 두려워 말게, 자네는 나를 하나님에게 보내니까"(Robert Bolt, *A Man for All Seasons*, Act II)라고 하였다.

그러나 이런 매혹적인 비유와 순교적 신념에도 불구하고 대부분의 중생들은 루미나 다른 순교자들이 지녔던 불멸에 대한 확신을 갖지 못하며, 따라서 생자필멸에 대한 두려움을 쉽게 떨쳐 버리지 못한다. 인류 역사를 통해 수많은 진리들이 설파되고 검증과 실천을 거쳐 한동안 위세를 떨친 적은 있지만, 어느 것 하나 영고성쇠의 과정을 거치지 않은 진리는 없었다. 그러나 단 한 번의 예외 없이 만고불변의 원리로 정착된 진리가 있다면 그건 생자필멸이다. 이 지상에서 누구 하나 영생을 누려 이 법칙을 깨트린 사람은 없다. 이 숭고에 가까운 압도적 진리 앞에서 모든 유한한 존재는 벌린 입을 다물 수 없다. 시간의 조력을 구해 때로는 해변의 파도처럼 무심하게, 때로는 로마 군단처럼 죽음은 일호의 차차 없이 인간 존재들을 기격히여 이디론가 데려간다.

어쩌면, 메두사의 눈처럼 냉혹한 죽음 앞에서 정신적으로 육체적으로 피난처를 찾느라 허둥대어 온 것이 인간의 역사일지도 모른다. 스포츠나 의학으로 육체적인 성벽을 쌓고 철학 종교로 정신적인 대피처를 마련하였으나, 인간의 어떠한 시도도 죽음의 집요한 추적과 공격을 성공적으로 방어하거나 그로부터 도피하지 못했다. 그건 포크너William Faulkner의 『압살롬 압살롬*Absalom Absalom*』에서 섯펜Sutpen의 성 쌓기처럼 허망한 노릇이다. 섯펜은 무지했고 그의 저항은 너무 무모했다.

그리하여 인간이 마지막으로 차마 떨치지 못하고 붙잡는 실낱같은 희망은 영혼불멸설이다. 원시 종교의 우주관으로부터 소크라테스의 내세관 이후 서구를 압도했던 기독교의 세계관에 이르기까지 영혼불멸은 인류의 근본적인 정신적 토대를 이루고 있다. 영혼이 사후 육체처럼 부패 소멸해 버린다면 이 세상은 정말 살 만한 가치가 있을 것인가? 스페인 철학자 우나모스Unamos도 비치듯 "차라리 지옥의 가혹한 형벌이 완전한 존재의 소멸보다는 견딜 만한" 것이다. 인류 역사를 통하여 영혼 소멸설이 지배적이었다면 이렇게 화려한 문화예술이 꽃을 피웠을까? 아니면 어떤 다른 형태의 문화예술이 정립되었을까? 이처럼 죽음과 영혼의 존재 문제는 인류 역사 발전의 가장 핵심적인 화두였다.

이 화두는 자연과학의 유물론적 존재론이 대세를 이루는 20세기에 처해서도 여전히 예술가들의 의식을 사로잡고 있다. 질버트도 이 문제에 대해 배출설expiration과 사멸설 내지는 종식설termination을 제시한다. 영혼이 축소인간의 모습으로 육체를 빠져나온다고 믿는 배출설은 전통적인 기독교의 죽음관이다. 그러나 우리 시대에는 육체가 멸하면 영혼도 동반 종식한다는 종식설이 대세를 이루고 있다. 파스칼은 영혼이 불멸일지 사멸일지 아무도 모르므로 차라리 불멸의 패에 돈을 걸면 사멸패가 이기더라도 손해 보는 게 없고 불멸이면 더더욱 좋은데 만약 사멸패에 운명을 걸면 만약 불멸일 경우 엄청난 재난, 즉 천벌을 받게 되니 무지인 상태에서는 불멸패에 운명을 걸라는 도박론을 설파한 바 있다. 그러나 과학주의에 빠진 현대인들은 그의 충고에 더 이상 귀 기울이지 않는다.

20세기에 와서는 보다 현실적인 불멸관이 더욱 설득력을 갖는 듯 보인다. 가령 리프톤Lifton이 분류한 불멸의 유형에 대해 알아보자. 그는 다섯 가지 유형의 불멸 가능성을 제시한다. 1) 생물학적 불멸biological immortality, 2) 공동체적 불멸communal immortality, 3) 창조적 불멸creative immortality, 4) 의학적 불멸medical immortality, 5) 신학적·종교적 불멸religious immortality이 그것이다(Schachter 48 재인용). 앞의 네 가지 불멸 방식은 영혼이나 종교의 힘을 빌지 않더라도 실제적으로 가능한 불멸이다. 생물학적 불멸은 종족 유지 본능을 발휘하여 유전자를 후손들에게 전승하는 방식을 의미한다. 공동체 불멸은 사회역사적 공헌을 통해 공동체의 기억 속에 오래도록 남아 전승되는 것이고, 창조적 불멸은 예술 작품이나 저서 등을 통하여 일종의 불멸을 누리는 것이며, 의학적 불멸은 장기이식을 통한 신체 일부의 불멸을 지칭한다.

신체 일부의 불멸에서도 포스트모던 변용이 있다. 우리가 살고 있는 포스트모던 시대의 불멸은 료타르와 제임슨이 주장하듯 규칙위반paralogy과 패스티쉬pastiche의 불멸관이다. 그리하여 화가 블랙크너Ross Bleckner는 자신의 조수로 하여금 자신이 죽으면 유해를 갈아 부수게 하여 그 분말을 "페인팅 오일 통 속에 혼합하여" 자기가 좋아하는 10명의 화가들에게 배분하여 그들이 "그 혼합오일을 사용하여… 집단 전시회에 전시될 예술을 창작하면… 그것이 바로 나의 내세이며 집단 전시회"라고 선언했다(Gilbert 123 재인용). 유전자는 아니지만 뼈라는 육체적 물질이 반영구적으로 전승되는 생물학적 내지는 의학적 불멸과 예술 작품의 불멸을 믿는 창조적 불멸의 조합이 허무 냉소적인 패러로지나 패스티쉬 기법을 통해 비감하게 전해진다.

그러나 이 다섯 가지 불멸관에서 가장 가슴에 와 닿는 불멸은 종교적 불멸이다. 서구 사회의 경우 신학적·종교적 불멸은 성경에 그려진 영혼불멸과 사후 지복에 대한 믿음으로 생기는 불멸관으로 인류 역사를 통해 가장 강력한 전통으로 아직도 면면히 전해지고 있다. 후손이든 공동체든 후대의 추종자든 제3자에 의한 본인의 존재 증명은 충분하지 않다. 완전한 불멸은 본인이 직접 체험하는 삶이어야 하는 것이다. 그리하여 기독교적 불멸의 전통은 여전히 매력적이며 오늘날까지도 대중들의 뇌리 속에 깊이 박혀 있다. 그 결과 불멸에 대한 객관적·합리적 평가와 대중적인 주관적 믿음 사이에는 상당한 괴리가 드러난다.

> 1997년 3월 미국 성인 1,018명을 상대로 조사한 타임지/CNN 전화 여론 조사에 의하면… 조사자 81퍼센트가 '천국의 존재를 믿었고 그들이 죽으면 하나님과 더불어 영원히 살 거'라고 믿으며 그중 67퍼센트는 '천국은 우리 위쪽에 위치하고 있'고 93퍼센트가 그 영토에서 천사들을 만날 수 있을 거라 고대하며 79퍼센트가 베드로를 만나게 되고, 43퍼센트가 하프 음악을 듣고, 36퍼센트가 성인의 후광을 기대하고 있다고 답했다.
>
> (Gilbert 122)

나아가서는,

> 오늘날 미국에서 가장 날개 돋친 듯이 팔리는 베스트셀러는 기독교 근본주의자이며 강성 우파 투사 티모씨 라헤이Timothy LaHaye의 열두 권짜리 유작 시리즈이다. 라헤이의 휴거설Rapture을 문자 그대로 신봉하는 이들은 곧 자신들이 '옷이 벗겨지고 들어 올려 저 하늘나라로 이송되어' 그곳에서 정치적·종교적 반대자들이 역경에 시달리는 모습을 볼 수 있을 것으로 기대했다.
>
> (Gilbert 122)

불멸은 기독교의 존재론에만 국한된 것은 아니다. 죽음과 불멸에 대한 인류의 체계적 명상은 그 연원이 깊으며 그리스-로마시대의 철학까지 올라간다. 소크라테스, 플라톤, 에피쿠로스, 에픽테토스, 그리고 루크레티우스의 죽음과 불멸에 대한 철학적 명상을 소개함으로써 서양 문학에 나타난 죽음의 얼굴을 대면하는 여정을 출범해 보기로 한다.

1. 영혼의 여행: 소크라테스

소크라테스는 아폴로 신전으로 떠난 봉헌선이 아테네로 귀향할 때까지 모든 사형집행이 중지된 덕분에 며칠 더 지상에 머무를 수 있는 합법적인 허락을 얻게 된다. 그동안 시작을 연습하여 몇 편의 시를 쓰기도 한다. 죽음에 임박한 소크라테스는 이솝의 우화를 운문으로 바꾸는 작업과 아폴론을 찬미하는 시쓰기 작업을 병행한다. 왜 갑자기 시를 쓰려고 하는지에 대한 질문에 소크라테스의 대답은 "어떤 꿈의 의미에 대해 품었던 망설임을 해소하기 위한"(8)[1] 방법으로 시를 썼다고 한다. 즉 꿈에서 자주 "소질을 계발하여 시가*mousikē*를 만들어라"(9)라는 예시를 받는데, 여태까지는 본인이 철학이라는 "최고의 고상한 시가"를 평생 연주하고 있다고 생각하여 무시했지만 이 축제 기간 동안 사형이 연장되어 혼자 곰곰이 생각해 보니 꿈의 예시가 실제 시가일 수 있다는 생각에 미쳐 몇 개의 시를 썼다고 토로한다. 또 시를 쓰려면 "사건을 꾸며 내야" 하는데 허구를 만들 자신이 없어 이솝의 우화를 차용하여 시를 썼다고 한다. 그리고 아폴로 신 축제 기간에 신에 대한 예찬 시도 올리며 생의 낙조를 장식했다.

그러나 만약 소크라테스가 본인의 철학에 대한 시적 형상화를 제대로 했더라면 아래와 같은 시를 창작했을 것이다.

> 불쌍한 영혼이여, 내 죄 많은 흙덩어리의 중심이며
> 이 반도들의 주군이면서도 그들의 배치명령에 복종한 결과

1 사용한 텍스트는 그루버(G. M. Grube)가 번역한 Plato. *Phaedo*. Trans. G. M. A. Grube (Indianapolis: Hackett Pubs. Co., 1977). 이후 본문에서는 면수만 표시한다.

그대의 외벽은 그토록 사치스럽게 치장시키고는
정작 왜 그대의 내면은 수척해 가며 결핍증을 앓는가?

왜 그런 엄청난 비용을 들여 가며 그렇게 짧은 지상의 임차 기간 동안
그 퇴락하는 저택에 돈을 쏟아 붓는가?
이 비대한 몸뚱이의 상속자들인 구더기들이
그대의 전세금을 다 먹어 치울까? 그게 그대의 몸의 끝인가?

그렇다면 영혼이여, 그대 육체 하인의 손실을 먹고 살게나.
걔네들이 시들어 가도록 내버려 두라. 그대의 재산은 증식될 테니
찌꺼기의 시간들을 내다 파는 신성한 계약을 하시오.
바깥을 화려하게 꾸미느니 안으로 자양분을 가득 채우도록 하시오.

그리하여 인간을 취식하는 죽음을 먹어 버리면
죽음이 죽어 버리니 더 이상 죽음이 어디 있겠는가?

Poor soul, the centre of my sinful earth,
Lord of these rebel powers that thee array,
Why dost thou pine within and suffer dearth,
Painting thy outward walls so costly gay?
Why so large cost, having so short a lease,
Dost thou upon thy fading mansion spend?
Shall worms, inheritors of this excess,
Eat up thy charge? Is this thy body's end?
Then soul, live thou upon thy servant's loss,
And let that pine to aggravate thy store;

Buy terms divine in selling hours of dross;
Within be fed, without be rich no more:
So shall thou feed on Death, that feeds on men,
And Death once dead, there's no more dying then.
(W. Shakespeare, Sonnet 146)

시 속의 화자가 영혼에게 말을 건넨다. 원래 인간은 영혼과 육체로 이루어져 있는데, 영혼이 흙덩어리에 불과한 육체에게 너무 착취를 당한다는 것이다. 육체는 영혼이란 고귀한 성을 침노하는 반군이며 오랑캐이다. 소네트의 화자가 보기에 너무도 어리석게, 영혼은 이 반군들을 기름지게 먹이고는 정작 자신의 성 속 아군들은 쫄쫄 굶기고 있다. 또한 영혼과 육체는 곧 이별을 하기로 예정되어 있는데 영혼은 육체라는 집에 천년만년 살 것처럼 착각하고 있다. 그리하여 지상에서의 짧은 체류 기간 동안 전셋집에 살면서 어리석게도 영혼은 자기 소유도 아닌 수택에 그것도 허물어진 집에 돈을 쏟아 붓고 있다. 화자가 보기에 참으로 어리석은 짓이다. 그렇게 전셋집 육체를 튼튼하고 기름지게 리모델링해 보았자 무덤 속 구더기에게만 좋은 일 시키는 것이다. 차라리 하인인 육체의 배를 굶게 하든지 하인 수를 줄여서 알짜 재산을 늘리라고 충고한다. 나아가서 육체의 만족과 쾌락을 위해 허비한 찌꺼기 시간들을 청산하고 새로운 신성한 계약을 맺으라고 권한다. 그리하여 내면의 영혼을 기름지게 하면 그건 마치 사람을 잡아먹는 죽음을 오히려 잡아먹어 버리는 셈이니 더 이상 죽음이 있을 수 있겠는가라고 부추긴다.

『파이돈*Phaedo*』에 나오는 소크라테스의 대화는 바로 영혼을 살찌워 죽음을 초월하자는 내용이다. 소크라테스의 영혼불멸에 대한 관념은 그가 사약을 받기 전에 벌어졌던 일련의 재판과정에서 주고받았던 대화와 친구나 제자들과의 옥중 대화에 들어 있는 내용을 플라톤이 정리하고 때로는 완전한 허구의 세계로 재창조한 『파이돈』, 『변론*Apology*』, 『크리톤*Crito*』 세 편의 책에 남아 있다. 특히 『파이돈』은 죽기 몇 시간 전 기록이라 그 심원한 철학적 의미에 못지않게 대화의 구조가 지닌 연극적인 흡인력도 많은 문학연구자들을 매료시켜 왔다. 물론 주지하다시피 다른 두 작품과 마찬가지로 『파이돈』은 상당 부분 객관적인 대화의 채록이 아니라 플라톤의 사상이 깊이 배어 있는, 즉 소크라테스를 주인공으로 플라톤이 창작한 일종의 픽션이며 드라마이다. 따라서 가장 합리적인 작품 수용 방식은 소크라테스와 플라톤의 두 사상이 매끄럽게 교직된 텍스트로 보는 것이다.[2]

셰익스피어 소네트 146의 화자처럼 소크라테스는 죽음을 "영혼과 육체의 분리"(12)라고 단정 짓는다. 그리고 바로 화제를 쾌락의 문제로 돌린다. 죽음에서 영혼과 육체의 문제가 거론되다가 갑자기 동떨어진 쾌락의 문제를 거론하면 당황스럽기 마련이다. 이러한 논리 전개는 소크라테스 산파술의 특징이다. 이미 대화의 종착점을 알고 있는 그리스 철인은 단지 논리 전개상의 조금 선행하는 개념을 제시하여 청자로 하여금 당황하게 하고 다시 제자리로 돌아와 선후개념을 연결시키는 것이다. 일종의 소피스트적인 토론 전략이다.

쾌락이란 주제는 죽음과 논리적 긴밀도가 다소 떨어진다. 그러나 쾌락을 육체의 소관으로 돌림으로써 청자들의 고개를 끄덕이게 만든다. "철학자는 쾌락에 대해 신경을 써야 하는가? 가령 쾌락이라는 게

2 역사적 인물로서 소크라테스와 플라톤의 허구(대화편) 속 소크라테스의 동일성 논란에 대해서는 Gregory Vlastos. *Ironist and Moral Philosopher* (New York: Cornell UP, 1991) 참조. 저자는 대화편에 나오는 소크라테스가 각 작품 내에서는 동일성을 유지하지만 작품이 달라지면 전혀 다른 인물(가령 제3자인 아리스토텔레스에 흡사할 정도)로 변모한다고 주장하면서 소크라테스 인물의 허구성에 초점을 맞추고 있다(Topping 6 참조).

먹고 마시고 하는 거라면?"(12). 물론 철학자들인 이들의 대답은 당연히 "아니오"이다. 대체로 그들은 처음 아이를 낳는 임산부들처럼 아이를 어떻게 낳을 줄 모르고 산파가 시키는 대로 할 따름이다. 소크라테스는 비약했던 말걸음을 잠시 늦추고 쾌락에 대해 부연 설명을 한다. "쾌락이 육체에 탐닉하는 행위"로서 "명품 의상, 신발, 또는 다른 몸 장식을" 구입하는 데 철학자들이 정신이 팔리겠느냐고 제자들에게 묻는다. 당연히 돌아오는 대답은 "진정한 철학자라면 그것들을 경멸하겠죠"(13)이다. 다시 소크라테스는 뒷걸음쳐서 처음의 영혼의 주제로 돌아온다.[3] "그렇다면 철학자는 육체가 아닌 영혼에만 완전히 몰두하지 않겠는가? 가능한 최대한도로 육체로부터 멀리 떨어져 영혼으로 돌아오려고?"(13) 제자들의 반응은 "당연히 그렇겠죠"이다.

대화의 다음 단계는 다시 상황에서 약간 벗어난 지식이란 새로운 개념의 도입이다. 이도 쾌락과 마찬가지로 죽음과 영혼/육체의 문제와는 다소 거리가 있는 개념이다. 하지만 소크라테스의 결합방식은 매우 절묘하다. 육체가 진리 탐구과정에 참여하도록 권유받으면, 방해자일까 조력자일까? 즉, 눈으로 보고 귀로 들은 게 진리를 구성할 수 있는가? 즉, 눈과 귀는 진리에 대한 신뢰할 만한 증인들인가? 등등의 질문을 던진다. 그러나 이러한 질문들은 소크라테스가 염두에 두고 있는 논증 발전 방향상 이미 핵심적인 이정표 역할을 한다.

만약 육체의 인식 주체인 오관이 사물이나 사건에 대한 엉터리 증인이라면 영혼은 이들과 같이 동거를 하는 한 오판을 거듭할 수밖에 없다. 그리하여 영혼은 감각소여sense data를 모두 폐기처분하고 다만 "이성

3 소크라테스가 영혼의 존재에서 쾌락의 문제로 넘어가는 건 종래의 "오르페우스 종교와 피타고라스 철학"의 영혼관을 비판 계승하는 가운데 플라톤이 '윤리적 통찰(*phronesis*)'이란 새로운 잣대를 도입했기 때문이다(박승찬 82).

적 사고"에 기초하여 인식하고 판단하여야 하는 것이다. 그러기 위하여 육체를 떠나 그와의 교섭을 최대한도로 자제하여 더 이상 육체적 욕망이 일어나지 않게 하고 홀로 오로지 진리 구도에 외골수로 매진해야만 진리에 무사히 도착할 수 있다고 철인은 주장한다.

다음 대화에서 소크라테스는 이데아라는 인간의 오관을 거치지 않는 진리 개념을 설정한다. 즉, 이 세상에 완전무구의 정의와 미와 선이 있다고 가정하고 인간의 감각기관으로는 그 실체를 파악하지 못한다고 설파한다. 지식, 진리는 결국 완전무구의 정의, 미, 선을 가리키며 이에 대한 인식과정에서 발견되는 인간의 오관의 한계를 지적하고 있다. 육체적 감관이란 게 지식과 진리를 인식하지 못하고 오히려 그 과정을 훼방 놓기에 영혼이나 정신은 육체와 소원한 관계를 유지하는 정도에 그쳐서는 안 되고 육체를 질병으로 취급해야 한다고 소크라테스는 주장한다. 여기서 우리는 철인의 육체에 대한 결벽증적 혐오를 읽을 수 있다. "우리가 육체 속에 있는 한, 영혼이 육체의 악에 감염되어 버린 한 우리가 열망하는 것, 우리가 진리라고 굳게 믿고 있는 것에 결코 도달하지 못할 것이다. 육체는 자신의 자양분 취득을 위해 수천 가지 방식으로 우리를 분주하게 만든다. 게다가 그러다가 병이라도 덜컥 걸리면 우리의 진리에 대한 탐구는 더 이상 진행될 수 없다"(15). 계속하여 소크라테스는 전쟁이나 분열 모두 육체로부터 그 화근이 주어지며 결국 전쟁도 인간의 몸에 봉사하는 재물을 획득하기 위해 시발된다고 주장한다.

따라서 소크라테스가 보기에 이 지상의 삶은 육체 챙기기에 급급해 하는 찌꺼기의 시간이며 매우 안타까운 기간이다. 영혼이 그 자체로 사물을 관조하여 지혜를 얻어야 하는데 육체가 우리의 탐구과정에 온갖 소동과 혼란을 초래하여 결국 "죽음 이후에나" 우리의 염원을 달성할 수 있을 것이라고 본다. 그리하여 살아 있을 동안에는 "우리는 육체와 가능한 한 최소한도의 접촉과 교류를 하고, 육체적 욕망에 허우적대지 않고 신이 우리를 기꺼이 해방시킬 그날까지 우리 자신들을 순수하게 보존하여 지식에 최대한도로 가까워지도록 노력해야 한다"는 것이다(15).

어느덧 결론은 진정한 철학자에게 죽음은 불행이 아니라 영혼을 괴롭히는 육체로부터 해방시켜 주는 신의 축복이라는 것이다. 대화 첫머리에 죽음을 영혼과 육체의 단절이라고 정의를 내리고서는 대화를 통해 철학하기 또한 바로 그 단절과정이라는 명제를 도출한 후, 고로 철학은 바로 죽음연습*melete thanatou*이란 궤변적인 삼단 논법을 완성한다.

소크라테스가 죽음에 대해 두려움을 갖지 않고 의연하게 대하는 것은 따라서 너무도 당연하다. 이 세상을 살아가면서 구도에 매진한 철학자의 실천 방식이 영혼을 육체로부터 떼어 놓는 것인데, 굳이 고행을 하며 애를 쓰지 않아도 이제 절대자가 자연스럽게 영혼을 육체로부터 해방시켜 주니 불감청 고소원이다. 이러한 영혼관이 전제하는 것은 저 세상에서도 계속 영혼의 구도 실천이 가능하다는 비전이다. 그리하여 현세에서 열심히 구도에 정진하여 영혼을 정화시키면 내세에서 훌륭한 스승과 동학들을 마찬가지로 만날 수 있을 것이다.

그러나 케베스는 우리 범부와 마찬가지로 영혼의 불멸에 대해 의심을 품는다. "사람들은 영혼에 관한 한 의심을 감추지 못합니다. 영혼이 육체를 떠나면 그 어디에도 머무르지 못한다고 믿고 있는 거죠. 임종 그날로 영혼은 사멸하고 끝장나고 육체로부터 해방이 되는 바로 그 순간 공기나 연기처럼 뿜어 나와 날아가다 자취도 없이 사라져 버리는 건 아닌지"(18). 그리하여 소크라테스에게 불멸의 증거를 보여 주십사 하고 청한다.

영원불멸의 이데아와 교섭하는 영혼이 갖는 불멸성이란 첫 번째 증거에 덧붙여 영혼의 불멸성에 대한 철인의 두 번째 증거는 평이하게 제시된다. 고대의 가르침에 따르면 영혼은 일단 내세로 갔다가 다시 현세로 환생하는데, 이에 따르면 내세에 영혼은 반드시 존재해야 한다. 그래야만 영혼이 다시 태어날 수 있으니까라고 운을 뗀다. 그러나 소크라테스도 이에 대한 물증이 없으므로 다른 증거를 찾는다. 그리하여 제기된 문제를 인간을 넘어서 동물, 식물 등 모든 중생에게로 확장시킨다. 여기서 철인의 가설은 대립쌍을 지닌 모든 만물은 그 반대 대생對生, the opposite으로부터 생성된다. 즉 선과 악, 정의와 부정의 등 수많은 대생들이 대립관계에서 생성되고 있다. "확대되는 것은 이 전에 축소되고 난 뒤 비로소 확대될 수밖에 없다"(19)라고 설명한다. 가령 A와 -A가 대립쌍을 이루고 있으면 이 둘은 서로 완전히 절연된 관계가 아니며 끊임없이 A는 -A를 만들어 내고 -A는 A를 만들어 나간다. 대립쌍의 변전 순환이 만물의 생성 원리이다. 만약 가역반응에 의한 순환이 일어나지 않고 생성이 한쪽 방향으로만 진행하면 그건 모든 존재의 멸존을 의미한다.

이 모든 보편적 대립 속에, 이 대립극에서 저 대립극으로 왔다가 다시 돌아가는 두 개 사이에 중간과정이 존재한다. 가령 삶의 대립극은 죽음인데 잠의 경우를 보자면 잠과 깸의 사이에 두 개의 중간과정이 존재한다. 잠에 빠지는 경우와 잠에서 깨어나는 경우가 그것이다. 죽음과 삶의 대립쌍도 마찬가지이다. 죽음은 태어남의 중간과정을 거쳐 삶을 생성하고 삶은 죽어감의 중간과정을 거쳐 죽음을 생성한다. 이 둘은 서로가 존재하기 위한 서로의 필요충분조건이다. 토핑Rhan Topping의 설명처럼 "만약 사물들이 자신의 반대 형태로 돌아오지 않는다면(살아 있는 존재가 마침내 죽은 존재가 되고 또 그 반대로 되고), 어느 시점에서 만물이 어떠한 형태에서 정지되면서 생성이 더 이상 불가능해지며 만물이 어느 순간에 사멸할 것이다"(22). 따라서 소크라테스의 영혼의 불멸에 대한 두 번째 반증은 삶이 죽음으로부터 존재를 부여받음으로 내세에 영혼이 존재한다는 것이다. 우리는 두 개의 중간과정, 죽어감과 태어남을 직접 눈으로 확인함으로써 이 가설을 신뢰할 수 있다.[4]

분위기가 무르익어 영혼불멸에 대한 세 번째 증거는 케베스가 제시한다. 즉, 모든 학습은 현세에서 새롭게 배우고 익혀가는 것이 아니라 이미 전생에서 배운 것을 다만 상기想起, *anamnesis*할 따름이다. 케베스가 말하듯 "지식이 단순히 상기라는 것, 이게 사실이라면 우리가 지금 상기하는 것을 익혔다는 사실이며 이는 우리가 인간의 형체를 부여받기 전에 우리 영혼이 어딘가에 존재했을 경우에만 가능함"(22)을 반드시 상정해야 한다. 여기서 소크라테스가 의미하는 상기는 유사한 사물이나 사건끼리의 연관이 아니라 전혀 다른 종류의 사물이나 사건이라도 동일한 환경에서 포착되는 일종의 연상작용이다. 즉 어떤 악기를 보았을 때 유사한 악기를 떠올리는 과정이 상기가 아니라, 그 악기를 연주한 연주자를 연상할 때 우리는 그걸 상기작용이라고 부를 수 있는 것이다.

미, 평등, 정의, 선에 대한 지식을 우리가 태어나기 전에 이미 습득했고 또 그 습득 주체가 영혼이란 건 확실하지만 실제 삶에서, 특히 오관을 통하여 관찰된 바는 이러한 가설과 반드시 일치하지 않는다. 태어나기 전에 습득되었다면 어린아이는 완벽한 미, 정의, 선에 대한 개

4 도핑은 소크라테스의 상극실에 기초한 생명의 원칙(a principle of life) 또는 순환이 모순이라고 주장한다. 즉, "만약 죽은 자가 깨어 있는 의식을 보지한다면 우리는 어떤 방식으로 그를 죽었다고 간주할 수 있는가?"(22)라고 토핑은 되묻는다. 그러나 그의 비판은 과녁을 벗어났다. 사후 육체와 완전 절연된 불멸의 영혼의 존재를 믿는 소크라테스에게 이는 문제가 되지 않는다. 죽음은 육체의 죽음일 뿐 육체와 분리된 영혼은 육체의 감관에 의존하지 않는 깨어 있는 의식으로 계속 존재한다. 그 의식 또는 영혼은 다만 빙의할 수 있는 새로운 육체를 기다리고 있을 따름이다. 단적인 예로 그 육체는 영혼의 기질에 따라 동물의 몸도 될 수 있다고 소크라테스 자신이 대화 뒤편에서 언급하고 있다.

념을 지니고 있어야 하는데 우리는 이에 쉽게 동의할 수 없고, 죽어서 영혼이 이러한 지식을 지니고 다른 삶을 계속 영위하면서 살아가야 하는데 우리는 이에 대한 탄탄한 증거도 가지고 있지 않다. 일종의 난관에 봉착한 것처럼 보이는 상황에서 소크라테스는 다른 출구를 찾는다. 그리하여 우리의 감관기관으로 인식되지 않는 절대선, 절대미 등 "만물의 절대 본질an absolute essence of all things"을 상정함으로써 이러한 절대 본질을 "선존재적 태생적 소유preexistent and inborn possession"로 규정한다. 인간의 감관으로 파악할 수 없는 절대 본질을 상정함으로써 현실의 관찰의 한계를 지적하고 난관을 해결한다.

개별자로서 사물들은 어느 것 하나 동일한 게 없이 제각기 다르지만 우리는 그 개별자에 대해 포괄적인 이름을 붙인다. 산 또는 물이라고. 그러나 개별자 입장에서 보면 이건 매우 부당한 이름 붙이기이다. 백두산과 남산은 형체나 크기에서 완전 다른 존재이다. 남산은 오히려 언덕에 가까운 존재이다. 나아가 엄청난 얼음 조각을 빙산이라고 부르면 모든 지상에 있는 산들은 의아해 할 것이다. 그리하여 산은 산이 아니고 물은 물이 아니다. 소크라테스에 의하면, 그러나 모든 인간은 산에 대한 동일성의 이데아 또는 실체Reality 개념을 이미 전생에서 획득했으며 상기작용에 의해 산과 물의 차이를 인지한다. 우리가 현세에서 여러 형태의 개별적 산들을 보고서 귀납법 과정을 거쳐 산이라는 포괄적 개념을 갖게 된 것이 아니라고 주장한다. 그리하여 "우리는 우리가 동일한 대상들을 처음으로 보기 전에 이 모든 대상들이 동일자the Equal에 되도록 가까워지도록 노력하지만 이 점에서 결핍되었다고 깨닫기 위해 동일성에 대한 지식을 소지해야 한다"(25). 즉, 개별자에 대한 감관적인 인식이 있기 전에 산의 이데아에 대한 관념을 태어나기 전에 이미 소지하고 있어야 한다는 의미이다. 그리하여 탄생이란 사건에 의해 산에 대한 완벽한 관념을 잠시 망각했지만 그 후 산에 관련한 감관작용을 통해 전생에 지녔던 지식을 회복하게 된다. 그리하여 감관작용에 의한 "학습이 우리 자신의 지식을 회복하는 것이며 바로 이 과정이 상기가 아니겠는가"(26)라고 철인은 규정한다. 현세에서의 상기과정을 인정한다면 태생 전 영혼의 존재와 그 불멸성을 인정하지 않을 수 없다는 논리이다.

여유를 가진 소크라테스는 죽음을 앞둔 상태에서도 농담을 하며 좌중의 무거운 분위기를 떨치기도 한다. 심미아스가 죽은 뒤 영혼의 존재 여부에 대해 의심을 품자, 소크라테스는 "특히 하늘이 고요하지 않고 폭풍우 치는 날 우연히 죽게 되면 영혼이 육체를 벗어나자마자 바람이 몰아쳐 그걸 날려 버리고 산산히 흩어지게 할까 봐 그걸 자네는 두려워하는 거지"(28)라고 농담을 던진다. 여기서 소크라테스는 복합체와 단일체의 구분을 한다. 복합체는 해체 변화하지만 단일체는 불변한다. 따라서 복합체인 개별자들, 가령 인간, 자연물, 말, 의상 등은 감관의 대상이므로 무상한 변화를 겪게 되지만 절대 본질은 단일체로서 인간의 감관으로 파악할 수 없는 영원불변의 존재이다.

인간의 육체는 시각으로 인식되는 가변적인 존재에 속하고 영혼은 인간의 감관을 초월한 불변의 존재이다.[5] 즉, 영혼은 "신적이며 불멸이며 지성적이며 단일하고 용해되지 않고 항상 그 자체를 유지하나 육체는 인간적이며 유한하며 다양한 형체를 취하고 비지성적이며 용해 가능하고 결코 일관성 있게 동일성을 유지하지 못한다"(31). 그러나 이러한 불멸과 항상성을 지닌 영혼도 인간의 오관에 따라 움직이기 시작하면, 즉 육체의 감각소여에 기초하여 판단하는 삶을 영위하면, "영혼도 육체에 이끌려 변전의 세계에 들면 방황하고 혼돈에 빠지게 되며 술 취한 듯 비틀거린다"(30)라고 소크라테스는 영혼의 세속적 오염 가능

5 소크라테스가 지칭하는 영혼은 '진리 자체', '지성', '이성', '삶의 원리' 등 다양하다. 그가 열거하는 영혼의 다양한 속성에 대해선 Gallop(2002) 참조.

성에 대해 경고한다. 따라서 이 세상의 영혼들이 모든 동일한 위상을 가지고 있지 않다. 다만 부단히 자신의 영혼을 갈고닦아 정화시키는 철학자나 구도자의 영혼이야말로 절대 본질을 인식할 수 있는 것이다. 따라서 철학하기는 육체적 감관의 세계를 빠져나와 "순수, 영원, 불멸, 불변"(30)의 세계에 침잠하는 행위이다. 이런 영혼을 그는 "윤리적 통찰" 또는 "지혜*phronesis*"라 부른다.

여기서 소크라테스의 영혼과 육체 분리는 수많은 반대에 부딪힌다. 현대의학이 밝혀주는 과학적 사실과 소크라테스의 철학적 명상은 서로 배치된다. 스케어Scarre도 플라톤의 영혼관의 모순을 지적하고 있다.

> 만약 플라톤의 이야기가 사실이라면 어찌하여 그런 신체적 손상을 입었는데 의식 담당하는 지적인 영혼이 외견상 폐쇄되는 현상이 수반되는가? 영혼이 진정으로 독립적이고 자족적이라면 육체에 무슨 일이 발생했건 그 기능을 수행해야 한다. … 그러나 부분 뇌손상이 발생하면 영혼은 적절하게 기능하지 못하지만 뇌에 관련된 모든 활동이 제거되면 영혼은 오히려 최고도로 활발하게 기능한다는 주장은 올바른 정신으로는 선뜻 수긍하기 힘든 가설이다.
>
> (15)

어쨌든 "영혼 같은 비물질적 실체"(15)의 상정은 매우 많은 문제점을 안고 있다.

그러나 이 문제도 이데아의 상기과정처럼 해결될 수 있다. 즉, 유아기 때 인간은 전생의 기억을 망각한 채 지낸다. 그러나 청소년기 교육을 통해 상기절차를 밟아 사물에 대한 전생의 완벽한 이데아 개념을 회복하게 된다. 뇌의 부분 손상에 의해 영혼이 외견상 마치 부분적으로 파괴소멸한 듯 보이지만 뇌의 육체적 부분과는 분리되고 독립되어 존재하는 단일체로서의 영혼은 손상을 입지 않고 물러나 있다. 다만 육체와 관련된, 가령 감각소여를 수용 해석하는 그 통상적 기능을 중지했을 따름이다. 그리하여 정화된 철학적 영혼은 뇌손상으로 인한 혼수상태에서 비록 통상적 기능을 수행하지 못하지만 육체가 완전히 소멸한 후 자유로운 인식주체로 변신하여 감각소여가 아닌 이데아와 관련된 철학적 명상과 담론을 즐긴다.

영혼과는 달리 육체는 시각으로 인지할 수 있다. 죽은 뒤 시체로 지상에 남아 부패하여 흙으로 돌아가는 육체의 해체과정을 우리는 목도할 수 있다. 영혼도 육체를 이탈할 때 바람에 흩날려서 공기 속으로 사라져 버리는 게 아니냐고 심미아스는 걱정하지만 육체적 하자瑕疵를 갖지 않는 지혜의 영혼은 평소의 삶에서도 육체와의 교류를 삼가고 항상 영혼의 이성적인 사고활동을 지속해 왔으므로 결국 철학의 본질은 죽음학에 있지 않느냐고 철인은 제자들에게 되묻는다. 즉, 죽음의 정의가 영혼이 육체를 이탈하는 현상이라면 평소에도 육체로부터 이탈하려는 구도 작업을 하는 철학자는 죽음연습을 평소 실천하고 있는 것이다.

여기서 소크라테스는 사후 영혼에 대한 행로를 예시한다. 물론 기독교인처럼 천국/연옥/지옥으로 엄밀하게 세분화하지 않지만 지혜의 순수 영혼은 육체를 이탈한 후 "열락의 경지에 든다. 인간의 어리석음과 오류, 공포, 격정 등 모든 인간적 악으로부터 해방되어 먼저 간 선인들 경우처럼 신들의 세상에 거주하게 된다"(32). 한편, "오염된 영혼은 육체 이탈 시 불순하였고 평소에 항상 육체의 친구와 종으로 지내 오면서 육체의 욕망과 쾌락에 탐닉하여 진리는 육욕을 만족시켜 주는 촉각, 시각, 미각 등 육체적 형태로 존재한다고 굳게 믿기에"(32) 그 욕망에 걸맞는 사후 환생을 거친다고 주장한다.

때로는 무덤 주위를 떠도는 세속의 욕망, 즉 업보가 풀리지 않은 중음신shadowy phantoms으로 떠돌다 "다른 몸으로 빙의하든지", 때로는 육욕의 성격에 따라 가령 식탐gluttony이나 음주 폭력적 성격은 당나귀로, 불의, 독재, 약탈 경향의 포악성은 늑대나 매 등으로, 그리고 부드럽고 절제하는 성격이 철학을 닦지 못했을 경우엔 벌, 풍뎅이, 개미 내지는 유약한 인간으로 환생한다. 이처럼 모든 영혼이 열락을 누리는 건 아니다. 철학을 닦지 못하면 신의 세계로는 결코 나아가지 못한다. 사후세계의 비전에서 소크라테스는 BC 600년경 오르페우스Orpheus에 의해 창단되었다고 알려진 오르페우스 밀교Orphism에 의존하는 듯하다. 오르페우스 밀교는 육체적 존재와 불멸의 영혼이란 이원론을 신봉하는데 "영혼이 육체의 몸을 빌린 것은 원초적인 위반을 범한 탓이다. 그러나 현세에서의 처신이 내세의 삶을 결정한다. 즉, 오르페우스 밀교는 환생의 순환철학이므로 영혼이 다른 인간이나 동물의 몸으로 환생한다고 믿는다"(Bardis 28).

죽음이 다가오면서 소크라테스는 다이몬의 영향 아래 신기가 들리고 흥이 나서 매우 시적으로 철학하기/죽음연습을 찬양한다. 철학자(애지자)는 지상의 삶이 육체의 감옥에 수감되어 육체에 목을 매고 영위하는 감옥생활임을 깨닫는다. 수인들은 진정한 세상을 보지 못하고 감방 창살로 통한 세계만 보게 된다. 철학은 그 갇힌 영혼에게 인간의 오관이 저지르는 사기행위에 대해 경고하고 "무지의 진흙탕에서 허우적대지 않도록"(33), 즉 영혼 자신의 본래 청정한 모습을 볼 수 있도록 도와주는 훈련이다. 윤노빈은 이 과정을 "깨끗이 씻음*katharsis*"이라고 정의내리며, "가급적이면 육체로부터 혼*psyche*을 분리시키고 그것을 육체적 접촉으로부터 격리하여 정신을 집중시키는 것 또는 독립시키는 것"(302)이라고 설명한다.

소크라테스는 자신의 마지막 설법을 백조의 절명가에 비유한다. 사람들은 "죽음에 대한 공포 때문에 백조가 자신의 죽음을 애도하며 슬픈 노래를 부른다고 거짓말을 퍼뜨리지만"(35) 죽기 전 부르는 백조의 절명가야말로 모든 심혼을 기울인 환희의 송가이다. 왜냐하면, 백조는 자신이 모시고 있는 아폴론의 영감을 받아 그의 부름이 애도할 일이 아닌 기꺼워할 소식임을 알기 때문이다. 백조보다 영감이 모자라지 않고 신을 공경하는 소크라테스 자신이 죽음을 앞두고 이렇게 흥겹게 토론하는 건 매우 당연한 것이다.

영혼의 불멸에 대한 토론은 그러나 이로써 막을 내리지 못한다. 심미아스와 케베스가 아직도 궁극적인 질문에 대한 의심을 떨쳐 버리지 못했기 때문이다. 심미아스는 영혼과 육체의 관계에 대하여, 케베스는 사후영혼의 불멸에 대하여 보충 질의를 한다. 심미아스는 현악기 리라와 그것이 만들어 내는 하모니의 관계에 대해 설명을 한다. "하모니는 비가시적 존재로서 형체를 지니지 않고 조율된 리라 속에서 아름답고 신성한 반면, 리라 그 자체와 그 현은 물질과 형체를 가지며 복합적이고 지상의 사물로 유한한 존재와 가깝다"(36). 그리하여 하모니는 보이지 않고 완벽하며 신성하니 인간의 영혼에 빗댈 수 있으며 리라는 나무와 금속현으로 만들어져 부서지기 쉬우니 인간의 육체에 견줄 만하다. 이 경우, 리라의 현이 끊어지고 본체가 부서져도 그 하모니는 인간의 영혼처럼 존속해야 하는데 오히려 리라의 현과 목재 파편이 하모니보다 더 오래 잔존하게 되니 어찌 인간의 영혼이 육체의 소멸 너머 존재한다고 할 수 있겠는가라고 질문을 던진다.

소크라테스는 하모니/리라의 관계가 영혼/육체의 관계와 근본적으로 다르다고 설명한다. 철인은 그 차이를 상기과정에 대한 토론에서 찾는다. 즉, 지식은 상기에 의해 회복되고 영혼은 우리의 육체에 의해 감싸지기 전에 이미 다른 곳에서 그 자체로 존재한다. 그러나 심미아스의 하모니-영혼 유추에 따르면 하모니를 리라 현악기의 물질적 구성요소의 소산으로 간주하므로 악기 존재 전에 하모니의 선험적 존재를 인정할 수 없다. 그렇다면 당연히 하모니와 영혼은 동일한 반열에 놓일 수 없다. 나아가서 하모니와 영혼이 동일할 수 없는 또 하나의 이유는 하모니는 리라의 모든 구성요소의 산물이므로 "그들이 화음을 이루는 방식"에 달려 있고 따라서 비가시적인 하모니는 가시적이고 물질적인 리라라는 구성요소에 추종적인 노예에 불과하다. 그러나 고행자들이 육체의 욕구를 억누르고 금욕수행하는 행위에서 알다시피 영혼은 육체를 추종하지는 않는다. 바로 그 차이에 의해 애초부터 영혼과 하모니, 리라와 육체를 대립쌍으로 놓고 논의하는 것은 자체 모순이 된다는 것이 철인의 주장이다.[6] 또한 하모니는 리라의 구성요소로 이루어진 복합체이므로 변화 사멸되지만 영혼은 육체와는 분리된 단일체이기 때문에(물론 독립체임에도 불구하고 오염될 여지는 있지만) 동일하지 않다. 마지막으로 이데아의 관점에서 추론하여도 상기과정을 통해 파악되는 진리는 물질에서 만들어지는 음악과는 구별된다. 그 진리는 선험적으로 존재하며 물질이 없어도 만물의 본질태로서 존재 가능하기 때문이다.

심미아스의 하모니-영혼 유추 문제에 대한 논박을 성공적으로 완수한 철인은 이제 케베스의 의문, 영혼의 파멸불가능과 불멸성에 대한 논증을 수행해야 한다. 케베스는 "영혼이 인간의 육체로 유입되는 순간 육체는 마치 병에 걸린 양 파괴되기 시작하며 비탄의 삶을 영위하다 결국에는 소위 임종 시에 파괴되어 버린다"(46)고 본다. 이걸 증명하기 위해 소크라테스는 자신의 수련과정을 회상한다. 젊었을 적 만물의 이

6 여기서 문제가 되는 건 하모니의 개념에 대한 심미아스와 소크라테스의 인식 차이이다. 장경춘의 해석에 따르면, "심미아스가 악기나 조각이나 그림에 하모니아가 있다고 언급하듯이(86 c7), 그의 하모니아는 물체의 구성요소에 의존한다(92 a8-9). 심미아스의 하모니아와 대조적으로 소크라테스가 제시한 하모니아는 신체적 구성요소가 아닌 심리적 구성원소(욕구와 기개와 지성과 같은 것)로 이루어진 하모니아이다"(109).

치를 파악하기 위해 자연과학에 몰입하였다.[7] 그러나 실험훈련과 기구의 부족, 그리고 육안 관찰의 한계로 인해 소기의 목표를 달성하지 못하고 오히려 기존의 확신까지 위태롭게 되는 곤궁에 처하게 되었다. 구원의 손길은 "만물을 지시하고 그 원인이 되는 건 정신*nous*"(48)이라는 아낙사고라스의 명제였다. 그러나 이 철학자가 정작 사물이나 현상을 설명할 때는 정신을 그 원인으로 삼지 않고 공기나 에테르, 물 등 물질을 현상의 원인으로 제시하고 있어서 소크라테스는 크게 실망한다. 즉, 아낙사고라스가 현상의 부분적인 원인만 밝혀 줄 뿐이지 근본적 원인은 규명하지 못한다고 분석한다. 비유하자면 자기가 이렇게 영혼과 육체의 존재방식에 기초한 죽음현상을 규명하는 행위의 원인을 나의 근육과 뼈와 살이 빚어 낸 이 앉은 자세에서 찾는다면 그건 너무 "어처구니없는"(49) 논증이다. 물론 그런 자세를 취할 수 없다면 이러한 강론이 불가능한 건 사실이지만 진정한 근본적 원인이 될 수 없다는 건 자명한 이치이다.

그러나 정확한 관찰 수단이나 방법이 미비한 상태에서 사물의 핵심을 정면으로 응시할 수 없었다. 비유컨대 일식 때 물 위에 반사된 해를 보지 않고 육안으로 태양을 정면으로 응시하다 시력을 잃는 경우가 왕왕 있으므로 나도 내 영혼이 장님이 안 되도록 일단 육체적 오관에 기대어 사물을 관찰해 왔다고 술회한다. 그리고 그 이미지를 해석하기 위해 "언어를 수단으로 사물의 진리를 규명하고 토론 속에 도피해야"(50) 하는 약점을 인정한다. 물론 "사실fact"을 다루지 않고 "이미지"

7 후에 이 작업은 루크레티우스에 의해 비록 전근대적인 방법이지만 부분적으로 이루어진다. 아마 소크라테스가 현대에 부활한다면 만물의 근원과 생성을 탐구하는 자연과학자로 환생할지 모른다. 마음의 학문인 철학을 추구한 이유는 본인이 밝혔다시피 결국 과학 연구의 환경이 조성 안 된 탓이기 때문이다. 물론 루크레티우스의 과학 유물론적 방법도 치명적 한계를 지니고 있다(Vavilov 22; Bailey 291 참조).

만 다루는 데서 그 약점은 더욱 심각해진다. 그러나 이러한 방법론을 고수하여 진정한 원인에 해당하는 진리라고 추정되는 강력한 가설을 세우고 하나하나 구체적 검증을 해 가는 연역법 진리 규명을 시도했다. 영혼의 불멸도 이러한 연역법에 의해 증명된다.

첫 번째 가설은 모든 현상은 절대 본질의 영향 아래 존재하는 부분 현상이라는 것이다. 누군가가 무엇이 아름답다고beautiful 하면 소크라테스에게 그 이유는 그것이 미의 이데아를 어느 정도 공유하기share 때문이다. 그리하여 그것이 아름다운 건 구체적으로 모종의 색깔과 형태를 지녔기 때문이라는 주장에 대해 그는 개의치 않는다. 다만 우직하게 이 개별체가 아름다운 근거로 아름다운 자질을 구체적으로 드는 대신 그는 아름다움이란 이데아가 그 개별체에 참여하여 현존하고 있다고만 되풀이할 따름이다. 그리하여 모든 현상을 낳게 하는 원인은 바로 절대 본질 이데아이다. 가령 누구 키가 누구보다 머리 하나만큼 크다고 할 때 원인은 머리 하나가 아니라 "크다"라는 본질이다. "크다"라는 절대 이데아가 이러한 현상을 낳게 한 것이다. 그리하여 그 자리에 동석했던 제자들은 모두 이데아의 존재와 중요성에 대해 동감했다.

영혼의 불멸에 대한 증명은 특이한 논리에 의해 이루어진다. 어떤 현상은 절대 불변의 이데아를 보존하면 희석되지 않는다. 가령 3이 홀수라면 3은 그 홀수임을 버릴 수 없다. 중간 단계는 있을 수 없다. 가령 차가움인 눈을 열기가 침입하여 녹이면 차가움이 따뜻함으로 변하거나 소멸하는 게 아니라 차가움의 이데아가 영향을 입지 않고 다른 곳으로 피해 버린 것이다. 영혼이란 자신의 처소에 삶의 기운을 불러일으키는 존재인데 죽음은 삶과 대극을 이루고 있다. 따라서 영혼은 자신이 불러온 삶에 대극적인 죽음을 용납하지 않을 것이다. 여기서 죽음을 용납하지 않는 존재를 불멸이라고 부른다면 "불멸도 마찬가지이다. 불멸 또한 만약 파멸되지 않는다면, 죽음에 의해 공격당한 영혼이 파멸할 수 없다"(57). 왜냐하면 영혼이 죽음을 수용하지 않을 것이기 때문이다. 앞에서 거론한 홀수, 차가움, 뜨거움처럼 이 세상에 불멸의 존재, 가령 "신이나 삶의 본질적 형태(이데아), 일반적인 불멸의 존재들"(57)을 살펴보면 더욱더 확신이 갈 것이다. 그리하여, "죽음이 인간을 공격하면 그의 유한한 부분은 죽을 것이나 그의 불멸의 부분은 죽음이 접근하면 그에게 자리를 물려주고 물러나서 안전하고 온전하게 보존될 것이다"(57-8). 따라서 영혼은 삶의 대극인 죽음을 수용할 수 없고 불멸도 죽음을 수용할 수 없으므로 영혼은 불멸이다.

영혼이 불멸이지만 모든 영혼이 정화된 이성적 영혼은 아니다. 감관적 쾌락에 미혹되어 병든 영혼도 존재한다. 병든 영혼의 불멸은 오히려 불행한 사태의 연장이다. 소크라테스도 이 점에 유의하여 병들고 사악한 영혼들 입장에선 죽음, 즉 육체와 더불어 영혼이 사멸됨으로써 모든 것이 청산되고 소멸되길 바랄 것이나 이들 영혼은 불행하게도 파괴되지 않는다. 모든 영혼들은 각자 자신이 수도한 이승의 "지혜 함양과 교육"(58)에 따라 축복과 형벌의 운명이 갈라진다고 하였다.

> 현명하고 성인한 영혼은 인내자를 따라가서는 자신의 주위 환경이 낯설지 않음을 깨닫지만, 조금 전 말한 것처럼 육체에 열정적으로 집착하는 영혼은 시체와 가시적 세계를 오랫동안 떠나지 못하고 떠돌다 온갖 고초를 겪은 후 마침내 억지로 담당 귀신의 완력에 의해 끌려간다. 불순한 행위를 저지른 불순한 영혼은 불의의 살인을 저지른 사람들이나 이와 비슷하거나 동일한 부류의 영혼의 다른 범죄를 저지른 자들 무리에 끼이게 된다. 모든 사람들은 그를 회피하고 동반자나 안내자 역할을 사양하여 그런 영혼은 길을 잃고 완전히 외롭게 방황하다 어떤 시점에 이르러 강제로 자신에게 합당한 처소로 안내된다. (59)

여기 소크라테스의 비전은 티베트의 『사자의 서』를 떠올리게 한다.[8]

소크라테스의 내세는 단순히 상상 속의 그림이 아니라 실제 지도상에 위치한다. 그곳에는 지구상에서 가장 큰 강 오세아누스Oceanus가 흐르고 그 반대편의 아케론Acheron 강이 지하로 흘러 들어가는 입구에 펼쳐진 아케론 호수로부터 대부분의 영혼들이 잠시 대기하다 몸을 부여받고 다시 현세로 태어나게 된다. 그러나 극악무도한 죄를 저지른 자들은 화염이 타오르는 진흙탕 강인 피리프레게톤Pyriphlegethon이 흘러 들어가는 타르타로스Tartaros로 내동댕이쳐지며 다시 환생하지 못한다. 소크라테스는 심미아스에게 "심미아스야, 우리는 살아가면서 덕성과 지혜를 나눠 갖도록 최선을 다해야 한다. 왜냐하면 보상은 아름답고 희망은 원대하기 때문이다"(64)라고 애정 어린 충고를 한다. 철인에 의하면,

> 지극히 경건한 삶을 보낸 걸로 판단되는 사람들은 마치 감옥에서 석방되듯이 지상의 지역으로부터 풀려나고 해방된다. 그리고 순수한 처소로 나아가서 지상의 표면에서 거처하게 된다. 철학으로 충분하게 자신들을 정화시킨 사람들은 미래에 육체를 완전히 여의고 살게 된다. 그들은 명확히 표현하기도 힘들지만 지금보다 훨씬 더 아름다운 처소로 나아가게 된다.
>
> (64)

8 지하세계로 여행하는 사자(死者)는 악의 카르마 작용으로 "신성한 푸른 빛"을 두려워하는데 이 빛은 바이로차나(Vairochana)란 은총의 빛이므로 오히려 즐겁게 맞아야 한다. 이 빛의 가피(加被)로 "바르도(Bardo)의 위험한 통로 매복"을 벗어나야 한다. 만약 디바스(devas)의 흐릿한 백색 빛에 미혹되어 집착하면 "그대는 디바스의 처소를 방황하게 되고 여섯 로카스(Lokas) 소용돌이에 빨려들어 가게 되어" 마침내 "자유의 행로"에서 이탈하는 불행에 처하게 된다(Evans-Wetz 107).

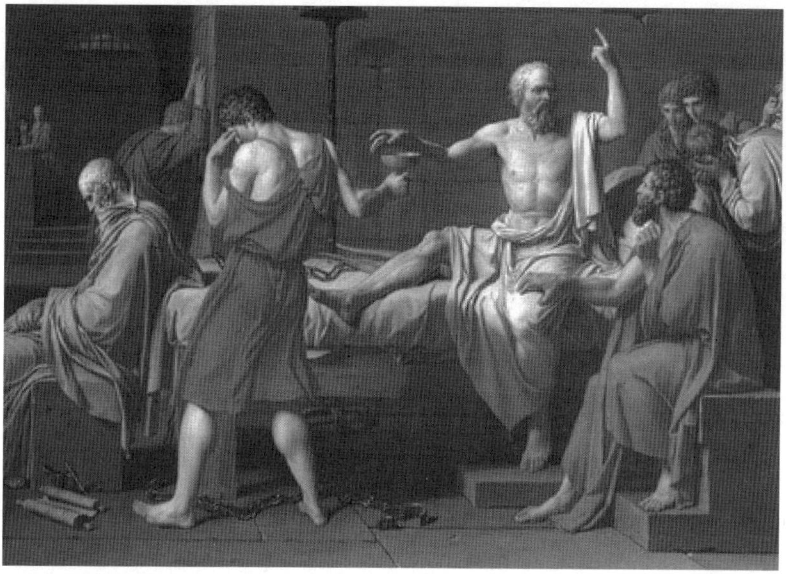

소크라테스의 죽음

그리하여 사약을 마실 시간이 다가와서 크리톤이 "어떻게 매장하길 원하십니까?" 물으니, 소크라테스는 조용히 웃으면서 "여기 너에게 말을 걸고 있으며 모든 지시를 하고 있는 이 소크라테스가 바로 나라는 걸 크리톤에게 설득할 길이 없군. 이 친구는 곧 시체 상태로 보게 될 물건을 나라고 믿고 나를 어떻게 매장할거냐고 묻고 있군"(65). 그리하여 크리톤의 불신을 없애기 위해 파이돈에게 자기를 대신하여 그의 서약서를 받도록 부탁한다. "내가 죽은 후 나는 머물지 않을 것이며 떠나갈 것이라고. 그리하여 크리톤이 내 육체가 화장되거나 매장되는 걸 볼 때 나로 인해 화를 내지 않고 보다 편안하게 받아들일 수 있도록"(65).

2. 쾌락주의와 스토아주의: 에피쿠로스와 에픽테토스

1) 영혼과 육체

물질적 존재인 육체와 오묘하게 결합되어 있는 영혼이 스스로를 육체와 분리된 독립된 존재라고 선언한다면 어디까지 그 진실을 믿을 수 있는가? 소크라테스의 말처럼 육체적 하자가 배제된 영원불멸의 영혼은 존재하는가? 아니면 육체의 물질적 작용의 소산으로 영혼이란 망상delusion이 생겨난 것일까? 유심론자나 종교인들에 의해 그 존재의 추인을 받은 자유의지를 지니면서 육화되지 않은incorporeal 영혼의 존재는 인류 역사상 가장 거대한 허구일 수 있다.

영혼(마음)/육체의 상호 관련성에 대해 엄청난 양의 잉크가 소비되어 왔다. 플라내건Owen Flanagan의 『영혼의 문제점*The Problems of the Soul*』에 개진된 영혼론도 그런 논지 중의 하나이다. 플라내건은 자유의지를 가진 영혼적 존재인 인간을 주장하는 인본주의humanist 이미지와 자연도태에 의해 진화해 온 동물이 인간이며 육체를 구성했던 화학 원소들이 사후에 다시 자연계로 환원되는 물질적 존재로서의 인간을 주장하는 과학적scientific 이미지, 이 빙탄불상용의 양대 이미지가 대립하고 있다고 주장한다.[9] 과학주의자들은 독립적인 영혼이 육체와 상호작용한다는 관

9 영혼/육체의 관련성에 대한 양대 이론은 학자에 따라 다른 용어를 차용한다. 케이건(Shelly Kagan)은 예일대 "죽음" 강의에서 영혼/육체 분리는 이원론(Dualism), 영혼의 육체 종속은 물질론(Physicalism)으로 부른다. 케이건도 "육화되지 않은 영혼(unbodied soul)"이란 일종의 환상(illusion)에 불과하며 영혼은 궁극적으로(아직 과학적으로 완전히 규명된 것은 아니지만) 육체적 작용의 소산일 따름이라고 주장한다(Shelly Kagan. #2 Death: Yale Lecture. Youtube).

념을 부정하면서, 이를 라일Gilbert Ryle은 "기계 속의 유령 신화", 다마시오Antonio Damasio는 "데카르트의 실책"이라고 부른다(Flanagan ix-xi). 플라내건은 영혼과 그에 부수되는 치장물을 걸치지 않아도 인간은 합리적으로 "의식하는 사회적 동물"로서 도덕적으로 의미 있게 살아갈 수 있다고 주장하는 이성적 과학주의 입장을 견지한다.

영혼/육체의 관계에 대한 획기적인 가설은 데카르트의 송과선gland 이론이다. 요약하면 영혼이 무언가를 욕구하면 자기와 밀접하게 결합된 작은 송과선으로 하여금 이 욕망에 관련된 효과를 창출할 수 있도록 영혼은 작동된다. 즉, 데카르트의 가설에 따르면 영혼은 두뇌와 마음이라는 분리 독립된 두 요소로 구성되어 있다. "첫째, 각 개인은 두뇌와 나머지 육체와 상호작용하면서 육화되지 않은 마음을 지니고 있다. 상호작용은 쌍방향이다. 한편에서 육체가 자신의 내면 상태와 외부 세계의 상태에 대한 정보를 마음에게 전해 주면, 다른 편에서는 마음이 모종의 행위 실천을 수행 또는 거부하도록 두뇌에 명령을 하달한다. 둘째, 개별 마음은 자유의지 기능을 구비하고 있다. 이 기능이 무엇을 의욕할 것인지 어떻게 의욕할 것인지는 과학적 설명의 대상이 아니다. 과학은 물질적인 대상과 인과법칙을 받는 대상만 설명할 수 있다"(Flanagan 59). 데카르트의 수고로운 노력에도 불구하고 마음과 두뇌의 역할 구분은 축소영혼의 경우와 마찬가지로 두뇌 위에 다시 마음을 상정하는 옥상옥의 오류를 피할 수 없다. 플라내건이 취한 입장은 대부분의 현대철학자가 그렇듯이 과학적 이미지의 손을 들어 주는 것이었다. 덧붙여 윤리적 입장에서 영혼과 신의 존재가 허구라고 인정해도 여전히 인간의 품격과 도덕성을 고양시킬 수 있는 미래의 프로젝트 전망은 밝다고 플라내건은 주장한다.

그러나 대부분 보통 사람들은 영혼과 신이 우리 일상사에서 증발해 버린다면 극심한 혼란과 아노미가 닥쳐올 것이라고 믿는다. 최소한의 도덕적 제어 장치가 붕괴되면서 야기된 가치관의 혼란과 허무주의에 의해 세상은 약육강식의 범죄소굴로 화할 것이라 믿는다. 그러한 두려움 외에 인간들은 경험법칙상으로도 자신들이 생물학적 존재 이상의 실존이라고 믿는다. 600만 년 전 유인원에서 분리된 이후 호모 사피엔스가 축적한 위대한 업적은 과학적 규명만으로는 밝혀질 수 없는 위대한 인간적 상상력의 발현이며 이 점에서 다른 동물들과 동일한 차원에서 논의되는 것은 어불성설이라 믿는다. 인간의 상상력이 시간과 공간의 제약을 벗어나 무한히 확장되듯 우리의 영혼도 육체라는 비아속체(에픽테토스의 개념)와는 달리 생물 물리적 법칙의 지배하에서 벗어난 존재이다. 따라서 영고성쇠를 겪지 않고 자유롭고 영원불멸의 존재이길 바란다.

근본적으로 이러한 소망은 죽음에 대한 공포와 연결되어 있다. 무한한 우주의 생성 행로 위에 찍은 보이지도 않는 점 하나에 불과한 인생이며 한 방울의 독약에도 전 존재가 사라져 버리는 취약한 인간이 영혼불멸의 상태를 상상적으로 그려 본다는 건 너무나 당연한 일이다. 그리고 파스칼의 도박처럼 영혼의 존재 유무에 대해 불확실할 경우엔 영혼의 존재라는 패에 거는 것이 이익이다. 영혼이 존재하지 않을 경우에도 무방하지만 만약 존재할 경우엔 엄청난 실착을 회피할 수 있기 때문이다. 쿤데라도 파스칼처럼 이 점을 꼬집으면서, 누구나 죽어 사라진다는 건 인간의 기본체험인데도 불구하고 그걸 수용하고 이에 걸맞게 행동하지 않는 황당한 삶이 무책임하게 계속된다고 한탄한다.

현실적으로는 영원불멸로 초월하는 힘을 가장 훼방 놓는 존재가 육체이다. 의심할 바 없이 육체 자체는 생물학의 법칙에 따라 개체 필멸의 과정을 거친다. 따라서 불멸은 영혼의 문제로 귀착되며 소크라테스의 『파이돈』에서 보듯이 육체를 영혼에서 따로 떼어 내야만 불멸의 문제를 다룰 수 있다. 실제로 삶을 살아가는 과정에서 육체는 끊임없이 욕구를 일으켜 정신을 사납게 한다. 눈, 귀, 코, 혀, 몸, 의식 등이 욕구하는 대상은 무궁무진하고 그걸 그때마다 제공하여 해소시켜 주지 않으면 야단 발광을 한다. 영혼은 육체의 반란과 난동에 지쳐서 파김치가 되어 자신의 고유한 영역을 꽃피울 능력을 완전히 상실해 버린다. 불교에서는 사신불매四臣不昧라고 하여 인간의 감각기관인 눈, 귀, 코, 혀는 마음의 신하인데 이들이 전해 주는 간언(감각소여)에 현혹되어 잘못된 판단을 하지 말도록 충고한다.

그리하여 더더욱 영혼을 육체로부터 떼어 낼 필요성이 있는 것이다. 그러면 이제 모든 건 단순해진다. 모든 삶의 흐트러짐과 소위 죄짐을 육체에게 덮어씌우기만 하면 되는 것이다. 육체는 시체가 되고 영혼은 하나의 숨결이 되어 몸 밖으로 나와 영혼의 영원한 안식처로 가면 된다. 아래 에피쿠로스, 에픽테토스와 루크레티우스편은 바로 육체와 영혼의 분리/결합 화두를 각각 철학적으로 성찰한 글이다. 에피쿠로스, 루크레티우스는 영혼이 물질적 작용의 소산이므로 육체의 사멸과 동시에 영혼이 소멸하는 것으로 보았다. 반면, 영혼을 전생, 현세, 내세에 걸쳐 환생을 통하여 동물이나 인간의 몸에 빙의하거나, 또는 신들의 세계로 이주하는 정결한 영혼이 되어 불멸을 누리는 존재로 본 철학자는 소크라테스, 플라톤과 에픽테토스이다.

2) 죽음의 공포를 치유하는 의사: 에피쿠로스

플라톤(BC 428-347)이 세상을 떠난 직후 5년 뒤에 태어난 에피쿠로스(Epicurus, BC 342-270)는 소크라테스나 플라톤과는 달리 영혼불멸설을 믿지 않았다. 에피쿠로스는 선인들이 자신의 지적 환각 상태에서 영혼을 규정하고 이 영혼이 육체의 사멸 이후에도 영원히 존재할 거라고 상상했을 따름이라고 본다. 또한 설사 영혼이 따로 분리된 존재라고 치더라도 육체가 없으면 영혼은 존재할 수 없으므로 사후 영혼이 활동 인식의 주체가 된다는 건 망상이라고 주장한다.

플라톤에게 죽음은 영혼이 빚쟁이 육체로부터 채무관계를 벗어나는 행복한 사건이다. 사후에 비로소 영혼은 자유롭게 위인이나 신들과 더불어 이데아의 세계를 향유할 수 있다. 반면 에피쿠로스는 육체의 죽음과 동시에 영혼도 사멸한다고 보았다. 그의 유명한 명제에 의하면 "가장 끔찍한 악인 죽음은 우리에게 아무 것도 아니다. 우리가 존재하는 동안 죽음은 현존하지 않았고 죽음이 현존했을 때 우리는 존재하지 않는다. 고로 죽은 자나 산 자에게 그건 아무 것도 아니다. 그것은 전자에겐 현존하지 않으며 후자는 더 이상 존재하지 않기 때문이다"(*ER* 29).[10]

다시 말하여 죽음과 인간 주체는 서로 동시간적으로 조우하여 동침할 수는 없다. 따라서 죽음에 대한 고통을 직접 겪을 수 없는 인간이 죽음에 대한 공포를 느끼는 건 매우 어리석은 짓이다. 이 촌철살인의 명제로 에피쿠로스는 인간이 누릴 수 있는 지상의 행복을 좀먹는 죽음의 공포를 제거하려고 시도하였다. 그가 살았던 헬레니즘 시대에 모든 게 불확실하고 불안한 사람들은 전전긍긍하며 살 수밖에 없었다. 현세나 내세의 확고한 에토스를 밝혀 주는 기독교도 자연계의 법칙을 객관적으로 드러내 주는 과학도 아직 정립되기 전 과도기로서의 헬레니즘

10 사용한 텍스트는 Epicurus. *The Epicurus Reader: Selected Writings and Testimonia* (*ER*). Trans. and Eds. B. Inwood and L. P. Gerson (Indianapolis: Hackett, 1994)와 Epicurus, et al. *The Stoic and Epicurean Philosophers: The Complete Extant Writings of Epicurus Epictetus Lucretius Marcus Aurelius* (*SEP*). Ed. Whitney J. Oates (New York: The Random House, 1940)이다. 편의상 *ER*과 *SEP*로 약식 표기하는데 에피쿠로스 현존 텍스트 성격상 이들 텍스트에 실리지 않은 작품 인용은 소제목이나 재인용으로 처리하였다.

시대는 모든 것이 우연이나 운수소관에 맡겨졌다.

> 수많은 사람들이 세상만사가 운명이나 행운의 여신 운수소관에 전적으로 달려 있다는 비이성적이고 음울하면서도 자포자기적 확신에 사로잡혀 있었다. 모든 인간들이 무관심한 우주 안에서 표류하며 만사가 인간의 통제, 이해, 예측 너머 존재하므로 예측이 불가능하다는 인식이 깊숙이 자리 잡고 있었다. 그리하여 우연 숭배 풍조가 보란 듯이 지중해 연안을 휩쓸었다.
>
> (Gordon 6 재인용)

그리하여 이 시대의 화두는 인간의 이해와 통제를 벗어난 소용돌이 세상에서 어떻게 하면 아타락시아 경지를 누릴 수 있는가였다. 현세의 불확정성 못지않게 그들의 삶을 불안과 공포로 몰고 간 것은 죽음이었다. 인우드Brad Inwood가 진단하듯, "죽음에 대한 걱정은 삶의 체험 구석구석에 짙은 장막을 드리운다. 그 이유인즉 인간들은 사후에도 계속 살아남아 있길 기대하며 그들의 악행을 징벌할지도 모르는 신들에게 겸손과 공포심으로 비위를 맞추려고 하기 때문이며 한편으로는 그들이 사후에 더 이상 존재하지 못할 것이라는 전망으로 슬픔과 두려움에 싸였기 때문이다"(*ER* viii-ix). 이와 같은 인간의 보편적인 정서인 불멸에 대한 희구와 사후세계의 징벌에 대한 두려움을 에피쿠로스는 비이성적이고 어리석은 태도라고 개탄한다. 후대의 에피쿠로스주의자인 필로데무스의 파피로스 저작에 의하면 "신을 두려워하지 마라, 죽음을 걱정하지 마라, 선한 것은 얻기 쉽고 끔찍한 것은 참기 쉽다"(*ER* vii). 이 절에서는 죽음의 공포를 해부하여 인간들을 이로부터 해방시키려는 그의 지적 작업을 1) 영혼/육체론, 2) 신의 존재, 3) 물질론, 4) 죽음관, 그리고 5) 쾌락론으로 세분하여 조명해 보겠다.

① 영혼/육체론

죽음이란 사건은 영혼과 육체의 존재 문제를 결정짓는 획기적인 사건이다. 플라톤에게 죽음이 영혼을 육체의 형역形役으로부터 해방시켜 주는 사건이라면 에피쿠로스는 영혼이 육체와 동시에 동반소멸하는 게 죽음이라고 보았다. 영혼도 육체와 마찬가지로 물질의 구성과 작용이며 그 물질은 바로 우주의 보편적인 구성요소인 원자 결합체이기 때문이다.

에피쿠로스의 물질론은 기본적으로 데모크리투스의 원자론에 기반하고 있다. 그리고 필연적으로 기계론일 수밖에 없다. "원자론자들은 우주를 아래 법칙에 근거한 하나의 거대한 기계로 보았다. 즉, 모든 사건은 서로 부딪치고 밀고 있는 부분들(궁극적으로 원자)의 결과이다. … 운동하는 요소들은 무게(질량)와 운동 때문에 상호 간에 힘을 가한다"(Lillegard 18). 따라서 순수한 물리적 충돌과 상호작용으로 이 세상 현상을 해석하는 원자론은 인과원리에 의존할 수밖에 없다. 에피쿠로스의 기계론 내지는 인과론적 물질관에 따르면 이 세상 모든 현상 속으로 의도, 목적, 나아가서 인간의 자유의지가 끼어들 여지는 사라지게 된다.

그러나 세상은 기계론자들이 보는 것과는 달리 목적론적 해석teleological explanation이 보다 합당한 듯 보일 때도 있다. 가령 릴르가드가 보기를 들듯, 글을 쓰기 위하여 손가락을 움직일 때도 이는 단순한 두뇌나 신경체계에서 일어나는 전기적·물리적 자극에 따라 움직이는 원자 활동이 아니라 인간 속에 무언가 의도, 사고, 영혼 등의 방향성, 목적성이 이들 작용을 시발시켰다고 보는 게 보다 자연스럽다. 그렇다고 이 세상 모든 자연 천체현상까지도 목적론에 귀결시키면 안 될 것이다. 중세 철학자들이 천체현상을 신의 의지로 본 것은 대표적 오류이다(Lillegard 18-9 참조). 따라서 목적론과 기계론을 적용하는 대상에 대한 엄중한 고려가 있어야 할 것이다. 어쨌든 중세 신학자들이 목적론을 극단까지 밀고 갔듯이 에피쿠로스나 루크레티우스도 기계론을 극단까지 몰고 가 인간의 두뇌활동도 의지와 목적을 배제한 순수 원자활동으로 해석하고 있다. 이들 철학자의 주장에 의하면 영혼도 예외 없이 원자들의 활동 그 이상 그 이하도 아니다.[11]

에피쿠로스 이전 고대인들의 영혼에 대한 이미지는 다양했지만 대표적인 이미지는 축소인간*homunculus*이었다. 즉, 축소인간이란 존재가 바로 영혼의 역할을 떠맡았으며 육체의 감관을 통해 수용된 감각소여를 영혼적(이성적)으로 판별하는 기능을 수행한다. 육체와 영혼의 지각, 인식작용을 명확히 구분하려는 이 시도는 또 다시 영혼의 감관기관을 상정해야 하므로 중복적이고 "잉여적"이어서 폐기처분된다. 루크레티우스는 "시각적으로 지각하는 데 축소인간이 필요하다면 한 단계 더 첨가된 기관의 층은 잉여 이상의 폐해가 된다"(*Lucretius* 359-69)라고 진단한다. 루크레티우스가 대신 상정한 이론은 아니무스*animus* 아니마*anima* 가설이다.[12] 루크레티우스의 주장을 현대식으로 풀이하면 지각은 온몸에 퍼져 있는 신경의 말단 부위에서 형성된 자극이 신경회로를 따라 뇌

11 에피쿠로스가 영혼이 원자로 이루어졌다고 가정할 때 당연히 제기되는 문제는 커퍼드(G. B. Kerferd)도 제기한다. "에피쿠로스에게 있어서 영혼이란 의심할 바 없이 물질이며 원자들로 구성되어 있는데 필연적으로 생명, 감각, 사고도 담당한다. 자연에서 일어나는 모든 원자들이 이 세 가지 기능을 모두 또는 일부 담당하는 건 분명히 아니다. 그렇다면 어떤 특정한 원자들이 영혼의 기능들을 이런 식으로 수행하게 하는가? 이것이 이태리어로 영혼의 프시치키타(psichicità)라고 명명되는데 영육매개체(psychicity)란 영어 개념을 주조하고 싶다. 육체의 감관과정 개입방식은 영혼의 감관능력과는 상이하며 이로부터 파생되었다. 영혼은 육체와 동시에 존재하게 되었지만 존재하자마자 육체보다 더욱 근본적인 방식으로 감관기능을 획득했다. 왜냐하면 영혼이 획득한 감관능력을 상실하는 방식과 육체가 이를 상실하는 방식에 차이가 있기 때문이다. 어떻게 빈 공간에서 운동하는 원자들의 순수하게 기계적인 조합으로 생물체의 질서정연한 구조와 천체들의 규칙적 운동을 설명할 수 있겠는가?"(83).

12 이에 대한 자세한 설명은 이 책 1부 1장 3. 루크레티우스편 참조.

로 이송되고 뇌에서 영혼적(이성적) 판단을 거치게 되는 과정을 총칭하는 말이다. 루크레티우스의 육체와 영혼에 대한 정치한 이론도 정신적 스승인 에피쿠로스의 이론을 발전시킨 것이다. 자신을 참새에 스승을 백조에, 자신을 아장아장 걷는 어린아이에 스승을 질주하는 경주마에 비유한다. 에피쿠로스의 영혼관에 따르면,

> [영혼은] 전 신체에 걸쳐 분포된 미세한 부분들의 집합구성체로 숨결과 매우 흡사하고 다른 한편으로는 모종의 열기가 융합된 숨결과 유사하다. … 또한 이 [구성요소들]보다 훨씬 미세한 〈제3의〉 부분이 있는데 바로 이 부분 때문에 구성체의 나머지 영역과 긴밀한 조화를 이루고 있다.
>
> (*ER* 13)

여기서 영혼이란 루크레티우스의 아니마에 해당하며 현대의학 개념으로 온몸 구석구석에 퍼져 있는 말단 신경을 지칭한다. 그러나 이 말단 신경만으로 감관작용이 완성되는 건 아니다. 인간의 심장 부위에 위치한다고 추정되는 중추 신경이 그 핵심적 역할을 한다. 에피쿠로스 구분에 따르면, 집합 영혼(아니마에 해당하는)이 손상당하더라도 중추 영혼(아니무스에 해당하는)이 생존하면 지각이 가능하다. 예를 들어 신체의 말단 부분이 절단되어 해당 부위 집합 영혼이 손상을 입게 될 경우에도 핵심 영혼은 그 부위에 대한 감관작용을 수행할 수 있다. 그러나 중추 영혼이 손상되면 설사 집합 영혼이 생존해도 감관작용은 종결될 수밖에 없다(*ER* 13).[13]

13 에피쿠로스도 이 중추 영혼과 집합 영혼에 대해 명확한 구분을 하지 않고 그냥 영혼(soul)과 집합 영혼(aggregate)으로 분리했으며 이를 보다 정치하게 논구한 루크

육화되지 않은 영혼이나 축소인간형 영혼을 부인하게 되면 영혼은 감관작용을 담당하는 주체가 된다. 따라서 감관기관이 기능을 정지하면 그 감각소여를 판별하는 이성(영혼)도 연쇄적으로 기능이 정지되고 사멸하게 된다. 에피쿠로스에게 죽음은 이처럼 육체와 영혼의 구성 원자들의 활동이 정지되어 버리는 사건에 해당한다. 당시 헬레니즘 시대 때 죽음은 영혼이라는 육화되지 않은 실체의 존재 여부를 확인하는 핵심 사건이지만 아울러 신이라는 형이상학적 존재의 증명 문제와도 바로 직결된다. 그렇다면 신은 어떻게 지각되며, 신이 인간의 생사에 어떻게 관여하는가를 살펴보기로 하자.

② 신의 존재에 대해

죽음이 불러일으키는 가장 큰 공포 중 하나는 사후 세계의 징벌이다. 그 징벌의 주체는 물론 초자연적인 존재인 신이다. 이 절대자, 창조주에 대한 관념은 인류 역사를 통해 다양한 얼굴로 등장해 왔다. 여호와, 알라, 하나님을 비롯하여 제우스, 반고般古, 옥황상제에 이르기까지 이 초자연적인 존재에 대한 인간의 외경과 공포는 너무나 압도적이어서 정상적인 현실의 삶 자체를 불가능하게 만들었다. 에피쿠로스는 인간의 삶을 정상적으로 돌려놓고자 하였다. 그는 물론 철저한 무신론자는 아니다. 불가지론에 근접하기는 하지만 그렇다고 불가지론자로 규정할 수도 없다. 그는 이성주의자이며 객관주의자였다. 대부분 사람들이 전과학 단계인 미신에 사로잡혀 자연현상을 해석할 때 그만이 미혹당하지 않고 인간의 이성으로 현상을 해석하려고 노력하였다.

에피쿠로스는 자연현상에 대해 가능하면 신을 개입하지 않고서

레티우스도 단순히 아니무스, 아니마로 구분하면서 라틴어가 그 변별력을 갖지 못한 것을 한탄한다.

설명하려고 하였다. “신은 짐스러운 의무에서 벗어나서 완전히 행복한 존재가 되어야 한다”(오유석, 『쾌락』 99). 왜냐하면 신은 고요한 존재이기 때문이다. 그리하여 그는 자연현상에 대해 가능하면 과학적인 객관적 태도를 견지하며 자연현상의 원인을 규명하려고 한다. 가령 천둥에 대한 그의 설명을 들어 보자. 그에 의하면 천둥은 “바람의 반복된 집적과 압축, 강력한 화염, 그리고 일부의 파열과 지상으로 향하는 바로 그 강력한 폭발의 결과로 발생한다”(*ER* 24). 그러나 천둥에 대한 근대 과학적 설명은 지극히 명쾌하다. 즉, 양전기를 띤 구름과 음전기를 띤 구름의 충돌에 의해 발생할 따름이다. 신의 섭리를 배제하고서 인간의 두뇌로서 어떻게든 규명해 보려는 그의 노력은 가상하나 그의 설명은 명백한 오류이다. 다만 우리는 그의 탈미신적인 규명 노력을 높이 살 뿐이다.

연장선상에서 자연현상에 대해서도 관장하지 않는 신이 어찌 인간행동 일거수일투족에 시시콜콜 선행이다 아니다, 죄에 해당된다 등등 판결을 내리겠는가? 그것은 신의 속성에도 위배된다. 신은 완벽하며 신은 최고의 법열*Eudaimonia*을 누릴 권능과 자격을 가지고 있기 때문이다. 그리하여 키케로의 에피쿠로스 신관 해석에 따르면 “신은 게으르며, 심각하게 매달려야 할 일에는 끼어들지 않으며 고생스러운 일도 떠맡지 않고”(*ER* 53), 저 위에서 법열의 상태에서 조금도 아쉬움을 느끼지 않으며 어떠한 해악으로부터도 자유롭게 모두가 부러워할 만한 복된 삶을 누리고 있을 뿐이다.

릴르가드가 보기에 에피쿠로스는 “실질적 무신론자이며 유물론자이다”.

> 비록 신들이 존재하지만 그들은 전통적인 종교의 신들이 아니다. 그들은 그 자체로 물질적 존재이다. 그들은 우주의 창조나 사태의 관장

에서 어떠한 역할도 담당하지 않는다. 물리적 사건의 설명을 위해 불러올 수도 없다. 다만 그들의 물리적 성질로 인한 지각은 가능할 뿐. 모든 설명은 형식상 기계적이다. 마음과 의도는 우주로부터 행사된다. 목적론적 설명은 완전히 배제된다. 따라서 에피쿠로스는 실질적 무신론자이며 유물론자이다. 신, 영혼, 마음, 그리고 기타 "영적"이라고 가정되는 실체들은 모두 원자 행동으로 환원된다. 지식 그 자체는 감각에 기반하고 있고 그건 전적으로 원자 행동으로 설명된다.
(73)

현대 자연과학의 입장에서 보면 에피쿠로스의 신이란 인격적 신이 아니라 자연을 지배하는 물리적 법칙에 해당한다. 그러면 인간은 어떻게 신을 인식하는가? 플라톤이 신을 인식하는 방식이 이데아 개념에 근거한다면 에피쿠로스의 신은 인간의 감관작용을 통해 인식된다.

플라톤은 인간이 감관과는 완전히 분리된 영혼의 고유 속성에 힘입어 영원한 형식(이데아)에 직접 접근할 수 있다고 믿었다. 에피쿠로스가 본 신과의 직접접근은 이와 대조적으로 여전히 이런 의미에선 경험적이다. 외부 원천으로부터 이미지, 형태, 색깔, 소리들이 전달되듯이 마음으로 전달된 이미지 덕분에 신에 대한 우리의 비전이나 개념은 비로소 가능하다. 그러나 신에 대한 이미지는 너무 미세한 입자이므로 소위 통상의 감각 통로망에 걸리지 않고 통과할 수 있다.
(*ER* 14)

따라서 신에 대한 인식과정은 세 가지 단계를 거친다. 첫 번째 단계는 감각적 체험*aisthesis* 단계이다. 이는 감관을 통해서 수용된 감각소여가 지식의 재료가 되는 단계이다. 두 번째 단계는 시각始覺, *prolepsis*단계이다.[14] 일단 감각소여가 기초 인식 재료가 되기는 하지만 이 재료에 질서를 부여할 인식틀은 이미 선험적으로 인간 주체에게 부여되어 있다. 이 선험적인 체계가 시각이며 이를 릴르가드는 예상도식체계anticipatory schema라고 번역한다. 이는 "감각소여가 친숙한 방식으로 질서화될 수 있도록 해 주는 감각체험을 선행 또는 예상하는 도식체계"(*ER* 22)를 의미한다. 그러나 감각소여에 대한 질서화만으로 신의 인식이 가능한 것은 아니다. 신의 인식은 마지막 단계인 파토스*pathos*, feeling 단계를 거쳐야 한다.

신에 대한 이미지는 너무 미세하므로 인간의 일상 감각적 그물에 걸리지 않고 마음(의식)에 도달한다. 즉, 신의 인식은 직접적 육체감관보다는 거의 창조적 상상력에 가깝다. 그러나 그 이미지를 상상적으로 구축하기 위해서 기존 육체 감관적 이미지들의 복합적 작용이 필요하다. 이 복합과정에 가장 중요한 요소는 인간 사고의 선택적·지향성이다(*ER* 23). 신에 대한 이미지가 기존에 존재하지 않는데 어떻게 선택적·선험적으로 지각 인식될 수 있는가? 에피쿠로스의 기존 저작이 현존하지 않는 상황에서 키케로의 저작 속에 드러난 간접인용을 통하여 그의 신관을 이해해 보자. 이러한 과정은 필연적으로 키케로 저서에 인용된 에피쿠로스 사상에 대한 간접적 이해라는 한계를 지니고 있다. 그러나 그의 저작이 현존하지 않는 상태에서 그나마 최선의 방법일 수밖에 없다.

14 시각(始覺)은 김지하 시인의 용어이다. 시인은 이 인간의 통상적인 감관이 작용하기 전 미리 인식의 틀을 제공해 버리는 신령스러운 시각의 기능을 수운 최제우의 법어에서 다음과 같이 찾는다. "거울이 만리를 비춤에 눈동자가 먼저 깨닫네(鏡投萬里 眸先覺)"를 풀이하면서, "이것은 사물운동을 대상으로서 인식하기 이전에 이미 그 운동의 핵심적 形相을 예감하는 기능이 눈동자 곧 統覺 이전에 살아 움직이며" 그 기능이 시각이다. 즉 "인식 주체와 인식대상의 근원에서 활동하는(氣化) 神靈한 한 기운(一氣)의 本覺(神)이 움직여 그 本覺을 자각적으로 가능하게 하는 始覺(靈)이 활동한다는 것이다"(95). 에피쿠로스도 관찰대상 구성요소의 속성보다 관찰자의 주관적인 인식틀, 예상도식 체계를 인식과정에서 보다 우선순위에 둔 듯하다.

키케로는 에피쿠로스가 일단 유신론자라고 믿는다.[15] "자연 그 자체가 신에 대한 관념을 만인의 영혼 속에 각인시켜 놓았기 때문"(*ER* 51)이라고 키케로는 해석한다. 그리하여 인간은 자신들 속에 선험적으로 존재하는 시각始覺으로 신을 인식하는 것이다. 이 시각에 따르면 신은 축복받은 불멸의 존재이다. 그리고 에피쿠로스의 신관이 "신에 대한 경건한 숭배와 미신으로부터 해방되는"(*ER* 52) 데 있다고 키케로는 본다. 키케로가 부정하는 점은 에피쿠로스가 설명하는 신의 섭리나 행위이다. 에피쿠로스에 의하면 "축복받고 영원한 존재는 스스로 아무런 골칫거리가 없으며 다른 존재들에게도 골칫거리를 안겨 주지 않는다. 따라서 진노나 감사의 감정에 휩쓸리지 않는다. 이는 약자들의 특징이기 때문이다"(*ER* 52). 그러나 신의 무관여성에 대해서 키케로는 에피쿠로스와 견해를 달리한다. 이를 단초로 하여 "신의 형상과 신적인 삶을 특징짓는 활동의 성격과 그의 지적 활동의 양태"(52)에 대한 키케로의 연구는 출발한다.

키케로의 에피쿠로스 신관에 대한 연구결과에 따르면 우선 신은 "인간의 모습"을 띠고 있으며 최고의 아름다움을 지니고 있다. 에피쿠로스에 따르면 신이 가장 축복받은 존재라면 당연 그는 가장 덕성스러운 존재이고 덕성스러운 존재가 이성이 결여될 수 없으며 이성은 인간의 형상을 떠나서는 존재할 수 없다. 고로 신은 인간의 형상을 지녔으며 그 모습은 육체이되 "의사육체"이다(*ER* 52).

15 에피쿠로스의 신에 대한 애매한 태도에 대해 키케로는 매우 비판적이다. 다분히 농담조로 설명하면 키케로의 에피쿠로스 비판은 단테의 지옥 판정에서도 그 희비가 엇갈렸다. 에피쿠로스의 신에 대한 부정적 견해는 영혼과 내세의 존재에 대한 부인으로 귀결되고, 따라서 그는 지옥에서 벌겋게 달아 오른 석관에 머리를 박는 형벌을 당한다. 반면 키케로는 다른 그리스 성인들, 호머, 아리스토텔레스, 플라톤 등과 같이 지옥 최상층부인 림보(Limbo)에서 지적 토론을 그나마 즐길 수 있게 된다.

에피쿠로스의 신관에 대한 스토아학파의 비판이 있었고 이에 대한 에피쿠로스 자신의 반론이 뒤따랐다(*ER* 53-4). 키케로는 이 반론에 대한 해석과 비판을 가하고 있다. 특히 신의 형체에 대한 논란에서 키케로가 보기에 에피쿠로스가 신이 "육체를 갖지 않고 의사擬似육체quasi-body, 의사혈액quasi-blood을 가졌다고 주장하는 건 만인의 웃음거리이다"(*ER* 55). 물론 신이 모든 만물처럼 "밀집한 원자 복합체"라고 주장하면 모든 원자의 운명처럼 영고성쇠를 겪어야 하므로 궁여지책으로 에피쿠로스도 의사육체의 개념을 도입하였겠지만 이는 진리에 부합하지 않으며 본인의 기본 가설을 수정하는 게 차라리 낫다고 키케로는 주장한다. 물론 그도 에피쿠로스의 난감함을 이해한다.

> 물론 견고하게 밀집된 물체가 아닌 성격의 신의 이미지가 있어 명확한 형체도 깊이도 없이 정교하고 가벼우며 투명한 대상이 상정되고 있다. 우리도 이에 대해 코즈 섬의 비너스처럼 설명할 것이다. 즉, 그녀의 몸은 육체처럼 보이지만 육체도 아니며, [그녀의 피부]를 물들이는 파란 기운이 도는 홍조는 혈액처럼 보이지만 혈액은 아니다. 마찬가지로 에피쿠로스의 신은 실체의 유사물이지 실체는 아니다.
> (*ER* 55)

이런 의사육체나 의사혈액을 가지고 신의 몸을 설명하는 건 부당한 논리이니 "나에게 당신이 말하는 그림자 같은 신의 윤곽과 형체를 보여 달라"고 키케로는 요구한다. 키케로가 정리한 에피쿠로스의 설명에 따르면 첫째, 신은 인간의 형체를 지녔다. 즉, "우리의 마음은 그러한 성격에 대한 윤곽과 기본적 이해를 지니고 있으므로 인간이 신을 생각하면 인간의 모습이 떠오르게 마련이다. 둘째, 신성이란 다른 어느 것보다 훌륭하므로 가장 아름다운 형태를 가지며 인간 형태보다 더 아름다운 것은 없다. 세 번째 이외 다른 어떤 모습도 지성을 담을 수 없다"라고 주장한다(*ER* 56).

이와 같은 에피쿠로스의 신관에 대해 키케로는 조목조목 반박해 나간다. 그렇다면 신의 거처는 어디며 그의 활동은 무어냐고 묻는다. 신이 행복을 누린다면 그 자신만이 사용하고 누리는 독특한 선이 무엇이냐는 것이다. 키케로의 질문을 정리하면,

> 첫째, 당신이 말하는 신이 사는 곳이 어딘가? 둘째, 그가 돌아다닌다고 하면 공간적으로 그를 이동하게 하는 원인이 무엇인가? 자신의 천성에 적응된 것을 추구하는 게 모든 동물의 특징인데 신은 무엇을 추구하는가? 바라옵건대 그의 마음과 이성을 적용하는 것이 무언지 말씀해 주세요. 마지막으로 신이 어떻게 행복한지, 어떻게 영원한지도. (*ER* 56)

키케로가 보기에 에피쿠로스의 신에 대한 관념이 애초에 잘못 설정되었으므로 자신의 질문에 대한 대답은 불가능하다고 믿는다.

키케로가 보기에 신을 마음속에 각인되는 이미지로 파악하는 건 불가능하다. 왜냐하면 동일한 존재를 눈으로 지각하는 경우 각자는 각기 동일한 존재에 대해 서로 다른 이미지를 가질 수밖에 없기 때문이다. 세나가 생전에 한 번도 눈으로 본 적 없는 신이라는 존재를 눈으로 지각하는 건 근본적으로 불가능하기 때문이다. 특히 "다자the many가 일자the one를 생산하기 위해 끊임없이 흘러나오는 시각적 이미지의 지속적인 연속이 존재한다는"(*ER* 57) 에피쿠로스의 설명을 황당하다고 본다. 그래서 "어떻게 이미지가 끊임없이 움직이며, 끊임없이 움직인다면 어떻게 그것이 영원할 수 있는가?"라고 묻는다.

에피쿠로스의 평형분배설*isonomia*도 신의 영원성을 입증하는 데 별

로 도움이 안 된다고 키케로는 주장한다. 에피쿠로스에 의하면 원자의 무한성이 공급을 충분히 담당한다고 주장하는데 그것과 무한성은 상호 배치되는 것이 아닌가? 에피쿠로스 평형분배설에 따르면 "필멸의 성질이 존재하면 거기에 맞추어 불멸의 성질도 존재한다. 이러한 추론은 필멸의 인간이 존재하므로 불멸의 인간도 존재해야 한다"라는 논리로 발전되나 이건 어디까지나 논리에 국한된 문제이다(*ER* 58). "어쨌든 사물에 대한 당신의 모든 이미지들은 어떻게 원자구성체로부터 생겨나는가? 비록 그들이 존재한다손 치더라도 사실 그렇지 않지만 그들은 서로 충돌하게 되고 그 충돌에 의해 뒤흔들려서 형태, 모양, 색깔, 생명을 전할 수 없게 될 것이다. 따라서 당신(에피쿠로스)은 영원불멸 신의 존재에 대한 입증에 실패했다"(*ER* 58)라고 키케로는 결론짓는다.

결론적으로 에피쿠로스의 신관은 키케로의 애정 어린 변호에도 불구하고 유신론과 무신론 사이 회색지대에 처해 있다. 이러한 그의 소극적 신관은 중세에 이르러 무신론자로 낙인찍혀 지옥 하부에서 달구어진 석관에서 형벌받는 처지로 전락하게 된다. 결국 현대적 관점에서 그의 신관을 죽음과 관련지어 재해석하면 사후의 영혼의 존재를 부인한 이상, 그리고 신이 인간사에 전혀 관여하지 않는다고 단언한 이상 에피쿠로스의 속셈은 분명하다. 비록 신의 문제를 건드려 만인의 공분을 자극하기보다 짐짓 유보적인 태도를 취하기는 하지만 살아서 영향을 미치지 못하고 죽어서 영향을 미칠 인간주체가 더 이상 존재하지 않는다고 단언한 에피쿠로스에게 신은 있으나 마나 한 존재이다. 다만 자기 방어책으로 신을 허구 속에 상정하고 있을 뿐이다.

③ 죽음에 대해

에피쿠로스도 죽음이 갖는 가공할 만한 파괴력을 인식한다. 죽음을 제외한 다른 인간 재난은 인간의 노력으로 피해를 최소화하고 예방할 수도 있다. 그러나 죽음과 인간의 정면 조우가 발생했을 경우 우리 인간들은 "성벽 없는 도시에 사는 주민"이라고 표현했다. 속수무책 일방적으로 당할 수밖에 없는 최악의 재난인 것이다. 이 재난으로부터 야기되는 엄청난 죽음의 공포는 인간의 생명력을 고갈시키고 삶의 의미를 박탈한다고 그는 믿었다. 죽음의 공포를 에피쿠로스는 영혼을 좀먹는 병으로 진단했으며 "신, 죽음, 그리고 우리 자신의 욕망의 성격에 대한 오도된 믿음"(Lillegard 64)에서 비롯된 이 병을 치료하는 의사를 자임했다.

여기서는 제임스 워렌James Warren의 심층 분석에 기초하여 에피쿠로스의 죽음 공포 치료법을 소개하고자 한다. 첫 번째 분석의 대상으로 에피쿠로스의 『중요한 가르침*Kyriai Doxai*, 또는 *KΔ 2*』을 살펴보자. "죽음은 우리에게 아무 것도 아니다ho thanatos ouden pros hēmas, 산해散解된 것은 지각할 수 없고 지각하지 않는 것은 우리에게 아무 것도 아니다"(*KΔ 2*). 이 명제를 풀이하면 몸이 해체되고 그 결과 영혼까지도 산산히 흩어져 사라지면 죽음을 지각할 주체가 없어진다. 따라서 지각 자체가 불가능한데 죽음이 무슨 해악을 인간에세 끼칠 수 있는가이다. 이 핵심명제 2번과 관련되어 에피쿠로스는 메뇌케우스Menoeceus에 보내는 서한에서 보충 설명을 하고 있다. 서한 124에서 "죽음이 아무 것도 아니라는 생각에 익숙해져라. 모든 선악은 지각에 달려 있는데 죽음은 바로 지각의 부재이기 때문이다"(Ep. Men 124). 이어 보다 자세한 부연 설명을 붙이며, "가장 끔찍한 악인 죽음은 우리에게 아무 것도 아니다. 우리가 존재하는 동안 죽음은 현존하지 않았고 죽음이 현존했을 때 우리는 존재하지 않는다. 고로 죽은 자나 산 자에게 그건 아무 것도 아니다. 그것은 전자에겐 현존하지 않으며 후자는 더 이상 존재하지 않기 때문이다(*ER* 29).[16]

16 죽음에 대한 에피쿠로스의 가차 없는 태도, 즉 죽음에 임하는 사람들에 대한 일말의 동정도 섞이지 않은 선언은 실제 그의 발언과는 다소 거리가 있다는 것이 파피

워렌은 상기 에피쿠로스 세 명제를 아래와 같이 정리 종합하여 반론을 제기한다.

	1. 죽음은 우리에게 아무 것도 아니다.
왜냐하면	2. 죽음은 영혼의 해체이기 때문이다.
그리고	3. 해체된 것은 지각하지 못한다.
고로(2와 3에 의해)	4. 죽음은 지각의 부재이다.
	5. 지각되지 않는 것은 우리에게 아무 것도 아니다.
그리고(4와 5에 의해)	6. 죽음은 우리에게 아무 것도 아니다. 증명 끝.

(Warren, *Facing Death* 23)

이러한 에피쿠로스의 증명에 대해 반론을 제기하는 방식은 두 가지이다. 하나는 2를 부정하면서 "영혼은 죽음을 넘어선다"(*Facing Death* 24), 또 하나는 5를 부정하며 "모든 해악이 지각될 필요가 있는 것이 아니다"(*Facing Death* 24). 2에 대한 반론은 영혼의 불멸에 관한 논쟁이므로 일단 여기서는 접어 두고 5에 대한 반론을 뒷받침하기 위해 워렌이 제시하는 세 가지 흥미로운 에피소드를 살펴보자.

루스 상태로 18세기 중엽에 발굴된 필로데무스(Philodemus of Gadara, BC 110-30)의 연구에서 어느 정도 드러난다. 암스트롱(David Armstrong)의 파피루스 문서 해독에 의하면 "만약『죽음에 대해서(*On Death*)』가 보다 정확히 알려져 왔다면, 즉 냉소주의(솔직하고 매몰찬)와 죽음의 공포의 최악의 양상에 대한 진정한 인간적 동정이란 부드러운 약 처방과 그리고 현실과 냉혹한 사실에 직면하여 이러한 난국을 벗어나기 위하여 지속적이며 깊고 진지한 종교적 명상에 대한 경고(이 세 가지가)가 서로 교차하고 있었다는 사실을 알았다면 이러한 학구적 논쟁의 전부 또는 대부분이 무의미했을 것이다"(Armstrong 28). 구체적 문구 분석은 Armstrong(29-37) 참조.

에피소드 1. A는 잘 살고 있다고 생각한다. 직업도 만족스럽고 가정생활도 즐기고 있다. 그러나 그는 자기 절친한 친구가 자신을 배신하여 모든 동료들이 그가 자리를 비우면 그를 놀려 댄다는 걸 모른다. 실제로 자기 생각에 존경과 사랑을 받고 있다고 믿고 있지만 사실은 정반대이다. 그는 그것을 눈치채지 못한다.

에피소드 2. B는 오토바이광이다. 어느 날 밤 귀가 도중 교통사고를 당하여 중상을 입었다. 뇌손상을 입어 유아의 정신능력으로 퇴화하였다. 사고 이전에 지녔던 신조, 야망, 기억들을 송두리째 잃어버렸다. 그럼에도 불구하고 그는 새 삶에 만족하고 있다. 그는 돌봄의 대상이지만 그의 필요는 충족되었다.

에피소드 3. C는 상당히 행복하고 성공적인 삶을 영위하다 죽게 된다. 자식들이 결혼하고 아이들을 갖기 전에 죽었으므로 그의 가족들이 자라서 번성하는 걸 지켜보지 못했다.
(*Facing Death* 24-5)

이 세 가지 사례에서 당사자들은 어떤 해를 입었는가? 각기 단계적으로 "단순한 의식의 결핍, 뇌손상, 생명을 완전히 잃는"(*Facing Death* 25) 경우까지 점차 점층되어 가는 사건의 해악에 대해 논한다. 세 사건의 공통점은 당사자들이 그 해악을 체험적으로 느끼지 못한다는 사실이다.

에피소드 1의 경우엔 자기 친구의 배신과 동료의 조롱이 발각되어 자신에 대한 올바른 인식에 이를 때까지 해악을 직접 입지는 않는다. 그러나 에피소드 2의 경우는 다르다. 에피쿠로스주의자는 물론 B가 해를 입지 않았다고 주장할 수 있다. 우선 주체인 B가 그 해악을 직접적으로 체험할 수 없는 일종의 "축복된 무지 상태"에 있으므로 해악은 없다고 주장할 수 있다. 또 한편으로 진정한 에피쿠로스주의자라면 사고 전 B와 사고 후 B는 전혀 다른 인간 주체라는 가설에 근거하여 B가 해를 입지 않는다고 주장할 수도 있을 것이다. 즉, 교통사고가 발생하는 순간 이미 B는 사망한 것이며 사고 후 퇴행한 유아적 자아는 이미 B라고 할 수 없는 완전한 타인으로 보는 것이다. 따라서 죽은 B가 해를 입었다고 주장하는 건 어불성설이라는 에피쿠로스주의자의 반론이 가능하다.

여기서 워렌은 에피쿠로스 주장을 반박하기 위해 "내면적intrinsic 해악"과 "외면적extrinsic 해악"을 구별하는 "비교 설명" 방식을 채택한다. 가령 펠드만Fred Feldman의 주장에 따르면 죽음은 인간에게 해악이 되지 못한다는 에피쿠로스 명제는 보다 정확하게 표현하면, 죽음은 개별 주체가 직접적으로 체험하지 못하므로 주관적, 내면적으로 해악은 못되나 객관적 또는 외적으로는 당연히 해악이다. 그러므로 고통이란 내면 주체적인 체험의 결여가 곧바로 죽음의 해악 불가능성으로 귀결되는 건 아니다. 직접적 고통은 아닐지라도 우리는 미래에 필연적으로 일어나는 추정된 해악putative harm을 반드시 고려해야 한다. 추정된 해악으로 인해 우리는 살아가는 동안 분명히 심적 고통을 겪고 있다. 왜냐하면 살아 있는 동안 우리는 죽음이 빼앗아 갈 수많은 행복을 객관적으로 명백하게 인식하고 있기 때문이다. 따라서 현재 겪고 있는 심적 고통과 추정된 해악까지 모두 고려하면 결국 주체의 체험 영역에서 완전히 배제된 순수하게 외면적인 해악, 다시 말하여 본질상 해악이지만 본인이 결코 해악을 입지 않는 순수 외면적 해악은 존재할 수가 없다는 게 명백해진다. "모종의 외면적 해악이 발생하지 않았다면 내면적 행복은 지금보다 더욱 나아졌을 것이"(*Facing Death* 29) 분명하기 때문이다.

죽음은 에피쿠로스가 주장했듯이 체험할 수 없으므로 내면적인 해악은 아닐 수 있다. 그러나 펠드만의 "대체사실적 설명counterfactual account" 방식을 채택하면 죽음은 해악으로 바뀐다. 가령, "죽음은 망자로 하여금 좀 더 오래 살았더라면 누려 볼 수도 있었던 행복을 박탈해 버린다는 점에서 해악이다"(*Facing Death* 31). 이 박탈설은 매우 설득력이 있어 보인다. 이 박탈설에 대한 에피쿠로스주의자의 반격은 루크레티우스에 의해 이루어진다.[17]

> 사람들은 말하길, '이제 다시는 행복한 가정과 멋진 아내가 그대를 반겨 주지 않을 것이며 아이들도 달려와 키스를 훔칠 때 느꼈던 한량없는 기쁨을 더 이상 누려 보지 못하리라. 집안을 가꾸며 누렸던 부귀영화도 더 이상 찾아볼 수 없으리라. 불쌍하고 가엾은 사람이여. 단 하루의 저주받은 시간이 그대의 모든 삶의 혜택을 송두리째 앗아 갔네'.
> (*Lucretius* 894-99)

이러한 통속적인 애통을 루크레티우스는 아래와 같이 반박한다.

> 그러나 그들은 하나는 알고 둘은 모르네, '추가로 덧붙여질 것들에 대한 욕망이 당신에게 더 이상 남아 있지 않다는 걸'. 만약 그들이 이걸 명심하고 평소 언행에 일치시키면 많은 걱정과 공포로부터 스스로를 해방시킬 수 있을 것이다.
> (*Lucretius* 902-6)

여기서 루크레티우스는 사후에 망자는 더 이상 욕망을 느낄 수 없

17 펠드만의 가능세계 이론에 대해선 Feldman, "Some Puzzles"와 Scarre(90-1) 참조.

는 비존재이므로 "누릴 수도 있었을" 세속적 쾌락은 가능할 수 없다고 못 박는다. 그러나 이 문제는 그렇게 간단하지 않다. 망자의 욕망 여부 못지않게 산 자의 욕망도 죽음의 해악 결정 문제에선 매우 중요하다. 즉, 누가 이 죽음의 해악의 피해자가 되는가는 중요하다. 이 문제를 해결하기 위해 워렌은 죽음이 해악이며 기피와 공포의 대상이라는 믿음을 네 가지 경우로 분석한다.

> 1) 죽음이 이미 죽은 자에게 나쁜가?
> 2) 자신이 죽을 것이라는 사실이 사람에게 나쁜가?
> 3) 자신이 오래 못 살고 일찍 죽는 게 사람에게 나쁜가?
> 4) 삶에서 죽음으로 넘어가는 과정을 겪는 게 사람에게 나쁜가?
> (*Facing Death* 3)

물론 에피쿠로스나 루크레티우스 말처럼 죽기 전에 죽음이 사람에게 해악을 끼칠 수 없다. "원인을 선행하여 끼칠 수 있는 해악이 어디 있단 말인가?"(*Facing Death* 47). 그러나 우리는 죽음의 해악에 대해 직접 거론하는 것이 아니고 죽음에 대한 인간의 공포에 대해 고민하고 있다. 물론 죽음이란 해악의 원인은 아직 발생하지 않았다. 그러나 인간은 다른 동물과는 달리 죽음이란 미래의 사건을 내재체험화하여 상상적으로 공포를 실재로 느낄 수 있는 능력을 가지고 있다. 다시 말하여 인간에게 상상력이 활동하는 한 죽음의 공포에서 벗어날 수 없다. 이 공포는 직접 체험의 문제로 귀착될 수 없다. 톨스토이의 『고백록』은 바로 루크레티우스가 장담한 "원인에 선행하는 악"에 대한 공포에 대한 기록이다. 톨스토이의 죽음에 대한 비전과 공포는 너무나 가공할 파괴성을 지녀 그의 생명력을 송두리째 흡입해 버린다. 그리하여 그는 삶의 후반부를 전전긍긍해 가며 이 문제에만 매달렸다. 에피쿠로스가 보기에 톨스토이가 매우 어리석은 사람으로 간주될지 모르지만 영혼의 불멸을 믿는 톨스토이에게 죽음에 대해 예비하지 않은 삶은 바로 지옥인 것이다. 그런 점에서 워렌 등 에피쿠로스 연구자들이 따지고 드는 해악의 발생 시기와 주체의 존재 또는 체험 여부 등은 부질없는 형식 논리적 논쟁에 지나지 않는다. 인간이 이미 닥쳐오지 않은 죽음에 대해 비록 겪지 않았지만 공포를 느끼는 건 어리석은 짓이 아니라 너무나 당연한 반응이다.[18]

에피쿠로스처럼 아직 해악의 원인이 오지 않았고, 왔을 땐 이미 해악을 입을 주체는 존재하지 않는다고 말할 수 없는 이유는 바로 여기 있다. 실재적 해악은 일어나지 않았지만 인간의 마음은 이미 그 해악을 고스란히 감수하고 있다. 따라서 전거한 카테고리 중 2) 자신이 죽을 것이라는 사실이 사람에게 나쁜가가 죽음의 해악이 된다. 즉, 죽음은 이미 당사자가 죽기 전에 죽기 전 인간the ante mortem person에게 해악을 끼친다. 워렌도 에피쿠로스의 오류를 지적하며 보다 엄밀하게 진술하여

18 워렌도 최근 들어서 "우리의 현재 태도"와 "미래선망적 공포(prospective fear)"를 해악 여부 판단에 고려함으로써 그의 죽음 무해악설을 보다 정교하게 구성한다. 즉, "우리의 사후 비존재는 죽음 후 우리에게 아무 것도 아닐 것이다"(Fi)와 "살아가는 동안 전망하면서 우리의 사후 비존재는 우리에게 아무 것도 아니다"(Fii)는 명백히 차이가 있는 진술임을 인정한다("Lucretius" 470). 그럼에도 불구하고 죽음의 공포는 근거가 없으며 비이성적이라는 주장을 워렌은 견지한다. 사후 죽음 상태에 대해 미래선망적으로 공포를 느끼는 건 어리석다. 가령 치과치료를 받는 것과 비교를 하자면 치과에 가기 전 환자가 공포를 느끼는 건 당연한데 그건 경험법칙상 치과 치료가 매우 고통스럽다는 걸 알기 때문이다. 그러나 사후에 죽은 존재가 아무런 고통을 느끼지 않는다는 걸 아는 이상 죽음에 대한 공포를 가질 근거는 없는 것이다("Lucretius" 487). 그러나 고통의 수준이나 파장범위를 감안할 때, 과거의 체험에서 느낄 수 있는 치통이라는 미미한 고통이나 해악과 자신의 존재, 그를 둘러싼 모든 시공간이 완전 소멸한다는 실존적 한계 상황에 처한 도저한 절망에 대한 상상적 고통을 동일한 차원에서 논의하는 워렌의 논지는 지나친 환원주의이며 그 자체가 황당한 억지 논리이다.

"죽음은 아무 것도 아니다Death is nothing to us"라고 하기보다 "죽음은 아무 것도 아니게 될 것이다Death will be nothing to us"("Lucretius" 48)라고 해야 한다고 주장한다. 살아가는 동안 전술한 바와 같이 톨스토이처럼 죽음에 대한 공포가 전 생애에 걸친 화두로 된 사람도 있었으며 붓다도 생로병사 중 가장 압도적인 사의 문제를 해결하기 위해 구도의 길에 나서지 않았던가? 에피쿠로스처럼 죽음이라는 해악의 실재적 피해자가 존재하지 않는다고 죽음을 두려워하지 말라는 주장은 공허하다.

이를 상상력의 활동과 연결시킨 사람은 핑가레트이다.

> 나의 사후 미래를, 내가 더불어 살았고 사랑하고 미워하며 존경하고 두려워했으며 식사와 일을 같이 하고 싸우기도 했던 사람들의 미래를, 내 정성을 쏟은 활동과 프로젝트의 미래를 상상해 보면, 내 아내와 딸이 같이 앉아 있는 상황을 떠올리면 그들이 내가 죽었다는 걸 이해한다고 상상하면 그들은 슬퍼하고… 나는 나와 그럴 수 없이 가까운 사람들의 슬픔에 반응한다. … 비록 미래의 상황을 상상하고 있지만 필연적으로 나는 상상이 불가능한 것에 반응한다. 따라서 내가 상상하는 사후 미래는 내가 현재 살아가고 있는 삶의 미래이다. 비록 나를 빼고 그건 흘러가겠지만.
>
> (11)

미래의 죽음이 가져오는 박탈감에 대한 상상력도 실제적 해악을 구성하지만 미래에 명백히 닥쳐올 죽음에 대한 확고한 인식이 가져오는 공포도 죽음의 해악에 해당한다. 물론 에피쿠로스도 상상력에 의해 구축된 미래를 부인하는 건 아니다. 그의 미래관에 의하면, 우리의 미래는 우리 것이 아닌 건 분명하지만 그렇다고 해서 완전히 우리와 별개로 존재하는 것도 아니다. 왜냐하면 미래가 분명히 올 것이라고 생각해서도 안 되지만, 그렇다고 미래가 올 가능성이 전혀 없다고 완전히 기대를 버려서도 안 된다고, 마치 베케트의 『고도를 기다리며』에 등장하는 두 뜨내기처럼 말한다. 그러나 에피쿠로스의 관심은 고고와 디디와는 달리 인간의 부조리 상황이 아니라 미래에 대한 전전긍긍으로 현재 박탈되고 있는 인간의 자유와 자율이다.

미래에 닥쳐올 죽음에 대한 공포에도 여러 가지 종류가 있을 것이다. 단테, 톨스토이 등 사후 영혼불멸설을 믿는 자에게 죽음의 공포는 사후 심판과 구원의 가능성과 직결될 것이다. 반대편의 영혼필멸론자들 대부분은 사후 영혼을 믿지 않으므로 에피쿠로스처럼 죽음에 대한 공포를 느끼지 않는다고 상정할 수 있다. 실제로 현대 자연과학자들을 비롯한 유물론자들 상당수는 사후 존재에 대한 걱정이나 공포를 부질없는 짓이라고 믿는다. 그러나 이들이 주장하는 사후허무설은 오히려 인간을 두려움으로 사로잡을 수도 있다. 내가 죽으면 내가 더 이상 존재하지 않고 나의 세계가 사라지고 모든 게 허무로 바뀌어 버린다니! 그리하여 우나모스는 이러한 사후 허무보다는 자신의 이이덴티티를 유지하면서 지옥에서 벌을 받는 게 차라리 낫다고 주장한다. 부재로서 체험조차 불가능한 상태보다 고통스럽더라도 존재하는 게 낫다고 생각한다. 그리하여 인간들은 영혼불멸이 과학적으로 불가능한 현상일지 몰라도 이를 믿고 싶어 하며, 그래서 지구상에는 수많은 종교가 생겨나게 된다. 종교야말로 단순히 사후 영혼의 심판뿐만 아니라 사후 허무에 대한 공포까지도 해소시켜 줄 유일한 영적 처방이다.

사후 "존재 조건"을 충족시켜야 죽음에 대한 공포가 설득적이라는 가설은 인간의 지각 능력에 대한 불충분한 이해에 기인한다. 반드시 지각의 주체가 체험해야만 죽음의 공포, 죽음의 해악 인식이 가능한 건 아니다. 인간은 오관을 통한 지각 못지않게 상상력을 통하여 사물 인식에 도달한다. 가령, 행로상 전방에 동굴이 있고 거기에 서식하는 사자가 앞서 가는 나그네를 이빨과 발톱으로 갈가리 찢어 팔다리가 곳곳에 널려 있으며 사자의 포효, 단말마의 비명은 끊임없이 들려온다. 뒤따라가는 사람들은 비록 직접 상처를 입지 않았지만 발이 얼어붙고 개중엔 오줌을 지리는 사람도 나온다. 에피쿠로스 말에 의하면 사자의 이빨에 물리지도 않고 지레 겁을 먹은 어리석은 사람들이다. "사자에 물리기 전에는 사자가 없었고 물려 죽은 이후에는 내가 없다"라고 과연 주장할 수 있는가? 우리를 기다리는 죽음은 사자의 아가리만큼 명약관화하다. 생명의 역사가 시작한 후 사자를 피해 간 선인은 단 한 명도 없었으며 동굴 앞에서 인간은 반드시 사자의 밥이 된다. 그러므로 우리는 죽음이 주위에 없을 때에도 죽음을 생각하면 공포에 질린다. 감각적 체험이 아닌 상상적 체험에 의한 공포로.

특히 사고나 질병에 의한 요절에 대한 두려움은 주어진 50년 내지 60년 동안의 기간을 박탈한다는 점에서 더더욱 가공할 만한 공포로 다가온다. 비극적 돌연사에 대한 불안과 공포는 우리의 일상을 지배하고 있다. 이는 죽음의 해악을 직접 체험할 수 있고 말고의 문제가 아니다.

바로 이 점에서 스토아학파의 죽음의 공포에 대한 대처 방법은 다르다. 20대 젊은이가 만약 80대까지 살지 못하고 요절할 경우 스스로나 주위 사람들 관점에서 매우 억울할 것이다. 행복할 수 있었던 60년의 시간을 박탈당했다고 생각할 것이다. 그러나 견인주의자 세네카는 오히려 체념주의를 선호한다.

> 이 시점에 당신은 던져졌다. 그걸 연장하고 싶다면 얼마나 더 오래 연장하고 싶은가? 왜 우는가? 왜 기도하는가? 아무 소용없는 수고를 하고 있군. 당신의 기도가 신의 포고령을 완화시켜 예정된 종말을 바꿀 수 있으리란 꿈은 아예 꿀 생각을 마라. 그 포고령은 변경불가능으로

고정되어 있다. 그것은 막강하면서 영원한 강제력의 지배를 받는다. 만물이 당신과 꼭 같은 희망을 품고 있으니.

(Warren, "Lucretius" 479 재인용)

에피쿠로스와 성인들은 각자 다른 길을 걸어갔다. 부처나 톨스토이 등 많은 영혼주의자들은 이미 "죽음 이전 인간"으로 죽음에 대한 공포를 절절히 느꼈으므로 영혼 구도의 길을 갔다. 그러나 죽음의 공포를 극복한 에피쿠로스에겐 종교는 필요 없으며 현세를 더불어 값지게 살아가는 윤리학 이상의 정신 지침서만 있으면 족했다. 물론 현재도 성인들의 행로와 깨우침이 진리인지는 아무도 모른다. 동일한 인간적 사건인 죽음에 대해 에피쿠로스와 다른 성인들이 각기 다른 해석을 내린 근저에는 상이한 자아관이 존재한다. 즉, 감관과 인식의 주체를 어떻게 규정하고 이해하는가에 따라 죽음의 성격은 판이하게 달라진다.

에피쿠로스의 자아관은 인간의 신경 또는 감각적 영역에 머물러 있다. 반면 동양의 신비주의 관점에서 본 영혼관으로 인간의 의식을 해석하면 인간의 영혼은 윤회하여 육체의 죽음을 초월한다. 프라부Joseph Prabhu 같은 학사는 여러 개의 몸을 거쳐 가는 영혼의 윤회설에 대해 아래와 같이 설명한다.

자아 중심으로부터 실재 중심으로 이동하는 것은 본질적으로 궁극적 정신적 해방인 목사moksa라는 의미에서 자유나 자의식의 이동이다. 우리가 실제 누구인지에 대한 인지착각이 계속되는 한, 우리는 산스크리트어로 '열심히 거쳐 가고(윤회하고) 있는' 삼사라samsâra의 세계에 묶인 운명이다. 여기서 거쳐 간다는 건 일련의 몸속으로 영혼의 의식이 환생됨을 의미한다. 반면, 자의식이 경험적 마스크나 배역에 구애받지 않고 자신을 꿰뚫어 보게 되고 그걸 자신의 자아 교육에 활용할 수 있게 되어 그것의 영적 본질을 인식하게 되면 그 자의식은 삼사라와 환생의 영역에서부터 해탈되는 것이다.

(67)

다시 말하여 에피쿠로스가 의미하는 쾌락의 주체, 죽음을 맞는 주체는 감관작용의 주체이며 삼사라의 세계에 묶인 주체이다. 즉, 이 주체는 반드시 나의 자아 또는 영혼의 전체상을 지칭하는 것은 아니다. 가령 우리는 동물의 행동을 관찰하면서 그들이 감각적이고 자기 보존의 본능에만 충실할 수밖에 없는 제한된 의식을 가진 열등 존재로 파악한다. 마찬가지로 우리의 깊은 의식 속에서 만약 육체 감관적 지각작용을 초월한 인식주체가 존재한다면 그 역시 보통 인간을 동물 못지않은 한심하고 가련한 중생으로 측은히 여길 것이다. 즉, 보다 고양된 의식의 차원에서 조망하면 아직 깨치지 못한 인간과 동물의 차이점은 미미하다. 감관이나 분별력에 의존한 인간의 의식이란 게 동물보다는 고차원이겠지만 그 역시 깨친 영혼에 비하면 아직 본능과 미망에 사로잡힌 의식 주체에 불과할 것이기 때문이다.[19] 힉John Hick도 이에 대해 아래와

19 가령 불교 윤회 주체는 영혼이 아니며 "제8아라야식(阿梨耶識)"이라고 명명된다. 불교 유식학에서 인간의 의식을 구분할 때 감관작용의 주체는 제6식이라 하고, 잠재의식은 "제7말라식(末那識)"이라 하고, 그 너머의 초월적 의식 상태를 "제8아라야식"이라 한다. 그리하여 "사람이 호흡이 끊어지고 목숨이 끊어져 버리면 의식은 완전히 없어지고 오로지 제8아리아식만이 남는"다. 이것은 절대로 사멸되지 않아 "무몰식(無沒識), 곧 죽지 않는 식, 없어지지 않는 식이라고… 또 장식(藏識)이라고도" 한다(http://hungkim.blogspot.com/2011/01/15.html). 보다 전문적인 용어를 동원하여 설명하면, 아라야식은 근본식(根本識, *mūla-vijñāna*)으로 모든 의식의 뿌리이며 "윤회하는 주체로서 궁생사온(窮生死溫)"이라고 한다. 제7식은 "意, 汚染意, 말라(식)" 으로 불리는 "집요하게 자아의식과 번뇌를 일으키는 심리 주체이며"(김묘주 178), 즉 제7식은 프로이트가 의미한 '압축과 전치(condensation and displacement)'라는 메카니즘에 의해 꿈을 생성해 내는 욕동(drive) 주체 이드(Id)에 해당된다.

같이 언급한다.

> 다시, 의식적 자아보다 더욱 '심층적인 우리'가 의식의 완벽한 경지에 오를 때까지 일련의 상이한 경험적 인성들로 연속적으로 표현된다는, 보다 복합적인 동양 사고가 존재한다. 그 연속적 자아는 그리하여 신적인 실재와 합일을 달성하게 된다. 이 견해에 따르면 현재 의식적 '나'는 불멸하지 않지만 장구한 과정 속 하나의 에피소드인 셈이다. (33)

이 동양 사고에 의하면 현세의 나는 하나의 에피소드에 불과하다. 물론 동양 신비주의의 수직 상승적 자아를 상정하지 않은 에피쿠로스의 자아는 일단 사후존재에 대한 불필요한 기대나 욕망을 접어버린다. 그런 자아에게 이상적인 삶은 어떤 모습일까? 그건 삶을 향유하는 그만의 독특한 방식, 즉 그의 쾌락설에서 그의 이상적 삶의 단초를 엿볼 수 있다.

④ 쾌락론

"쾌락은 선악을 판별하는 감정 잣대feeling standard"라고 했지만 에피쿠로스의 쾌락은 우리가 알고 있는 통상적 의미의 쾌락은 아니다. 그의 쾌락은 감각적 쾌락을 지향하는 적극적 또는 역동적 쾌락*hedone kinetike*이 아니고 소극적, 정태靜態적 쾌락*hedone katastematike*이다. 즉 감각적·말초적 환희를 추구하는 게 아니라 결핍, 걱정, 불안, 공포로부터 해방되는 게 쾌락의 상태이다. 따라서 쾌락은 증대되지 않으며 최고조의 쾌락이란 상태도 존재할 수 없다. 고통의 원인이 제거되는 순간 에피쿠로스의 쾌락은 완성된다. 이를 윤리학에서는 규범적 쾌락주의normative hedonism라고 부른다. 숫자 비유를 들면 쾌락은 항상 영零인 상태이며 그렇지 못한 마이

너스 상태는 고통의 상태이다. 고통이 제거된 상태, 영에서 쾌락은 더 이상 플러스 상태로 진입할 수 없다. 이 독특한 영의 쾌락상태에 무지한 자들이 에피쿠로스 학파의 쾌락설을 감각적 쾌락에 근거한 소위 향락설hedonist로 오해하여 에피쿠로스를 매도하게 된 것이다. 그러나 에피쿠로스는 육체적 쾌락과 정신적 쾌락을 명확히 구분하였다. "육체는 쾌락의 한계가 무한하다고 생각하며, 이처럼 무한한 쾌락을 공급하기 위해 무한한 시간을 필요로 한다. 하지만 사고diaonic는 육체의 궁극 목적과 한계를 계산하고 미래에 대한 두려움을 해소한 후, 우리에게 완전한 삶을 제공해 준다. 그래서 우리는 더 이상 무한한 시간을 필요로 하지 않는다"(임성철, 「에피쿠로스의 '쾌락'」 74 재인용). 톨스토이도 이 명백한 차이를 인식하지 못하고 에피쿠로스를 향락주의자로 매도한 지식인 중 하나이다.

그러나 쾌·불쾌의 문제는 그렇게 단순하지 않다. 즉, 쾌락과 불쾌(고통)는 명확하게 분리되어 독립적으로 존재하는 게 아니고 서로 교직되어 있다. 예를 들어 일시적·절차적 고통이 때로는 궁극적인 쾌락을 가져온다. 외국어를 배우는 과정은 괴롭더라도 마지막 완성 단계에서 느끼는 성취감은 매우 즐겁다(Lillegard 36 참조). 어쨌든 고통의 원천은 욕망의 발생이다. 상기한 욕망의 분류를 에피쿠로스 본인의 설명에 따르면, "역동적 쾌락이란 우리가 즐거운 흥분이나 자극으로 간주하는 쾌락의 일상적·현상적 체험이다. 반면 정태적 쾌락이란 적극적 현상이 아니라 모든 심적·육체적 고통의 부재에 근거한 조용한 평정과 평안의 상태이다"(Russell, Daniel R. 174 재인용).

에피쿠로스는 따라서 필요한 욕망과 불필요한 욕망이 있다고 믿는다. 필요한 욕망은 충족시키지 못하면 고통이란 결과를 가져오나, 불필요한 욕망은 충족시키지 못해도 고통이 뒤따르지 않는다. 전자는 먹고 마시고 추위, 뜨거움으로부터 도피하려는 인간의 기본 생존 욕구에 관련된 욕구인 데 반해 후자는 엄격히 규정하여 고통이나 병, 죽음 등이 수반되지 않는 습관이나 중독의 산물일 뿐이다. 전자의 경우, 이를 충족시켜 주지 못하면 병에 걸리거나 심하면 죽음에 이르게 된다. 가령 음식에 대한 욕망은 개체유지 본능에 충실한 자연적이고 필수적인 욕망에 해당하지만 캐비어에 대한 욕망은 좌절된다고 해도 반드시 고통을 수반하는 건 아니다. 명예나 권력에 대한 욕망도 자연의 이법에 비추어 보면 캐비어처럼 불필요한 욕망에 지나지 않는다. 이런 헛된 욕망은 철학적 치료로 해결될 수 있다(*ER* 41 참조).

나아가서 불멸에 대한 욕망도 캐비어에 대한 욕망만큼이나 불필요하다. 이 욕망은 죽음에 대한 공포로부터 비롯되나 욕구충족 실패 시 고통을 수반하지 않을 뿐만 아니라 불멸의 욕망은 자연의 이법에 어긋나며 무지에서 비롯된 어리석은 욕망일 뿐이다. 이 세상의 구조에 대한 합리적인 이해를 갖추고 있기만 해도 금방 극복될 수 있는 종류의 욕망이다. 이처럼 속류비평가들이 오판하듯 에피쿠로스는 향락주의자가 아니다. 그렇다고 그가 주장한 "숨어서 살아라*lathe biosas*"라는 말은 개별적 인간의 단순한 자조적自嘲的 은둔의 삶을 의미하지"도 않았고 에피쿠로스 자신은 플라톤과 아리스토텔레스의 윤리학을 넘어서, "주관적 감각의 지도 원리인 행복*eudaimonia*이라는 이념을 완성시키려 했던 헬레니즘 시대의 철학자였다"(임성철, 「에피쿠로스의 감각주의적」 291). 그런 의미에서 에피쿠로스의 윤리학은 "자기 향상, 자기 인식, 자기 보존, 자기 배려라는 윤리적인 지향점을 향해 전개되는 1인칭의 윤리학으로서 사기 추구의 윤리학"(임성철, 「에피쿠로스의 윤리사상의」 479)이다.

바로 이 점에서 우리는 에피쿠로스의 현대성, 즉 무한히 낙천적인 실존주의를 찾아볼 수 있다. 그의 삶에 대한 태도는 베이유Simone Weil의 실존주의에 비유되며 인우드도 에피쿠로스의 낙천성과 자유로운 정신을 아래와 같이 표현하고 있다.

> 에피쿠로스의 자연철학에서 가장 중요한 사실은 지상에서의 우리 삶에는 조종하는 줄이 달려 있지 않다는 전반적인 확신이다. 우리를 꼭두각시로 만든 창조주도 없으며 우리가 따르고 제한을 받아야 할 대본도 없으며 우리 자신의 천성이 우리에게 부과하는 진정한 제한사항을 발견하는 것은 전적으로 우리 자신에게 달려 있으며. 이를 발견하게 될 때 우리는 매우 즐거운 일을 찾게 되는 것이다. 인생은 자유롭고, 멋있고, 행복은 가능하며, 스스로 신들의 형상을 잘못 빚고는 그 속에서 자신을 비하시키는 노릇을 하기보다 오히려 신들의 열락을 우리는 누릴 수 있는 것이다.
>
> (*ER* x)

에피쿠로스는 결코 "삶을 구걸하지도 두려워하지도 않았다. 삶은 장애물도 아니며 살아 있음을 일종의 악이라고도 생각하지 않았다. 음식으로는 많은 양보다 가장 맛깔난 요리를 택하는 것이며 시간으로 따지면 장구한 기간보다 가장 쾌적한 순간들을 비축해 간다"(Strodach 58).

에피쿠로스는 영혼의 불멸을 믿는 이원론자Dualist는 아니고 물질론자Physicalist이지만 죽음 순간 소크라테스에 버금가는 인간적 기품을 지닌다. 어쩌면 영혼불멸자의 최후보다 영혼필멸자의 최후가 더욱 장엄해 보인다. 영혼불멸론자 소크라테스에게는 또 다른 삶이 기다리기에 죽음이 일시적 단절이지만 영혼필멸론자 에피쿠로스에게는 죽음이 바로 자아의 완전 소멸이기 때문에 그의 임종 태도는 더욱 숭고하여 옷깃을 여미게 한다. 그는 요도 결석으로 방광과 전신이 온통 요독으로 퉁퉁 불어 거동도 못하는 상태에서 영혼의 즐거움에 대해 논한다.

> 축복받고 행복했던 날과 동시에 내 생애 마지막 날을 겪으면서 이 편지를 쓰네. 요도 결석과 이질 설사의 괴로움은 이루 말할 수 없이 지

독하다네. 하지만 이 모든 것들을 상쇄하게 해 주는 건 그대와 나누었던 토론에 대한 회상이 내 영혼 속에서 불러일으키는 즐거움이라네. (*ER* 79)

에피쿠로스에게 진정한 쾌락, 즉 행복이란 "비의존적 자아의 자유로움이라는 감정에서 출발하는 것이다. 그 까닭은 '자유*eleutheria*'는 우월한 인식이나 지나친 욕구와는 대조적으로, 내적인 우세함을 통해서 얻어지기 때문이다"(임성철, 「에피쿠로스의 '쾌락'」 85).

3) 육체를 혐오하는 수도승: 에픽테토스

에픽테토스(AD 55-135)는 개인적으로 매우 불행한 사람이었다. 그는 절름발이에다 또 노예 신분이었다. 부자 주인 에파프로디토스Epaphroditus의 노예였지만 운 좋게도 그는 당대 최고의 철학자 무소니우스 루푸스Musonius Rufus 문하에서 스토아 철학을 수학하게 된다. 자세한 내력은 잘 알려져 있지 않지만 그는 자유노예의 신분을 획득하게 되고 마침내 로마에서 철학을 가르치는 현자가 된다. 그가 38세 되는 무렵 제11대 로마교황 도미티안Domitian의 독재 검열 치하에서 철학자들은 로마에서, 그리고 마침내 이탈리아 전체에서 추방당하는 신세에 빠지게 된다. 그 결과 에픽테토스는 그리스 에피루스 지역의 니코폴리스로 옮겨 가 그곳에서 철학 학교를 세운다. 그의 수제자 아리안Arian이 스승의 강의를 받아 적은 강의노트가 바로 『담화록*Discourses*』이란 저서이다.

에픽테토스의 철학은 유신론과 금욕고행이란 두 가지 특징을 지니고 있으며 바로 이 점에서 그는 중세 수도승의 원형archetype을 보여 주고 있다.[20] 신의 법칙에 순복하고 자신의 육체를 폄하 학대하는 삶의 실

에픽테토스

천에서 양자는 완벽한 일치를 보여 준다. 다만 명백한 차이는 그들이 순복하고 찬양하는 신이 누구인가에 대한 인식이다. 중세 수도승들은 하나님을 믿었고 예수 사후 바로 태어났지만 거의 예수와 동시대인인 에픽테토스는 제우스를 비롯한 그리스 제신을 믿었다. 신의 존재에 대해선 불가지론의 입장을 취하는 선배 에피쿠로스와는 달리 그는 기독교인들처럼 인격신Personal God을 믿었다. 그리하여 "우리 마음도 신적 존재의 신성한 불꽃으로 피어오를 정도로 신과 끈끈하게 결합되어 있다면 신은 우리 마음의 움직임 일거수일투족을 지각하지 않겠는가?"(38)라고 주장한다.[21]

의심할 바 없이 에픽테토스는 영혼불멸론자이다. 그의 영혼론은 그의 육체에 대한 견해와 신에 대한 인식을 통해 비교적 선명하게 설명될 수 있다. 나아가서 소위 영혼과 육체의 분리라는 전통적인 개념에 입각한 에픽테토스의 죽음관도 이 영혼론에 입각하여 조명될 수 있다.

① 영혼/육체론

에픽테토스 철학의 핵심은 우리 능력 안의 아속체我屬體, *to epi hēmin*,

20 그는 기독교인이 아니었음에도 중세 수도승들에게 "기독교적 자연영혼(*anima naturaliter Christiana*)"이라고 칭송되었었으며 그의 『엔치리디온(*Enchiridion*)』은 동방정교(Eastern Orthodox Church)교단에서 수세기 동안 금욕 규범서로 채택되었다.

21 Epictetus. *The Handbook*. Trans. Nicholas P. White (Indianapolis: Hackel Publishing, 1983)를 기본 텍스트로 하였다. 이후 본문 인용 시 면수만 표시한다.

What belongs to me와 우리 능력 밖의 비아속체非我屬體, the Externals로 명확히 구분하는 데 있다.[22] 그에 의하면 나의 육체도 외존물이지 나의 귀속물이 아닌 비아속체이다. 따라서 숭모하는 디오게네스의 말을 인용하면서 육체란 이미 항상 누가 처분해도 상관없는 "형편없는 시체덩어리miserable corpse"(57)에 불과하다. 제우스의 목소리를 빌려 에픽테토스는 육체에 관련된 아속체와 비아속체를 이렇게 설명한다.

> 이 육체는 그대의 소유물이 아니다. 단지 교묘하게 구성한 진흙덩어리일 뿐. 내가 육체를 그대의 소유로 만들어 주지 않은 대신, 나의 일부를 그대에게 주었나니, 긍정적 충동과 부정적 충동, 즉 욕망과 혐오의 능력을 부여하여 인상들(impressions: 감각소여)을 올바른 방식으로 처리하도록 창조하였도다.
>
> (6)

육체가 비아속체이므로 누가 내 육체를 고문하여 자신의 이득을 취하려고 하면 자신의 영혼의 주인은 제우스 신이며 신은 자신의 자식이 자유를 잃은 노예가 되길 싫어하는 걸 잘 알고 있기에 할 수 없이 나는 고문자에게 "내 시체의 주인이여 당신 마음대로 내 몸뚱이를 요리

22 아속체/비아속체 용어는 영어 번역어에 기초한 필자의 한글 개념어이다. 고전 철학자들은 "*to ept hemin*"이 엄밀히 말해 "나에게 소속되어 있다"는 뜻이 아니라 "나에게 달려 있다"는 뜻이므로 "나에게 달려 있는 것"이란 개념어를 추천하였다. '그리스-로마 철학 원전을 연구하는 사단법인 정암학당' 이정호 교수는 이에 관련하여 전기 스토아 학자 크뤼시포스의 해석을 빌려, 통상적으로 우리는 "외부의 인상에 대해 우리가 승인하거나 승인하지 않는 인과적 관련성을 심리적 동기에서 파고들고 있지만, 에픽테토스는 인과적 요소에는 관심을 두지 않고 어떤 특정한 사물이 누군가에 달려 있는가, 없는가의 문제를 그것이 외적으로 방해가 될 수 있는 것들인지 없는 것들인지의 문제로 다루고 있을 뿐이다"라는 예리한 논평을 내려 주었다.

하세요"(49)라고 할 수밖에 없다. 육체는 나의 소유물이 아니며 죽은 후 시체로 곧 변하게 될 그 몸뚱이를 고문자가 요구하면 그에게 바로 반납하면 된다. 반면 "감각소여들을 올바른 방식으로 처리하는" 인간 이성은 내 아속체이며 나의 존재의 본질을 이루므로 어떠한 순간에도 결코 양도할 수 없다.

에픽테토스의 삶의 근본 원칙은 따라서 "네 아속체는 어떤 희생을 치루더라도 꼭 지키며 타인에게 속하는 건 바라지도 마라"(59)이다. 가령 물건을 잃을 때도 아속체를 잃는 것과 비아속체를 잃는 것은 큰 차이가 난다. 강도나 간통을 당해 참담한 심정이 되었을 때도 잃은 것이 재물이나 아내의 미모 정도일 경우 이들은 모두 나의 통제 권한 밖 외존물이므로 지나치게 위축되거나 길길이 날뛸 이유는 없다. 그러나 나 자신의 통제 권한 안에 존재하는 아속체인 선악을 구분하는 도덕능력을 잃게 된다면 이야말로 오히려 크게 분개하고 애통할 일이다.

비아속체는 나의 인간관계뿐만 아니라 내가 추구하는 모든 세속적 목표, 쾌락의 대상도 포함된다. 재물, 권력, 명예도 비아속체이다. 일찍이 단테도 이를 평생 추구하다 죽은 자들을 「연옥편」 칸토 XI에서 서술하고 있다.

> 세상의 권력과 영예라는 게 얼마나 뜬구름 같은가?
> 겨우 명성이 날리고 권력을 향유하자마자
> 떠오르는 젊은 세대가 그 자리를 빼앗아 간다.
> 키마부에가 화명畵名을 날렸는데 곧
> 지오토의 시대로 변해 버리고
> 모두 눈 깜짝할 사이에 일어난다.
> ("Purgatorio", Canto XI 95-103)

비아속체인 육체와 재물을 아끼면 그건 나를 노예로 만드는 것이다. 내가 비본질적인 외부물체에 집착하게 되면 그건 나의 치명적인 급소를 상대방에게 그대로 노출시키는 어리석은 행위이다. 마치 뱀이 머리를 뒤로 빼면 우리는 직감적으로 두부가 급소임을 알고 그 부위를 강타하려고 하듯이 적들도 우리가 무언가에 집착하여 보호하려고 애를 쓰면 그 부위를 바로 공격해 올 것이다(61). 이처럼 비아속체에 대한 집착은 자신을 파멸로 이끄는 지름길이 된다. 반면 아속체인 "이성과 현명한 판단력은 제신들과 공유하는 요소들이다"(15). 우리가 창조될 때 두 개의 요소가 결합되었는데 동물적인 비아속체와 신적인 아속체이다. "우리 대부분은 인간의 비참한 숙명을 드러내는 전자의 결합 쪽으로 이끌리지만 그래도 소수 정예는 이 신성하고 축복이 깃든 연대를 선호한다"(11). 그리하여 일반 우중들은 어리석게도 "육체가 병들어 죽어가면 그걸 회피하기 위해 온갖 수단을 강구하지만 영혼이 병들어 죽어갈 때 손가락 하나 까딱하지 않는다"(15).

신들과 공유하는 이성의 기능을 에픽테토스는 감각소여 처리 판단의 관점에서 규명한다. 감각소여들impressions, *phantasia*은 "인간이 자신의 감관 범위 내에서 무언가를 지각하자마자 그의 마음에 충격을 가하는데 그건 인간의 자발적 의지에 따른 것은 아니다. 그것들은 거의 자신의 의지에 따라 인간의 주의력 속에 자신들을 각인시킨다. 이러한 감각소여들을 보장하는 동의행위는 그러나 자발적인 인간 의지의 기능이다"(212).[23] 김재홍에 의하면 "스토아주의자는 인상을 수동적으로 받아

23 김재홍에 의하면, "인간은 자유롭게 도덕적 결정을 내릴 수 있는 능력(*dunamis… eleuthera proairesis*)"을 가지고 태어났다. 이 능력을 에픽테토스는 "*proairesis*" 혹은 "*proairetike dunamis*"라고 말한다. 이것은 우리가 호기심을 갖고, 꼬치꼬치 캐묻고, 다른 사람의 말에도 움직이지 않게 하는 힘을 가진다. 그 어떤 외부적 인상에 대해서 스스로 판단하고, 다른 사람의 말을 믿을지 말지, 어떤 논의에서 침묵을 지키

들이는 것과 그것에 대해 능동적으로 승인하는 행위를 구분한다".

> 요컨대 외부 사물은 우리의 감각을 자극하고 정신 안에 뭔가를 찍어내는 물리적 사건(각인)을 일으킨다. 우리의 정신은 찍혀진 인상(판타시아)에 대해 분절하고 반성해서 말로 표현할 수 있는 명제적 형식인 논리적 판타시아*logikē phanstasia*를 부여한다. 인간은 이 논리적 판타시아를 매개로 해서 세계에 대한 인식정보를 언어적으로 표현하고, 다른 사람과 소통할 수 있는 것이다. 지각에는 인상뿐만 아니라, 또한 인간 정신에 의해 인상의 명제적 애용의 받아들임이 있기 마련이다. 그럼에도 아직 승인 자체는 약한 것이다.
>
> (114)

스토아주의자 에픽테토스는 감관기관이 전달하는 판타시아(감각소여)를 수동적으로 접수하기를 거절한다. 이처럼 감관기관에 대한 불신이 그로 하여금 아속체와 비아속체에 대한 확연한 구분에 집착하게 만들었다. 전현상의 해석에 따르면,

> 에픽테토스가 우리에게 달려 있는 것과 그렇지 않은 것의 경계를 끊임없이 주지시키려는 배후에는 감정들로부터의 영향을 원천적으로 차단시키려는 의도가 놓여 있다. 대부분의 경우 감정들은 우리가 우리에게 속한다고 생각했던 것을 박탈당하거나 그것에 집착할 때 발생한다. 따라서 그러한 것들이 언제나 우리로부터 분리될 수 있으며 외부로부터의 방해를 받을 수 있음을 애초부터 인지하고 있다면, 우

는 것보다 말을 하는 것이 더 나을지를, 어떤 행위가 더 적절한지를 결정하는 반성적 능력이라 할 수 있다(『대화록』 2.23. 9-28).

> 리는 그것들이 실제로 박탈되었을 때 감정에 휩쓸리지 않게 될 수 있을 것이다. 그런 것들에 연연해 하지 않고 오직 어떤 상황에서도 나인 것, 나에게 속한 것에 주의를 집중하고 그것을 돌보는 것만이 아타락시아*ataraxia*로서의 행복을 실현하는 길이라는 것, 이것이 에픽테토스가 전달하고자 하는 궁극적인 메시지이고, 이것이 그가 프로하이레시스를 새롭게 도입하고 우리에게 달려 있는 것에 새로운 의미를 부여한 근원적인 이유였다고 필자는 생각한다.
>
> (145)

실제로 육체의 감관은 믿을 수 없다. 따라서 마치 위조 주화 식별하듯 인간의 이성은 이들을 가려낼 필요가 있다. 일찍이 붓다도 사신불매四臣不昧라고 하여 인간이 감관기관이 수용한 감관소여에 미혹되는 걸 경계했다. 이에 혹하는 건 마치 여행 중에 안락하고 멋있는 여관에 혹하여 자신의 여행 목적과 도착지를 망각하고 계속 눌러앉는 것과 같다. 물론 인간이 감각소여에 혹하는 건 매우 자연스러운 일이긴 하지만 일단 발을 잠시 빼고 그 가치를 감정해야 한다. 우리는 최상의 기능인 의지를 발동하여 그 감각소여를 하위단계로 위치시켜야 한다. 왜냐하면 감각기관은 자연스럽고 판단 통제 기능이 없으며 다만 의지만이 그 자연스러움을 보다 높은 신의 뜻으로 바꿀 수 있기 때문이다(143). 이처럼 에픽테토스는 영혼의 중요한 기능을 의지작용에서 찾고 있다. 즉, 에픽테토스에게 영혼은 의지이다. 그는 개별 "의지"에 대해서 소크라테스처럼 언급하진 않지만 "전 세계가 신의 의지의 소산이며 인간 무리는 그 뜻에 충실하게, 그리고 감사하며 살아가야 한다"(142)라고 주장한다.

육체의 노예상태에서 벗어난 인간의 의지는 바로 신의 의지와 직결되므로 의지의 힘은 막강하다. 치외법권에 있는 나의 비아속체에 대해선 타인들이 노략질을 해 갈 수 있지만 나의 아속체에 대해선 절대로 침범할 수 없다. 집에 매캐한 연기가 너무 차서 눈이 따갑고 호흡이 곤란해지면 "문은 항상 열려 있으므로"(60) 그냥 걸어 나가 버리면 된다. 여기서 에픽테토스의 매캐한 연기 비유는 물론 타인이 비아속체인 육체나 명예 등에 가하는 극심한 고문이나 명예훼손을 의미하며, 문이 열려 있다는 건 인간이 아무런 본질의 훼손 없이 비아속체인 육체를 포기, 즉 자살할 수 있다는 걸 암시한다.

비록 매우 환원적인 해석이지만 그의 육체에 대한 경멸과 혐오감은 자신의 신체적 불구 조건에서 비롯되는지 모른다. 『단상모음집 *Fragments*』에서 그는 육체에 대한 극도의 혐오감을 드러낸다. 육체란 "이 세상에서 가장 귀찮고 구역질나는 것이다"(216). 그럼에도 불구하고 우리는 매일 아침 몸뚱이를 챙기고 돌보고 아끼며 사랑한다. 만일 우리 몸이 아니고 이 몸뚱이가 명실상부한 외존물로서 이웃의 몸이라면 우리가 이빨도 닦아 주고, 용변을 본 후 사타구니도 씻어 주는 등 몸돌보기를 할 수 있을까? 아마 일주일도 안 가 구역질내면서 나가떨어질 것이다. "가죽 부대를 채웠다가 또 비워 내고 도대체 이처럼 지겨운 일이 또 어디 있단 말인가? 그러나 신의 말씀에 복종해야 하므로 살아가면서 내 끔찍한 몸뚱이를 씻고 먹이고 재우고 한다. 젊었을 때는 또 이 몸뚱이가 엉뚱한 걸 요구하여 마지못해 들어주었는데. 이제 이 몸뚱이를 주었던 자연이 반환을 요구하니 이 어찌 불감청 고소원이 아니겠는가?"(217)라고 육체와 마지막 결별을 하는 죽음을 환영해 마지않는다.

이러한 인식은 가까이로는 소크라테스 플라톤주의에 닿아 있지만 좀 더 근원을 찾으면 그리스 고대 오르피즘 토속신앙에 그 연원을 둔다.[24] 오르피즘에 의하면 극단적인 상황에서 죽음은 축복이 된다. 죄를 지어 인간의 몸을 받았으니 이제 몸의 구속에서 벗어나 대자유의 공간을 마음껏 유영할 수 있기 때문이다. 몸의 구속 형태는 매우 다양하다.

매일 매끼 매 순간마다 몸의 욕구를 채워 주지 않으면 몸은 반항하고 정신은 녹초가 되며 때로는 사랑의 미약으로 평소에 청신했던 정신을 혼몽상태에 빠뜨려 비틀거리게 하고 길을 잃게 한다. 나중에 깨어났을 때는 이미 한참 인생행로에서 벗어나 있고 다시 오던 길로 접어들 수는 없다. 이 모든 혼돈과 불행은 육체에서 비롯된다. 오르피즘에 의하면 청정한 영혼이 육체의 옷을 입은 건 "원초적인 위반"에 대한 형벌이다.

바로 이 순간에 우리는 스토아주의자 에픽테토스가 왜 육체를 꼭 비아속체에 포함시켜야만 했는가 하는 근본적인 질문을 제기할 수 있다. 재산, 명예, 지위 등은 분명 외존물임에 틀림없다. 허나 보통 인간일 경우 육체의 상태는 바로 정신의 상태와 바로 직결되지 않는가? 굳이 유물론자들의 극단적인 영혼사멸론을 들지 않아도 육체의 건강 속에 정신의 건강이 깃들어 있는 게 아닌가? 육체가 퇴락하면 정신도 혼미해지는 건 매우 자연스러운 현상일진대 굳이 육체를 정신과 근본적으로 분리된 실체로 파악하려는 고집에 대한 해답은 아마 스토아주의자들의 칠저한 유심론에서 찾아야 할 것이다. 즉, 최악의 육체 상태(고문, 죽음 등)에서도 인간의 정신, 의지를 제신들에게 당당히 보여 주고 바치고자 하는 견인주의자의 집념이 상하세 작용하기 때문이다. 에픽테토스가 지향한 삶의 궁극적 목표는 자유와 행복*eleutheria kai eudaimonia*이다. 이 경지는 외존물에 대한 명확한 인식을 가지고 이들을 과감히 던져 버림으로써 획득될 수 있다. 에픽테토스의 유심론에서 마음은 제우스 신의

24 아리스토텔레스(BC 384-322)는 초기 유데미아 윤리학(Eudemian Ethics)에서 영혼이 육체보다 중요하고 "육체는 영혼의 감옥이며 영혼은 피타고라스적 윤회를 거쳐 간다"고 주장한다. 그러나 후기로 갈수록 죽음관은 바뀌어 『영혼에 대해서(*De Anima*)』에서는 윤회 개념을 부정한다. 영혼은 육체의 엔텔레키(entelechy, 본질이 최고도로 발휘된 사물의 상태, 즉 잠재성과 구분되는 실재성의 상태)를 가리키며 가령 귀의 엔텔레키는 듣는 행위라고 설명한다.

마음 한 조각을 가리킨다. 따라서 그의 육체혐오적 유심론은 신의 속성과 직결되므로 그의 유신론을 해석함으로써 그의 금욕주의를 이해하고자 한다.

② 유신론

에픽테토스의 스토아 철학은 철저한 유신론에서 시작된다. 그는 철학도가 최우선으로 배워야 할 과제가 "신이 존재하며 그가 세상을 다스리고 우리의 행위를 우리는 숨길 수 없으며 우리의 사고와 성향은 낱낱이 그에게 밝혀진다"(108)라는 사실이라고 명시한다. 그의 신관은 소위 인격신이다. 그리고 두 번째 배워야 할 과제는 신의 속성divine nature이다 "왜냐하면 우리가 그들에게 순복하고 그들의 마음에 들기 위해서는 신들을 모방해야 하기 때문이다"(107). "우리의 모든 사고와 행위는 신적인 모델에 맞추어 형성되어야 한다"(108)라고 주장할 정도로 광신도이다.

이처럼 에피쿠로스와 에픽테토스의 근본적 차이는 그들의 신관에서 드러난다. 에픽테토스는 이 세상의 모든 피조물 속에 제우스의 분신이 깃들어 있으며 따라서 굳이 올림피아로 가서 신들의 동상을 보면서 칭송할 필요는 없다고 본다. 그가 보기에 인간은 자신이 소유한 이 엄청난 신성을 망각하고 어리석게 지내고 있다(20).[25] 누군가가 에픽테토

25 예수의 강림과 기독교라는 특정한 종교의 신관이 확립되기 이전의 에픽테토스는 나름의 독특한 신관을 견지하고 있었다. 기독교인과는 달리 그는 인간이 조물주로부터 모든 수단을 물려받아 독자적으로 완벽에 도달할 수 있는 존재로 규정했다. 파스칼에 의하면 "(에픽테토스)는 자신의 모든 의무를 완수할 수 있는 수단을 신으로부터 부여받았다고 믿는다. 이들 수단들은 자신의 능력 안에 있으며 행복은 우리 능력의 발현을 통해 성취되며 바로 신이 우리에게 그걸 부여한 이유이기도 하다. 우리의 마음에게 잘못된 것을 믿도록 강요할 수 없으며 우리의 의지에게 우리를 불행하게 하는 걸 사랑하도록 강요할 수 없다. 따라서 이 두 능력은 자유롭다.

스에게 어떻게 일거수일투족 신의 감시를 받고 있는 걸 확신할 수 있느냐고 물었을 때 그는 "만물은 하나로 통일되어 있다"고 하며 "지상의 사물과 천상의 사물 사이에 상호작용이 있다"(41)고 주장한다. 이 세상의 모든 규칙성, 소위(가령 뉴톤의 기계론적 우주관으로 설명 가능한 부분을 신의 조화로 설명하는 점이 그의 치명적인 약점이다) 식물이 꽃을 피우고 열매를 맺고 과일이 떨어지며 낙엽이 지는 생장과정을 신의 의지로 파악했다. 게다가 달의 변화 태양의 순환도 같은 관점에서 설명한다. 어느 의미에서 에픽테토스의 신의 존재에 대한 확신은 매우 소박하다고 할 수 있다. 그가 제시하는 근거는 가령 "창조 양상을 조금만 눈여겨보아도 금방 신성의 존재를 인정하지 않을 수 없다"면서 "우유가 풀에서 생산되고 치즈가 우유에서 비롯되며 양털이 피부에서 자라는 걸 보면 [창조주가 아니면] 누가 이런 걸 상상하고 창조했겠는가?"(41)라고 장담한다. 그러나 이는 명백히 현대과학의 측면에서 보면 무지의 소산이다. 그의 증거가 미약하므로 그의 신에 대한 믿음도 신빙성을 결하게 된다. 나아가서 자연의 이법이 바로 신의 섭리라고 하면서 이 스토아 철학자는 섭리를 좇아 현세의 가치들을 모두 포기해야 한다고 주장한다. 하지만 전술하다시피 그의 철학의 기본 전제 자체가 붕괴될 위험에 처하게 된다.[26]

그리고 이를 통해 우리는 완벽해질 수 있다"(*Epictetus* xvii 재인용). 인간의 자유의지를 강요하는 인본주의에 가까운 에픽테토스의 신관은 매우 선구적이다. 시대상으로 훨씬 후대인 파스칼조차도 인본주의와는 조금 거리가 있는 주장, 즉 신의 구원의 은총(redemptive Grace)을 입지 못하는 한 인간은 영원한 불완전으로 남게 된다는 주장을 견지하였다.

26 이러한 논리를 전개시켜 나가 만약 에픽테토스가 우리 시대에 살았더라면 신을 믿지 않고 과학주의에 근거한 새로운 형태의 스토아 철학을 설파할지 모른다. 다만 여기서 그가 내세우는 증거의 취약성을 다른 방식으로 접근할 수 있다. 즉 그는 이미 깊은 증거들을 가지고 있지만 그가 대화하는 제자들이 아직 초보적인 단계에 있으므로 그들의 눈높이에 맞는 예증, 일종의 방편을 썼을 수도 있다. 왜냐하면 그 이후의 예증에서 그는 더욱 발전 심화된 신성에 대한 표징을 제시하기 때문

어쨌든 이러한 인격신에 대한 에픽테토스의 믿음은 그의 견인주의적 태도의 순수성을 훼손하는 측면이 있다. 즉, 정통 견인주의자가 아니라 제우스에 대한 반석 같은 믿음에 기초하여 육체나 죽음을 가볍게 여겼다면 이는 여타 종교의 순교자와 다를 바가 없다. 영원한 안식처에 대한 환상이 존재한다면 우리는 그를 완전히 고독한, 그리고 자유로운 영혼이라고 할 수는 없을 것이다. 다만 충실한 제우스 교의 사도일 따름이다. 특히 인간의 욕망에 대해선 가혹할 정도로 금욕적인 자세를 보이지만 신에 대해선 마치 어린애처럼 감사하며 매달리는 에픽테토스의 모습에서 우리는 낯선 견인주의자의 초상을 본다. "우리는 그(신)를 칭송해야 한다. 땅을 파고 밭을 갈 때도, 음식을 먹을 때조차도 신은 위대하시도다. … 우리에게 땅을 경작할 도구를 주시고, 신은 위대하시도다. … 우리에게 손과 입과 배를 주시고 무의식중에도 성장할 수 있도록 수면 중에도 호흡을 하도록 살피시니"(42).

신의 섭리에 대한 그의 관점을 빌리자면 "그렇게 자연은 동물들을 우리[인간들이]가 이용할 수 있도록 창조하였다"(41). 따라서 우리가 할 일은 신을 찬양하는 일밖에 없다는 진술 등에서 보이듯 매우 인간중심적이고 다소 억압적이다. 그러나 에픽테토스의 의도를 보다 긍정적인 관점에서 이해하면 동물이나 인간의 마음속 동물성은 모두 신적인 경향에 반대되는 것이므로 모두 버려야 한다. 그러나 선, 신, 자연, 이성 등은 인간 마음속의 신성이며 모두 동일한 존재의 다른 얼굴이다. 모든 인간 속에 이러한 요소는 내재한다. 즉, 우리 인간은 마음속에 살아 있는 신을 모시고 있으니 더러운 말과 생각으로 우리 자신을 오염시켜서

이다. 김재홍은 초기와 후기 스토아 철학이 신관에선 큰 차이가 없으며 표준적인 스토아 철학의 신관은 이신론(Deism)에 가깝고 이 세계가 완벽한 질서에 의해서 운행한다는 의미를 함축하고 있다고 주장한다.

는 안 된다고 적시한다(93).

이러한 태도는 그의 시골축제에 비유한 인생관에서 잘 드러난다. 즉, 인생은 장날 분위기와 흡사하여 많은 사람들이 가축을 사고팔려고 시장으로 모여든다. 어떤 사람들은 소를 팔려고 장에 왔으므로 부, 재산축적에만 눈이 멀어 흥정에 몰두한다. 에픽테토스가 보기에 그 모습은 마치 팔릴 운명에 처한 줄 모르고 싱싱한 꼴만을 뒤지고 있을 자기 소의 꼬락서니와 다를 바 없다. 반면 소를 팔러 장으로 와서 흥정할 생각은 하지 않고 이 세상의 본질은 무엇인가, 그리고 이 "거대하고 아름다우며 정교하게 계획된 축제를 운영하는 주체는 누구인지"(109) 관찰하며 명상에 잠겨 있는 사람도 장꾼들 중엔 간혹 존재하는데 흥정 이익을 챙긴 많은 사람들은 그의 등 뒤에서 그를 바보 등신이라고 부를 것이다. 그러나 만약 "가축들의 의견을 물어보면 오히려 이들이 (자기들과 똑같이) 꼴밖에 관심이 없는 존재들이라고 오히려 비웃지 않겠는가?"(109)라고 에픽테토스는 덧붙인다.

③ 죽음관

이러한 영혼/육체론과 유신론에 바탕을 둔 에픽테토스의 죽음관은 에피쿠로스의 영혼사멸설과는 판이하다. 에픽테토스에게 죽음은 고향으로 돌아가는 것이다. "자 이제 우리 고향으로 떠납시다. 자유로이 마침내 우리를 결박하고 억눌렀던 차꼬로부터 풀려나서. 여기는 강도, 도둑, 온갖 소송이 난무하고 우리의 육체와 그 소유물을 탈취할 심산으로 권력을 마구 휘두르는 소위 독재자들이 설치는 곳이다"(26). 어쨌든 인간은 육체를 먹여 살리기 위해 온갖 아부를 하고 수모를 겪으면서 이 지상의 삶을 연명해 나간다. 권력을 진 자들은 이 약점을 악랄하게 이용하여 우리를 핍박한다. 그러나 육체나 그 부속물을 거들떠보지도 않는 자에게 그들이 취할 수 있는 건 거의 없다. 왜냐하면 죽음은 비아속체의 사건이기 때문이다. "나는 죽게 되어 있다. 지금 죽으라면 지금이라도 죽겠다. 나중이라면 점심을 우선 먹을 것이다. 점심시간이 되었으니. 그때는 죽음도 조금 뒤 챙겨야겠지"(8)라고 그는 생사에 초월한 태도를 보인다. 기본적인 입장은 육체가 비아속체이며 "타인의 소유이므로 반환해야"(8) 한다는 것이다.

그러나 정작 죽음에 대해서 에픽테토스는 죽음현상 그 자체를 정면으로 분석하지 않는다. 대신 죽음을 기피하고 두려워하는 인간의 마음 자체에 대한 분석을 시도한다. "만약 누군가가 나를 죽이겠다고 위협하면 어떡하죠? 분명히 그는 나를 윽박지르는데"라고 질문을 던지자, 그는 "중요한 건 그가 위협한 수단(즉 죽음)이 아니라 당신이 죽음보다 더 선호하는 게 있다는 사실이오. 당신의 가치관이 당신을 강요하는 거지요. 의지가 의지에 작용한 셈인데. 만약 신이 자신의 존재 한 조각을 우리에게 주었는데 그것이 타인 또는 자신에 의해 방해 또는 강요당할 지경에 이른다면 그것은 신성할 수 없게 된다. 그 결과 신에 합당한 위엄으로 우리를 돌볼 수 없을 것이다"(45). 그러나 우리가 깨달아야 하는 건 그 신성한 조각이 미완성이나마 신이 부여한 조각이며 우리의 의지에 의해 비로소 완성되는 조각이라는 점이다. 우리의 신성한 의무는 신의 섭리와 우리의 의지를 결합시키는 데 있다. 그것은 가능하다. 왜냐하면 바로 우리가 작은 신이기 때문이다.

다시 말하여 우리가 죽음을 두려워한다면 그건 우리 속의 신의 조각의 부름에 따르지 않고 비신성적인 비아속체의 원칙과 욕망에 미혹되어 일시적으로 장님이 되었기 때문이다. 항상 자신의 내면에 박힌 신의 조각을 응시하면서 이 존재에 대해 우리는 눈을 감지 말아야 한다. 소크라테스에게 죽음연습이 철학하기라면 에픽테토스에게 철학하기란 신의 조각을 항상 떠올리는 것이다. 그러면 우리의 욕망은 자유롭게 갈구하게 되고 "만사가 계획된 대로 전개된다. 우리의 계획인 동시에 신의 계획으로"(45). 이는 일종의 공자가 의미한 종심소요 불유구從心所欲 不踰矩의 경지에 이르렀음을 의미한다.

따라서 죽음이 악이라면 당연히 인지상정으로 인간들은 악을 회피하려고 할 것이다. 그러나 "죽음은 필요하며 불가피한 현상이다"(64). 죽음이 다가오면 도망갈 피난처를 구할 수 없다. "그러나 그에 대한 공포는 최소한 물리칠 수 있다"(64). 그럼에도 불구하고 에픽테토스에 의하면 죽음 앞에서 인간은 마치 경험부족과 무지에 가득 찬 어린애처럼 군다.

> 죽음이 무엇인가? 무시무시한 탈. 그것을 벗으면 그뿐 물어뜯지는 않는다. 마침내 육체와 영혼은 분리되어 우리가 태어나기 전의 분리된 상태로 돌아간다. 그게 지금 일어난다고 호들갑 떨 이유가 어디 있는가? 지금 안 일어나도 곧 일어날 텐데. 만약 그렇다면 왜 지금이냐구? 세상의 순환을 수용하기 위해서야. 세상은 지금 태어날 존재들이 필요하며 또 나중에 태어날 존재들도 필요하기 때문이야. 자신의 체류기간이 만료된 존재들이 그래서 필요한 거지.
> (78-9)

신성한 조각에 의하면 생에 대한 집착은 어린애들의 투정에 불과하며, 보다 완벽한 인간으로 성숙시키는 근본 섭리와도 배치된다. 신의 마음 한 자락을 품고 있는 우리는 비아속체의 수명연장에 집작하는 어리석음을 범하기보다 거대한 생명계의 순환에 영혼을 싣는 신적인 지혜를 가져야 한다.

> 다른 사람들을 위하여 자리를 좀 내주라. 그들이 이제 태어날 차례이다. 당신이 태어났듯이, 태어나면 살 장소나 생필품들이 필요하지 않

은가? 먼저 온 사람들이 자리를 비켜 주지 않으면 어떤 일이 벌어지겠는가? 너무 욕심부리지 마라. 아직도 만족하지 못하느냐? 세상을 더욱더 만원으로 만들려고 작정하였느냐?
(187)

죽음의 공포를 물리치기 위하여 우선 죽음훈련이 필요하다. 그 과정은 비아속물에 대한 집착을 끊는 과정이다. 우선 가장 보잘 것 없으면서 잘 분실되는 것부터 하나하나 버리기 시작한다. 항아리나 유리잔에서부터 시작하여 옷가지, 애완동물, 가축, 재산, 그리고는 당신의 육체 부분, 자식들, 형제들, 아내, 요모조모를 따져 보고 내던져 버린다. 당신의 사고를 정결하게 하여 당신에게 속하지 않는 걸 억지로 떼어내 버려 마음을 아프게 하는 것들에 대한 애착이나 집착을 버리도록 한다. 매일 마치 헬스클럽에서 근육운동하듯이 이를 규칙적으로 실행하면 죽음에 대한 공포도 사라진다(188). 대표적인 경우가 디오게네스이다. 에픽테토스가 존경해 마지않는 이 견유학파 철인은 "본인이 소유한 모든 것들은 일시적으로 부착되어 있을 뿐 언제든지 떨어져 나갈 수 있다"(193)고 믿었다. 그리하여 누군가 무얼 달라고 하면 언제든지 내어놓을 준비가 되어 있었다. 심지어 다리를 달라고 해도 다리를 내주었을 것이고 가족, 친구, 나라까지도 양도할 각오가 되어 있었다. 왜냐하면 "그는 그것들이 어디서 누구에게서 어떤 조건으로 왔는지 잘 알고 있기 때문이다"(193).

또 다른 곳에서 에픽테토스는 인생을 항해로 비유한다. 항해를 떠날 때 우리는 최선의 항해준비를 한다. 선장, 배, 출항일, 날씨 등. 그럼에도 불구하고 폭풍을 만나 배가 가라앉기 시작하면 두려움 없이 배와 같이 침몰해야 한다. 그는 항해 비유를 더욱 발전시켜 죽음을 물 길러 간 선원을 부르는 선장의 호출 신호와 동일시한다.

선장이 배에 물이 동이 나 한 섬에 임시 닻을 내린다. 나에게 물을 길어 오라고 명령한다. 우물로 가는 길 초원은 아름답고 해변의 조개들은 탐스럽고 먹음직스럽게 보인다. 주위 경관도 경탄을 자아낸다. 그러나 이런 것들에 미혹되어서는 안 된다. 언제나 선장의 목소리가 들리는 지근거리에 머물면서 물을 길어 올리되 출항 명령이 떨어지면 바로 배 쪽으로 향해야 한다. 따라서 마치 조개 존재에 불과한 아내나 자식들을 버릴 준비가 되어 있어야 한다. 특히 나이가 들면 배에서부터 멀리 떨어져 있지 않도록 해라. 호출 신호가 떨어질 때 엉뚱한 곳에 있지 않도록 해야 한다.

(56)[27]

나의 일생도 하루 중의 "특정한 한 시간대an hour in a day"(86)에 불과하다. 시침이 가리키는 한 시간에 해당하는 "내 시간을 지켜야 한다"(86). 그리고 시침이 다음 시간의 숫자를 가리키면 시간법칙에 따라 나는 다음 시간에 양보해야 한다(86). 모름지기 인생이란 잔치는 실컷 즐기고 빨리 퇴장하란다고 불평을 하지 말아야 한다(187).

에픽테토스는 죽음을 가을 추수에 비유하기도 한다. 인간과 신의 관계는 밀과 인간의 관계와 같다. 만약 인간이 밀처럼 고개 숙인 노란 알곡으로 여물었는데도 수확되길 거부하면서 "신이시여 제발 저 밀들이 결코 익지 말게 하시어 사람들이 수확할 수 없도록 해 주소서"(90)라고 기도한다면 그건 자연의 "재앙"을 불러들이는 기도와 다를 바 없

27 김재홍이 그리스어 원전을 엄정하게 직역한 한글 번역본(김재홍 역. 『엥케이리디온』)과 필자의 영어 중역본의 차이는 크다. 영역본은 다소 번역자의 시적 상상력이 가미된 의역에 가깝다. 여기서는 기본 텍스트 설정상 어쩔 수 없이 엄정성에서 문제가 있지만 영역본을 택한다.

다. 우리가 이성적으로 인간의 존재에 대한 올바른 통찰에 이른다면(가령 인간은 죽음으로 향한 존재라는 각성), 죽음에 대한 걱정과 공포에 사로잡힐 필요는 없다. 그리고 죽는 방식에 대해서도 걱정할 필요 없다. 디오게네스가 말했듯이 "하데스로 통하는 길은 모든 거리가 동일하다"(90). 누구나 사형 선고를 받은 존재들이다. 집행시기만 서로 다를 뿐. 결국 죽음은 비아속체, 즉 육체에 일어나는 사건이므로 확신을 가지고 임해야 한다. "너의 의무는 죽음, 투옥, 고문, 추방 등 모든 악에 확신을 가지고 대비하는 것이다. 왜냐하면 네가 충분히 그 역할을 수행할 가치가 있다고 판단하여 그들과 맞서라고 요청한 존재에 대한 신앙을 너는 갖고 있기 때문이다"(81).

실제로 에픽테토스는 죽음 순간의 안심입명에 대해 언급한다. "바라옵건대 내가 죽음을 담담하게 자유롭게 제한, 금기 없이 대하며, 나 자신의 인격관리에만 전념하고 있을 때 죽음이 나에게 덮쳐오기를"(151)이라고 기도한다. 또 "저 보고 이제 이 축제를 떠나라고 하시니 떠나렵니다. 단지 당신과 같이 이 축하 잔치를 즐길 수 있도록 허여해 주신 데 대해, 또 당신의 작품들을 보여 주고 당신의 통치를 이해하게 해 주신 데 대해 다만 감사를 드릴 따름입니다"(151)라는 염을 항상 품고 다니며 죽음을 맞을 준비를 한다.

3. 뇌신경학: 루크레티우스

무슨 이유인지는 모르지만 로마 철학자 루크레티우스(BC 99-55)에 대한 일생은 기록으로 남지 않았다. 사후 400여 년이 흐른 AD 4세기 무렵에 이르러서야 성 제롬이 아래와 같이 최초의 흔적을 남기고 있다. "시인 타이투스 루크레티우스가 태어났다. 그는 사랑의 미약 과용으로 미쳐 버렸다. 그 광증 사이사이 정신이 돌아오면 시집을 내 대여섯 권에 이르렀는데 키케로가 이후 수정 가필하였으며 자신은 44세 되는 해에 목숨을 스스로 끊었다"(Rouse x).[28] 인문학 사상 최고의 시와 철학의 만남이라고 칭송되는 『사물의 본성*De Rerum Natura*』은 에피쿠로스의 철학을 나름대로 보충 심화하는 내용인데 이 철학시는 당대의 최고 명사로서 정치가이며 시인인 메미우스Gaius Memmius에게 대화를 거는 형식으로 구성되어 있다.[29]

1841년에 "데모크라테스와 에피쿠로스 자연철학의 차이The Difference between the Democritean and Epicurean Philosophy of Nature"란 제목으로 박사 학위 논문을 제출한 마르크스가 주장했듯 『사물의 본성』은 기본적으로 물리학 논고이며 루크레티우스는 "고대인 중 에피쿠로스 물리학을 이해한 유일한 사람이었다"(Vavilov 23 재인용). 이 책의 3권은 이 물리학적 관찰을 토대로 죽음의 공포*timor mortis*를 격퇴하기 위한 논증 부분이다. 첫 부분은 약 200년 전 철학의 대부였던 에피쿠로스에 대한 칭송으로 일관한다. 자신을 참새에, 스승을 백조에, 자신을 아장아장 걷는 어린아이에, 스승을 질수하는 성주마에 비유한다. 그러면서 이 장시를 창작한 이유를 "시커먼 죽음을 온갖 만물에 배어들게 하여 순수하면서도 청정한 즐거움이 들어설 여지조차 주지 않을 정도로 인간의 삶을 밑바닥에서부터 휘저어 흙탕물로 흐리게 하는 저승사자Acheron에 대한 공포를 정면으로 몰아내겠다"(38-40, 이하 라틴시 시행을 표기함)에서 찾고 있다.

28 물론 라우즈 자신은 성 제롬의 묘사에 대해 회의적이다. 그는 루크레티우스를 마약, 광증, 자살로 묘사한 근저에는 4세기 기독교인들이 무신론자들인 에피쿠로스 학파를 폄하 매도하기 위한 음모가 있었을 거라고 추정한다(xxi-xxvii).

29 Lucretius. *Lucretius on the Nature of Things*. Trans. W. H. D. Rouse, Revis. Martin F. Smith (Cambridge: Harvard UP, 2006). 시행 인용은 원래 라틴시 시행 수를 따랐다.

루크레티우스는 인간이 저지르는 모든 악행의 뿌리가 죽음의 공포라고 단정한다. 분에 넘치게 수단 방법을 가리지 않는 "탐욕과 관직에 대한 맹목적인 욕망", "부의 정상"에 오르려는 욕망, 모두 사실 죽음에 대한 공포에 의해 길러진다. 그렇게라도 하지 않아 가난하고 멸시당하면 "삶의 쾌락과 안정"에서 멀어져서 마치 자신들이 "죽음의 문" 앞에서 얼쩡거리고 있지 않는가 하는 강박관념이 생기기 때문이다(59-70). 이런 터무니없는 망상에 사로잡힌 인간들은 죽음으로부터 멀리멀리 도망치기 위해 이웃들의 피를 흘려가며 재물을 긁어모으고 살육을 자행한다(71). 이 모두가 다 죽음에 대한 공포로 빚어진다. 죽음이 두려워 인간이 의당 지켜야 할 친구, 형제자매, 조국에 대한 신성한 의무와 의리를 헌신짝처럼 내던지면서까지 구차하게 목숨을 구하려고 안간힘을 쓰는 자들이 부지기수인데, 이도 죽음에 대한 어리석은 공포 때문이라고 루크레티우스는 개탄한다(75-9).

이러한 죽음에 대한 공포로 생긴 마음의 어두움은 "태양빛이나 대낮의 밝은 햇살이 아닌 자연의 양상과 법칙에 대한 설명으로" 걷어낼 수 있다고 주장한다(90). 그러고선 인간의 마음에 대한 규명 작업을 시도한다. "마음이란 종종 이해력과 삶을 관장하는 능력이 위치한 지능이라고 불리는 인간의 일부이다. 마치 손, 발, 눈이 전 생명체 중의 일부이듯이"(94-7). 여기서 루크레티우스는 플라톤의 『파이돈』에 나오는 심미아스Simmias의 영혼 조화론을 반박한다. 즉, 영혼을 인간 생명체의 일부에 속한 하나의 개별 독립적 존재로 보지 않고 "조화harmony라는 일종의 육체적 활력 상태(엔텔레케이아)"로 판단한 것은 심미아스의 오판이라고 주장한다. 왜냐하면 육체가 고통에 처하였어도 마음은 오히려 행복을 느낄 수 있고 그 반대의 경우도 왕왕 일어나기 때문이다. 다시 말하여 육체와 정신이 각기 때로는 독립적으로 존재하고 기능하기 때문에 현악기인 육체가 내는 조화로운 멜로디가 영혼이라는 심미아스의 비유는 옳지 않다. 실제로 다리에 종창이 나서 육체적 고통을 겪어도 머릿속에 즐거운 상상으로(가령 애인의 방문 전갈에) 가득할 수 있다. 나아가서 꿈의 작용도 육체와 영혼의 부조화에 대한 좋은 보기이다. 우리가 마음이 잠들고 육체의 감각이 중단된 꿈속에서도 희로애락을 즐기는 경우가 허다하기 때문이다. 즉, 조화롭게 결합된 상태가 아닌 별개의 독립된 존재로서 육체와 정신은 작용하고 있다(111-8).

다음으로, 조화로운 상태가 아닌 영혼은 "육체의 골격 속에 존재한다". 그 단적인 예로 육체의 상당 부분이 훼손되어도 생명이 그 골격(인체의 구조) 속에 머물러 있다. 그러나 "열 입자들이 방산되고 입을 통해 공기가 배출되어 버리면 바로 그 생명이 순간 혈관을 저버리고 뼈를 떠난다"(122-5). 정신이 육체를 떠나면 곧 죽음이 시작된다. 즉, "몸속의 열기와 생명의 바람이 우리의 골격을 떠나는 순간이 곧 죽음의 순간이다"(127-9).

육체와 신경 간의 오묘한 관계는 단순히 상호 독립적으로 인체구조의 한 부분을 차지하며 자족적으로 존재하는 데 그치지 않는다. 이 둘의 상호 연결 측면에 대해서도 보다 심층적인 연구가 필요하다. 비록 조화의 상태는 아닐지라도 육체와 신경은 "상호 결합하여 공통된 단일 성질을 구성한다in conjunction together and compound one nature in common"(136). 그 수장은 우리 몸 전체의 주인인 마음과 지능이라고 불리는 이해력인데 그것은 가슴의 중앙 부분에 위치한다. 바로 이 부위에서 공포와 두려움이 꿈틀거리고 희열도 솟아오른다. 루크레티우스는 이를 마음mind 또는 중추 영혼*animus*이라고 부른다. 그리고 나머지 신경spirit 또는 말초 영혼*anima*은 온몸에 분산되어 지능의 지시를 받아 복종하며 반응한다. 이 말초 영혼은 감각을 지니고 있어 자체적으로 말초 감각을 즐긴다. 이 두 종류의 영혼(마음, 신경)은 상호 독립적인 측면이 있다. 가령 몸의 한 부위가 훼손당하여도 전체 몸이 이로 인해 고통을 받지 않듯이 새로운 외부

감각에 의해 나머지 영혼이 자극되지 않아도 마음은 종종 상처를 입거나 쾌락을 느낀다.[30]

조대호도 언급하듯 아니마와 아니무스의 구분은 루크레티우스의 영혼 이해에 핵심적인 부분을 차지하고 있다.

> 이 두 개념을 옮기기에 적절한 낱말을 찾기는 쉽지 않다. 이미 19세기 말 이래 많은 연구자들, 예컨대 딜스H. Diels, 브리거A. Brieger, 하인즈R. Heinze 등은 그 두 개념을 각각 "Geist"와 "Seele"로 옮겼고, "Mind"나 "Soul"을 번역어로 택한 베일리Bailey도 같은 입장을 취한다. 반면, 롱A. A. Long과 세들리D. N. Sedley는 "아니무스"와 "아니마"를 "Mind"와 "Spirit"으로 옮겼다. 그런가 하면 뷔히너K. Büchner는 "Seele"와 "Leben"을 번역어로 채택한다. 이 가운데 어떤 번역어가 루크레티우

30 여기서 번역자 라우즈(Rouse)는 신경(*anima*)과 마음(*animus*)을 각각 'spirit'과 'mind'로 분리하여 호칭한다. 현대의학적으로 재정의하면, 여기서 신경은 온몸에 퍼져 있는 말초신경을, 마음은 중추신경을 각각 가리킨다. 루크레티우스는 이 둘을 명료하게 구별한 단어가 라틴어에 없음을 한탄한다. 그리고 마음이 소재한 위치를 머리가 아닌 가슴으로 보았다. 그리고 영혼(soul)이란 개념은 마음과 신경, 이 둘을 통합한 개념이다. 그러나 영혼이란 개념 사용을 번역가 라우즈는 일부러 회피하는 듯 보인다. 영혼이란 개념은 아마 육체/영혼이 완전 분리된 이원론에 기초한 플라톤적 개념이라 영혼/육체 상호 의존 통합적인 루크레티우스적 개념에는 적합하지 않다고 믿는 것 같다. 여기서는 'spirit'과 'mind'를 말초신경과 중추신경으로 부르지 않고 번역본에 따라 신경과 마음으로, 그리고 'soul'이라고 번역한 용어는 영혼으로 옮긴다. 그리고 'intellect', 'understanding'으로 번역된 용어는 지능과 이해력으로 부른다. 유사한 논리로 예일대 케이건 교수도 영혼이란 용어를 회피하고 육체/마음 이분법을 사용한다. 왜냐하면 그에게 영혼은 육체를 완전히 배제한 자율적 존재로서 영혼을 의미하기 때문이다. 유물론자에 가까운 케이건 교수에게 육화되지 않은 영혼은 존재 불가능이며 환상(illusion)에 불과하다. 따라서 그에게 인간의 정신 능력의 실체는 마음인데, 그 마음이란 결국 올바른 사고력과 기억, 감수성에 해당하는 인간성(personhood)을 지칭한다(Shelly Kagan. #3-5 Death: Yale Lecture. Youtube). 인간성에 대한 이해에서 케이건 교수는 로크(John Locke)의 인간성 이론을 지지하는 듯 보인다.

스의 본래 의도를 가장 잘 표현하는지를 확정하려면 먼저 텍스트에 대한 내재적인 분석이 이루어져야겠지만, 일단 전통적인 해석을 따라 그 둘을 각각 우리말의 "정신"과 "영혼"으로 옮기는 것이 무난해 보인다.

(12)

그러나 필자가 판단하기에 "정신"과 "영혼"이란 번역어는 혼란만 초래할 따름이며 현대의학적 용어로 번역하면 결국 아니무스는 뇌를 포함한 중추신경을, 아니마는 복수의 의미로 전 신체에 퍼져 있는 말단 신경을 지칭하는 듯 보인다.

그리하여 격렬한 공포가 밀려오면 지능이 영향을 받을 뿐 아니라 온 신경이 인체구조 전체를 통하여 감정에 공감하여 창백해지고 땀을 흘리며 말이 어눌해지고 눈앞이 캄캄해진다. 이렇게 인간이 정신적 공포 때문에 땅바닥에 혼절하게 되면 결국 신경이 마음과 공유결합되어 있다는 훌륭한 증거가 된다. 왜냐하면 신경에 연결된 마음이 다시 육체에 타격을 하는 연쇄반응을 가져와 이러한 일련의 육체적 발작을 일으키기 때문이다(155-60). 이로써 우리는 마음과 신경의 본성이 육체적이란 걸 안다. 왜냐하면 아무런 신체적 접촉이나 타격 없이 안색이 바뀌는 등 신체적 변화가 일어나기 때문이다. 희생자의 몸에 파고들어 뼈와 심줄을 발라내는 무시무시한 무기의 충격이 죽음까지 초래하지 않는다고 할지라도 기절하여 땅에 드러눕고 싶은 심삭, 누운 상태에서 야기되는 정신적 파고, 그리고 때때로 일어나고 싶은 막연한 욕망이 곧 뒤따른다. 따라서 마음은 본질상 육화적이다corporeal, 물질적 무기와 타격에 고통을 겪기 때문이다(170-6).

이처럼 마음/신경/육체에 대한 상호 관련성을 신체의 변화, 감각과 의식의 변화를 통해 관찰한 루크레티우스는 마음이 어떤 종류의 물체인지 어떻게 구성되었는지 규명해 나간다. 우선 마음은 "놀라울 정도로 예민하고 극히 미소한 입자로 구성되어 있다"(179). 마음의 반응이 지극히 민첩하게 이루어지는 걸 관찰해 보면 우리 육안으로 관찰할 수 있는 그 어느 물질보다 신속하게 자극받는다는 걸 알 수 있다. 이런 현상은 마음을 구성하고 있는 입자가 지극히 둥글고 지극히 미소하다는 걸 입증해 준다. 육안으로 관찰할 수 있는 물이나 꿀과 같은 물질에 비해 마음이 활발한 운동성을 갖는 건 바로 이 미소성smallness과 윤활성smoothness, 그리고 원구성roundness 3대 특성을 가지고 있기 때문이다(195-207).[31]

이러한 3대 특성은 임종의 순간에도 잘 입증된다. 임종 시, 즉 마음과 신경이 이탈할 때 외견상 또는 질량의 측면에서 눈곱만큼도 육체가 가벼워졌거나 수축되는 현상이 일어나지 않는다. 신경 전체가 혈관과 살, 그리고 심줄 사이에 얽혀 있는 매우 미소한 입자로 구성되었다는 걸 보여 준다. 마치 포도주 향이 사라지듯, 향수의 감미로운 방향이 대기 속으로 흩어지듯, 조금도 시각적으로나 질량적으로 본래 물질의 감소를 가져오지 않는 것이다. 마치 "와인 향이 사라진 후, 연고의 달콤한 향기가 미풍에 발산된 후 향취가 어떤 물체로부터 떠나버리듯이", 영혼도 임종 시 이런 향기소香氣素처럼 발산된다(223-4).

31 루크레티우스의 과학유물론적 태도는 높이 살 만하지만 그의 자연과학적 해석이 매우 조야한 상태에 머무르고 있음은 명백하다. 바빌로프(S. I. Vavilov)가 주장하듯, "그들(Epicurus, Lucretius)의 학문은 단순한 관찰과 반성적 사유의 산물이다. 실험기술은 미미한 초창기 수준이며 관찰은 요즘 소위 '미확인 정보(unconfirmed information)'에 해당하는 반인반마나 수탉이 사자에게 불러일으키는 특이한 공포 등으로 가득 차 있다"(22). 베일리(Cyril Bailey)도 『사물의 본성』이 철학의 논리성이나 과학의 객관성보다는 저자의 주관적 체험이나 개성이 짙게 배인 시문학 작품에 가까우며, 루크레티우스는 결국 "체계를 이해한 철학자라기보다는 비전을 보고 그걸 널리 공포하고자 하는 예언자"(291)에 가깝다고 주장한다.

마음의 3대 특성이 상기한 바와 같다면 3대 성질은 숨결breath, 열기heat, 그리고 공기air이다. 그러나 이 세 성질만으로는 감정 또는 감각을 불러일으키는 운동이나 사고 행위를 촉발할 수는 없다. 제4의 성질이 필요한데 이는 이름 지을 수 없는 실체이다. 마음이 작동하는 순서는 이 미소한 형체로 구성된 무명의 실체로부터 시작된다. 그 다음 순서로 열기가 그 운동을 받아서 보이지 않는 바람, 그리고 공기를 차례로 받아들인다. 그 결과 피가 끓고 감정으로 살이 전율하고 마지막으로 뼈와 골수에 전달되어 쾌락이건 불쾌이건 하나의 감정이 생성되는 것이다. 이런 와중에 신경의 입자들은 온몸의 기공을 휩쓸고 다닌다(240-58).

"신경 중의 신경"이라고 부르는 이 제4의 요소에 대해서 루크레티우스의 설명은 명쾌하지 못하다. 다만 바람의 성질을 갖고 몸속 가장 깊숙한 곳에 위치하며 나머지 세 성질과 더불어 모든 감각을 불러일으키는 역할을 하지만 거의 지각 불가능하며 전통적 의미에서 영혼은 아니다. 루크레티우스에게 "영혼은 육체 전체 속에 담겨 있으며 그 자체로 육체의 수호자이며 그 존재의 원천이다. 이 둘은 동일한 뿌리로 서로 얽혀 있으며 파괴하지 않고는 결코 서로 떼어낼 수 없다"(324-8). 이건 마치 성질 자체를 파괴시키지 않고서는 아라비아 유향덩어리frankincense에서 향내를 따로 분리해 낼 수 없는 것과 같은 이치이다. 요약하면 마음과 신경을 육체로부터 분리해 내는 건 불가능하며 육체나 마음은 단독 개별자로 느낄 수 없다. 즉, 육체와 마음이 동시에 공동으로 활동한 결과 우리의 몸속에서 감각이 일깨워진다.

우리가 뜨거운 물을 관찰하면 물속에 포함된 열기가 모두 사라지고 난 경우에도 물 자체는 아무런 해를 입지 않고 온전하게 보존된다. 그러나 인간의 육체는 이와 같지 않다. 열기를 지닌 영혼이 육체를 빠져나가면 처음부터 영혼에 전적으로 의존했던 육체는 완전히 그 기능과 성질을 모두 빼앗기고 죽어서 부패하기 시작한다. 이건 영혼과 육체가 완벽하게 상호 의존하기 때문이다. 현대의학적으로 볼 때, 루크레티우스는 여기서 신경과 혈관의 흐름 모두를 아니마로 지칭하는 듯 보인다. 신경물질과 혈액의 전달 공급과 유통은 생명력의 근원으로서 매우 중요하며 따뜻한 열기가 아마 이들을 나른다고 그는 생각한다. 차가운 시체에서 보듯이 죽어서 영혼의 한 요소인 열기가 사라지면 이러한 유통이 중지된다고 생각하는데, 그의 관찰은 원인결과가 뒤바뀐 듯 보인다. 즉, 신진대사의 활동으로 열기가 생기는데 아니마의 열기에 의해 오히려 신진대사가 일어나는 것으로 관찰하고 있다.

그러나 육체 단독으로는 느낄 수 없다. 죽은 뒤, 즉 영혼이 죽으면 육체가 느끼지 못하는 데서 잘 알 수 있다. 루크레티우스는 신경 구성체의 성질에 대해서 데모크리토스와 의견을 달리한다. 데모크리토스는 육체와 신경의 기본 입자들이 나란히 병치되어 교대로 변위하며 우리 사지의 피륙을 구성한다고 주장한다. 그러나 루크레티우스의 주장에 따르면, 신경의 기본 구성요소는 육체 구성요소보다 훨씬 미세하고 숫자도 훨씬 적다. 그리고 신경입자들은 사지 전체를 박빙으로 육체보다 훨씬 희소하게 온몸에 퍼져 있다. 그 결과 육체는 이미 영향을 받았는데도 영혼이 감지 못하는 상황이 왕왕 발생한다. 가령 머리칼에 거미줄이 걸렸거나 어깨에 먼지가 앉는다든지, 야밤중에 안개가 퍼져 있을 때 영혼은 그 자극에 상응하는 육체적 체험을 감지하지 못할 경우가 있다. 루크레티우스의 설명에 따르면 온몸에 걸쳐 매우 촘촘하게 산포된 육체의 입자들은 미세한 자극도 감지할 준비가 되어 있지만 영혼은 온몸에 살포된 입자의 희소성으로 인해 결국 육체의 자극을 전달받지 못하고 결과적으로 우리는 자극을 느끼지 못하게 되는 것이다(370-85).

영혼의 구성요소인 마음과 신경 중 마음은 신경보다 생명력이 강인하고 오래 지속한다. 즉, 마음과 지능이 기능을 상실하면 바로 그때 신경입자들은 육체 속에 한 순간도 더 머물지 못하고 죽음의 냉기 속에 육체를 내버려 둔 채 대기 속으로 방출된다. 그러나 사지가 절단되어 몸뚱이만 남아 신경이 모두 절단되고 죽었지만 가슴에 소재한 마음이 대기를 호흡하면 생명을 존속하게 한다.

마음과 신경은 생성 순간 모두 유한한 존재들이다. 이들은 흐르는 물이나 구름 연기보다도 더 미세한 입자로 구성되어 있다. 육체가 죽으면 신경은 안개나 연기처럼 방산되어 사라진다. 육체는 마치 부서진 용기처럼 신경을 담을 수 없다. 즉, 마음은 육체와 다를 바 없이 태어나고 성장하고 노쇠한다. 어린애는 지능이 떨어지고 육체가 연약하지 않은가? 그러다 청년이 되어 지력, 체력을 겸비하게 되고 시간의 파괴에 의해 육체가 노쇠하게 되면 정신이 오락가락하고 말도 어눌하게 되지 않는가? 육체가 늙으면 신경이 연기처럼 체외로 빠져 달아나고 있기 때문이다. 플라톤은 『파이돈』을 통해 영혼은 이데아를 관조하는 능력으로서 불변하다고 주장하지만 루크레티우스는 영혼이 육체와 더불어 탄생, 성장, 노쇠의 변전과정을 겪는다고 믿는다. 가령 육체의 병이 깊어지면 영혼도 거의 해체과정을 겪으며 헛소리를 하고 주위 사람을 인식하지 못하게 된다.

영혼은 육체와 똑같이 외부의 자극에 매우 취약하다. 가령 술을 마시면 비틀거리고 말이 어눌해지고 눈이 풀리는 등 영혼은 만취상태에 빠질 정도로 취약하다. 이러한 현상을 미루어 볼 때 만약 죽음에 가까운 치명적인 타격을 받으면 영혼이 사멸할 수밖에 없다. 육체만이 외부의 영향을 받아 변화하고 영혼은 육체와 무관하게 부동불변 독립적인 실체로 남아 있을 리 없다. 또 하나 영혼이 필멸이란 증거는 영혼의 병도 약을 먹으면 치유되기도 한다는 사실에서 확인할 수 있다. 불멸적인 존재는 자체적으로 변화를 겪으면 안 되기 때문이다. 만약 "그 부분이 전이되거나 무언가 첨가되거나 한 부분이라도 떨어져 나가는"(518)

등 이전 존재와 새로운 존재 사이엔 존재의 단절*vitae pausa*, 즉 일종의 죽음이 발생했다고 밖에 볼 수 없다. 왜냐하면 이미 그 이전 존재는 자신의 존재 영역을 벗어나서 자신의 고유성을 상실하고 타자의 영역으로 건너갔기 때문이다.

실제로 죽음의 과정에서도 영혼의 필멸을 확인할 수 있다. 임종자는 단계별로 죽어 간다. 처음엔 발가락이 무감각해지며 손가락, 발, 다리, 그리고 다른 신체부위로 "죽음의 냉랭한 발걸음"이 점차 파고든다. 만약 신경이 불멸이라면 분명히 전 신경이 신체의 어떤 부위로 집중되어 감각이 보다 예민해져야 하는데 임종자의 어느 곳에서도 이러한 부위를 찾아볼 수 없다. 관찰컨대 신경은 갈가리 해체되고 대기로 방산되어 사멸한다. 그런 의미에서 죽음과정이란 육체의 사멸과정인 동시에 신경이 육체의 모든 기공을 통해 방산된 결과 신경이 희박하게 되는 과정이라고 정의내릴 수 있다(555).

마음과 신경은 육체 속에 "밀봉되어 있어야만 감각을 일으키는 작동을 할 수 있지, 죽음 이후 육체 외부의 대기 속 바람으로 내팽개쳐지면 그렇게 할 수 없다"(573-5). 살아 있는 육체 내에서 근육이나 뼈 등을 통하여 작동하는 신경이 공허한 대기에서 작동할 수단이나 매체가 없기 때문이다. 한마디로 "육체의 보호막이 해체되고 생명의 숨결이 체외로 내팽개쳐지면 마음의 감각들은 신경과 더불어 해체된다고 인정해야 한다"(579-83). 임종 순간에 마음은 신경이 빠져나가는 걸 느끼지 못한다. 오히려 신경이 소재한 장소에서 신경이 능력을 잃고 있으면 다른 감각들도 외부로 방산되는 걸 느낄 따름이다. 만약 지능이 불멸이라면 임종 시 체외로 방산되는 것에 대해 불평하기보다는 소크라테스처럼 마치 뱀이 허물을 벗듯이 육체의 껍질을 벗는 걸 기꺼워해야 당연하다(614-7). 그러나 실제로 지능이나 마음은 자유롭게 체외로 이탈하기는커녕 스스로 모든 지각 통제 기능을 상실하고 사멸해 버린다.

신경이 사멸이라는 또 하나의 증거는 신경과 오관과의 관계에서도 찾을 수 있다. "만약 신경이 불멸이고 우리 육체로부터 분리된 이후에도 감각지각이 가능하다면 신경이 오감의 감각기관을 구비하고 있다고 믿어야 한다"(624-7). 실제로 예술가나 작가들은 내세의 장면에 등장하는 혼령들이 오관을 지니고 있는 것으로 그리고 있다. "그러나 육체와 분리된 상태에서는 눈, 코, 손 어느 하나 신경활동을 도와주지 않으며 혀나 귀도 고립 상태에서는 마찬가지이다. 즉, 신경은 그 자체로서는 지각하거나 존재할 능력이 없다"(629-32).

만약 육체가 졸지에 두 쪽이 나버리면 신경도 두 동강나 버릴 것이다. 쪼개지고 갈라진 부분들은 곧 죽을 것이다. 격렬한 전투 와중에 팔다리가 잘려 나가면 땅에 떨어져 나간 신체 부위가 자발적으로 꿈틀거리는 경우가 있는데 이는 그 신체 절단부에 신경이 마음과는 독립적으로 존재했다는 반증이다. 하지만 순간적으로 잔존했던 그 신경 또한 곧 죽을 거라는 것 또한 엄연한 사실이다. 이는 현대의학의 봉합수술에서도 잘 입증된다. 절단된 신체 부분과 본 신체의 봉합과정에서 혈관과 신경을 완벽하게 연결시켜 주면 일시적으로 죽었던 말단 신체 부분은 소생된다. 그러나 장시간 방치하여 그 절단 부분의 육체와 신경세포가 죽어 부패한 경우 봉합소생수술은 불가능하다.

육체가 "지독한 병을 앓고 통증을 겪을 때, 마음이 극도의 불안과 비통, 공포를 겪는 것을 보면 죽음에 신경이 동참하는 건 자연스러운 듯하나"(461-3). 실세로 신경과 육체의 결합 또는 육체의 질병이 미치는 심적 혼란이나 착란을 관찰해 보면 보다 명확하게 확인할 수 있다. "고통과 질병은 죽음을 가져오는 쌍둥이 제작자twin artificers of death이니까"(473). 술 마시고 횡설수설하며 비틀거리며 정신이 오락가락하는 걸 볼 때 "술의 광포한 주기가 육체 속에 실재하는 신경에 혼란을 빚었기 때문이 아니겠는가?"(482-3)라고 되물으면서 신경의 육체적 동반성을 지적한다. 손이나 눈, 코가 분리된 채로 그 기능을 수행하지 못하듯이 신경도 육체 없이 독립적으로 존재할 수 없으며 결국 신경도 육체의 여러 기능 중 하나라고 파악할 수 있다(552-4).

이처럼 육체와 영혼은 상호 유대에 의해 왕성한 활동을 한다. 영혼이나 신경의 원초적 입자는 혈관과 몸속에, 심줄과 뼈 속에 혼융되어 퍼져 있기 때문에, "감각을 전달하는 운동과 같이 활동하기 때문에" 대기 밖 공기 중으로 따로 떨어져 존재할 순 없다(570). 영혼이 육체를 떠나 "대기 속으로 유영하기 전에" 이미 영혼의 실체는 분리과정을 겪는다(589). 실제로 아무도 임종 시 영혼이 목구멍을 치솟아 오른다든지 외부로 탈출하기 위한 예비과정을 느끼지 못한다. 다만 그 영혼이 위치한 바로 그 신체 부위에서 해체됨을 마비를 통해 느낄 따름이다. 만약 영혼이 불멸하다면 임종 시 자기가 해체되고 있다고 불평하겠는가? 오히려 자신이 외부로 빠져나가고 있다고 마치 뱀처럼 육체라는 허물을 벗고 있는 걸 느끼지 않겠는가?(610-4)

영혼이 육체와 분리하는 순간의 영혼의 행로와 존재에 대해 루크레티우스는 많은 의문점을 제기한다. 영혼의 씨앗이 혹시 시체 속에 잔존되거나 다른 곳에 남아 있다고 가정할 수 있다. 씨앗이 시체 속에 잔존하는 경우 시체와 더불어 완전 고갈되므로 불멸이라고 보기 어렵다. 그러나 만일 자신의 구성체를 손상시키지 않고 탈출하여 시체에 아무런 흔적도 남기지 않을 경우, 시체가 부패하면서 스멀스멀 들끓는 굼벵이 속으로 영혼이 스며들고 각 굼벵이 속으로 수천의 부분 영혼들이 원래 영혼이 이미 철수해 버렸던 그 몸속으로 다시 재결집한다면 그 이유는 뭘까? 조그만 굼벵이 영혼의 씨앗들을 몰아내고 스스로 머물 곳을 구축하는지 아니면 이미 만들어진 다른 몸들 속으로 들어가는지, 또 영혼은 왜 그런 수고를 해야 하는지. 육체를 여의어 이제 추위도 더위도 모르고 질병에서도 해방되었는데 육체와 재결합하여 온갖 고통과 수난을 다시 자청하는 이유는? 게다가 그 영혼은 인간이 아닌 굼벵이 영혼이 아닌가? 등등 소크라테스가 너무도 간명하게 해명했던 영혼의 여행에 대해 루크레티우스는 수많은 의문을 품고 있다.

만약 영혼이 불멸이고 육체를 옮겨 다닐 수 있다면 생물들은 상호 교환되는 성질을 가질 것이다. 그러면 사자가 영양에게 쫓겨 다니고 독수리가 비둘기에게 쫓겨 다니고 인간이 이성을 잃고 야수들이 이성적으로 되는 사태가 도래할 것이다. 영혼이 육체를 바꿀 경우 엄밀하게 말해 변화 전 영혼은 죽고 변화 후 영혼이 새롭게 태어나는 것으로 이해되어야 한다(753). "왜냐하면 부분은 전이되었고 그들의 배열을 끝냈기 때문이다"(756).

바로 이 점에서 루크레티우스는 플라톤의 상기설을 거부한다. 소크라테스는 영혼불멸의 세 번째 증거로 지식의 습득이 새로운 것을 배우는 것이 아니라 전생의 지식을 현세에서 회상하여 획득한다는 상기설을 소개한다. 그러나 루크레티우스는 "만약 영혼이 불멸이고 탄생 시 우리의 몸속으로 스며든다면 왜 우리는 전생을 별 문제 없이 기억하지 못할까? 과거의 사건에 대한 암시를 보존하고 있지 못할까?"(670-2)라고 묻는데, "정신의 능력이 송두리째 변화했기 때문에 과거 사건에 대한 모든 기억이 망실되었다면 내 생각에 그건 죽음과 크게 다를 바가 없다". 즉, 선 존재의 영혼은 사멸했고 현 존재의 영혼이 비로소 지금 창조되었다고(675-8) 루크레티우스는 믿는다.[32]

32 그러나 루크레티우스의 반론을 재반박하자면 루크레티우스가 의미한 기억은 소크라테스의 기억과는 다르다. 기억의 주체가 다른 것이다. 즉, 루크레티우스가 의미한 기억의 주체는 소크라테스가 의미한 바 감각적 지각작용을 담당하는 주체이다. 따라서 이 주체는 현세에서 벌어지는, 오관으로 수용되는 감각소여만 기억하고 저장할 따름이며 그런 의미에서 전생에 대한 상기과정의 주체가 될 수는 없는 하위의 의식주체이다. 소크라테스가 의미한 기억이나 상기(*anamnesis*) 주체는 인간의 감관작용과 분리된 영혼 주체로서 전생에 대한 상기작용에 참가한다. 소크라테

숭앙하는 선배 에피쿠로스의 유물론 철학을 계승하기 위해 루크레티우스는 플라톤주의의 정반대편에 서기를 서슴지 않는다. 플라톤주의와 루크레티우스의 영혼관에서 가장 핵심적인 차이는 바로 아니마, 즉 명백하게 물질에 속하는 말초신경을 영혼의 속성에 편입시키느냐의 여부이다. 영혼의 문제를 신경이란 물질적 존재(현대의 신경물질)로 환원시켜 버림으로써 소크라테스가 말한 육체의 형역으로부터 벗어나기로서의 철학하기라는 형이상학적 작업은 루크레티우스에게 존재하지 않는다. 이처럼 현재의 삶에서 불필요하게 죽음을 두려워하여 일생을 허비하고 죽음을 피하기 위하여 비인간적인 죄악을 저지르는 사람들에게 루크레티우스는 영혼의 속성과 죽음의 실체에 대해 규명해 줌으로써 청안青安, *ataraxia*을 누리도록 이끈다.

소크라테스와 루크레티우스는 근본적으로 삶의 목표가 다른 것이다. 전자가 육체의 굴레에서 벗어나 영혼의 대화를 영원히 누리고자 하였다면 후자는 살아 있는 동안만이라도 죽음으로부터 위협당하지 않고 육체의 욕망에서 해방되어 청안을 누려 보고자 한다. 그런 면에서 루크레티우스는 현세긍정 유물론자이고 소크라테스나 플라톤은 현세부정 내세주의자의며 이데아주의자이다. 그리하여 루크레티우스에게 영혼은 명백히 물질계에 속하며 꽃의 방향이나 페르시아 향료와 같아 공기 중으로 기화하면 흔적을 찾을 수 없다. 그러나 소크라테스에게 영혼은 증발이나 기화될 수 있는 물질이 아니다. 그건 이데아의 세계를 상기작용으로 환기시킬 수 있는 인식주체이며 인간의 오관으로 인지되는 대

스는 이를 잠재의식이나 무의식, 꿈속 내지는 종교적 엑스터시 상태에서 활동하는 영혼, 일종의 다이몬에 상응하는 의식주체로 본다. 이처럼 소크라테스나 플라톤은 마치 불교의 유식론처럼 우리 속에 숨겨진 의식 주체들, 즉 자아의 다양한 존재 양태들이 구성한 위계질서를 상정하고 있는 듯 보인다.

상이 아니다. 다만 인간의 이성으로 특히 철학자의 지혜를 통해서만 그 존재를 깨칠 수 있는 대상이다. 인간의 오관에 의존하여 파악하려 하면 할수록 인간은 술 취한 사람처럼 오판을 하게 된다. 소크라테스가 보기에 루크레티우스는 인간의 오관으로 영혼의 문제를 논하므로 술취한 주정꾼에 불과하다. 불교에서 의미한 인간의 오관이라는 신하들의 진언에 영혼이 미혹되어서는 안 된다는 사신불매를 루크레티우스는 모르는 것이다.

소크라테스나 루크레티우스 모두에게 영혼이나 마음은 자란다. 보다 엄밀히 말해 전자에게 영혼은 점차 정화되는 과정을 거치고 후자에게 영혼은 육체와 같이 생성되어 육체의 성장에 비례하여 성숙·쇠퇴과정을 거친다. 그리하여 어린 시절엔 어린애의 몸놀림이 어설프듯이 그의 지적 판단도 어리석다. 특히 루크레티우스에게 육체와 영혼의 동시 성숙은 결국 시간의 작용에 의해 노화와 죽음으로 이르는 자연의 과정을 겪는데, 죽음의 순간 육체가 붕괴되면 "영혼의 전 실체도 마치 연기처럼, 높은 대기의 공기 속으로 해체된다"(455-7). 루크레티우스의 육체와 영혼은 공생 공멸하는 동반자이기 때문이다.

이처럼 플라톤, 에피쿠로스, 루크레티우스의 영혼관은 제각기 고유한 특성을 지니고 있다. 그 판별의 관건은 영혼을 육체적 감관기관을 통한 감각소여의 수용자로 규정하고 한정시키는가, 아니면 보다 다양한 영혼의 위상에 대한 개념을 상정하는가에 달려 있다. 플라톤은 물론 사신불매를 견지하며 육체의 감관 수용자로서의 영혼을 인정하지 않았으며 간혹 실수하여 감각소여에 의해 오염될 수는 있지만 영혼 자체는 독립적으로 존재한다고 믿었다. 에피쿠로스는 조심스러운 유물론자로서 영혼이란 감각소여의 수용자로서 영혼의 지위를 인정했다. 그 결과 육체가 죽은 후 영혼이 감각소여를 수용하지도 못하고 반응도 불가능하므로 죽음에 대한 공포는 어리석다고 판단했다. 루크레티우스는 에피쿠로스에서 한발 더 나아간 유물론자로서, 영혼의 활동을 육체-신경-두뇌(비록 위치는 가슴에 있지만) 연결선상에 위치하고 있다. 단적으로 말해 루크레티우스에게 영혼활동은 육체적 물질작용으로 신경물질과 세포의 활동의 소산 그 이상도 이하도 아니다.

그러나 과연 인간의 영혼은 감각소여의 수용자나 생체 반응에 지나지 않는 존재일까? 에피쿠로스가 주장하는 나라는 존재를 보다 철저하게 분석해 보면 그의 자아는 반드시 영혼의 전체상을 지칭하는 것은 아닐 수 있다. 가령 우리는 동물의 행동을 관찰하면서 그들이 감각적이고 자기 보존의 본능에만 충실할 수밖에 없는 제한된 의식을 가진 열등 존재로 파악한다. 동물과 인간의 영혼의 위계질서에 대한 인식은 단순한 지능, 가령 아이큐 정도의 차이에 불과한가? 비록 동일한 화학원소로 구성된 물질이라도 무생물에서 원생동물, 식물, 동물, 인간에 이르기까지 영혼의 위계질서는 분명히 존재한다. 이러한 자연계 영혼의 위계질서를 인간 내면의 영혼 위계질서에 대한 훌륭한 징표로 이해할 수는 없을까? 즉 동물의 영혼도 감지하는 오관을 통해 수용된 감각소여를 넘어서서, 가령 꿈을 만들어 내는 영혼, 또 그 위에 완전히 다른 차원에서 감각소여가 아닌 영혼소여soul data를 인식하는 영혼이 인간에게 존재할 수는 없을까?

✣ 2장 ✣

사후세계와 구원의 문제

1. 죄와 벌의 친연성 연구: 단테 『신곡』의 「지옥편」

단편 「벽소령」에서 서정인은 "삶이 힘들지? 당연하지 저 별에서 죄를 지으면 사후에 심판하여 보내는 지옥이 바로 지구거든"이라는 기상천외의 현세관을 제시한다. 이 촌철살인적인 니힐리즘에 의하면 우리는 이미 전생의 업보에 의해 지옥의 형벌을 받고 있으며 구원의 가능성은 전무하다. 단테의 지옥문 현판에 걸려 있는 무시무시한 경고문, "여길 들어오는 자여 모든 희망을 포기하라Relinquish all hope, Ye who enter here"[1] 처럼 지구가 지옥이라면 모든 희망은 끊겨 버린다. 서정인의 현세관은 현세를 동토의 겨울로 내세를 화창한 봄날로 비유하는 로제티의 현세관과 맥을 같이 하는 듯 보인다. 차이점은 로제티에게 현세는 절망적인 지옥이라기보다 또 다른 내세에서 구원을 받기 위해 선덕을 쌓을 수 있

1 텍스트는 만델바움(Allen Mandelbaum)이 번역 주해한 Alighieri Dante. *The Divine Comedy: Inferno; Purgatorio; Paradiso* (New York: Everyman's Library, 1995).

는 연옥에 가깝다. 서정인과는 달리 전통적인 기독교뿐만 아니라 대부분의 종교는 이 지상의 삶을 고해의 바다이긴 하나, 기도와 선행에 의해 다가올 내세에서 구원을 받을 준비를 할 수 있는 연옥의 개념으로 이해한다.

어쨌든 내세와 현세는 아득히 단절되어 있고 그 단절은 인간의 상상을 초월한다. 우리는 지금 여기의 세계 속에서 살 뿐이며 저 너머의 세계에 대해선 풍문으로 언뜻언뜻 전해 들었을 따름이다. 그것도 직접 다녀온 사람의 입을 통한 것이 아니라 단지 철학자나 시인들이 우리 세계의 언어로 전해 준 풍문일 따름이다. 햄릿도 자살을 감행하기 위해 고뇌를 하지만 "어느 누구도 저쪽 해변을 거닐다가 다시 돌아오지 못하는 불귀의 객으로 끝나는" 운명이 두려워 감히 실천에 옮기지 못한다. 설사 다시 귀환하여도 서로 언어가 다르므로 저쪽 세상을 설명할 수 없을지 모른다. 『고도를 기다리며』의 고고와 디디도 고도의 메신저인 소년의 전갈을 이해하지 못한다. 고도는 농장주이고 소년과 형제가 마치 아벨과 카인처럼 양을 치고 농사를 지으며 살고 있지만 우리의 언어로 서술된 성경의 세계와 정확하게 일치하진 않으며 엇비슷하게 닮았을 뿐이다.[2]

차라리 완전히 다른 게 나을 수 있다. 엇비슷함은 완전히 다름보다 더욱 인간의 애간장을 태우고 그들을 더욱 심한 오해와 편견으로 몰

2 고도의 메시지 전달자인 소년은 주인 고도 밑에 자기 형제가 일을 하며 자신은 염소를 치고 형은 양을 치는데 고도가 그 형을 때린다고 전해 준다. 언뜻 보기에 구약에 나오는 카인과 아벨의 이야기를 연상시키지만 염소/양이 아니라 양/곡식이란 점에서 빗나가며 물론 그 이후에 일어나는 봉헌 제물에 얽힌 이야기와 살인 사건조차 언급되지 않는다. 이처럼 엇비슷하게 연상되도록 연결된 현세와 내세는 항상 인간의 상상력을 풍부하게 자극했지만, 한편으로는 인류 역사상 수많은 오해를 불러일으켜 왔으며 더욱 비극적인 일은 힘 있는 자들이 이 허구를 아전인수하여 억압적 통치 수단으로 사용했다는 사실이다.

고 갈 수 있다. 부족한 용량의 인간의 뇌가 엇비슷한 증거들을 꿰맞추어서 구축한 저세상은 완전히 왜곡된 세계이며 특히 특권 집단의 권력의지나 욕망이 투사된 세계관으로 빚은 저세상은 이 세상을 오히려 황폐시킬 따름이다. 인류 역사상 출현했던 수많은 사이비 종교들의 내세 비전이 바로 그 좋은 예들이다.

사이비 종교 집단은 아니지만 경직된 광기의 산물인 미국 퓨리턴 종교도 현세의 뒤틀린 권력의지가 내세를 왜곡시킨 전형적인 예가 될 것이다. 18세기 에드워드Jonathan Edwards는 지옥을 이렇게 묘사한다.

> 너의 상상을 도와주기 위해, 발갛게 달아올라 불같이 뜨거운 오븐에 내동댕이쳐진다고 생각해 보렴, 아니면 벌겋게 달아오른 벽돌 가마 한가운데로, 아니면 거대한 용광로 속으로, 거기서 겪는 고통이란 그 열기를 감안할 때 이루 말할 수 없을 정도라, 지나가다 슬쩍 스치는 석탄불에 데는 고통과는 비교할 바가 못 되지. 아니면 너의 몸이 거기에서 안과 밖이 훨훨 타오르는 석탄 불꽃 속에서 한 15분 동안 감각이 생생한 채로 놓여 있다고 상상해 보렴.
>
> (Patrides 217 재인용)

차라리 에피쿠로스처럼, "우리가 존재할 때 죽음은 없었고 죽음이 존재할 때 우리는 없다"라고 냉정하게 이 두 세계의 병존 가능성 자체를 부인해 버리면 한결 세상은 투명해지고 우리의 마음속 짐은 훨씬 가벼워질 것이다. 그러나 영생을 부인하는 에피쿠로스주의자나 현대 과학자들의 죽음관도 수많은 죽음관 중의 하나에 지나지 않는다. 현재로서는 수많은 죽음관 가운데 어느 죽음관을 신봉하는가는 전적으로 개인의 자유로운 선택에 달려 있다. 대부분 인간들은 여론 조사 결과처럼 실낱같은 희망이지만 절대자, 영생, 영혼의 불멸성에 대해 매달리고 고뇌하며 살아가고 있다. 스페인 철학자 우나모스도 단언하듯 "차라리 지옥의 가혹한 형벌이 완전한 존재의 소멸보다는 견딜 만한" 것이다.

우리는 우리의 사후 존재에 은연중 기대고 있다. 그렇지 않고서야 이토록 태연하게 인간들이 마치 아무 일도 일어나지 않을 것처럼 걸어 다닐 수는 없는 것이다. 여기 16세기 시인의 비감에 찬 사후 비전이 있다. 임종 전 자아가 임종 후 존재를 떠올리며 일종의 감정이입을 통해 화자를 설정한다.

존재했으나 존재하지 않는다; 웃었으나 그 이후 울었다.
노동했으나 쉬고 있다; 깨어 있었으나 이제 자야 한다.
놀았으나 놀지 않는다; 노래했으나 이제 조용하다.
보았으나 이제 보지 못한다; 하려고 했으나 이제 의지도 없다.
지금 구더기의 먹이를 한때 먹였었다; 서 있었으나 넘어졌고
신이 당신을 구하소서 했는데 이젠 안녕을 고한다.
느꼈으나 느끼지 못하고; 추구했으나 (죽음의)추격을 받았고
전쟁을 치렀으나 이젠 평화롭고; 정복했으나 이젠 굴복당하고
돌아다녔으나 움직일 수 없고; 빳빳했으나 이젠 구부러지고
흙 밑에; 한때는 잘나갔으나 지금은 보잘 것 없고
포획했으나 지금은 포획당했으며; 여행했으나 여기 누워 있고
세상에 살았으나; 이제 그 세상엔 죽어 가는 존재

I was, I am not; smiled, that since did weep;
Laboured, that rest; I waked, that now must sleep;
I played, I play not; sung, that now am still;
Saw, that am blind; I would, that have no will;
I fed that which feeds worms; I stood, I fell;

I bade God save you, that now bid farewell;
I felt, I feel not; followed, was pursued;
I warred, have peace; I conquered, am subdued;
I moved, want motion; I was stiff, that bow
Below the earth; then something, nothing now;
I catched, and caught; I travelled, here I lie;
Lived in the world, that to the world now die.
(Thomas Heywood, "Epitaph")

무덤 속의 화자가 자신을 감각과 의식작용을 수행하는 존재로 파악하면서 사후세계에서 현세를 뒤돌아보고 안타까워하며 괴로워하는 묘비명이다. 이는 인류 보편적인 정서이다. 살아 있는 자라면 누구나 이러한 일종의 미래 추체험을 하면서 죽음 이후의 상태를 궁금해 할 것이다.

따라서 저승과 현실의 경계지역에 대한 인간의 의문과 탐구는 원시 시대 이래 지금까지 끊임없이, 그리고 가장 치열하게 지속되어 왔으며, 특히 이 주제에 대한 문학적 탐색은 위대한 작가들의 필생의 화두가 되어 왔다. 그들은 우리가 가 보지 못한 저세상에 대한 상상화를 그린다. 깨어 있는 자아로서는 모자라 꿈속의 자아를 통하여 저세상을 본다. 깨어 있다는 건 오히려 이승의 이해관계에 눈떠있음이며 따라서 저세상과의 단절을 의미할 수도 있어 더욱 틀릴 가능성이 높다. 영국 중세 두운시alliterative poem 중 「진주The Pearl」는 뜻하지 않게 어린 딸을 여읜 아버지가 눈물에 젖은 꿈속에서 딸이 사는 저세상을 시내 너머로 바라보며 천국에 가 있는 딸과 나눈 대화이다. 이미 기독基督의 배필the Queen of the Lamb로 정혼한 딸이 들려주는 천국의 사정은 아버지가 풍문으로 알고 있는 천국과는 판이하다. 객관적으로 이 꿈의 비전이 맞느냐 아니냐는 판단의 실효성이나 진리성은 여기서 중요하지 않다. 다만 그 화자인 아버지에게 그 꿈의 정경은 이 세상 어느 사실보다 더 진실한 감동과 영감을 주어 새로운 인식으로 이어지고 마침내 환희의 거듭남으로 보상받는다.

이승과 저승의 단절에 대해서 브라운 경Sir Thomas Browne은 자궁 속의 아기 비유를 든다. 자궁 속의 두 아기가 장차 태어날 이 세상에 대해 얘기를 나눈다면 그건 이 세상과는 전혀 다른 모습의 세상일 것이다. 실제로 아이들이 태어나서 어린애처럼 철이 없다는 걸 알고, 또 그들이 모든 걸 새롭게 하나하나 배워 나가야 하는 걸 지켜보면 그들의 태아적 세상 그림이 실제 세상과 얼마나 다른지 우리는 깨달을 수 있다. 우리가 저승에 대해 이야기 나누는 것도 마찬가지이다. 우리의 이야기는 아기들의 옹알이처럼 우리가 다시 태어나서 만날 내세의 거주자들에게는 낯설고 요령부득일 것이다. 우선 언어가 다르고 모든 가치판단이 다를 것이기 때문이다. 그런 의미에서 단테의 『신곡』도 이런 옹알이에 불과할지 모른다. 철모르는 어린 아기의 욕망의 표출처럼. 중요한 점은 이 현세의 아기 어른들은 저세상에 대한 무한한 호기심과 공포를 가지고 있고 그 욕망이 투영된 상상화는 진위 여부를 떠나 인류를 무한한 감동과 깨우침으로 이끌어 준다는 점이다.

성경도 천국에 대해 기술하기를 거부한다. 펠로우Robert Fellowes에 의하면 우리가 그 묘사를 이해할 수 없을 것으로 하나님이 판단했기 때문이다. 마치 "태어날 때부터 장님인 사람이 어찌 우리가 쓰는 색상 어휘를 듣고서 정확하게 그 색깔을 맞출 수 있겠는가"(*Enright* 171)라고 그는 반문한다. 아무리 상대방이 파랑, 파랑이야라고 외쳐 보아도 우리는 마치 선천성 색맹이나 장님처럼 그 색깔을 그려 볼 수 없는 것이다. 성경에서 천국을 묘사해도 기표/기의가 다르므로 엉뚱한 해석만이 난무할 뿐이다. 소년이 전해 주는 고도의 나라도 마찬가지이다. 두 세계 사이의 공통 언어는 존재하지 않는다. 단지 이 세계의 호기심과 학구열만이 들끓을 따름이다.

내세에 대한 예찬은 특히 중세나 르네상스 시대에 성행했다. 가령 본(Henry Vaughan, 1621-1695)이 그린 내세는 아름답다.

> 나의 영혼이여 성좌들 넘어
> 나라가 하나 있으니
> 전쟁에 능한 날개 달린 수문장이 지켜 서 있는 곳
> 거기에 소음과 위험이 닿지 않는 곳
> 아름다운 평화가 미소의 왕관을 쓰고
> 정좌한 곳.
> ("Peace")

엘리엇(Ebenezer Elliott, 1781-1849)의 죽음도 아름다운 여행이다. 이 세상은 고해이며 저세상으로 떠나는 길은 즐거운 여행이라고 노래한다. 특히 하나님과 단독으로 만나는 과정은 이 세상의 욕망과 어리석음을 떨쳐 버릴 수 있어 더욱 바람직하다고 본다.

> 그런데도 왜 비명을 질러 대며
> 수백만 명과 작별하고 이 고해를 떠나면서
> 이들과 또 이 세상과 다시 재결합하길 원하는가?
>
> 하나님과 단독으로 바람이 불어오지 않는 곳
> 죽음은 주님의 그림자, 죽음의 소환을 받고 그는 간다.
> 하나님이 거기에 계심을 그 그림자는 보여 준다.

해변이 없는 바다 바람이 불어오지 않는 곳
오 그대 땅이여 아무도 모르는 곳
하나님이 전부임을 주님의 그림자는 보여 준다.
("Plaint")

따라서 죽음도 하나님의 심부름꾼 내지는 분신이다. 죽음은 두려움과 혐오의 대상이 아니다. 그는 낙토로 가는 친절한 안내자이다.

이들 시인처럼 단테에게도 영혼의 불멸과 내세의 존재는 그의 "개인적 믿음의 초석을"(Lindheim 5) 이루고 있다. 단테는 "내 생각에 온갖 저급하고 멍청한 의견*bestialitadi* 중에 사후에 더 이상 삶이 존재하지 않는다는 믿음이 가장 멍청하고 야비하고 해악스럽다"고 말한 바 있다(*Convi*. II, viii, 8; Lindheim 5 재인용). 이 믿음의 초석 위에 세워진 그의 내세 건축물은 상기 시인들의 소박한 집들과는 달리 매우 웅장한 조형미를 자랑한다. 단테가 『신곡』에서 묘사한 지옥, 연옥, 천국으로 나뉜 저승세계는 죄업의 정교한 분류와 그에 상응하는 형벌체계에 의해 완벽한 독립적 세계를 이룬 듯하다. 그리하여 단테의 저승세계는 지상의 삶과 마치 동전의 앞뒷면처럼 인간의 죽음과 삶의 양면성을 보여 준다. 즉, 삶은 죽음으로 종결되는 것이 아니라 삶에서 뿌린 씨는 사후에 반드시 발아하여 나름의 꽃과 열매를 맺게 된다. 죄업은 형벌로, 가벼운 죄는 참회로, 선업은 하늘나라의 축복으로 각각 열매 맺는다. 다시 말하여 이승과 저승은 서로 되비추는 한 쌍의 거울이다.

단테의 정치한 내세관은 물론 한 천재의 독자적인 상상력의 산물만은 아니다. 성경에서 따온 부분, 그리스 신화에서 빌린 부분, 아리스토텔레스의 윤리학, 이에 기초한 아퀴나스의 신학, 그리고 초기 기독교부터 진화해 온 일종의 내세 비전 신앙과 문학이 모두 통합되어 『신곡』의 밑그림을 형성하고 있다.[3] 모르간Alison Morgan의 설명에 따르면 처음부터 천국과 지옥이 분리되어 있었던 것은 아니었다.[4] 구약에 세올Sheol 이라는 저승의 대기소가 묘사되어 있다. 그곳은 희미한 빛만 어렴풋이 비치며 희망도 고문도 없는 장소이다. 그러나 후대로 갈수록 이 장소는 죄인들이 거주하는 지옥의 모습을 띠게 된다. 왜냐하면 선한 사람들은 임종 직후에 바로 하늘나라로 가 버리기 때문이다. 바로 이러한 인식이 천국과 지옥을 확연히 구분하는 기독교 사상을 배태하게 되었다. 구약이 집단 또는 민족의 운명을 강조하였다면 신약은 개인의 운명, 나아가서 영생에 대한 희구에 초점을 맞추었으므로 자연히 사후의 구원 문제가 가장 중요한 화두로 부각되지 않을 수 없었다. 그 결과 사후 세계에서의 징벌과 축복에 대한 비전이 담겨 있는 천국과 지옥의 그림이 점차 완성되어 가기 시작했다.

초기 기독교의 내세관은 다양하지만, 그럼에도 불구하고 그들의 공통점은 낙천주의였다. 그러나 내세관에 대한 글쓰기가 하나의 장르로 확립되기 시작한 때는 6세기 후반이다. 즉, 그레고리 성하聖下, Gregory the Great가 『대화편*Dialogues*』에서 내세에 대한 여러 비전들을 제시하고 투르의 그레고리가 『프랑크 가의 역사*History of the Franks*』에서 내세에 대한 네 개의 비전을 그리면서 내세관에 대한 글쓰기가 활발해졌다.

3 비전 문학 연구에서 가장 핵심적이면서도 명쾌하게 풀리지 않는 난제는 작품 속의 비전, 가령 지옥의 비전이 작가의 초자연적인, 즉 꿈이나 엑스터시 등 개인 체험의 산물인지, 아니면 작가가 기존의 비전 문학의 전통에서 의식적으로 인용·변용한 것인지이다. 바로 이 점에서 구레비치(Gurevič)의 종합적 이해가 가장 진실에 가까운 듯하다: "꿈과 악몽이 내세로 가득 찬 중세인은 그의 비전과 인상을 묘사하려고 노력했다. 그러나 그것들을 표현하려는 노력은 자신들에게 익숙한 언어에 한정되었으니 바로 비전에 깊은 의미를 부여하는 전통적 이미지와 상징들의 언어였다"(Morgan 12 재인용).

4 이하 단테 이전의 내세 비전 문헌에 대한 내용은 Alison Morgan. *Dante and the Medieval Other World* (New York: Cambridge UP, 1990)를 요약 정리하였다. "Introduction", 51-83; 108-43.

그 이후에도 후세에까지 지대한 영향을 미친 내세적 비전은 베데 신부의 『교회사*Ecclesiastical History*』에서 퍼시우스Furseus와 드라이델름Drythelm의 비전으로 제시된다. 물론 이러한 내세관 작가들은 "신앙심이 깊은 자들을 가르쳐 그들을 구원의 길로 인도하기 위한 용기를 불어넣으려는"(Morgan 3) 교훈적 의도를 가지고 있었다. 그러다 캐롤링거 시대에 비전의 성격이 교훈적이라기보다는 정치적·풍자적 성격으로 크게 변한다. 그 변화의 가장 큰 원인은 아마 내세 비전 작가의 직업의 성격에서 찾아야 할 것이다. 캐롤링거 시대 이전의 내세 비전 작가들의 직업은 비교적 다양했었다. 군인, 평범한 가장 등 종교와 비교적 무관한 세속인들이 많았으나 이 시대 이후엔 교회 기득권 유지에 직간접적으로 관련된 교단에 속한 사제나 주교 등이 비전 작가들로 부상하게 되었다. 그 결과 "내세의 비전은 따라서 교회의 손에 든 정치적 무기로 변했다"(Morgan 3).[5] 그 좋은 보기가 웨티Wetti의 비전인 『비만인 찰스*Charles the Fat*』의 비전이다. 다시 말하여 지옥에 대한 처참한 비전을 되풀이하여 주입시킴으로써 남아 있는 가족들이 죽은 사람을 위하여 교회에 기도와 헌금을 많이 하도록 은연중 강요하는 것이다. 그 결과 내세 비전은 교회의 부와 권력을 확충하고 공고히 하는 훌륭한 수단이 되었다.[6]

5 지옥에 대한 비전이 초월적인 신학의 산물이 아니라 정치적 현세주의 산물인 까닭에 세월의 부침을 겪는다. 20세기에 와서 캄포레시(Piero Camporesi)의 선언처럼 "지옥의 지형도는 이제 판독불가능하게 되었다"(Brown 329 재인용).

6 르 고프(Jacques Le Goff)는 저서 『연옥의 탄생』에서 "거의 모든 문화권에서 저승은 천국과 지옥처럼 이분법을 토대로 한다. 그런데 연옥이라는 '제3의 처소'는 전적으로 가톨릭 세계에서 창조되었으며 12세기 무렵 구체적으로 정착되었다고 지적한다"(김운찬 228 재인용). 그러나 김운찬은 이것이 오류이며 이슬람 세계에서는 이와 흡사한 처소가 있었다고 팔라시오스 견해를 들면서 소개하고 있다(106-7). 그리고 12세기 연옥 개념이 급속히 확산된 데는 연옥의 유용함에 대한 사제들의 인식이 주요한 역할을 하고 있다. 즉 대도(代禱)를 통해 죽은 자들을 천국으로 올릴 수 있기 때문에 연옥의 관념을 빌려 살아 있는 자들이 보다 열심히 기도와 헌금을 할 수 있

내세 비전 문학이 최고 정점에 도달한 시기는 12세기이다. 이 전성기 비전 문학은 교훈적, 정치적 수준을 넘어서 인간 상상력의 산물인 문학 작품의 품격을 갖게 된다. 작가군도 교회 관련 사제집단이 아니라 평범한 세속인들이 그 주류를 이룬다. 200여 개의 초고가 남아 있는 『턴데일의 비전*Vision of Tundale*』을 비롯하여 많은 비전 문학 작품이 존재한다. 모르간에 의하면 비전 문학은 12세기를 정점으로 쇠퇴하게 되고 더 이상 새로운 비전 걸작들은 생산되지 않았다. 그 이유를 사회 구조의 변화에서 찾는다. 즉 교육기관이 수도원에서 성당 학교나 대학교로 바뀌면서 교회중심이 아닌, 보다 다양하면서도 보편적인 교육이 시행되어 새로운 문화 이데올로기의 흡입이 일반화되었다. 따라서 아직 새로운 세계관에 기초한 내세 비전을 제시할 수 없는 상황이었다(Morgan 8). 그리하여 기존 내세 비전만 되풀이하여 인용되는 소강기를 거쳐서 내세 비전 문학의 결정판인 단테의 『신곡』이 비로소 그 모습을 드러낸다.

내세 비전이란 측면에서 단테의 『신곡』에 직접적인 영향을 준 작품이 『알베릭의 비전*Vision of Alberic*』임을 1752년에 밝힌 비평가는 마쪼치들Mazocchidl이다. 그 이후 소위 "알베릭 논쟁"이 시발되고 이 논쟁은 금세기까지 계속되었다. 그 논쟁의 핵심은 "개별적 비전들과 『신곡』 사이에 존재하는 공통 모티프들의 반복적 등장이 어느 정도까지 단테가 특정 텍스트를 모방하고 있는가를 보여 주는가"(Morgan 6) 하는 문제였다. 그동안 축적된 비평 성과에 따르면 『신곡』의 원천으로서 『턴데일의 비전』, 『퍼세우스*Furseus*』, 『성 패트릭의 연옥*St. Patrick's Purgatory*』, 『아담 인산

는 계기를 만들어 주었고, 그 결과 교회의 권한은 더욱 막강해졌다(김운찬 228). 지옥의 비전에 대한 교회의 세속 정치적 입김은 중세 고해의식서(penitentialls)의 내용에서도 잘 드러난다. 부자가 회개할 때는 "빵과 물로만 1년을 지탱해야 하는 고행(벌)" 대신에 "26실링"을 교회에 헌금하면 지옥에서 유사한 형벌이 면제된다고 기록되어 있다(Morgan 116 재인용).

Adamnan』, 『비만인 찰스』, 『안젤루스*Ansellus*』, 『드라이텔름*Drythelm*』 등이 단테의 내세 비전 형성에 커다란 영향을 미친 것으로 밝혀졌다. 영향사적 측면에서 모르간은 단테의 창조성과 위대함은 통속적 재료와 철학 신학적 체계를 대가답게 결합시킨 데 있다고 본다.

> 그는 전통적인 이미지들을 새로운 방식으로 선택 적용하고 재해석하면서 동시대의 신학·철학적 체계와 통속적 재료를 결합시킨 최초의 기독교인이었다. 『신곡』과 내세에 대한 귀중한 중세적 해설 간의 관계는, 따라서 일종의 상이점과 유사점이 동시에 존재하는 관계이다.
> (Morgan 8)

단테의 저승에 출연하는 인물들이 갖는 역사성과 문학성 또는 허구성의 탁월함에 대한 적절한 논평은 커티스Curtis의 글에서도 되풀이된다.

> 『신곡』에 등장하는 인물의 엄청난 수와 다채로움은 단테의 천재성에 의해 고대와 중세의 유산 속으로 접목 구현된 단테 동시대 역사라는 가장 인상적이며 풍요로운 개혁이 아니고는 설명될 수 없다. 단테는 자기 시대의 교황이나 황제를 심판하며 왕과 고위 성직자, 정치가와 독재자 장군, 그리고 귀족과 귀부인, 그리고 길드와 학교의 부르주아들을 모두 심판에 회부했다.
> (Morgan 51 재인용)

이처럼 단테의 천재성은 장삼이사들을 저승 인물로 만들었다는 데 있다. 거기에는 "벨라카와 카셀라 같은 음악가나 악기제조가, 소르델로, 귀도 카발칸디, 귀도 귀니쓰 같은 시인들, 직공들, 제화공 아스덴트, 지갑제조자 구글리모 보르시에르, 주화제조 책임자 마에스토 아다몬" 등 다양한 직업층이 묘사되어 있다(Morgan 53).

물론 단테 이전에도 평범한 인물들이 지옥에 등장했지만 그들의 구체적 삶이나 그들의 육성은 묘사되지 않았다. 단지 죄업에 따라 그룹을 지어 분류하였을 따름이다. 그러나 이러한 체계적 분류 방식도 그 이후의 내세 비전 문학에서 사라지게 되었고 이러한 경향은 오히려 개별 인물들이 "내면의 깊이를 가진 성격round character"을 갖는 계기를 이루었다. 평범한 인물에게 내면적 깊이를 부여하고 또 한편으로는 그들의 죄업에 따른 체계적 분류에 의한 지옥의 형벌을 부과하는 종합적인 지옥비전은 단테에 의해 비로소 완성되었다.[7] 그 결과 단테의 『신곡』에는 종종 "개별 죄인의 처리와 배치된 (형벌)구역 사이에 엄청난 괴리를 보여 준다"(54).

『신곡』에는 총 600여 명의 인물들이 나열되어 있다. 그중 반은 그냥 비유적으로 언급되며 실제 내세의 거주자들은 아니다. 이들 300명 중 299명은 사후 지옥, 연옥, 천국의 거주자이지만 단 한 사람, 도리아 Branca d'Oria는 단테가 지옥을 방문할 당시 생존했지만 단테가 일부러 지옥에 빠트려 버렸다(*Inf.* XXXIII 135-47). 그리고 세 인물은 비록 지상에 생존해 있지만 곧 지옥에 떨어질 운명에 처한 인물인 교황 보나파테 8세(Pope Boniface VIII, 1303 몰), 클레멘트(Clement, 1314 몰), 도나티(Corso Donati, 1308 몰)은 대화 중에 거론된다.

모르간의 분류에 따르면 이 죄인들은 카테고리별로 1) 고전 속의 인물, 2) 성경 속의 인물, 3) 역사적 인물, 4) 단테 시대의 인물로 나뉜다. 『신곡』에는 이전의 내세 비전 작품보다 동시대 인물의 수가 현격히

7 이에 대해서는 *Vision of Paul*과 *Vision of Barontus*에 대한 모르간(Morgan)의 설명 참조(54).

떨어진다. 다시 말하여 고전 속의 인물들을 상대적으로 많이 포진시켰다. 그 이유는 종래의 비전 문학이 민중적이었다면 단테는 자신의 작품에 그리스-로마 고전 같은 "고전 서사시 규모의 장엄함"(Morgan 58)을 부여하고 싶었기 때문이다.

전체적으로 내세 비전 문학이 『신곡』에 비해 인물의 다양함이나 내면적 깊이에서 훨씬 뒤처지는 건 비전 작가들이 속한 사회의 편협성으로 그들의 세계관이 제한적일 수밖에 없었던 데다가 그들은 단테처럼 웅대한 정치적·종교적 야망을 품고 창작하지 않았기 때문이다(Morgan 66 참조). 그리고 단테 작품의 저승 인물이 내면의 깊이를 더하게 된 바탕에는 당대 "개인의 발견"이라는 시대정신도 한몫하였다. 모리스 Colin Morris의 설명에 따르면,

> [12세기] 사람들은 자신들의 반응('자신의 발견')에만 관심이 있었을 뿐만 아니라 그들이 알고 있는 다른 사람들의 반응('개인의 발견')에 대해서도 흥미를 느꼈다. … 작가들은 인간의 유형을 그리려는 시도를 했을 뿐만 아니라 성격을 제시하고 때로는 그들이 언급하고 있는 인물의 외양도 묘사하려고 애썼다.
>
> (Morgan 68 재인용)

등장인물의 성격이 심화되는 과정은 시대별로 네 단계를 거쳐 진화한다. 기독교 초기에는 1) 개인이 단순하게 이름만 저승세계에 올린 경우, 2) 9세기에 이르러 좀 더 발전하여 인물의 외양이나 표정에 대한 묘사가 강조되는 외양의 묘사 단계로 접어들고, 3) 12세기 무렵에는 죄인의 지상의 삶의 배경을 서술하는 환경 서술단계가 된다. 4) 마지막 단계로 인물의 묘사에서 자신을 주위 사람들과 확실히 변별시켜 주는 개별적 고유성을 가진 개성이 작가의 상상력 속에서 다시 태어

나게 된다. 그 인물은 로브-그리예 Allain Robbe-Grillet가 의미하듯 "대체불가능할 정도로 충분한 개별성을 가지며 동시에 보편적일 만큼 충분한 일반성을 지닌"(Morgan 71 재인용) 인물이 창조되는 것이다. 그 결과 "먼 전설상의 영웅이나 추상적이고 도덕적인 유형의 일화처럼 재현되는 인간이 아니라 역사적 사실 속에서 우리가 알고 있는 인간으로 통일성과 전체성 속에서 구체화된 개인이다"(Morgan 73).

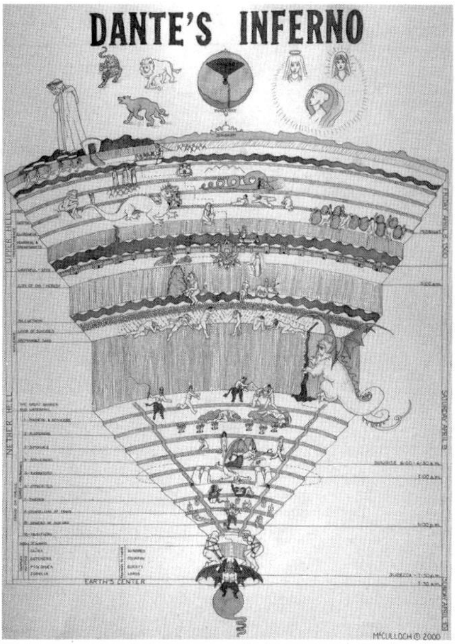

단테의 지옥

이렇게 다양하면서도 깊이 있는 개성을 가진 인물들이 죄업에 상응하는 형벌을 받는 형태는 단테 앞 시대의 내세 비전 문학이나 오비드의 『변신』, 베리길리우스의 『에이네이드』 등에서 지대한 영향을 받았나. 그러나 단테가 형상화하는 죄와 형벌 사이의 친연성은 때로는 모순적이다. 그 이유는 고급문화가 아닌 민중 비전이 『신곡』 텍스트 속으로 혼합되었기 때문이다. 그리하여 결과적으로 "「지옥편」에서 처벌되는 37가지 죄는 내세에 대한 통상적인 비전 속에서 전통적으로 재현되거나 12, 3세기 참회 매뉴얼에 기록된 죄와 동일하다"(Morgan 131).

요약하여 죄업과 내세의 형벌에 대한 친연성에 대한 전체적 조망을 시도하자면 지옥은 아리스토텔레스의 윤리학과 십계명(4번 안식일 준수는 제외), 그리고 이에 기초한 비전체험자의 상상력에 의해 구축되었고 연옥은 중세 칠거지죄Seven Deadly Sins와 고해의식서의 내용을 충실하게 반영하고 있다. 그러나 물론 『신곡』은 단순한 차용이나 모방사례가

「지옥편」의 죄 분류표

지옥현관	무관심	
무절제의 죄	1. 신앙결여 2. 성적 부도덕성 3. 탐식 4. 탐욕과 낭비 5. 분노와 게으름 6. 이단과 무신론	
악의로 범한 죄	7. 폭력 (i) 타인에 대한 폭력	독재 살인 상해 강도, 방화, 재산 손괴
	(ii) 자신에 대한 폭력	자살 낭비
	(iii) 신에 대한 폭력	신성모독 동성애 고리대금
	8. 무신뢰의 기만 (i) 아부와 사주 (ii) 아첨 (iii) 성직매매 (iv) 예언과 점술 (v) 수회 (vi) 위선 (vii) 도적질 (viii) 모함과 중상 (ix) 불화 조성 (x) 위증	(x)위증 –연금술 –위장 사기 –화폐위조 –기만
	9. 유신뢰의 기만 (i) 가족 배신 (ii) 모국이나 대의명분의 배신 (iii) 손님을 배신 (iv) 주군이나 은인을 배신	

(모르간의 나열식 분류사항을 시각적으로 도표화하였음. Morgan 134)

아니라 단테의 탁월한 신비적인 비전에서부터 빚어진 것임은 의심할 수 없다.

상기 도표를 염두에 두고 단테, 버어질과 더불어 지하순례를 시작해 보자. 칸토 순서대로 단테의 지하 순례를 따라가되 아래 세 가지 현상에 초점을 맞추도록 한다. 첫째, 지하세계의 묘사에서 단테가 보여 주는 시적 표현이다. 날카로운 자연관찰을 통한 단테의 살아 있는 시적 비유는 『신곡』을 추상적이고 현학적인 동시대의 다른 종교 문학 작품과 확연히 구분시켜 주고 있다. 특히 이러한 사실적이면서 생생한 표현은 피렌체 속어vernacular 문체와 어울려 이 고전을 서양문학사상 독보적인 위치에 올려놓는다. 둘째, 단테가 품은 죄와 형벌에 대한 친연성이다. 이 친연성은 "콘트라파소*contrapasso*"라고 부르는데 그것은 바로 "인과응보의 처벌 방식이다"(김운찬 231). 다시 말하여 "그 형벌이 죄의 성격이나 모양에 상응하는 양상으로 가해지는 것이다. 그래서 분열을 조장하는 영혼은 자신의 신체가 쪼개지고 갈라지는 형벌을 받는다"(김운찬 232). 바로 이 이런 콘트라파소 장면들에서 단테 자신의 법적 정의와 문학적 상상력이 탁월하게 결합되며 신곡 미학의 핵심을 이룬다. 마지막으로 「지옥편」의 플롯 구성 측면에서 죄가 무거울수록 점점 지하의 나락으로 떨어지는데 그 방향성의 특징은 무명blindness이다. 즉 이성과 지성의 기능이 점차 퇴화하여 동물화, 식물화, 마침내 무생물화, 사물화되어 가는 과정을 단테는 여실하게 그리고 있다. 그에게 있어서 지옥의 나락과정은 바로 하나님이 부여한 은총인 지성의 박탈과정인 무명화 과정에 다름 아니기 때문이다.

칸토 첫 장에서 단테는 자신이 중년에 들어서 어두운 숲속에서 길을 잃고 방황하게 되었다고 고백한다. 자신이 잠에 싶이 빠져 있는 바람에 삿된 길로 접어들었으며 나중에 소스라쳐 놀라 깨어나 둘러보니 자신은 숲 가장자리에서 방황하고 있었다고 말한다. 그리하여 이제 올바른 길을 가늠하고 있다고 서두에서 설명한다. 어두운 숲이란 상투적 비유에서 보여 주듯이 서두는 보통 인간들에게서 익숙하게 발견되는 무절제 쾌락으로 나타나는 전형적인 중년의 탈선 행각에 대한 반성문이다. 그러나 항상 그렇듯이 반성과 회개, 그리고 그 이후의 실천은 칼같이 단절되는 건 아니다. 악습은 쉽게 물러가지 않고 언제든지 뒷덜미를 낚아챌 태세를 취한다. 올바른 길을 찾아가는 단테를 노려보는 세 동물은 바로 과거 악습의 우화적 출현이다. 길을 가로막고 있는 점박이 표범은 색욕lust을 대변한다. 그리고 사자는 오만pride을, 암늑대는 권력 재화 등에 대한 소유욕cupidity을 각각 대변한다. 단테 자신이 지녔던 이 세 가지 악덕과 악습에 의해 그는 올바른 길로 접어들지 못하고 두려워 떨고 있으며 뒷걸음쳐 이젠 다시 어두운 숲으로 밀려나게 되었다. 그 순간 평소 흠모하며 스승으로 모시며 추앙하던 버어질이 현신하여 위안과 용기를 준다. 그리고 곧 그레이하운드 개가 나타나 가로막는 세 야수로부터 단테를 보호해 준다.

그러나 막상 지하세계의 입구에 이르자 단테는 두려움에 용기를 잃고 포기하려고 한다. 그때 그의 구원久遠의 여인인 베아트리체가 천상에서 하강하여 "사랑이 나로 하여금 나서게 하여 이렇게 말을 한다"고 하면서 "당신과 당신을 경청하는 모든 사람들을 공경하는 당신의 정직한 발언들을 신뢰합니다"(II)라고 하며 눈물을 글썽인다. 유배 시절 분노, 오만, 음욕 등으로 자포자기로 생활하다 젊은 시절 첫사랑인 구원의 여인을 떠올리고 마침내 참회의 눈물을 흘리며 단테는 『신곡』의 저작에 착수하게 된 것이다. 이 심경을 단테는 자연의 비유에 담는다. "마치 야밤의 냉기로 축 늘어져 웅크렸던 작은 꽃들이 하얀 햇살에 부딪치자 곧바로 서면서 그 가지들을 활짝 열어 제치듯As little flowers, which the chill of night/has bent and huddled, when the white sun strikes,/grow straight and open fully on their stems"(II) 베아트리체란 따뜻한 아침햇살이 온 마음을 적시고 퍼져 나가면서 단테도 무한한 용기를 되찾고 하계 여행을 출발한다.

칸토 III은 지옥문 입구이다. 현판에 무시무시한 글이 적혀 있다.

나를 통해 고통의 도시로 이어지는 길이/나를 통해 영원한 고통으로 이어지는 길이/나를 통해 타락한 이들 속으로 이어지는 길이 열리나니./나의 창조주는 하나님의 권위,/지고한 현명과 원초적 사랑이다./내 앞에 펼쳐지는 모든 것은 오로지 영원히 존속하도록 만들어졌고/나는 영원히 견디고 있으니 여기 들어서는 자 모든 희망을 포기하라.

Through me the way into the suffering city,/Through me the way to the eternal pain/Through me the way that runs among the lost./Justice urged on my high artificer;/My Maker was Divine Authority,/The highest wisdom, and the Primal Love./Before me nothing but eternal things/were made, and I endure eternally. Relinquish all hope, Ye who enter here.
(II)

단테는 현판 내용을 이해 못한다. 버어질은 설명하길 지옥에 거처하는 비참한 인간들은 "지성의 미덕the good of the intellect을 상실한 자들"이다. 여기서 지성이란 밝은 이성에 해당하며 미천한 유기체(중생)들에겐 결여되고 오직 인간만이 보지하고 있으며 인간의 심적 기능 중에서 가장 신성한 이 부분은 신의 은총으로 충만한 곳이다. 지옥은 이 밝은 지혜를 박탈당한 무명의 암매暗昧한 죄인들이 희미한 빛 속에서 고통받는 곳이다. 따라서 버어질에 의하면 사중 무시무시한 형벌도 지옥거주자들에게 심한 신체적 고통이 되지만, 더할 나위 없이 가혹한 고통은 종래의 악습과 악행을 형벌 형식으로 되풀이하는 이 지옥상황을 **영원히** 벗어날 수 없다는 데 있다. 즉, 그들의 고통과 비극은 아직도 자기 자신의 존재를 정확히 인식하지 못하고 자기의 상황을 분별하지 못하는 미망에 빠져 있으므로 결코 구원의 빛을 얻지 못하리라는 데 있다. 다만 단테 같은 제3자만이 그들의 존재와 상황을 정확히 파악할 수 있다는 데 그들의 고통과 비극의 본질이 있다. 장님이 되는 순간 온 세상이 어둠으로 돌아가듯, 자신을 잃는 순간 온 세상을 영원히 잃은 것이다.

지옥의 문 앞에서 울부짖는 무리들을 보며 단테는 무엇이 이들을 저토록 비통하게 하는가라고 묻는다. 버어질은 "그들은 이제 죽음에 희망을 걸 수 없다. 그들의 눈멀었던 삶이 너무 비참하여 그들은 다른 모든 운명을 부러워한다. 세상 사람들은 그들의 명성을 더 이상 기억하지 않을 것이며 정의와 동정도 그들에게서 등을 돌렸으니"(III). 지상에서 그들은 눈먼 장님처럼 엉뚱한 것만 찾아 헤매며 탐욕을 부렸던 것이다. 이제 그들은 지옥문 앞에서 도열하여 차례를 기다리는데, 엘리엇이 「황무지」에서 인용했듯 "죽음이 저토록 많은 영혼들을 파멸시켰다니 도저히 믿을 수 없다"(III). 말벌과 쇠파리에 쏘여 피범벅이 된 얼굴엔 하염없이 눈물이 흐르고 피와 뒤섞여 발끝에 뚝뚝 떨어지는데 그곳에 징그러운 벌레들이 꾀어들고 있다. 지옥으로 건너가는 아케론Acheron 강의 뱃사공은 카론Charon이다. 도선하기 위해 강변에서 배로 몰려드는 무리들을 단테는 "가을 한 잎, 한 잎, 나무에서 떨어져 나간 나뭇가지의 옷들이 땅 위에 즐비하게 널려 있듯이 아담의 타락한 악의 씨앗들이 하나 하나 몰려든다"(III)라고 묘사한다.

강을 건너 처음 도달한 제1지옥은 림보Limbo이다. 거주자들은 비록 죄를 짓지 않았지만 기독교 전 시대 사람이라 신앙의 입문의식인 세례를 거치지 않았기 때문이다. 물론 여기엔 안내자 버어질도 포함되어 있다. 여기서 단테는 자신의 시적 영감의 원천이었던 스승들, 문학의 비조 호머Homer, 풍자시인 호레이스Horace, 『변신』의 작가 오비드Ovid, 로마 시인 루칸Lucan, 그리고 마지막으로 버어질 자신도 이 육인의 위대한 시성 반열에 초대를 받는다. 림보의 다른 쪽엔 소크라테스, 플라톤, 데모크리토스, 디오게네스, 세네카 같은 위대한 철학자들이 거주한다. 범신론 세계를 살았던 이들 현인들을 지옥에 처하게 함으로써 단테는 그리스 다신교에 대해 유일신인 기독교의 우위를 내세우고 싶었는지 모른다.

하계 제2층으로 내려가면 죄의 경중을 심판하는 염라대왕 격인 미노스Minos가 정좌한다. 살생부를 들고서 미노스는 지옥의 하계층을 결정한다. 그 층수는 그가 꼬리를 몸에 감는 횟수와 동일하다. 꼬리를 바쁘게 돌리면 죄인들은 그만큼 더욱 깊은 지옥의 나락 속으로 빠지는 것이다. 제2하계층은 지상에서 애욕의 죄를 범한 자들이 가는 곳이다. 이성을 잃고 사랑의 폭풍 속을 헤매었던 사람들은 이 지옥에서도 유사한 형벌을 받는다. "사나운 지옥의 허리케인은 쉴 틈 없이 거칠게 영혼들을 몰아치며 끌고 간다"(V). 그리하여 잠시도 휴식을 취하지 못하고 마치 "기다란 열을 진 창공의 두루미 떼가 끼룩거리며 날아가듯 몰아치는 폭풍에 실려 이 유령들도 구슬피 통곡하며 다가오고 있었다"(V). 여기서 단테는 자체 모순을 범하며 당혹해 한다. 사랑의 감정에서 플라토닉 러브와 애욕을 엄밀히 구별하는 건 매우 어렵다. 자신의 베아트리체에 대한 사랑은 지고지순하여 천국에 오를 수 있지만 트리스탄은 왜 제2지옥에서 사랑의 폭풍 속을 통곡하며 떠다녀야 하는가? 신회에 나오는 아름답고 애절한 사랑의 주인공들이 지옥에서 통회하는 걸 보면서 연민의 정을 참지 못해 거의 혼절한다. 마침내 역사상으로 유명한 파올로와 프란체스카의 비극적인 사랑 이야기 전말을 듣게 된다. 형수와 남편 동생 사이인 그들은 랜슬롯Lancelot의 로망스를 같이 읽다가 이야기 속 사랑의 장면에 몰입하여 키스를 하게 되고, 마침내 그들은 "더 이상 책을 읽지 못하게 되었다"(V). 그리하여 그들은 남편이자 형인 지안치오토Gianciotto에게 발각되어 둘 다 죽임을 당하고 여기 지옥에 떨어지게 된다. 이야기를 듣고서 단테는 "마치 내가 죽임을 당한 듯, 동정심에 휩싸여 혼절하게 된다"(V). 여기서 우리는 기독교의 육체적 욕망을 억압하는 고행주의와 인간의 자연스러운 감정인 사랑 사이에서 회의 번민하는 단테의 모습을 엿볼 수 있다.

제3하계층은 식탐Gluttony의 죄인들이 거주한다. 식탐을 부리는 인간들은 이 층의 입구를 지키는 케르베루스Cerberus 개처럼 "충혈된 눈으로 검게 기름기로 번들거리는 수염을 하고/불룩 튀어나온 아랫배에 손은 갈고리 같고/발톱으로 유령들을 베고 찢어발기는"(VI) 모습과 흡사하다. 그들도 지상의 식탁에서 칼과 포크로 고기를 찢어발기며 개처럼 게걸스럽게 먹어 치웠던 것이다. 음식 쓰레기 더미와 뒤섞인 진눈깨비, 우박이 쏟아져 내리면 "그들은 개처럼 컹컹 짖어댄다"(VI).

제4하계층은 인색함과 낭비벽이 동시에 벌을 받는다. 입구를 지키는 플루투스가 버어질의 호통 한마디에 완전 기가 꺾여 버리는 장면에 대한 비유는 범선의 돛이다. "바람에 한껏 부풀려진 돛들이 돛대가 두 동강 나자 왈칵 허물어지면서 뒤섞여 버리듯 그 험상궂은 짐승도 땅에 풀썩 주저앉았다"(VII). 그들이 여기에서 목도한 광경은 두 무리가 가슴으로 무거운 바퀴를 각기 다른 방향으로 밀면서 반원을 그리면서 "왜 쌓아 두냐?", "왜 낭비하냐?"라고 상대방을 조롱하고 비난하는 장면이다. 자린고비들은 재화를 축적할 줄만 알았지 유용하게 사용할 줄은 모르는 사팔뜨기이다. 그리하여 한쪽 방향으로만 끈질기게 밀고 있다. 반대편에서 밀고 있는 낭비벽의 죄수들은 주로 성직자들로 거둬들인 재화를 자기들의 무한한 탐욕를 채우는 데 물 쓰듯이 낭비하였다. 단테는 이들의 얼굴을 분간해 낼 수 없다. 버어질의 설명에 따르면 "무분별한 삶으로 온갖 오물을 얼굴에 뒤덮어 썼으니 누가 누군지 구별할 수 있겠느냐"(VII). 곧이어 버어질은 재물론을 펼친다. 지상의 인간들은 죽을 둥 살 둥 재물을 쟁취하려 하지만 하나님은 재물 담당자로 하여금 인간의 이성이 감당할 수 없는 불가항력으로 국가, 부족, 개인 간의 재물 이동을 시행한다. 그러한 결정은 "마치 풀섶의 뱀처럼"(VII) 간파하기 힘든 법이다.

칸토 VIII은 제5하계층 분노Wrathful와 침울Sullen의 죄인들을 정죄한다. 특히 폭군으로서 분노를 일삼았던 왕들은 여기 와서 "진흙탕의 돼지처럼 허우적거리게 될 것이다"(VIII). 제5하계층은 지옥 상부와 하부의 경계 지역에 있다. 5층계 아래는 화염의 성벽으로 둘러싸인 디스(Dis: 애통의 도시)라고 불리는 중죄인 지옥이다. 한때는 하늘나라에서 천사였던 자들이 문을 지키고 있는데 단테를 보자 분노와 시기를 참지 못하고, 죽지도 않은 존재가 감히 죽음의 영토에 제 발로 걸어 왔으니 이제 자기 혼자 온 길을 돌아가게 하라고 고함친다. 공포에 질린 단테는 부들부들 떨면서 버어질에게 필사적으로 매달린다. "이렇게 파멸할 때 제발 나를 버리지 말아 주세요. 만약 우리를 통과시켜 주지 않으면 얼른 온 길로 같이 되돌아갑시다"(VIII). 버어질이 협상을 하지만 지옥으로 떨어진 천사들은 오만하게 성문을 닫고 디스 성 안으로 들어가 버린다. 낙망한 버어질은 사색이 된 단테를 달래기에 여념이 없다.

그리하여 버어질과 단테가 디스 성문 입구에서 막연히 하늘나라의 명령을 기다리고 있는데, 분노의 여신 세 자매Three Furies가 나타나 단테를 어르고 위협한다. 그때 천국의 사자가 발뒤꿈치를 적시지 않고 물 위를 걸으며 나타나자, 죄 지은 영혼들은 마치 "그들의 적인 뱀과 부닥친 개구리들이 물밑 바닥에 납작 서로 엉켜 붙어 있듯이"(IX) 물밑으로 피신한다. 천국의 사자는 크게 호통을 쳐서 입구 문지기들을 물리치고 이 둘은 성문 안으로 들어간다. 여기서 단테는 그리스 신화에 나오는 험상궂은 괴물들이 기독교적 인물에 의해 간단히 제압되어 버리는 장쾌한 장면을 연출한다.

애통의 도시 첫 번째 형벌은 무덤 벌판인데 무덤에서 불길이 치솟아 나오고 빨갛게 달구어진 석관에 파묻힌 영혼들이 뚜껑을 들고서 발버둥치고 있다. 이 죄인들은 이교도 원흉들arch-heretics이다. 곧 이어진 칸토 X, 제6하계층에서 에피쿠로스 추종자 무리들이 화염 석관 벌을 받고 있다. 이들은 영혼이 죽으면 육체도 죽으니 죽음을 두려워할 필요가 없다고 주장한 자들이다. 따라서 형벌은 석관 속에 들어간 육체가 죽지 않고 화염 석관의 열기에 살이 문드러지는 고초를 겪는 것이다.[8] 석관에 갇혀 버린 편협한 시각으로 육체와 영혼의 동시 사멸을 주장했으니 석관 형벌이 적절하다는 또 다른 견해도 있다.

칸토 XI에서 버어질은 폭력에 대한 독특한 분류를 제시한다. 폭력은 기만fraud보다는 가벼운 죄로 분류한다. 폭력에는 세 가지 유형이 존재하는데 신에 대한 폭력, 자기 자신에 대한 폭력, 그리고 이웃에 대한 폭력이다. 자기 자신에 대한 폭력 항목에 자살을 대표적 보기로 든다. 물론 이 폭력에는 자살이란 중죄도 있지만 자기 자신의 소유물에 대한 폭력, 가령 "노름으로 유산을 탕진하는"(XI) 행위도 들어 있다. 유산낭비를 폭력으로 규정하는 분류는 다소 특이하다. 신에 대한 폭력은 신성모독, 자연에 대한 경멸 등이 포함된다. 자연에 대한 경멸에는 남색행

8 단테는 원래 에피쿠로스에 대한 이해가 피상적이었다. 에피쿠로스의 쾌락주의도 "고통을 피하고 쾌락을 추구하는" 인간의 자연스러운 본능으로 파악했다(*Convivio* IV vi 9-13, Mazzeo 109 이하 재인용). 단테는 에피쿠로스가 주장한 사후에 감각이 모두 사멸한다는 명제도 단순하게 "감관은 육체적 기능이며 육체의 해체와 더불어 감각기관, 즉 감각 기능이 자연히 중지되리라"(Mazzeo 115) 믿었다. "죽음에서 감관의 상실이 의식과 기억의 부활과는 배치되지 않는다고"(Mazzeo 115) 믿었기에 에피쿠로스의 철학이 영혼필멸론이라는 생각까지는 미치지 못했다. 그러나 이후 『세빌르 이시도르의 어원학(*Etymologies of Isidore of Seville*)』, 『라바누스 마우루스의 우주론(*De universo of Rabanus Maurus*)』을 접하고 나서 "에피쿠로스는 진정한 진리의 애호가는 아니며 허영을 따르는 자이다. 그는 육욕의 늪에 빠져 버둥거렸으며 최고선을 육체적 쾌락에 둔 결과 철학자들은 그를 돼지로 불렀다"(Mazzeo 117)고 주장했다. 단테가 에피쿠로스에 대한 맹렬한 적대감을 드러낸 이유는 명백하다. "만약 영혼이 사후에 존속되지 않으면 선행은 보상을 받지 못하고 악행은 어떠한 처벌도 받지 않을 것이다. 이건 바로 도덕적 삶의 구속력, 성취 등 그 근본 자체를 붕괴시키는 이단이다. 그렇게 되면 우주적 질서의 존속과 가장 중요한 영역에서의 정의가 정면으로 거부된다"(Mazzeo 119).

위sodomy와 고리대금usury을 지목한다. 특히 단테는 기만을 폭력보다 중죄로 다루는데 그 이유는 기만이 "자연에 의해 형성된 사랑의 유대를 절단하기"(XI) 때문이다. 여기서 우리는 배신과 음모로 점철된 험난한 정치역정 끝에 유배 신세가 된 단테 자신이 버어질의 입을 빌려 사적인 감정을 토로하고 있다는 걸 느낄 수 있다.

칸토 XII은 이웃에 대한 폭력, 즉 살인을 저지른 중죄인에 대한 형벌이다. 죄인들은 끓는 피의 강물에 잠수상태로 몸을 숨겨야 한다. 숨을 쉬기 위해 떠오를 때마다 반인반마Centaurs들이 화살을 쏜다. 이 피의 열탕 지옥에는 알렉산더 대왕, 디오니소스도 들어 있다.

칸토 XIII은 나머지 두 유형의 폭력, 자신에 대한 폭력인 자살과, 소유물에 대한 폭력인 낭비벽을 다루고 있다. 처음 만난 수감자들은 현세에서 자살을 범한 자들이다. 다른 영혼들처럼 그들도 남겨 둔 자신의 육체의 옷을 찾아 나서나 아무도 그걸 입을 수 없다. 스스로 내팽개친 옷을 다시 입는다는 건 어불성설이기 때문이다. 그리하여 육체를 여기까지 끌고 와서 각기 복수의 그늘의 그루터기에 그걸 걸어 놓을 따름이다(XIII). 단테는 나뭇가지를 하나 꺾는다. 그러자 꺾어진 가지 홈에서 말과 피가 동시에 흘러나온다. 나무는 비명을 내지른다. "왜 나를 찢어내는 거요? … 왜 나를 꺾는 거요? 한 줌의 동정심도 없는 거요? 우리도 한때는 인간이었소, 지금은 메마른 그루터기 신세지만. 우리가 뱀의 영혼이었다 해도 당신의 손이 그 만한 자비는 베풀었겠구만"(XIII). 그는 삐에르 델 비너Pier delle Vigne로 아우구스두스Fredrick Augustus의 비서로 근무했는데 시새움 때문에 주군의 총애를 잃자 자살을 택했다.

자살자들은 왜 나무로 변신되었을까? 첫째, 형태상으로 해석하면 우선 나무는 한곳에 뿌리를 내리고 움직일 수 없으므로 남을 해칠 수 없다. 바깥에서 거센 바람이 몰아치면 나뭇가지들은 서로 부딪치며 상처를 내거나 부러진다. 결국 외부에서 주어지는 고통을 내면화하여 자

보티첼리의 해랑(Malebolge)

해하는 성격이 바로 나무의 속성이 아닐까?

둘째, 나무는 생명체 중에서 동물성보다 더 낮은 영성을 지닌 가장 물질성에 가까운 식물이다. 즉 자살을 감행하는 자는 인간의 이성적, 영혼적 속성을 무시하고 스스로를 물질로 환원시킨 어리석은 자들이다. 따라서 그 형벌은 가장 하위 단계인 식물성으로 환원시키는 징벌에 처한다. 긴스버그의 설명에 의하면 "모든 저주받은 자들의 실질적 형태는 지적인 영혼에서 멀어져 자신들의 물질 형체로 변한다. 점차 증대되는 육체성이 암시하듯 지옥 전체의 죄인들은 점차 증대되는 밀도에도 불구하고 내면의 깊이가 결여된 존재로 변신한다"(116). 다시 말하여 인간의 지성적 영은 전술한 바와 같이 은총을 입어 물질 속의 가능태를 실현시켜 인간으로 완성시키는 기능을 하는데 지옥의 죄인이 부여받은 지성적 영은 오히려 인간을 해체시켜 물질로 환원한다(Ginsberg 120). 칸토 XIV에서 뜨거운 모래 위에 엎드린 채 절망적인 신음을 내고 있는 대역죄인들은 하나님을 모독한 벌을 받고 있다. 불똥들이 바람이 잔잔한 날 마치 알프스에 시나브로 내리는 눈송이처럼 모래 위로

서서히 하강한다. 미세한 불덩어리들을 몸에서 털어 내려고, 허우적거리는 "손길들의 절망적인 춤사위"(XIV).

칸토 XVIII의 사기 범죄 중 아부꾼에 대한 형벌 장면은 지옥의 제8하계층 악의 해낭垓囊, Malebolge이라 불리는 곳이다. 성벽을 둘러싼 10개의 해자垓子 속에서 죄인들은 고통을 겪고 있다. 그리스 신화 영웅 야손Jason은 자신을 위해 조국을 버린 힙시파일Hypsipyle을 임신시킨 채 차 버린 죗값을 받고 있다. 그리고 다음 해낭에는 루카의 알레씨온 인테르미네이Alession Interminei of Lucca가 아부한 죄로 똥물을 뒤집어쓰고 있으며 그 아래에는 타이쓰가 똥으로 범벅된 손가락으로 몸을 긁고 있다. 그녀의 죄목은 동침의 쾌락을 누린 후 그의 연인이 "나에게 감사하느냐?"라는 질문에 "예, 매우"라는 대답을 했기 때문이라고 안내자는 설명한다. 그녀가 창녀라면 당연히 음욕의 처벌을 받아야 하는데 왜 아부라는 죄의 범주에 속할까? 단테의 기묘한 죄 분류법이 드러나는 장면이다. 물론 분뇨지옥은 아부꾼들의 전형적인 행태를 잘 드러내 주는 보기이다. 그들은 상대방의 환심을 사기 위해 엉덩이에 키스하는to have a brown nose 것도 마다하지 않기 때문이다. 게다가 단테는 이 장면에서 잔인하기까지 하다. 창녀에 대한 사회적 배려와 처지에 대한 공감이 부족하지 않나. 그 누구 죄 없는 자 이 여자를 돌로 치라는 예수의 말씀이 단테의 시대에는 통하지 않나? 사랑보다 계율이 더욱 중요한 것인가?라는 의문이 떠오른다.

칸토 XX은 예언자나 점술가에 대한 형벌 장면이다. 죄인들은 얼굴이 비틀려 등쪽으로 붙어 있어 앞을 보지 못하므로 어쩔 수 없이 뒷걸음쳐야 한다. 눈물은 등골을 타고 흘러 엉덩이 부분을 적시고 있다. 버어질은 동정하는 단테를 꾸짖는다. "신의 판단을 무색하게 만드는 자보다 더 불경스러운 자 어디 있겠는가"(XX). 그리스 신화에 나오는 모든 예언자, 현인들을 깡그리 지옥에 넣어 버리고 기독교의 신화만을 인정하는 단테의 비전은? 옹졸하고 편협한 반휴머니스트 아닌가? 티레시우스Tiresias는 얼마나 인간적인 현인인가? 그가 이렇게 목이 비틀린 채 뒷걸음쳐야 하는가? 현대의 관점에서 보면 단테의 지옥 형벌관은 이처럼 합리적인 정의관에 기초하지 않는 듯 보인다.

칸토 XXI은 제8하계층 중 제5해낭의 독직 재판관, 교사자들이 부글부글 끓고 있는 개천에서 벌을 받고 있는 장면이다. 단테의 비유를 옮기면 베네치아에서 정박 중인 선박을 수선하기 위해 타르를 솥에서 끓이듯이 부글부글거리며 거품을 튕기고 있는 개천을 연상시킨다. 칠흙 타르 열탕에서 머리를 밖으로 내밀면 바로 악마들이 "여기 우리가 잠복하면서 춤추고 있으니 뇌물은 물밑 은밀한 작업으로 챙기시지"(XXI)라고 놀리며 창으로 찌른다. 마치 요리사가 조수들보고 고깃덩어리가 물 위에 둥둥 뜨지 않도록 주걱으로 자꾸 밀어 넣으라고 지시하듯이. 독직 수회자들이 관직에 오명tar을 뒤집어쓰고 있으니 끓는 타르 지옥 형벌을 받고 있는 것이다.

제8하계층 제7해낭에는 도둑들이 형벌을 받고 있다. "뱀들이 그들의 손을 뒤로 묶어 버리고 머리와 꼬리로 그들의 허리를 꿰뚫어 반대편에서 꽁꽁 묶어 버렸다"(XXIV). 물건을 훔치는 행위는 속임수와 사기에 의해 이루어지며 뱀은 에덴동산의 유혹에서도 잘 드러나듯 속임수의 상징이다. 여기서는 죄수의 몸에 뱀이 침투해 들어와 인간의 형체를 훔쳐서 "태워 버리거나 변형시켜 버린다"(597). 그러나 다시 불사조처럼 죄인은 다시 거듭나며 형벌은 영원히 계속된다.

XXV장에서 도둑의 형벌은 계속된다. 이 장에서는 보다 자세하게 인간 형체와 뱀 몸뚱이의 상호 침투 변신과정이 기술된다. "여섯 개의 발을 가진 뱀이 세 죄수 중의 하나에게 덤벼들어 완전히 포박한다. 중간 다리로 그의 배를 옥죄며 앞발로 그의 두 팔을 동여맨 후 그의 두 뺨에 이빨을 박는다. 그리고 뒷발을 뻗어 그의 허벅지를 벌린 후 그 사이로 꼬리를 집어넣어 허리 뒤 쪽으로 꼿꼿이 세운다. 어떤 담쟁이덩굴도 이 끔찍한 괴물이 상대방 수족을 꽁꽁 얽어매는 것처럼 그토록 칭칭 나무를 동여맬 수 없다"(XXV). 변신과정은 여기서 끝나지 않는다. 마치 그들의 몸뚱이가 녹은 왁스처럼 서로 엉켜 붙고 색깔도 서로 섞여 각기 원래 제 모습은 흔적도 없이 사라져 버린다. 마치 종이에 불을 붙이면 완전히 타오르지 않아 하얀 부분이 바로 검정재로 변하지 않고 서서히 까맣게 변색되듯이(XXV) 사지四肢(즉, 뱀의 두 앞발과 죄수 안젤로의 두 팔)로부터 두 팔이 생겨나는데, 허벅지, 다리, 배, 그리고 가슴이 생전 보지 못한 팔다리로 변형된다.

이미 한 죄수는 뱀과 몸을 합체하였고. 나머지 두 명 중 하나를 또 뱀이 공격하는데 이번에 입, 즉 "영양을 섭취하는 바로 그 부분"을 찔러 들어간다. 공격당한 죄수는 "잠이나 고열로 인사불성이 된 듯" 멍하니 입을 벌리고 땅에 발을 붙이고 서 있을 따름이다. 이 형국에서 뱀은 그를 노려보고 그는 뱀을 노려본다. 그는 그의 상처구멍으로 뱀은 그의 입을 통해 연기를 마구 뿜어내는데 연기는 합쳐진다. 오비드도 『변신』에서 인간을 뱀으로 또는 옹달샘으로 변신시키지만 "얼굴을 맞댄 채 두 형체가 그들의 구성물질matter을 상호 교환할 정도로 두 본성nature을 변질시키진 않았다"(XXV). "뱀이 꼬리를 둘로 쪼개 포크로 만들고 상처 입은 죄인의 두 발은 하나로 붙어 버렸다"(XXV). "다리와 허벅지들이 서로서로 꽉 들러붙어 마침내 접합 부분은 흔적도 없이 사라졌다." 변신은 육체 기관의 변형에 그치지 않는다. "쪼개진 꼬리는 상대방이 점차 잃기 시작하는 형체를 차지하게 되어 그 피부가 부드러워지는 반면 상대방은 피부가 거칠어졌다"(XXV). 뱀으로 변신하는 인간의 겨드랑이로 팔이 점차 올라붙어 버리고 긴 다리는 점차 줄어 작은 뱀꼬리로 화한 반면, 인간으로 변신하는 뱀의 꼬리에서 생긴 두 다리는 점차 길어진다. "뱀의 뒷다리는 말라 올라붙어 인간이 감추는 성기로 화한

뱀과 인간의 상호 변신

다"(XXV). 이들의 상호 변신과정은 마침내 "여태까지 말을 하기에 온전하고 어울렸던 혀가 이제 두 갈래로 나뉘고 다른 쪽 혀는 두 갈래였는데 이제 하나로 합쳐지면서"(XXV), 뱀이 인간으로 인간이 뱀으로 변신과정이 완성된다. 그리하여 뱀으로 변한 인간은 쉬쉬 소리를 내며 사라지고 인간으로 변한 뱀은 그 뒤에서 말과 침을 내뱉는다.

뱀과 인간이 인간과 뱀으로 상호 변신하는 이 장면은 「지옥편」에서 가장 이채로운 칸토이다. 대부분 지옥 장면들은 죄수들의 과거사와 현재 형벌에 대한 간략한 언급과 묘사로 이루어지는 데 반해, 죄악 중에서 비교적 경미하다고 할 수 있는 도적질의 형벌에 대해서 칸토 XXIV장 후반부, XXV장 전체를 할애하고 있으며 특히 뱀/인간 변신과정은 XXV장 49행부터 138행까지 마치 인체 해부 실험처럼 상세히 묘사하고 있다. 왜 단테는 도둑질에 대해서 이처럼 친절하고 상세하게 그 변신 형벌을 소개하는가? 우선 도둑질이란 남의 것을 자신의 것으로 만드는 행위이다. 여기서도 도둑 죄인은 자신이 가진 인간의 천성, 자연적 본질을 내던지고 상대방 뱀의 속성을 탐하고 취하는 어리석은 욕망을 일으켜 마침내 인간이 아닌 뱀으로 다시 태어난다. 남의 소유물을 탐하여 자기 것으로 강제하려는 도둑적 욕망은 결국 자신의 천성을 버리는 어리석은 행위임을 이 형벌은 가르쳐 준다.[9] 그리하여 단테를 경악시킨 점은 인간이 뱀으로 변신했다는 사실이 아니라 서로 변신하는 과정에서 어느 누구도 자신의 존재가 누구인지를 깨달을 수 없어 영원한 주체 상실의 상태에 놓이게 되었다는 점이다(Ginsberg 120). 자기를 잃은 사람은 바로 세상 전체를 잃은 것과 마찬가지이기 때문이다.

둘째, 변신을 마무리 짓는 마지막 과정에서도 잘 드러나지만 뱀으로 변신하는 핵심과정은 마지막 혀의 변형이다. 마침내 인간은 두 혀를 가진 동물로 화한다. 두 혀의 존재는 인간의 언행불일치이며 유혹, 배신, 배반, 모든 인간악의 원천이다. 단테도 험난한 정치굴곡의 고난에서 이 두 혀의 악행에 대해 치를 떨었을 것이다. 그리고 인간비극의 시원도 바로 에덴동산 뱀의 두 혀에 의해 유혹당한 이브에게서 비롯되지 않았는가? 이런 정치적·도덕적·신학적으로 복합적인 의미층 때문에 단테는 뱀의 변신과정을 상세히 소개할 필요성을 느꼈을 것이다.

이상과 같이 몇 개의 에피소드들을 통해 「지옥편」에 드러난 죄업과 형벌의 친연성에 대해 알아보았다. 그러나 기독교의 입장에서, 나아가 서구 인문 전통에 국한된 내세관은 『신곡』의 풍요로운 텍스트 의미

9 자신에게 속한 아속물과 타자에게 속하는 비아속물에 대한 인간의 헛된 욕망은 에픽테토스 철학의 핵심이다. 이 책 1부 1장 2. 쾌락주의와 스토아주의편 참조.

를 상당히 제한한다. 가령 칸토 XXVIII에서 마호메트는 입에서부터 갈라져 막장까지 찢어져 마치 회전테나 통마개가 달아난 맥주통처럼 두 동강 나는 형벌을 받는다. 분열과 분쟁을 조장한 죄인들은 모두 형벌을 받는데 상처가 아물면 다시 칼이 두 동강 낸다. 이 형벌은 현재 우리의 시각에서 조명하면 단테의 시공간적 한계 내지는 편협성의 산물이며 『신곡』의 고전성에 심대한 훼손을 입힌다. 바로 이 점에서 『신곡』에 대한 창조적 해석이 요구된다. 즉, 『신곡』이 시대를 거쳐 새로운 고전으로 거듭나기 위해서는 창조적 해석이 가능한 개방적인 텍스트 잠재력을 지니고 있어야 한다. 하나의 가능성은 『신곡』을 현대인들의 생중사 death-in-life 곤경에 연결시키는 접근이다. 엘리엇은 「황무지」에서, 베케트는 『모든 추락하는 것들*All That Fall*』에서 각각 『신곡』의 「지옥편」의 죄인 군상들과 20세기 불모의 현대인들을 겹쳐서 묘사하고 있다.

현대적으로 해석하면 「지옥편」 상황은 비록 내세에서 형벌을 받는 죄인들의 군상을 그리고 있지만 그 군상은 바로 우리 현대인들의 초상으로 다가온다. 벌을 받고 고통을 받으면서도 자기가 왜 벌을 받고 있는지 모르는 사람들, 구원이 밧줄이 이미 끊어진 가련한 존재들, 아니 구원 또는 은총이란 혁명적 사건이 가능한지도 모르는 청맹과니들이 단테의 지옥에 거주하고 있으며 실상 그들은 우리들의 자화상이기도 하다.

지옥 수감자들의 진정한 비극은 그들이 끔찍한 고문을 당하는 데 있지 않고 그들 스스로 고통을 당하면서도 자신의 죄업에 대한 이해와 통찰을 못한다는 데 있다. 그들은 현세에서 습관상 저질러 온 악습을 지옥에서 영원히 되풀이하고 있다. 그들은 지옥에 처한 상태에서도 계속 동료 수형자들을 상호 경멸 비난하며 오로지 육체적 고통을 경감 또는 회피하는 데 전심전력을 다하고 있다. 그들은 스스로 누구인지, 무슨 죄업을 저지른지도 모르는 상태에서 단말마의 신음 소리를 내고 있으며 깨우침이 없는 그들에겐 구원과 거듭남의 은총의 가능성은 영원히 배제되었다는 게 가장 비극적인 사실이다. 반면 연옥으로 배정받은 자들은 자신의 죄업의 성격을 명확히 파악하고 육욕과 물질욕을 억제하며 인간의 영적 능력을 강화시켜 진리와 구원의 빛이 흘러나오는 방향으로 끊임없이 상승하며 나아간다.

현대의 인간들도 정도의 차이는 있지만 어느 정도 무명과 오만의 존재로서 자신들의 세속적 사업과 취미 활동에 완전 몰입하여 마침내 중독마비 상태에 빠져 있거나 아니면 오만스럽게도 자신들의 자연과학적 지식으로 이 세상의 이치를 모두 통달할 수 있다고 믿는다. 그러나 이런 종류의 어리석은 무명이나 세속적 오만은 단테의 세계에선 형벌의 대상이다. 특히 오만에 대한 단테의 형벌은 가혹하다. 심지어 연옥에서도 오만의 죄는 처벌된다. 비록 지옥이 아닌 연옥에 거주하지만 「연옥편」 칸토 X에서 오만한 자들은 무거운 돌을 들고 있는 형벌에 처해진다. 단테의 인간관에 의하면 인간은 벌레 굼벵이에 불과하다. 나중에 천사의 나비가 되어 하나님의 심판을 받을 때까지 애벌레로 남은 존재이다. 아직 나비도 안 된 존재가 감히 지상에서 날려고 깝치면 그건 오만의 죄를 범하는 것이다. 여기서도 관건이 되는 건 신의 뜻을 파악하는 지성의 빛이다. 그 빛이 모자라 어두우면 애벌레 상태로 머무르며 그 빛이 충만하게 밝으면 나비처럼 하늘나라로 비상하는 은총을 입게 된다.

여기서 빛이란 우리가 상식적으로 이해하고 있는 빛과 다르다. 단테의 빛은 신성의 빛이며 인간의 감관이나 이성으로는 인식할 수 없는 빛이다. 프리즘을 통과하여 분광된, 다시 말하여 시각에 포착되는 무지개 색깔만을 인간은 인식할 따름이다. 신성의 빛은 분광기 이전의 존재이다. 하나님도 인간의 감관과 이성 저 너머에 존재한다. 하물며 자연과학적 지식으로 판별한 무지개 색깔을 예로 들면서 빛의 정체를 규명했다고 주장하는 건 어불성설이다. 하나님의 빛의 세례 은총 없이는 신의 섭리를 파악할 수 없다.

박상진은 단테가 겪은 "비전의 경험"이 바로 은총이라고 주장하며, 그런 의미에서 단테는 "색의 세계에서 빛의 세계로 계속 상승"한다고 해석한다.

> 비전의 경험, 그것은 은총이며, 그것이 자라남에 따라 뜨거움은 더 커지고 밝음을 키운다. 그러나 뜨겁게 밝은 빛 안에는 언제나 색채가 있다. 순례자 단테는 색의 세계에서 빛의 세계로 계속 상승하지만, 언제나 색의 세계로 다시 돌아올 것을 다짐하기를 그치지 않는다.
>
> (박상진, 「천국, 빛과…」 3)

그런 면에서 「지옥편」의 거주자들은 빛의 침투가 불가능한 청맹과니 수준에 머무르고 있다. 색깔의 지각을 초월하여 신성의 빛의 인식 또는 은총으로 상승하는 천국의 거주자들과는 정반대 방향으로 그들은 이미 인성humanity을 잃고 점차 수성besitiality으로, 마침내 무기물질material로 환원하는 과정을 겪고 있다. 이러한 환원과정을 기독교식으로 해석하면 아래와 같다. 스타티우스Statius의 설명에 따르면 사후에 지성적 영혼은 육체와 분리되어 두 개의 강, 연옥으로 갈 영혼은 티베르 강으로 그리고 지옥으로 갈 영혼은 아케론 강으로 각각 떨어진다. 일단 강에 이르면 각 영혼은 영혼의 힘을 얻기 위해 주위 공기를 스스로 흡입하여 신체기관을 형성한다. 신체기관과 감각기관을 내세의 방식으로 재부여받음으로써 지성적 영혼은 비로소 지각 가능한 형체를 갖추게 되어 사고하고 움직이며 고통을 느끼게 된다. 육체의 형상을 내세적으로 부여받은 연옥의 지성적 영혼은 자신의 물질성에 형상을 부여하며 그 가능태를 실천시키는 과정을 통해 존재와 의미의 세계로 점차 상승한다(*Purgatorio* XXV). 그러나 지옥의 저주받은 영혼들은 지성이 박탈되어 "결핍과 비존재"(Ginsberg 119)로 향한다. 따라서 이 지옥의 영혼은 현세에서의 영혼과 달리 긴스버그의 잣대에 의하면 존재의 미학에 참여하지 못하고 영원한 존재의 해체unbecoming에 머물러 있다.

이 점에서 단테의 영혼관은 아퀴나스Thomas Aquinas의 영혼/육체관에 근거하고 있다. 아퀴나스의 영혼/육체관에 의하면 인간은 물질성과 영성의 결합체이고 각 존재의 위계질서에 의하면 영성의 위계에서는 최하위에 위치하며 물질성에서는 최상위 위치를 점하고 있다. 다시 말하여 "인간 내부의 결합은 어느 면에서 우주적 존재 질서의 원형을 보여 준다. 즉, 하위체계 중 최상위 구성요소(즉, 인간의 몸)가 상위체계의 최하위 구성요소(즉, 인간의 영혼)와 맞닿아 있다"(Oguegilofor 33). 이 결합 상태에서 영혼은 최하위질서에서 상위질서로 상승해야 하는데, 지옥에 떨어지는 순간 하위체계에서 최상위를 차지했던 육체마저 점차 하강하여 마침내 영혼·육체는 동반 상태에서 점차 동물성으로, 그리고 식물성, 마침내 무기물의 경지로까지 타락한다.

이 과정은 "지식 습득의 덕성*virtue informativa*"(Ginsberg 119)의 상실 과정이며 해체과정으로 기독교 신학에서 이해하면 하나님과 영원히 결별하는 과정이다. 즉 인간을 상승시키고 완성시키는 건 하나님의 은총이며, 이 은총을 받아들이는 수용기관은 인간의 지성적 영혼이다. 그리하여 인간의 지성적 영혼은 전술한 바와 같이 은총을 입어 물질 속의 가능태를 실현시켜 인간으로 완성시키는 기능을 하는데 지옥의 죄인이 부여받은 지성적 영혼은 오히려 인간을 해체시켜 물질로 환원한다(Ginsberg 120 참조). 따라서 긴스버그의 해석에 따르면 지옥의 개별 영혼이 갖는 "악마성에 대한 지표는 그들의 육체적 물질성이다"(Ginsberg 126).

중세 인식론에 따르면 인간의 이해능력은 하나님의 은총의 빛에 의해 밝혀진다. 지옥은 하나님의 은총의 빛이 소멸한 암흑의 장소이다. 따라서 지옥의 거주자들은 무언가 기억하고 행동하지만 자신들이 뭘 하는지 알 수 없다. 그들은 아무 것도 분별할 수 없는 어둠 속에서 단지 더듬고 헤매고 있을 따름이다. 우연히 집을 나섰다가 갑자기 치매가 들이닥쳐 집을 찾지 못하고 골목골목을 헤매면서 내가 왜 여기 있지?만을 되뇌고 있는 치매 환자처럼, 그에겐 단지 동물 영역에 속하는 감각적 지식밖에 없어 "언어 치매*verbum mentis*"(Ginsberg 129)를 겪으므로 인간적 인식을 수행하지 못한다. 그리하여 1959년 캐나다 통합교회the United Church of Canada에서 채택된 선포문에서도 묘사되듯, "지옥은 하나님이 부재한 곳이며 하나님을 사랑하는 동료와 친교를 맺을 수 없고 하나님의 현전을 기뻐할 수 없는 곳이다. … 지옥은 도저한 외로움, 절망적인 박탈과 궁극적인 좌절의 상태이다"(Patrides 234 재인용).

반드시 기독교적 해석이 아니더라도, 또 우리가 기독교인이 아니더라도 현대인들은 조금 심하게 과장하면 어느 정도 언어 치매 환자이다. 신의 증발로 인간은 더 이상 은총의 빛을 기대할 수 없어 온 세상은 지옥의 동굴처럼 어둡고 한 치 앞을 내다보지 못하여 동굴벽을 더듬으며 나아가다 자빠지기 일쑤다. 말초적 쾌감으로 온몸을 떠는 자들, 더욱더 강한 자극을 추구하다 마침내 자신을 파괴하여 식물이나 물질로 변화시킨 자들이 곳곳에 한 그루 나무로 서 있다(Canto XIII). 자신을 욕망과 물질적 소비의 기계로 환원시킨 인간은 자신이 누구인지도 모르면서 광적으로 소비한다. 남의 것을 탐하여 자신을 타자로 변신시키는 어리석음을 범한다. 「지옥편」 칸토 XXIV의 도둑들처럼 뱀이 온몸을 칭칭 감아 도둑이 뱀으로 뱀이 도둑으로 끊임없이 변신을 거듭한다. 모두들 자기가 누군지 모르고 자신이 받고 있는 형벌이 어떤 종류인지도 모른다. 무지와 맹목적 추구의 지옥, 그것이 바로 21세기 현실이다.

지옥은 따라서 "감각의 고통*Paine of sense*"이 아니라 "상실의 고통*Paine*

of losse"(Patrides 220)이며 "장소place"가 아니라 "상태condition"나 "형편state"(Patrides 224; 234)이다. 나아가서 지옥은 육체적 고통이 아니라 영혼의 고통이며 "정신분열증을 초래하는 하나님과의 소외"(Patrides 225)인 것이다. 결론적으로 "지옥불의 강렬함은… 고문에 비유된다든지 고문의 본질을 가리키는 것이 아니라 하나님의 모습이 박탈당하고 하나님의 현전으로부터 추방당한다는 의미로 받아들여져야 한다"(Patrides 225 재인용).

이 점에서 단테의 『신곡』은 매우 현대적이다. 현대적 지옥관은 지옥을 단순히 육체가 극심한 감각적 고통을 겪는 장소로 보지 않는다. 시브스Richard Sibbes가 주장하듯, "모든 선의 원천인 하나님이 피조물로부터 완전히 얼굴을 감추었을 때 바로 그것이 지옥이다"(Patrides 226 재인용). 즉, 하나님과 분리되어 자신이 누구인지도 인식하지 못하는 무명상태를 그린 칸토 XXIV를 통해 단테는 매우 현대적인 지옥관을 예시하는 듯 보인다. 이는 베르디에프Nocolas Berdyaev가 내린 지옥의 현대적 정의에 완전 부합한다.

> 지옥은 하나님으로부터, 하나님의 세계로부터, 또 다른 사람들로부터 영혼의 분리를 일으키고 조직한다. 지옥에서 영혼은 모든 사람, 모든 것으로부터 분리되고 완전히 고립화되어 마침내 이 세상 모든 존재들의 노예로 화한다.
>
> (Patrides 233 재인용)

이처럼 현대인의 인간조건을 무명blindness, ignorance이라고 가정하면 현대 작가 중 이 주제를 가장 절실하게 그려낸 작가는 카프카와 베케트이다. 바로 이 점에서 카프카의 「유형지에서In the Penal Colony」와 베케트의 『고도를 기다리며*En Attendant Godot*』는 바로 20세기판 『신곡』에 버금간다. 그로쓰Kennet Gross도 카프카와 「지옥편」을 연결하려고 노력한 비평가 중

하나이다. 그에 의하면 지옥에서 형벌을 받는 죄인들은 신의 은총에서 배제되었으므로 자신과 자신의 상황에 대한 정확한 인식을 하지 못한다. 올바른 인식은 신의 은총이 주어지지 않으면 불가능하기 때문이다.

> 저주받은 자들은 자신들을 완전하게 해독하지 못한다. 그들은 모든 신적인 코드를 푸는 열쇠인 진정한 사랑*caritas*을 잃어버렸기 때문이다. 그들은 해석의 복원적인 행위를 완벽하게 추구하는 데 필요한 자유의지 또한 결여되어 있다.
>
> (Gross 45)

마치 카프카의 우화 「유형지에서」에 나오는 저주받은 수인처럼, 그들은 써레처럼 생긴 정교한 고대 기계에 밧줄로 묶여 있고 그 써레의 날카로운 톱니가 수인들 등짝에 그들의 죄목을 상형문자로 새겨 넣는다. 수인들 자신은 자신의 등짝에 새겨진 죄목을 읽어 낼 수 없다. 죽음의 순간에 이르러서야 비로소 자신의 죄목을 인지하게 된다. 고고와 디디도 무명의 덫에 걸린 가련한 존재들이다. 그들은 자신들이 무얼 하는지 모른다. 구원의 고도가 오지 않는 상황에서 시간만 보내고 있다. 단테의 연옥처럼 시간을 변수로 자신의 인격과 신격이 점차 회복 상승하는 곳이 아닌 저주받은 곳에서 이 두 부랑자는 고통스러운 유희를 하고 있다.

2. 오코너 작품에 나타난 은총의 그로테스크성

1) 문제 제기

단테의 『신곡』「지옥편」이나 「연옥편」이 내세에서 벌어지는 다양한 징벌이라면 오코너Flannery O'Connor의 소설 세계는 현세에서 벌어지는 참상과 고통, 그리고 비극적 재난에서 가까스로 획득되는 은총의 빛에 대한 이야기이다. 오코너는 내세에 대해 구체적으로 언급하지는 않는다. 그녀는 기본적으로 현세를 전반기 연옥으로 보았다. 죽어서는 후반기 연옥으로 가서 계속 회개와 수행을 계속하리라 믿는 듯하다. "A"에게 보내는 서한에서 성인들은 천당에 가지만 오코너 자신은 연옥에 갈 정도라고 생각한다. 자신 있게 "나 거기에 이미 묵을 방 하나 예약해 놓았어요"(*The Habit of Being*, 이하 *HB* 113)라고 쓴다. 이것은 그녀의 독특한 진화적 현/내세관에서 비롯된다. 그녀에 의하면 현세는 내세로 자동 이월된다. 그리하여 영혼의 구원은 영원히 계속되는 작업이며 "긴 발전적 신화과정으로 연옥까지 연장된다"(*HB* 361).[10]

이 절은 현세의 연옥에서, 즉 기대와 절망, 은총과 저주, 선과 악

10 오코너는 이 관점에서 이레네(Irenaean) 신학 이론과 궤를 같이 한다. "인간들이 자아 중심성으로부터 현실 중심성으로 움직이는 인간형성(person-making) 과정상 일반적으로 신에게 나아가고 있음에도 불구하고 아주 소수의 사람들만이 이 지상에 머무르는 동안에 이 과정을 완성함이 명백하다는 걸 마침내 힉(Hick)이 최초로 인정했다. 실제로 인류사를 회고해 보면 우리가 '진정한 성자'라고 간주할 수 있는 사람은 극히 소수이다. 그리하여 이레네 신정론(theodicy)은 이 과정이 완성될 수 있기 위해 죽음 이후에도 계속되는 삶을 가정한다(궁극적으로 모든 사람들이 완성한다는 전제하에)"(http://www.thatreligiousstudieswebsite.com/Religious_Studies/Phil_of_Rel/Evil/irenaean_theodicy_hick2.php).

의 각축 속에 처한 오코너의 인물들과 그들이 개입된 사건의 성격에 대한 해명 작업이다. 오코너 작품 속의 주인공들이 갖는 비극적 결함hamartia은 무명無明이다.[11] 단테의 「연옥편」에서는 거주자들이 은총을 얻기 위해 기도와 회개로써 매달린다. 그러나 오코너의 현세적 연옥 속의 거주자들은 『고도를 기다리며』의 고고와 디디처럼 자기가 속한 세계에 대한 이해가 부족하다. 고고와 디디보다 그들의 신세는 더욱 처량하고 가엾은 존재들이다. 고고와 디디는 최소한도 그들이 무명의 존재 청맹과니라는 사실은 인식하고 있는 데 반해 오코너 세계의 주민들은 주제넘게도 자기들이 하나님의 섭리와 은총의 의미를 너무도 잘 알고 있다고 나선다. 작가도 언급하듯, "으스대는 건 가톨릭의 대죄이다"(*HB* 131). 그들의 피상적 신앙과 인식은 수많은 상투어를 남발시킨다. 오코너는 그들의 맹점 부위를 비춘다. 단편의 대단원에 이르면 인물들은 작가의 무자비한 집중조명에 의해 자기파괴와 동시에 일종의 개안enlightenment체험이란 은혜Grace를 입는다.

개안 체험은 하나님의 은총이다. 그러나 은총은 인간의 이해력 밖에 위치한다. 인간의 무명과 변덕스러운 은총과의 조우는 항상 그로테스크한 광경을 연출한다.[12] 그러나 현대인들은 놀랍게도 이 모든 "왜곡

11 무명이란 주제에 대한 텍스트 연구는 다양하다. 이 절은 맬리브란쉬의 신학이론에 근거하여 인간의 무명상태를 점검하지만 하디(Donald E. Hardy)는 라보프(William Labov)의 서술구조 연구에 기초한 일종의 문체론적 접근으로 텍스트에 구현된 오코너 등장인물들의 "인간 지식의 한계"를 분석하고 있다. 그의 분석은 세 가지 범주, 1) 종속절과 조건 형태, 2) not 부정과 가정 형태, 3) 부정사 보어(nonfinite complemetns)와 함축(11)에 집중된다.

12 그런 의미에서 그로테스크는 엄밀하게 규정하여 두 가지 의미를 지닌다. 즉, 인간의 존재 형편(the predicament of human existence)을 가리키는 동시에 은총이 부여되는 순간 발생하는 외양과 본질의 괴리현상도 포함한다. 호킨스의 설명에 의하면 "그것은 인간 조건의 우환(illness)을 구현하는데 하나님의 형상을 따라 창조된 우리 인간들이 그로부터 얼마나 타락했는지 그 정도를 보여 주며… 그것은 은총에

된 형상들"이 지닌 그로테스크함을 인식하지 못하고 매우 자연스럽게 받아들인다. 이 자연스럽고도 친숙한 연상의 사슬을 부수기 위해 예술가는 때론 폭력적인 수단을 사용해야 한다고 오코너는 주장한다.

> 기독교적 관심을 가진 소설가는 현대 삶에서 혐오감을 주는 뒤틀린 양상들을 발견하게 될 것이다. 그리하여 그의 문제는 이들을 아주 자연스럽게 보는 데 익숙해진 독자들에게 왜곡된 모습으로 변형시켜 보여 주는 것이다. 그리하여 그의 비전을 이 적대적인 독자들에게 전달하기 위해 어쩔 수 없이 보다 폭력적인 수단을 사용해야 할 것이다.
> (Shinn 59 재인용)

현대와 그로테스크를 연결시키려는 노력의 일환으로 오코너는 토마스 만의 그로테스크 정의를 빌린다. 만은 "그로테스크는 진정한 반부르주아 스타일이다"(*HB* 470)라고 하였다. 오코너는 이 정의를 20세기 기독교 상황과 연결시킨다. 19세기 말 신이 지상에서 사라진 후 치열한 신앙심을 내던지고 자본주의 부르주아들은 신성과 세속을 교묘하게 결합시킨다.

> 현대 진보적 개신교는 점차 종교를 시나 치유법으로 바꾸고 진리를 점점 희미하게 하여 점차 상대적 개념으로 만들어 버리며 지적 분별을 내팽개치고 사고보다는 감성에 너욱 의존하며 마침내 신은 무력하다라는 믿음에 이르게 된다. 그리하여 신은 우리와 소통할 수 없고 우리 앞에 현신할 수도 없으며 실제로 그런 적도 없다. 바로 이 종교는

저항하는 성질 속에서 아니면 이에 순응하려고 분투하는 성질 속에서 은총이 작용할 때 발생하는 긴장과 불일치 또한 표현한다"(Hawkins 28).

우리 자신의 멋진 고안품이다.

(*HB* 479)

이러한 상황에 맞서는 예술적 무기는 바로 그로테스크이다.

그 결과 오코너의 단편에는 그로테스크한 사건과 인물이 넘쳐 난다. 많은 비평가들이 이 현상에 초점을 맞추고 그로테스크 미학에 대한 해석을 다양한 차원에서 전개하였다. 크게 나누어 1) 역사적 접근, 2) 심리분석적 접근, 3) 신학적 접근으로 대별된다. 첫째, 역사적 접근은 그로테스크 현상을 미국의 남부 특수 상황, 즉 고딕식 전통에서 찾는다. 노예제도, 남북전쟁 등 역사적 체험에 기초한 해석으로 리더맨LeRoy Leatherman의 "구속 형식의 대파국redemptive catastrophe"이 핵심 개념이다.[13]

> 전쟁, 황폐화, 그리고 현대적 규모로 진행된 인간의 잔혹성, 미국에서도 독특한 위상을 점하고 있는 대파국과 그에 대한 인식이 이 지역을 이 나라의 다른 지역과 완전 동떨어지게 만들었다. 이 대파국이 구속 형식임을 남부 작가들이 이미 증명하고 있다.
>
> (Shinn 60)

둘째, 심리분석적 접근으로 대표적인 비평가는 카츠Clare Katz이다. 그는 오코너의 그로테스크를 "기이함uncanny과 희극성의 혼합"이라 정

13 유사한 역사적 접근으로 남부의 그로테스크를 "역사적 불행의 문학적 후유증"으로 보는 오코너(William Van O'Connor)는 남부의 "'오래된 농사체계'가 지력을 고갈시키고 경제적으로 불안하고 정서적으로 미숙한 사회를 낳았으며" 그 결과 "현실과 유리되고 활력을 상실하였다"(342). 로슨(Lewis A. Lawson)도 "농업 유산과 관련된 '문화적 혼란'"을 남부의 독득한 역사적 체험으로 꼽고 있다. 그 결과 남부는 "지방색을 띠고 고립배타적이며 보수적인 문화"를 보지하게 되었다(Presley 37 재인용).

의한다. 기이함은 성인이 되어 극복된 것처럼 보였던 유아기적 콤플렉스가 모종의 인상에 의해 다시 재생될 때 발생한다. 유아기적 무력감에 의해 촉발된 기이함은 당연히 공포와 웃음을 동반한다. 다시 말하여 유아기적 주체는 기이하고 불가사의한 외부의 힘에 의해 파괴된다. 그러나 오코너의 소설에서 보여지듯 역설적으로 그 파괴의 순간은 은총의 순간이며 성숙과 구원으로 나아가는 입구이다. 카츠의 설명에 따르면 "최초에 아이는 본질적으로 전능하다고 믿는다. 양친을 포함한 외부세계도 자신의 연장extension으로 인식한다. 그러나 현실이 그 판타지를 붕괴시킴에 따라 모든 좌절은 그 좌절의 원천으로 지향된 파괴적 판타지의 격분으로 전형적인 경우 모성에게 반응한다. 그러나 그 자신의 무력감과 보복에 대한 아이의 두려움은 자신의 공격적 원망(바람)을 환경으로 투사한다"(Katz 61-2). 이러한 퇴행적 판타지의 보기를 카츠는 많은 인물들에서 발견한다.

마지막으로 신학적 접근은 의심할 바 없이 오코너 비평에서 주종을 이루므로 개별적인 비평가를 거론하기가 힘들다. 물러Gilbert A. Muller의 주장처럼 "그로테스크는 플래너리 오코너로 하여금 그녀의 신학적 비전을 설득적으로 제시하게 허용해 주는 것이다"(105). 그로테스크 현상에 초점을 맞추어 신학적 관점을 소개하면 기본적으로 오코너의 궁극적 현실은 창조주 하나님과의 본원적인 결속이다. 그리하여 오코너의 괴짜인물들freaks은 "신을 여읜 인간들"에 불과하다. 사람들로부터 왜 남부 작가들이 괴짜인물을 많이 내세우느냐는 질문에 작가는, "우리는 아직 그런 존재를 인지할 수 있기 때문이다. 괴짜를 인지할 수 있기 위해서 우리는 온전한 사람에 대한 관념을 지녀야 한다. 남부에는 인간에 대한 일반적인 관념이 아직도 대체로 신학적이다"(Presley 38 재인용).

그러나 정작 오코너의 신앙과 은총에 대한 독특한 철학에서 그로테스크의 연원을 추적하는 예는 드문 편이다. 작가 자신도 천명했듯 그녀의 소설은 기본적으로 "대체로 악마에 의해 점령된 지역에서 일어나는 은총 행위"(*Mysteries and Manners*, 이하 *MM* 58)이다. 오코너는 불혹의 짧은 평생 루푸스Lupus를 앓으면서 생과 사의 경계를 수시로 오고 갔으며 한계상황Grenzsituationen에서 그녀는 신의 섭리와 은총에 대한 개안 체험을 거친 듯 보인다. 나아가서 이러한 거듭남의 영적 체험이 작품 속의 인물과 사건을 묘사하는 데 일종의 소실점 역할을 하였다. 즉, 화폭에 비유하자면 그의 허구적 풍경화는 사실주의에 기초해 있지 않고 화폭 뒤에 숨겨진 소실점에서 출발하는 원근법에 의해 정렬되어 있다. 따라서 당장 눈앞 캔버스에 드러난 그림은 그로테스크하게 일그러져 있어 형체를 구분하기가 힘들다. 하지만 그 소실점의 위치를 정확히 파악할 경우 그로테스크한 풍경은 오코너식 원근법에 따라 매우 질서정연한 풍경화로 탈바꿈될 것이다.

이 절은 숨겨진 소실점을 찾아서 그로테스크 현상을 규명하려는 시도이며, 그 소실점을 오코너의 신앙체계에서 발견하고자 한다. 즉 오코너 작품의 그로테스크성이 신의 섭리와 악의 존재, 그리고 은총에 대한 그녀의 독특한 이해에서 비롯된 것으로 가정하고 그로테스크한 요소들을 작품 속에서 추적하여 이를 그녀의 믿음체계와 연결시켜 작품을 해석하고자 한다. 이처럼 종교와 문학의 단층선을 따라 걷는 작가에게 신학 이론과 문학 이론은 동전의 앞뒤이다. 신학 이론의 측면에서 그녀에게 가장 지대한 영향을 미친 사람은 중세의 신학자 토마스 아퀴나스Thomas Aquinas이며 빠지지 않고 『신학대전』 몇 구절들을 취침 전 읽었다고 한다. 그리고 현대에 이르러서는 조직신학자 틸리히Paul Tillich나 실존주의자 베이유Simone Weil 등이다. 그러나 필자가 보기에 신의 섭리와 은총에 대한 그녀의 통찰은 오히려 아퀴나스와 데카르트를 결합한 17세기 프랑스 철학자 니콜라스 맬리브란쉬Nicolas Malebranche의 인식론에 가깝다.[14]

오코너는 과학주의 유물론에 빠져 가톨릭을 미신으로 돌려 버리는 사람은 물론, 과학주의적 반성이나 통찰 없이 케케묵은 전통의 가톨릭을 우직하게 믿는 자에게도 재앙을 안겨 주어 일종의 은총인 개안 체험을 하게 한다. 오코너가 희생의 제물로 삼는 인물들은 대개 경건, 진지, 전통, 자존심 등을 내세우는 자들이다. 맬리브란쉬도 경건함이 갖는 허구성을 지적하고 있다. 라일리Patrick Riley에 의하면 맬리브란쉬는 "완전히 개별적 신의 전적인 보호하에 있다고une toute protection de Dieu toute particulière" 주장하는 사람들의 경건함을 전적으로 믿지는 않았다. 그 진지함의 깊숙한 내면을 들여다보면 그들은 "현명하지도 깨어 있지도 않으며" 그 진지함은 실제로 보통 "자기애와 은근한 자만심으로 가득 차 있다"고 그는 믿었다(Malebranche, "Introduction" 19-20).

그러나 맬리브란쉬와 오코너의 견해가 가장 일치하는 부분은 1) 폐허로서의 세계관과 2) 우인설偶因說, occasionalism과 은총의 본질에 관한 문제이다. 둘 다 믿길, "현 세상은 무시된 세계이며 죄인들의 거주지라 무질서가 생겨나는 건 당연하다. 인간은 애초에 하나님이 만든 그런 존재가 아니며 따라서 그는 폐허를 살아가야 한다. 그가 경작하는 땅은 더욱 완벽한 세상의 파편에 불과하다"(Malebranche, "Introduction" 49). 또

14 다른 신학자들에 비하여 맬리브란쉬에 대해서 오코너는 거의 인용하거나 논평하지 않는다. 그러나 그녀가 그의 저서를 읽었다는 단서는 「착한 시골 사람들(Good Country People)」에서 철학박사인 헐가(Hulga)가 맬리브란쉬를 인용하는 장면에서 엿볼 수 있다. 헐가는 지적 오만의 높은 위치에서 자신의 어머니를 아래로 내려다보며 나음과 같이 질타한다. "그대 여성이여, 한 번이라도 내면을 들여다본 적이 있는가? 안을 들여다보고 당신의 타자를 깨달은 적이 있는가? 맙소사, 맬리브란쉬 말이 맞아, 우리는 우리 자신의 빛이 아니야, 우린 자신의 빛이 될 수 없는거야"(*The Complete Stories*, 이하 *CS* 276). 즉, 헐가의 의미는 우리 자신 속에서 우리를 구원해 줄 수 있는 은총의 빛을 찾을 수 없다는 뜻이다. 맬리브란쉬의 우인설이 20세기의 오코너에게 전수된 것이다. 우인설의 역사적 의미를 부여하면 17세기 과학주의 태동기에 과학주의를 가톨릭 신학에 결합하려는 시도를 맬리브란쉬가 했다면 20세기 이미 과학주의가 만개하여 무신론이 대세로 된 지점에서 오코너는 오히려 퇴조한 가톨릭 신학의 핵심인 성체주의(Eucharist)와 예수의 부활을 복원시키고자 한다.

오코너의 그로테스크 미학의 철학적 기초가 되는 우인설이란 어떤 반응이나 결과가 생겨날 때 반드시 선행하는 원인이 존재해야 하는데 이 원인은 우연히 선행할 따름이지 결과나 반응과 인과관계를 맺지 못한다는 이론이다. 그렇다면 우인적 원인이 아닌 인과적이면서 기성인期成因, efficient적 원인은 무엇일까? 물론 맬리브란쉬에게 그 궁극적 기성인적 원인은 하나님이다. 단지 어리석은 인간이 모든 운동이나 반응체계에서 그 인과관계를 착각할 따름이다.

우인설은 기본적으로 지각과 의지에 관한 이론이다. 데카르트식 접근을 적용하여 인간을 정신과 연장(육체)이라는 독립적인 존재로 이분했을 경우 이 둘 사이에 연결매체는 없다. 육체를 통해 수용한 감각소여sense data는 마음으로 직접 전달되지 않고 반대로 정신의 소산인 의지는 연장된 실체인 육체를 움직일 수 없다. "사물이 '보여지는' 순간occasion에 '보여진' 그것의 '관념'을 신이 정신에게 제시한다. 마치 우리의 의지발현 순간에 그가 육체를 작동시키듯이"(Malebranche, "Introduction" 52). 이처럼 상호 교통 불가능인 정신과 육체 사이의 연결은 신의 직무이며 그는 이를 일반법칙에 따라 항상 자동적으로 일어나게 한다. 다시 말하여 "인간의 마음은 오로지 신에게만 직접적으로 연결되어 있다. … 정신은 신 자체에 결합하지 않고 육체와 관련될 수 없다"(Malebranche, "Introduction" 53). 인간의 의지에 의해 인간의 마음이 동하면 이를 의지-심적 변화-육체적 행동으로 연결되는 인과관계로 사람들은 파악하지만 이는 명백한 오류이고 사실은 기성인인 하나님의 의지가 담긴 일반 법칙에 의해 이 모든 인과사슬이 작동한다고 맬리브란쉬는 주장한다. 이 명백한 사실을 무시하고 인간이 자신의 행동, 사고, 나아가서 이 세상의 모든 현상에 대한 인식과정에서 신적 매개현상을 무시하고 자연적 인과관계로 파악하면 크나큰 오류에 빠지게 된다.

그러면 정신과 육체의 본원적 매개자인 신이 일반적 법칙으로 인간사에 개입하는 방식은 어떠한가? 맬리브란쉬에 의하면 신은 일을 수행할 때 가장 단순한 방법을 택한다.

> 신은 그의 무한한 지혜의 보고에서 무한한 숫자의 가능세계를 발견하면서 당신께서 가장 단순한 법칙에 의해 생산되고 보존될 수 있는 세계를 창조하신다.
>
> (116)

신이 이 세상을 창조하고 역사할 때보다 완벽하게 실행할 수도 있다. 그러나 그럴 경우 자연의 법칙, 운동의 법칙 등 물리적 법칙이 무시되고 여러 가지 고려사항이나 예외적 현상 등이 포함되어 매우 복잡한 양상을 띨 수 있다. 모든 개별적 인간 각자에게 이해 가능한 방식으로 섭리가 이루어져야 하기 때문이다. 가령 농사철에 자기들의 논밭에 비를 내려 주지 않아 곡식이 타들어 가는데 지구 반대편의 큰 바다에는 홍수를 퍼부어 배를 가라앉게 하는 신의 변덕은 인간에게 불완선 내시는 불가사의하게 보인다. 그러나 이는 신이 자연의 물리법칙이란 단순한 법칙을 고집한 탓이라고 맬리브란쉬는 주장한다.

이처럼 맬리브란쉬는 17세기 당시 자연과학과 신학 이론을 결합시키려 노력하였다. 그의 가설은 두 개의 기본적인 운동법칙을 전제로 한다.

> 첫째, 물체를 운동시킨 것은 그들의 운동을 지선으로 계속시키는 경향이 있다. 둘째, 두 개의 물체가 충돌하면 이 운동은 그들의 크기에 비례하여 양 물체에 배분된다. 그리하여 그들은 그 이후에 동일한 속도로 운동한다. 바로 이 두 법칙이 우리가 자연에서 감탄해 마지않는 다양한 형태를 낳게 하는 모든 운동의 원인이다.
>
> (117)

이 운동 법칙에 의해 신의 일반적 원인이 정립된다. 인간은 기적이라든지 본인의 기복적인 신앙에서 신의 개별적 원인에 기반한 특수한 은총을 바라지만 신의 일반 원인의 작동방식은 인간의 이해를 초월한다. 일반원칙의 작동의 보기로 맬리브란쉬는 기형아의 탄생을 든다.

> 만약 아이가 기형아로 태어나 또 하나의 머리가 느닷없이 가슴에서 자라나서 비참한 신세로 전락했을 경우 하나님이 특수(개별적)의지로 이러한 형상을 의도한 것은 결코 아니며, 당신께서 정립한 운동의 전달 법칙의 효과에 의한 필연적인 결과이다. 이 법칙들은 너무도 단순하면서 생산적이기 때문에 우리가 세상에서 보는 모든 아름다운 것들을 생산할 뿐만 아니라 가장 일반적인 필멸성과 불모성을 사후 개선 조치하는 데 기여한다.
>
> (118)

다시 말하여 하나님은 일반법칙을 위반하여 개별 사건에 관여하지 않는다. "만약 하나님이 우박으로 완숙 직전의 과일을 낙과로 떨어뜨린다면 이는 하나님이 의지를 발동했느냐 아니냐의 문제가 아니다. 하나님은 개별원인처럼 개별의지에 따라 행동하지 않기 때문이다"(-Malebranche 19). 즉 "'모종의 특수한 혼란'을 막기 위하여 그의 의지를 증식시키는 건 하나님의 예지에 어울리지 않는다. 혼란도 때로는 일종의 우주의 아름다움을 구성하기" 때문이다(Malebranche 120).

인간에게 하사하는 은총의 빛도 불규칙적이고 변덕스럽긴 마찬가지이다. 그러나 신의 입장에서 이해하면 인간이 본 불규칙성은 신적 일관성, 통일성, 규칙성에 해당한다. 즉, 인간 개개인들에게 매우 불공평하게 느껴질지 모르지만 이는 "은총의 일반질서의 불변성의 귀결the consequence of the immutability of the general order of grace"이다(Malebranche 120). 기성인으로서 절대자는 "무한히 완벽한 존재의 광대무변의 개념으로"(Malebranche 15) 은총을 베풀기 때문에 "누구도 이 문제(은총)를 세속적인 일상어로 거론해서는 안 된다"(Malebranche 115).

오코너의 작품에 나타난 은총의 빛도 일상의 사고와 언어로는 파악할 수 없다. 은총의 불규칙성은 불가해성으로 이어지고, 따라서 그녀가 묘사하고 있는 은총의 순간은 매우 그로테스크할 수밖에 없다. 이 절에서는 맬리브란쉬의 우인론에 입각한 은총의 개념과 오코너 자신의 서한집 『존재의 훈습薰習』에 나타난 은총의 의미를 상호 보완적으로 수용하여 그녀의 단편에 나타난 은총의 그로테스크성을 해석하고자 한다.

오코너 단편에 나오는 주인공들은 다소간의 차이는 있지만 냉혹하면서도 그로테스크한 방식으로 파멸되며 바로 그 순간 개안을 하게 되고 마침내 하나님의 뜻을 알게 되는 은총을 받는다. 그녀는 평범한 일상을 묘사하고 교훈적인 메시지를 작품 속에 심어 놓는 전통적인 방식으로 하나님의 은총을 설명하지 않는다. 그러한 방식은 19세기 이후 신의 증발 이후 이미 구태의연해졌으며 오코너는 새로운 충격요법으로 신의 의미를 현재화시키고자 한다. 바로 그 방법이 그로테스크 서술 전략이다. 이는 카프카가 일상을 낯설게 하여 인간의 상투적인 인식에 파열을 가져오는 방식과 유사하다. 『변신』에서 그레고르 잠자를 흉측한 벌레로 변신시키지 않았다면 대중 독자들이 어떻게 자본주의 체제하의 소외 문제를 뼈저리게 체험할 수 있었겠는가? 오코너 자신의 말을 빌면,

> 네 독자가 너와 같은 신념을 지녔다고 추정하면 너는 어느 정도 느긋하게 그들에게 보다 정상적인 말걸기를 할 수 있겠지. 그들이 그렇지 않다고 추정할 경우 너의 비전을 충격요법으로 분명히 전해야겠지. (*MM* 34)

오코너 작품이 갖는 그로테스크성을 16, 7세기 성화 속의 엠블름emblem 화풍의 독법과 연결시키는 비평가도 있다. 현대 독자들은 그녀 작품의 절정 순간 찰칵 찍은 스냅 사진의 기이한 구도에 어리둥절하지만 근대 초기의 "엠블럼 세계관"에 익숙했던 사람들은 이 세상 전체를 항상 "도덕적 의미의 풍요로운 필치로 휘갈긴 거대한 캔버스"(Baumgaertner 28)로 인식하고 있었으므로 "인간사와 자연물에 내재한 의미를 투시할 수"(Baumgaertner 28) 있는 안목을 지녔던 것이다. 그러나 현대인들에게 자연물과 사건은 더 이상 도덕적 알레고리의 구현이 아닌 그 자체의 사실적 현상에 지나지 않기 때문에 그로테스크한 기표가 감추고 있는 도덕적 기의를 해석할 수 있는 능력을 현대인들은 잃어버렸다. 그리하여 그들은 그냥 괴기하게 받아들인다. 바로 이 부분이 오코너 작품의 오독이 발생하는 지점이다.

어쨌든 이러한 그로테스크한 장면을 연출함으로써 오코너가 노리는 것은 현대사회에서의 기독교(특히 가톨릭)의 은총과 거듭남의 의미를 밝히는 데 있다. 단테의 『신곡』에서는 현세의 삶에서 저지르는 죄와 내세에서 감수하는 형벌이 밀접한 친연성을 가지고 있으며 객관성 또한 지니고 있다. 그러나 현대에 이르러 이 모든 천칭 균형이 망가져 버렸으며 오코너는 이를 새롭게 정립하려고 한다. 결국 작가 자신이 천명했듯 이 작업은 주인공과 그 자신이 지닌 피상적 신앙과의 한판 결투인 셈이다.

오코너의 신앙 투쟁은 두 군데에서 동시에 벌어진다. 우선 현대 가톨릭의 세속화 경향이다. 이 전장에는 미국 남부의 전형적인 보수적 노파들이 등장한다. 두 번째는 기독교 전반의 세속화로서 다아윈 이후 유물론적 과학주의와 현대 기독교의 엉거주춤한 동거이다. 전술한 바와 같이 현대 진보적 개신교는 전지전능한 하나님의 존재를 무력화하였다. 타협적인 동시대 기독교인들과는 달리 오코너는 의심할 바 없이

성체설Eucharist과 부활을 문자 그대로 믿었으며 현대 진보적 기독교를 인정하지 않았다. 인간이란 어떤 방식으로든지(그녀 방식에 의하면 그로테스크한 방식으로) 하나님의 은총에 의해 거듭나야만 하는 존재이다.

그리하여 오코너가 보기에 은총을 입을 필요가 있는 인물에는 두 부류가 있다. 우선 자기중심, 자기만족적 신앙심을 지닌 인물들이 첫 번째 부류이고, 두 번째 부류는 과학적 유물론적 사고를 지닌 지식인 부류이다. 첫 번째 유형은 은혜를 기분이나 감정을 통해 확인하려는 세속적이고 전통적인 남부 가톨릭 신도이다. 맬리브란쉬가 경계한 하나님의 은총을 인간적 잣대로 재는 우를 그들은 범한다. 우인적 현상을 인과관계로 오인하는 사팔뜨기 시각에서 하나님의 은총을 판단하므로 그들의 행위의 의도와 목표는 항상 빗나가며 결실을 보지 못한다. 두 번째 유형은 학식이 있고 비판적이며 모든 걸 과학적 객관주의에 의해 판단하려는 현대적 인간들이다. 맬리브란쉬에 의하면 자연현상을 객관적으로 관찰하려는 과학적 태도는 높이 살 만하나 기인설의 오메가이며 궁극인이 하나님이란 걸 부인함으로써 그들의 인식과 행위 모두가 허사로 돌아간다. 이 두 부류는 각각 감정의 오용과 오만의 남용으로 가톨릭 대죄를 짓고 있으므로 죽기 전 하나님의 은혜가 필요하다고 작가는 믿는다. 첫 번째 유형으로는 「선한 사람을 찾기 힘들어A Good Man Is Hard to Find」의 할머니Grandmother, 「불꽃 속의 동그라미A Circle in the Fire」의 코프 부인Mrs. Kope, 「난민The Displaced Person」의 쇼틀리 부인Mrs. Shortly과 매킨타이어 부인Mrs. McIntyre, 「일어서는 모두는 서로 수렴해야 한다Everything That Rises Must Converge」의 줄리안 모친, 「가정의 안락The Comforts of Home」에서 토마스 모친, 「계시Revelation」의 터핀 부인Mrs. Turpin 등이다.

두 번째 유형으로 「착한 시골 사람」의 헐가, 「절름발이가 먼저 천국에 들어갈 것이다The Lame Shall Enter First」의 세파드Shepard, 그리고 이러한 은총의 순간을 오게 하는 조력자 내지는 매개자로서 악인이 등장한다.

단편의 주인공protagonist들은 이 악의 화신인 부주인공antagonist에 의해 은혜를 입을 기회를 갖게 된다. 「선한 사람을 찾기 힘들어」의 탈주범 미스핏Misfit, 「당신이 구하려는 삶은 당신 자신의 것일 수도 있다The Life You Save May Be Your Own」의 쉽틀릿Shiptlet, 「불꽃 속의 동그라미」에 등장하는 세 명의 십대 소년들, 「착한 시골 사람」의 포인터Pointer, 「절름발이가 먼저 천국에 들어갈 것이다」의 루푸스Rufus, 「가정의 안락」의 사라 햄Sarah Ham 등이다.

2) 자기만족적 세속 신앙심을 지닌 인물

「선한 사람을 찾기 힘들어」는 오코너의 대표적 걸작이다. 주인공 할머니는 전형적인 남부 백인 기독교인으로 자신만의 세속적이면서 이기적인 신앙심에 기대어 안락한 신앙생활을 영위한다. 본인의 선악판단에 따르면 죄를 지은 적이 없기 때문에 당연히 하나님의 은총을 이승이나 저승에서 받을 것으로 믿어 의심치 않는다. 자기만족이라고 비난받을 수도 있지만 언제나 약자에 대한 자비를 베풀 용의가 충분하고, 나아가 전통적인 가치를 중요시하며 항상 올바른 교훈을 들려주길 좋아하는 할머니이다. 그러나 그녀의 자기인식이나 기독교의 신앙은 극히 세속적이며 자기중심적이므로 그녀의 대사가 상투어로 일관하는 것은 당연하다. 게다가 노스탤지어 지향이라 항상 남북전쟁 이전ante-bellum 플랜테이션 시대에 대한 향수를 지니고 그 시대의 관점으로 현재를 살아간다. 옷차림도 한껏 남부 귀족의 멋을 부려 "사고라도 날 경우 고속도로 위에 죽은 그녀 모습을 보면 단번에 귀족 부인임을 알아챌" 정도이다(*CS* 118).

호기심이 많고 명랑하기 그지없는 이 할머니는 선한 사람에 대한 견해도 매우 상투적이고 나이브하다. 세상이 험악하여 믿을만하게 착한 사람도 없다고 식당 주인이 불평하자 맞장구를 치며 이게 모두 유럽의 황금만능주의 탓이라고 돌린다. 호기심이 충만하여 극적인 순간을 즐기는 할머니는 여행 도중 젊었을 때 가본 적 있는 남부 귀족 저택을 방문하자고 제안하는데 아들이 거절하자 저택 어느 곳에 은이 묻혀 있다고 이야기를 꾸며 손주들을 선동하여 결국 그 방향으로 가게 한다. 호기심이 고양이를 죽인다는(할머니는 고양이를 몰래 여행에 데리고 간다) 서양 속담처럼 할머니의 호기심이 결국 이 모든 가족을 죽음의 구렁텅이로 몰고 간다. 사실 그녀는 착각한 것이었다. 그녀가 생각한 집은 조지아 주가 아닌 테네시 주에 있었던 것이다. 그 끔찍한 깨달음의 순간 고양이가 펄쩍 뛰어 아들 베일리의 어깨를 물어 버려 운전대를 놓치고 차는 전복되어 버린다.

사고 현장에서 조우한 세 명의 낯선 남자들 속에서 할머니가 느닷없이 치명적인 말실수를 한다. "당신이 바로 그 탈주범이군. 금방 알아챘지"(127). 당사자는 싱긋이 웃으면서 "맞아요, 할멈. 그러나 눈치를 못 챘더라면 당신 모두들에게 오히려 좋았을 텐데"(127)라고 한다. 현장에서 아들, 며느리, 손자, 손녀 넷이 괴한들의 총알에 희생자가 되는 가운데 할머니는 계속 메아리 없는 간구, 기도해라 너는 착한 사람이다 훌륭한 집안 출신임이 분명하다 등등 망연자실한 상태에서 주절거린다. 마지막 할머니와 홀로 대면한 탈주범, 미스핏은 "예수가 이 모든 균형을 망가뜨려 놓았지요"(131)라고 예수에게 모든 탓을 돌린다. 그리고 하나님의 은총의 불공평에 대해 불평을 털어놓는다. "할머니, 어떤 사람은 엄청나게 징벌을 당하고 어떤 이는 아무런 벌을 받지 않는다는 게 말이 돼요?"(131) 예수가 인간의 삶의 균형을 온통 망가뜨리게 한 근본적 실책은 죽은 자를 부활시킨 사실에 있다고 주장한다.

만약 그가 자신이 말한 대로 했다면 당신도 모든 걸 내던지고 그를 따르면 될 것이고 만약 그가 하지 못했다면 주어진 몇 분 동안 하고 싶은 대로 실컷 즐기면 되지 않겠소. 살인을 하고 방화도 하며 야비한 짓거리를 저지르면서 돌아다닌다. 즐겁지는 않지만 야비해지기 위해. (*CS* 132)

그러자 할머니는 살고 싶은 욕심에 평소의 신앙심과는 달리 "아마 죽은 자를 부활시키지 않았을지 몰라"(*CS* 131)라고 얼른 둘러댄다. 미스핏은 "내가 현장에 없었으므로 안 했다고 할 수도 없어요, 그 자리에 있었어야 하는 건데"(*CS* 131) 하면서 주먹으로 땅을 친다. 만약 그 자리에서 입회하여 부활의 장면을 목격했었더라면 "그걸 알았더라면 지금 이 신세가 되진 않았을 텐데"(132)라고 목멘 소리로 한탄한다. 그 순간 할머니의 머리가 번쩍 투명해진다. 미스핏의 얼굴이 울음으로 일그러지는 순간, 할머니는 "그래 너는 내 애기들 중 하나야, 내 자식들 중의 하나라고"(*CS* 132) 하며 그의 어깨를 감싸려고 손을 뻗칠 때 미스핏은 마치 뱀에게 물리기라도 한 양 할머니의 가슴에 총알 세 발을 박는다. 할머니는 마치 아이처럼 천진난만한 얼굴을 한 채 구름 없는 하늘을 쳐다보는 자세로 죽는다. 마지막으로 미스핏이 던지는 대사는 매우 의미심장하다. "그녀는 선한 여자가 되었을 거야 만약 누군가가 그녀 삶의 매 순간 총격을 가해줬더라면"(*CS* 123).

매우 그로테스크한 이야기이다.[15] 작가 자신도 인정하다시피 이는

15 허정명의 독자 반응 비평(Norman Holland, Wolfgang Iser) 이론틀과 텍스트의 그로테스크성은 서로 잘 융합되지 않는다. "이러한 역할을 하는 미스핏에 대한 독자의 긍정적인 반응은 그의 살인행위가 개안을 가져다주는 수단으로 작용하며, 개안을 산출하는 것은 그로테스크한 세부사항 자체가 아니라 그로테스크한 세부사항에 대한 독자의 반응을 조종한 결과라는 것을 알 수 있는 것이다"(139)라고 주장하지

"사실적"인 소설은 아니다(*HB* 437). "이는 양식화되었으며 그 의미는 심각할지 모르지만 형식은 매우 희극적이다"(*HB* 437). 오코너에 의하면 "이 이야기는 할머니와 그녀의 피상적인 믿음과의 일종의 결투이며 미스핏이야말로 오히려 자신의 세계의 균형을 망가뜨린 예수의 행위에 대해 처절하게 몰입하고 있다"(*HB* 437). 바로 이 처절한 고뇌로 인해 그는 단순한 악으로 규정될 수만은 없다. 호크스John Hawkes에게 보내는 편지에서 작가는 이렇게 말한다. "탈주범은 그의 선택이 무엇인지 안다. 모든 걸 버리고 주 예수를 따르든지 다른 사람들에게 파렴치한 짓거리를 하면서 인생을 즐기든지. 그런데 결국 삶에서 심지어 파렴치한 짓에서도 진짜 즐거움을 누리지 못했다는 사실을 그는 깨닫는다. 탈주범 같은 인물은 구원받을 만하다고 추측해 본다. 그러나 쉽틀릿 같은 인물은 구원받지 못하리라 생각한다"(*HB* 350). 문제의 핵심은 성육설, 즉 "육화된 말씀Word made flesh"이다. 탈주범이 말하듯이 성육설의 진실 또는 믿음 여하에 따라 주 예수의 가르침을 따르든지 아니면 야비한 악행을 저지르며 살아가든지 양자택일밖에 없는 것이다. 그런 점에서 미스핏의 발언은 오코너 "단편들을 들어 올리는 지렛대"(*HB* 227)가 되는 것이다.[16]

할머니는 악의 무리에 속하지는 않지만 아직 하나님의 진정한 의지나 은총의 의미를 파악하지 못한 가련한 존재이다. 오히려 미스핏이 더욱 하나님의 궁극적인 의지를 파악하려는 진정한 기독교인의 자세를 보여 준다. 그러나 이 이야기의 초점은 할머니가 생을 마감하는 순간

만 등장인물의 개안 문제를 회피하면서 독자의 반응 여부를 거론하는 건 논점 회피이다.

16 브링크마이어 2세(Robert H. Brinkmeyer, Jr.)는 미스핏의 태도와 오코너 자신의 신앙관에서 공히 보여 주는 "근본주의적 강제 명령이 지시하는 엄격성"(34)의 원천을 미국 남부에 토착적인 야훼주의(Yahwism)에서 찾고 있다.

하나님이 은총에 의해 구원받는가에 모여 있다. 물론 할머니는 역설적이게도 악의 모습을 띤 탈주범의 잔인한 행위의 도움을 받아 구원을 받게 되고 "구름이 벗어난 하늘"을 일별하면서 생을 마감하게 되는 축복을 받는다. 탈주범도 이에 동의하는 발언을 한다. 작가 자신의 말에 의하면 그 은총의 내용은 "할머니가 탈주범이 자기 자식 중의 하나임을 깨우치는" 것이다(*HB* 367).

작가 자신의 해석을 빌면, "은총은 가톨릭식 사고방식에 따르면 불완전하고 순수하게 인간적인 심지어 위선적인 인물들을 그 매개체로 삼는다. …「선한 사람을…」의 할머니가 대표적 보기이다"(*HB* 367). 탈주범과 할머니 둘 다 은총을 입는다. 탈주범은 할머니가 자신의 자식으로 자신을 받아들이는 순간, 그리고 할머니는 그의 고통스러운 삶을 온몸으로 느끼는 순간 각기 은총의 손길에 닿게 된다. 세속적 입장에서 할머니의 피살은 재앙이며 결코 은총이 될 수 없다. 그러나 맬리브란쉬의 정의에 따르면 은총이 될 수 있다.

> 어떤 이는 은총의 상태에서 행복하게도 자신의 두개골을 파열시킨 걸음을 뗌으로써 구원을 받지만, 어떤 이는 어떤 순간에 불행하게도 자신의 두개골을 덮치는 가옥의 붕괴를 모면함으로써 지옥에 떨어진다. 우리는 무엇이 우리에게 이익이 되는지 결코 알 수 없다.
> (157)

그러나 프로테스탄트 교리에 따르면 할머니는 "'위선과 인간적 한계성과 통속성 때문에' 은총의 매개체가 될 수 없을 것이다"(*HB* 389-90). 맬리브란쉬도 동의하듯 은총의 손길은 매우 변덕스럽다. 탈주범의 경우처럼 "당신(신)께서는 은총의 비를 딱딱하게 메마른 가슴에도 뿌려주는 것이다"(Malebranche 128).

「불꽃 속의 동그라미」의 코프 부인도 기독교의 자비를 실천하는 사람이다. 이 세상의 온갖 불행한 사람들 소식을 접하면서 자신같이 일상에 축복받은 자들은 하루의 반을 감사기도에 바쳐야 한다고 믿는다. "저 불쌍한 유럽인들을 떠올려 봐, 화물차 칸에 가축처럼 실려서 시베리아로 이주되는 무리들을 보라구. 우리는 하루의 반을 무릎 꿇고 감사기도해야 돼"(*CS* 178). 그런 그녀의 집에 3명의 십대 불량아들이 나타나 교묘한 행패를 부린다. 그들은 마침내 코프 부인의 삼림에 불을 지르는 만행을 저지른다. 그녀의 친절과 자비는 악행이 되어 고스라니 되돌아온다. 불을 질러 놓고 인디언 춤을 추면서 환희의 비명을 내지르는 소년들은 "마치 예언자들이 화덕에서 천사가 그려 놓은 동그라미를 따라 춤추고 있는 듯 보였다"(*CS* 193). 이 비행 소년들은 단순한 악의 현신이 아니라 코프 부인의 거듭남을 도와주는 예언자로 묘사된다. 이처럼 오코너의 악은 단순하게 정의내려지지 않는다. 인간의 세속적 관점에서 보면 매우 그로테스크하지만 우인설에 의하면 은총은 반드시 선한 인간에게 주는 선물은 아닌 것이다.

「난민(또는 동강난 인간)」은 『리어왕』처럼 두 개의 플롯으로 진행하는데 각 플롯의 주인공은 각기 피상적인 기독교인이기 때문에 거듭남의 은총이 필요한 인물들이다. 물론 보다 몽매하고 위선적인 인물은 쇼틀리 부인이다. 매킨타이어 부인의 가정부이자 비서 역할을 하는데 귀작의 출현으로 마름인 남편의 지위가 흔들리자 갑자기 태도가 돌변하여 평소에 인간으로 취급도 안하던 흑인 일꾼들 옹호에 발 벗고 나선다.

> 깜둥이들이 홀대받고 쫓겨나는 것 나는 못 봐. 내가 깜둥이나 가난한 사람들을 엄청 동정하는 거 알고 있죠? 언제나 그러지 않았어요? … 어디 보시오, 여차하면 나도 깜둥이들을 위해 맞설 것이오. 아무렴 그

> 래야죠.
>
> (*CS* 207)

쇼틀리 부인은 신부님이 폴란드 난민 가족을 하나 더 농장으로 데려올 생각을 하자 흑인은 쫓겨나고 이 난민 두 가족과 자기 가족이 대결 상태로 남는 피해망상에 젖는다. 미국의 텔레비전 뉴스에 나오는 처참한 홀로코스트 장면들, 첩첩이 쌓여 있는 가스실의 나신들, 추악하고 흉측하게 훼손된 트럭의 시체들에서 연상하여 폴란드 단어들은 더러운 말이라고 단정 짓는다.

> 그녀는 말의 전쟁을 떠올린다. 폴란드 단어와 영어 단어가 서로에게 살금살금 다가와서 문장이 아니라 단어들이 서로 조잘조잘거리다가 목청이 높아져 찢어질 듯 외치며 바짝 다가와 이제는 서로 엉켜서 싸우게 되는. 더럽고 허세부리고 개화도 덜된 폴란드 단어들이 깨끗한 영어 단어들에게 진흙덩어리를 던지며 이전투구를 벌이는 걸.
>
> (*CS* 209)

그리하여 폴란드 난민들을 사탄의 무리로 단정 지으며, "이 악취 나는 사탄의 무리로부터 부디 구해 주시옵소서"(*CS* 209)라고 기도 올린다. 자신의 이해관계에만 급급한 나머지 그녀는 급기야 신부님까지도 악마로 치부하고 한판 대결을 하길 작정할 정도로 과대망상에 사로잡히게 된다. 그 결과 여기저기 성경 구절에서 자신에게 유리한 문구들을 찾는다. 계시록이나 예언서 등을 탐독하여 마침내 나름의 자기 존재에 대한 깊은 인식을 갖게 된다. 그 결론은 자기처럼 강한 자들이 하나님의 역사를 도와야 한다는 것이다.

> 전지전능하신 하나님은 마땅히 행해져야 할 일을 이루기 위해 강한 자들을 창조하였으니 그녀도 부름을 받으면 언제든지 각오가 서 있다는 걸 느꼈다. 지금 현재 그녀의 임무는 신부님을 감시하는 것이다. (*CS* 209)

그녀가 보기에 신부는 "제 땅도 아닌 곳으로 무더기로 외국인들을 끌고 오고 싸움을 붙이고 깜둥이들의 터전을 빼앗아 버리고 의로운 자들 속에 바빌론의 창녀를 심어 놓는 일을 벌이고 있는 것이다"(*CS* 209). 성령으로 충만된 쇼틀리 부인은 마침내 구름을 가르고 터져 나오는 오후의 강한 햇살 속에서 신비스러운 이적을 체험한다. 장대한 거인이 자신을 응시하고 있으며 이글거리는 검은 눈이 박힌 화염수레 바퀴가 그 주위를 빙글빙글 도는 비전을 보게 된다. 그리고 "예언"이라는 계시를 경청하게 된 그녀는 마침내 접수한 예언을 큰 소리로 방언하게 된다. "사악한 나라의 아이들은 도살될 것이다. 다리가 있을 곳에 팔이 놓일 것이며, 발 자리에 얼굴이 귀는 손바닥에 놓일 것이다. 누가 감히 온전하리오? 누가 온전히 남아 있으리오? 누가?"(*CS* 210). 여기서 쇼틀리 부인이 겪은 이적은 맬리브란쉬에 의하면 "그들의 거룩한 신앙"에서 나온 것이 아니라 "자기애, 성급함, 어리석음"(Malebranche 19-20)에 해당하는 개별주의particularisme의 산물이다.

여주인공 매킨타이어 부인도 피상적인 신앙심을 지닌 기독교인이다. 그녀의 농장으로 홀로코스트를 피해 폴란드에서 이주해 온 고블훅스Gobblehooks 가족이 일꾼으로 들어온다. 발음이 너무 어려워 그녀는 가장을 귀작Mr. Guizac이라고 부른다. 영어를 못하지만 폴란드 난민은 매우 지적인 기술자여서 기존의 흑인이나 허접스런 백인trash whites 노동자와는 비교가 되지 않는 노동 가치를 지녀 농장주 매킨타이어 부인의 전폭적 지지를 받는다.

드디어 믿음직한 일꾼을 거느리게 되었군. 여태까지 한심한 친구들 데리고 노닥거린 셈이지. 한심한 친구들. 허접스런 가난뱅이 백인들과 깜둥이들.

(*CS* 202)

그러자 기존의 일꾼들은 일자리에 대한 불안과 외국인 혐오증이 결합된 상태에서 귀작을 못살게 군다. 특히 흑인 일꾼들은 수시로 농장의 가금이나 물건들을 외투 속에 슬쩍하여 부수입을 올리고 마름격인 쇼틀리도 농장 한 귀퉁이에서 농장주 몰래 밀주 위스키를 빚어 판매하여 부수입을 올리고 있는 판에 낯선 이방인의 등장은 그들의 부정의 공모에 매우 위협적인 타격이 아닐 수 없다.

게다가 귀작이 시카고 같은 대도시로 떠날까 봐 전전긍긍하게 된 매킨타이어 부인이 마침내 비용을 줄이기 위해 쇼틀리 가족을 내보낼 계획을 신부님에게 들려준다. 그러나 이 대화를 엿들은 쇼틀리 부인이 격분 끝에 새벽에 몰래 스스로 집을 떠나 버린다. 귀작이 일꾼으로 들어 온 이후 매킨타이어 부인은 점점 더 차가운 경영주로 변모한다. 노동력의 수요 공급에서 이젠 유럽 난민들로 인해 수요가 넘쳐나는 걸 피부로 느끼게 된 부인은 "이제 사람들이 넘쳐흘러, 똑똑하고 절약하며 의욕이 넘친 사람들만 살아남는다고"(*CS* 216)라고 큰소리친다. 이제 그녀에겐 실존적인 인간유대 관계는 남아 있지 않고, 단지 사용자와 노동자의 물질적 관계만 존재한다. 귀작의 경우에도 때로는 동정을 느끼긴 하지만 자신이 그들의 불행한 삶에 대한 책임은 전적으로 없다고 믿는다. 그리고 그들만큼 자신도 과부로서 이 농장을 꾸려 오면서 온갖 산전수전 다 겪었다고 믿는다. "사는 게 다 고생길이다"란 인생철학을 뒤늦게야 터득한다(*CS* 219).

그러다 첫 번째 사건은 귀작이 현재 유럽 수용소에 있는 16세 질녀를 초청하여 바보 흑인 일꾼에게 결혼시키려는 시도가 매킨타이어 부인에게 발각되면서부터 일어난다. 부인의 편협한 생각에는 천진한 백인 처녀가 제 앞가림도 못하는 깜둥이에게 시집간다는 건 상상도 못할 일이다. 귀작이 엉터리 영어로 겨우겨우 처녀 어머니가 수용소 생활 2년 만에 죽고 이제 그 처녀만 남았는데 만약 수용소를 벗어날 수만 있다면 흑인과의 결혼은 아무런 문제가 되지 않는다고 호소하지만 매킨타이어 부인은 "이 세상 모든 고난을 내가 떠맡을 필요는 없다"(*CS* 223)고 냉정하게 뿌리친다. 신부님은 성경적으로 귀작은 바로 하나님이 보낸 징표로서 "우리를 구원하기 위해 왔으므로"(*CS* 226) 자비를 베풀어야 한다고 주장하면서 매킨타이어 부인이 사랑이 결여된 실용적인 현세적인 생각을 버리고 남의 처지에 대한 이해, 공감이 선행된 진정한 기독교인으로 거듭나길 바란다. 그러나 부인은 "나는 신학적이 아니에요. 나는 실제적이라구요. 내가 말하고 싶은 건 뭔가 실제적인 것이라구요"(*CS* 225) 하면서 신부님의 청탁을 거절한다. 신부님은 매킨타이어 부인이 완전한 개안을 겪어 새롭게 변모된 신앙인으로 거듭나길 기대하지만 실패한다. 이 장면에서 인간의 거듭남은 공작의 변신으로 비유된다. 공작이 꼬리날개를 화려하게 펼쳐 보일 때, "그것(공작)의 머리 위로 잉태된 작은 태양들의 원호가 황금과 녹청색의 안개 속에 부유하는"(*CS* 226) 신비스러운 공작으로 변신하는 것이다. 그러나 모든 사람이 다 화려한 공작으로 변모할 수 있는 것은 아니다. 매킨타이어 부인은 땅에 머리를 처박고 모이를 쪼는 평범한 공작일 뿐이다.

그녀에게도 신의 은총은 주어진다. 해고 통첩을 하러 간 바로 그 시점에 쇼틀리가 잘못 걸어 놓은 브레이크가 풀리면서 대형 트랙터가 굴러 미끄러지고 소형 트랙터 밑에서 수리작업을 하던 귀작의 허리를 동강 내 버린다. 쇼틀리 부인의 불길한 예언, "다리가 있을 곳에 팔이 놓일 것이며, 발 자리에 얼굴이, 귀는 손바닥에 놓일 것이다"가 마침내 실현된다. 난민displaced person의 몸은 두 동강 나 버린다displaced. 그러나 이 은총의 기회는 「선한 사람을 찾기 힘들어」의 할머니와는 달리 매킨타이어 부인에겐 잠재적 가능상태로 남는다. 부인은 농장도 잃고 시력도 잃고 지체부자유한 상태로 전락하여 겨우 신부님이 간호 올 때 교회의 율법을 듣는 신세로 전락했을 뿐이다. 그러나 그녀의 임종 무렵 이 재난에 대한 기억이 하나님의 은총으로 선사될지는 두고 볼 일이다. 작가의 설명에 의하면 귀작은 구원을 받았다. "이 난민은 악인 그 장소를 파괴시켜 버렸다는 것으로 이미 구원을 받았다. 그 장소는 매킨타이어 부인을 새로운 고난의 길로 안내했는데 그건 성 카테린이 상상한(깨친) 연옥이 아니라 최소한도 고난의 출발점으로서의 연옥이다"(*BH* 118). 그러나 결말 부분에서 이러한 구상을 제대로 형상화하지 못했다고 아쉬워한다.

「가정의 안락」에서 토마스의 모친은 헌신적인 자선행위를 수행한다. 색정광이며 전과가 있는 사라 햄Sarah Ham의 특별사면을 검사로부터 받아 감옥에서 집으로 데려 온다. 자기 아들이 끔찍하게 싫어하는데도 너는 모든 걸 다 갖추고 있지만 그녀는 아무 가진 것도 없이 모두에게 버림받고 있으므로 우리가 도와주어야 된다면서 고집을 꺾지 않는다. 결국 자살 충동이 있는 햄은 토마스 서랍의 총을 훔치게 되고 토마스가 경찰에게 고발하러 간 사이 다시 총을 제자리에 갖다 놓는다. 곧 경찰이 조사하러 오는데 총이 자기 서랍에 있다는 사실에 당황한 그는 다시 햄의 옷 주머니에 도로 넣다 들키게 되고 서로 총을 먼저 잡으려고 승강이 하는 동안 엉겁결에 총을 발사하게 되는데 이 둘 사이를 떼어내려고 가로막고 나선 토마스 모친이 총알을 맞고 즉사한다. 타인에 대한 무조건적 사랑이 자신의 파멸을 초래한 경우이다.[17]

17 아살스(Frederick Asals)에 의하면 이러한 폭력성의 미학은 멜로드라마 기법에 기인한다. 벤틀리(Eric Bentley), 체이스(Richard Chase), 브룩스(Peter Brooks) 등이 주장하

자비와 사랑이 끔찍한 재앙으로 막을 내리는 사건을 형상화하는 오코너의 의도는 무엇일까? 이 세 주인공 중에 누가 개안의 은총을 받고 누가 은총의 매개자가 되는 것일까? 토마스가 격발을 하는 순간 "총성은 이 세상의 악을 끝장내려는 소리처럼 들렸다"(*CS* 403)라고 묘사되고 있다. 즉, 햄은 악의 화신으로 이 두 사람에게 개안의 은총을 주는 훌륭한 매개자 역할을 수행하고 있다. 반면 토마스 모친은 자신의 자비에 합당한 신의 축복을 받지도 못하고 억울한 죽음을 당한다. 그녀 자신은 물론 토마스도 살인 혐의로 감옥에 갈 형편이기 때문에 집안이 모두 파멸당하는 지경에 이른다. 그러나 그녀는 자기인식이란 측면에서 「선한 사람을 찾기 힘들어」의 할머니와는 경우가 다르다. 할머니가 분명히 피상적이고 자기중심적인 신앙을 갖고 있는 데 반해 토마스 모친은 외견상 거의 성자에 가까운 자기 헌신적인 이웃 사랑을 실천한다. 아마 작가는 현대사회에서 악의 존재는 전통적인 자비의 개념으로는 불가해하다는 얘기를 하고 싶은 것인가? 악의 실체에 대한 보다 철저한 인식이 준비되어야 함을 얘기하는 것인가? 로버트 지루Robert Giroux에게 보내는 편지에서 오코너는 "만약 현대 독자들이 너무도 탈기독교회되어 악마를 보고도 알아채지 못한다면 어찌 작품을 제대로 이해할 수 있겠느냐"(*CS* 361)라며 현대인들이 악의 실체에 대해 무지몽매함을 개탄한다.

남북전쟁 이전의 노예제도 시대에 향수를 느끼면서 그 전통적 가치관을 버리지 못하는 몰락 귀족 부인들에 대한 비판은 오코너 작품의

듯 "현대적 감수성의 핵심"(Asals 136 재인용)이며 "통상적인 사실묘사, 일상사들이나 논리적 연결을 폭력적으로 붕괴함으로써 우리는 실체의 표피를 꿰뚫고 들어가 비합리적이고 초합리적인 힘의 작용들을 투시하게 되고 그 힘들은 당연히 공포와 경외감을 불러일으키게 된다"(Asals 138).

핵심주제 중 하나이다. 「일어서는 모두는 서로 수렴해야 한다」의 줄리안 모친도 「선한 사람을 찾기 힘들어」의 할머니 계열 인물이다. 시대는 변했으나 새로운 세계관에 맞추어 세상을 읽지 못하고 자신만의 가치관과 신앙에 몰입하여 자기중심적 세상읽기를 한다. 그 결과 그녀의 자비와 사랑 행위는 자기만족에 그칠 수밖에 없으며 오히려 상대방에게 심한 모욕감을 안겨 줄 따름이다. 버스 안에서 만난 흑인 아이에게 사랑의 표시로 지갑을 뒤져 반짝반짝 빛나는 일 페니를 건네나 그의 엄마는 분노로 이글거리면서 "재는 남의 동전이나 받는 얘가 아니에욧"(*CS* 418) 하고 고함친다. 전혀 예상 밖의 퇴짜에 수모와 열패감으로 마침내 심장마비를 일으켜 길바닥에 쓰러져 죽게 된다. 그녀의 마지막 임종의 표정은 매우 그로테스크하다. "크게 뜨고 노려보는 한 눈은 마치 고정이 안 되는 듯 왼쪽으로 미끄러져 내리고 다른 눈은 그(줄리안)에게 머물면서 그의 얼굴을 한 번 훑어 내리더니 마침내 초점을 잃고 감겼다"(*CS* 420). 신성하고 축복받아 마땅한 은총의 순간이 이처럼 처절하고 혐오스러울 수 있는가? 이렇게 "기이한outlandish" 그로테스크함에 대해 뷰처너Frederick Buechner는 프리즘의 비유를 들면서 은총의 본질을 설명한다. 즉, "인간의 삶은 너무도 뒤틀려 있고 왜곡시키고 있어 신의 은총은 프리즘을 통과하여 조각조각 분산된 빛처럼 본연의 모습만 제외하고는 온갖 형상을 띠고 우리에게 도달한다"(Baumgaertner, *Flannery O'Connor* xii).

소설미학적으로 접근하면 이러한 그로테스크 미학은 물론 일종의 충격요법이다. 기이한 체험을 통해 독자들은 흑인에 대한 할머니의 자기만족적 자비에 대해 의문을 품을 수 있으며 나아가 현대사회 기독교 신앙의 자기만족성에 대한 비판으로 발전될 수 있다. 신앙생활에서 가장 큰 난점은 맬리브란쉬가 성 바울의 가르침을 인용하면서 주장하듯 어느 누구도 자신의 신앙의 올바름에 대해서 확신할 수 없다는 사실이다. 어느 누구도 자신의 신앙의 완전성에 대해 전전긍긍할 수밖에 없다. 왜냐하면 "자신의 자비를 모두에게 베풀기 위해 하나님은 모든 인간들을 의혹으로 감싸 버렸기"(Malebranche 149) 때문이다.

수다스러운 남부 여인들의 만족스럽고 안락한 일상의 신앙이 한꺼번에 와르르 무너지는 이야기는 「계시」에서도 이어진다. 이러한 중년 부인들의 정신도 육체처럼 만사태평으로 살이 붙어 비만곡선을 그리고 있다. 물론 대개 먹는 행위를 즐기고 따라서 성격도 낙천적이다. 이에 반해 세상과 항상 불화하고 자기를 채찍질해 가며 날을 세우면서 살아가는 정반대의 인물도 있다. 주인공 터핀 부인은 물론 전자에 속한다. 병원 대기실 그녀의 앞에 앉은 여대생은 여드름으로 얼굴이 푸르죽죽하고 뚱뚱한 몸매에 애교도 없는 차가운 여자이다. 그 여대생은 『인간발달』이란 여성에게 어울리지 않는 무거운 내용을 읽으면서 한심한 수다로 자기의 독서를 방해하는 상대방을 독살스럽게 노려보고 있다. 그런 적대적인 눈초리에 개의치 않고 주위의 대기인들을 관찰하고 분류하는 가운데 터핀 부인의 머릿속을 끈질기게 사로잡고 있는 생각은 만약 자기가 태어나기 전 예수 앞에서 지금의 자신과는 다른 어떤 사람, 즉 흑인 아니면 쓰레기 백인 중 양자택일을 선택받았을 경우, 우선 다음 차례를 기다리겠다고 읍소하겠지만 그것이 단호히 거절되면 결국 자기는 "깔끔하고 단정하며 품위 있는 흑인 여자"(*CS* 491)로 태어나겠다고 대답할 것이라는 환상이다.

터핀 부인의 약점은 사기 인식의 부족인데 자기가 내뱉고 있는 말의 진정한 의미를 스스로 꿰뚫고 있지 못하다는 것이다. 좌우명으로 지니고 다니는 것 중 하나가 백인이건 흑인이건, 쓰레기건 괜찮은 사람이건, 주위의 어려운 자들을 항상 도우라는 것이다. 그리고 자신이 괜찮은 백인 여자로 태어나게 해 주신 데 대해 예수님께 무한한 감사를 드린다.

그녀의 마음이 부풀어 올랐다. 당신께서는 나를 흑인이나 쓰레기 백인이나 추녀로 만들지 않았다. 지금의 나로 만들어 주셨고, 갖출 건 다 갖추어 주셨다. 예수님, 감사합니다. 정말 감사합니다. 감사감사합니다.

(*CS* 497)

이러한 자기만족은 물론 대표적인 교만의 죄이다. 그 비전이 비록 고통스럽긴 해도, "터핀 부인은 자신의 주체할 수 없는 교만의 죄를 자각하면서 은총의 순간을 맞는다"(Dowell 237). 진정한 가톨릭에게 있어서 자신의 믿음에 대한 만족은 단순한 교만의 죄를 넘어선다. 이는 인간의 원죄에 대한 무지에서 비롯된다. 맬리브란쉬에 의하면 원죄를 짓기 전 아담은 자신의 욕망이 이끄는 대로 어떠한 쾌락을 추구하여도 자연스럽고 자유로웠다. 그러나 원죄를 짓고 난 후 그와 그 자손들 육체는 정신에서부터 분리되었으므로 육체의 노예가 되고, 따라서 육체의 욕망이 이끄는 대로 쾌락을 추구하면 바로 죄를 짓게 된다. "그러나 원죄가 도래한 이후 개안체험에 덧붙여 갈애渴愛, concupiscence의 작동에 저항하는 감정의 은총도 또한 필요했다"(154). 이제 인간의 영혼은 육체의 욕구 수행에 대한 검열과 통제를 수행할 감정의 형역形役도 아울러 짊어진 비극적 존재이다.

자기만족적 세속적 인물들의 행태에서 보듯이 오코너의 작중 인물들이 신을 이해하고 은총을 받아들이는 방식은 아전인수 격이다. 사실상 그들이 맬리브란쉬의 경고처럼 이성적인 개안과 감정의 은총까지 동시에 축복받는 것은 거의 불가능하다. 그리하여 그들은 현세의 자신의 이익이란 잣대로 신의 의미를 가늠할 수밖에 없다. 누가 이런 근시안 시각myopic vision에서 자유로울 수 있으랴? 바로 이 점에서 우습지만 차마 웃을 수 없는 신소극神笑劇, Divine Farce이 가능해진다. 그런 의미에서 오코너의 작품은 단테의 『신곡』이 결코 될 수 없는 20세기 판 신소극이다. 인간의 편협한 시각과 신의 무한한 풍요로움God's Grandeur이 그로테스크하게 대비된 동시대의 종교적 상황에서 이러한 작품은 양산된다. 같은 계열의 작품으로 우리는 베케트의 『고도를 기다리며』나 카프카의 『심판』, 「시골의사」를 들 수 있을 것이다.

고도의 의중을 전혀 짐작하지 못한 채 신의 무관심divine apathia만을 내뱉고 있는 럭키, 자신의 죄목을 몰라 법정이라고 부를 수 없는 이상한 건물들을 헤매고 다니며 공정한 재판을 받으려 동분서주하는 K, 환자를 내팽개치고 집으로 부랴부랴 돌아오는데 하늘로 비상하는 말과 땅에 고착되어 질질 끌리는 마차 사이에서 바야흐로 찢어지는 시골 의사. 이 그로테스크한 이미지의 핵심 모티프는 유한한 지상과 무한한 천상의 단절과 괴리이다. 그런 의미에서 신소극의 등장인물들은 물고기와 같다. 물속에 녹아 있는 산소를 아가미 호흡하는 물고기를 일단 뭍에 올려놓으면 몇 분이 지나지 않아 죽어 버린다. 대기 속의 산소를 호흡할 신체 기관이 없기 때문이다. 유한자finite인 인간도 형이상학적 존재로 탈주하는 순간 몇 분도 되지 않아 호흡곤란으로 사망한다.

3) 과학적 유물론 사고를 지닌 현대적 무신론자

데스몬드John Desmond도 주장했듯 현대인들의 치명적 약점은 그들이 "신성이 배제된 가운데에서도 온전성wholeness을 획득할 수 있는 자신의 능력을 허울 좋게 믿고 있다는 사실"(Srigley 60 재인용)에 있으며 바로 이 점이 오코너가 보기에 가장 그로테스크한 점이다. 그 대표적 인물은 물론 『잘난 혈통*Wise Blood*』의 주인공 모츠Hazel Motes이다. 예수 없이 독자적인 신앙체계를 설립할 수 있다는 "영적 자율성spiritual autonomy"(Srigley

61)을 확신하고 선교하는 그는 그로테스크하기 그지없는 성격이다. 그녀의 단편 곳곳에 모츠의 분신들이 약간씩 변형되어 산재되어 있다. 가령 「당신이 구하려는 삶은 당신 자신의 것일 수도 있다」의 쉽틀릿도 그중 하나이다. 이 악은 주인공 노부인의 피상적인 신앙심의 틈새로 침투하여 노부인과 그녀의 천치 딸을 파괴한다. 외팔이인 이 뜨내기 악당은 말로는 "도덕적 지성"을 내세우며 자기는 돈이나 물질에 흥미 없으며 오로지 영혼과 하나님의 의지에만 관심이 있다고 주장하지만 결국 노부인의 차를 수리하고 신혼여행 간다는 명목으로 그녀의 돈을 75불이나 갈취하고서는 신혼여행 도중 식당에 천치 딸을 내팽개치고 줄행랑을 친다. 이 악이 노부인의 거듭남에 대한 적절한 수단이 될지는 모른다. 아마 자기 딸의 행방을 알고 난 후 뜨내기의 사기행각 전모를 파악하고야 비로소 개안체험을 할지 모른다.

오코너 소설에서 은총을 입고 개안 체험을 하는 인물들은 대개 현세적이면서 마음씨 착한 시골 아줌마들이다. 기독교의 문제점이나 성경의 의미에 대한 깊은 회의를 품거나 학문적 성찰을 해 본 적 없는 비교적 단순한 교인이다. 그러나 「착한 시골 사람」의 헐가Hulga의 경우는 다르다. 그녀는 육체적으로 의족에 의존하긴 하지만 정신적으로 철학박사이며 기존의 기독교를 경멸하는 무신론자이다. 두뇌가 명석한 그녀도 악마의 함정에서 자유로울 수 없다. 성경을 파는 세일즈맨 포인터Pointer를 순진한 시골뜨기라고 취급하고 우월한 입장에서 희롱하려고 한다. 머리는 탁월하나 가슴은 아직 어린애의 단계를 넘지 못한 헐가는 자기도 모르게 동정과 사랑이 뒤섞인 감정을 포인터에게 느끼게 된다. 순진한 척 키스 공세를 퍼부으면서 포인터는 거의 강요하다시피 헐가의 사랑 고백을 받아낸 다음 사랑의 징표를 내놓으라고 요구한다. 어떤 식의 징표를 원하느냐고 하니 "당신의 나무 의족이 결합된 부위를 보여 달라고"(*CS* 288) 요구한다. 어릴 때 사냥가서 오발로 다리를 잃은 이후 이 부위는 육체적 불구일 뿐 아니라 하나의 트라우마로서 정신적 불구까지 초래하였다. 적어도 그녀가 철학공부를 하여 "마치 유능한 외과의사가 암환부를 제거하듯이" 이 콤플렉스를 제거할 수 있을 때까지, 그녀는 이 의족을 마치 "영혼"처럼 다루었다. 헐가에게 운명적으로 지워진 불구는 그녀의 영혼의 구속救贖과도 직결되어 있다. 맥카운이 주장하듯, "육체적 재앙들은 마음의 결핍, 무지, 편견, 그리고 보다 심층적으로는 현실과 엇물려 있는 영혼들의 구속의 필요성을 지시할 때 예술에서 중요한 의미를 갖는다"(Shinn 60-1 재인용).

그런데 뜨내기 성경 세일즈맨이 자신의 영혼에 해당하는 예민한 부위를 보자고 하여 헐가는 "왜 보고 싶어 하느냐"고 되묻는다. 세일즈맨의 대답은 "바로 그것이 당신을 남과 달리 만들었고 당신은 남과 같지 않으니까"라고 대답한다. 순간 헐가는 "생애 처음으로 진짜 순수와 맞닥뜨려야겠다고 마음먹었다. 이 소년은 지혜를 넘어서는 직관으로 그녀의 진실을 포착해 버린 것이다"(*CS* 289). 마침내 그녀의 영혼에 맞먹는 의족을 그에게 넘기기까지 한 그녀는 "그 다리 없이 그녀는 완전히 그에게 의존하는 신세가 되었다"(289). 다리를 돌려달라는 그녀의 애원을 차갑게 뿌리치면서 순수하고 선하게만 보였던 세일즈맨이 가방에서 꺼낸 물품은 성경이 아니라 성경을 칼로 파내고 넣은 위스키와 음화 카드였다. 놀란 그녀가 당신은 "선한 시골 사람이 아니냐?"라고 묻자, 자신도 평소에는 어느 누구와 다를 바 없이 착한 사람이라고 오히려 화를 내면서 자기는 단지 재미 좀 보사는 것이라고 헐가에게 투근거린다. 경악에 사로잡혀 "당신은 훌륭한 기독교인이 아니었어? 말과 행동이 각기 다른 기독교인과 다를 바 없다니. 완벽한 기독교인 아니었어? 당신은…"이라고 채 말도 맺지 못하고 당황하는데, 오히려 "고상한 분노"의 표정을 지으며 세일즈맨은 "설마 내가 그런 따위 쓰레기 같은 걸 믿을 거라고 생각하지 않겠죠. 성경을 팔러 다니는 신세이긴 하지만 어떻게 하면 신세 조지는지도 잘 알아요, 내가 뭐 한두 살 먹은 애인 줄 아세요. 내 앞가림은 다 한다구요"(*CS* 290)라고 한다. 그리고는 의족을 헛간 바닥으로 멀리 내던져 버리면서 "별로 똑똑하지도 않은 주제에. 나는 태어날 때부터 아무 것도 믿은 적이 없어"(291)라고 내뱉는다.

헐가는 일반적으로 오코너의 분신으로 이해되고 있다. 작가 자신도 "A"에게 보내는 편지에서 헐가와 시몬느 베이유Simone Weil를 비교한다. 헐가가 "위선적인 베이유 양이" 아니냐는 질문에 작품 속 인물은 작가가 감당할 수 있는 인물이어야지 베이유는 지적이고 용감하고 거의 성인에 가까울 정도로 완벽한 인물이라서 자신의 작품 속의 인물로 당치 않다고 한다. 그러나 "일종의 희비극 행위 속으로 나 자신을 투사한 경우가 헐가가 되겠죠"(*HB* 106)라고 덧붙인다. 헐가의 비극은 과도한 지식에 의하여 그녀의 염결성purity을 잃어버렸다는 데 있다. "그녀가 그 전에 믿음이 없었다는 게 아니라 그녀의 화려한 교육이 믿음을 제거시켰다는 게 암시되어 있어요. 염결성이 그녀의 잘난 교육으로 인한 지적 오만에 완전히 압도당했다는 것이죠"(*HB* 170).

오코너가 자신의 분신에 대해 자기파괴적인 냉소만을 보내는 건 아니다. 다만 헐가는 성격이 너무 염결하고 지적으로 너무 현학적이어서 악의 존재를 인식하기엔 현실 인식과 하나님과 관련된 자기인식이 너무 피상적이었다. 도월의 주장처럼 "인간은 무지와 반항, 그리고 악으로 기우는 성향에도 불구하고 창조주와 맺은 초자연적 관계에 참여함으로써 자신의 무궁한 가능성을 실현시킨다"(238). 그리고 이러한 은총은 "인간이 자신의 상실된 조건과 그리스도에 대한 의존을 완전히 깨쳐야만 비로소 다가오는 하나님의 초자연적 선물이다"(Dowell 238).

나이브한 자기만족적 자비에 대한 오코너의 냉소적 태도는 「절름발이가 먼저 천국에 들어갈 것이다」에서 반복된다. 엄마를 일찍 여의고 사랑에 굶주린 아들 노턴에게 아버지 세파드는 매우 가혹한 태도를 보인다. 이유는 아이가 너무 남에 대한 배려 없이 이기적이라는 것이다. 자기 자식을 팽개치고 그는 소년원 출신인 루푸스Rufus Johnson를 집으로 데리고 와서 교육과 교화를 시키려 한다. 정작 자기 아들에게는 너는 모든 걸 소유했지만 루푸스는 가진 게 없는 불쌍한 존재이며 너도 이웃 사랑을 가져야 한다고 끊임없이 주지시킨다. 루푸스의 엄마는 주정부 교도소에 수감되어 있는데 너는 그런 걸 참을 수 있느냐고 물으니 아들은 거기에 살아 있다면 최소한 얼굴이라도 볼 수 있으니 얼마나 좋으냐고 반문한다. 그러자 아버지는 "너에 대한 생각을 끊고 다른 사람을 위하여 무엇을 할 수 있을지 생각한다면 너의 엄마를 더 이상 그리워하지 않게 될 거라고"(*CS* 448) 열 살 아들에게 훈계한다.

세파드가 다른 남부 할머니들과 다른 점은 신앙관이다. 할머니들은 자신들이 선한 기독교인으로 사후에 은총을 받을 것이라 확신하고 있는 기독교인들이라면, 세파드는 무신론자이며 따라서 내세를 믿지 않는다. 그럼에도 불구하고 양자는 사랑과 자비를 베풀고 있다. 세파드의 극단적인 이타주의는 소위 현대사회의 병폐 중 하나인 가족 이기주의를 초월하여 모든 인간에게 골고루 사랑을 베푸는 방식으로 실현된다. 유물론자들의 휴머니즘은 외견상 아무런 하자가 없는 이성적 인간의 완성인 듯 보이지만 오코너에겐 이는 인간의 어리석음과 교만에 불과하다. 인간의 기획과 실천은 명백한 한계를 갖지만 신의 섭리는 완벽하고 무궁무진infinite하기 때문이다. 이 무궁무진함이란 신의 속성 때문에 인간은 신의 은총의 합당성을 이해하지 못한다. 그리하여 휴머니스트들에게 신은 인간사에 "무활동적이고immobile"(Malebranche 25) 무관심하며 심지어 변덕스러운 존재로까지 인식된다.

그런 의미에서 소년원 출신 절름발이 루푸스는 악마의 화신이며 악마의 역할을 수행함으로써 때늦었지만 세파드로 하여금 개안의 체험을 하도록 이끈다. 루푸스가 자기를 머리에 쓰레기만 가득 찬 바보 등

신이라고 부를 걸 알아도 자기 아들의 고자질을 나무라면서 "루푸스가 나를 어떻게 생각하는 것에 마음이 상해 내가 루푸스를 도울 일을 포기한다면 그건 내가 이기적인 사람밖에 못 된다는 말이지. 도울 사람이 있다면 최선을 다해 돕는 거야. 나는 그런 쩨쩨한 태도 따위는 이미 다 날려 버렸어"(*CS* 458) 한다. 이 말에 아들은 더 이상 루푸스에 대한 험담을 늘어놓길 포기하고 망연자실한데 루푸스는 "이봐, 우와 자기가 예수 그리스도인 줄 아나봐"(*CS* 459)라고 빈정댄다. 루푸스의 아이큐가 140인 걸 아는 세파드는 천체 망원경을 사 주면서 그의 지식욕을 자극한다. 그러나 루푸스는 자신이 사탄의 지시를 받고 있다고 주장하면서 자신은 죽어서 지옥에 떨어질 거라고 하니 세파드는 "지옥의 존재에 대해서 어느 누구도 신뢰할 만한 증거를 제시 못했다"(*CS* 461)고 일러 준다. 이어서 지옥에 대해서 설명한다. 지옥의 끔찍한 형벌에 대해 놀란 노턴이 죽은 자기 엄마가 지옥에 갔느냐고 아버지에게 묻는다. 세파드는 "네 엄마의 영혼은 다른 사람들의 마음속에서 계속 살아 있다. 너도 엄마처럼 착하고 남을 위하면 그 영혼이 네 속에서도 살아 있을 것이다"(*CS* 461)라고 답해 준다. 세파드는 다윈 신봉자로서 두 아이에게 자세하게 인류가 어떻게 진화해 왔는지 설명해 준다. 그리고 천국과 지옥은 좀 모자라는 사람이나 믿는 것으로 생각한다. 그러나 루푸스는 아버지 몰래 노턴에게 저세상에 대해 자세한 설명을 해 준다. 식사 테이블에서도 성경을 읽고 있는 루푸스에게 "그건(성경) 겁쟁이들을 위한 거야. 자기 스스로 서지 못하고 스스로 세상을 이해하지 못하는 사람들 말이야"(*CS* 477). 그러자 루푸스는 아아 "드디어 이제 사탄의 품속에 들어 왔네. 나뿐만 아니라 당신까지도"(477)라고 놀린다. 그러면서 성경을 이로 물고 찢어서 입속에 넣고 우물거린다. 그리고는 "에제키엘처럼 먹어 버렸네. 이거 꿀맛인데"(*CS* 477)라고 계속 놀려 댄다.

루푸스는 동네 인근 가게를 돌아다니면서 기물파괴를 자행한다.

그러면서 경찰에게 체포된 상황에서도 세파드가 조금이라도 의심하는 기미를 보이면 자신을 믿지 못하느냐고 빈정댄다. 결국 그의 악행을 눈치채게 되지만 세파드는 오히려 그를 악의 구렁텅이에서 구해 내는 데 배가의 노력을 하겠다고 선언한다. 이에 대한 루푸스의 대답은 "구원받을 때가 오면 예수가 나를 구원하지, 저 구역질나는 거짓말쟁이 무신론자는 아니야"(*CS* 480)라고 쏘아 준다. 결국 그의 구원 노력은 물거품으로 돌아가고 정작 그의 아들은 망원경 속에서 자신에게 손을 흔들고 있는 엄마 모습을 보고는 망원경 보는 일에 하루 종일 매달린다.

마지막 악행을 저지르다 도망가지 않고 경찰에 잡혀 세파드 집으로 끌려와서는 세파드를 가리키며 "저 자는 더러운 무신론자에요, 지옥이 없다나요"(*CS* 480)라고 모욕을 주면서 자기야말로 마치 절름발이가 먼저 천국으로 들어가듯이 구원을 받을 것이라고 큰소리친다. 루푸스에게 심한 모욕을 당한 직후 비로소 세파드는 자신이 "자신의 비전을 키워 나가기 위해 정작 자신의 아이에겐 소홀했다는"(*CS* 481) 개안의 체험을 겪는다. 갑작스럽게 아이에 대한 절절한 사랑이 치솟아 다락방 창문가로 달려가나 이미 아이는 망원경 속의 어머니 손을 잡기 위해 몸을 던지다 전깃줄에 엉혀 죽어 버린 후였다.

도월이 주장하듯 오코너의 소설은 기본적으로 "인간의 필사적인 영혼의 투쟁"을 그리고 있다(Dowell 237). 헐가나 세파드의 경우는 "현실에 대한 오만하고 의도적으로 오도된 관념을" 지닌 인물들이다. 이들은 "믿음에 대해 빈정하며" 결국 그의 관념이 터무니없는 편견임을 일시에 드러내 주는 파국을 맞게 된다. 바로 이 순간이 그들에게 "은총의 순간"이며 엄청난 댓가를 치루는 파국이기도 하다(Dowell 237). 결국 그들이 지닌 알량한 지식이란 "기껏해야 인간 본질에 내재한 타락성을 막기엔 무모한 방어책이며 또한 진정한 비전으로 나아가는 데 걸리는 장애물에 불과하므로 폭력의 발산이 악마성을 드러내 주는 동시에 신성의 현존을 제시하게 될 것이다"(Asals 139).

4) 나가기

우인설의 핵심은 섭리의 해석여부에 달려 있다. 오코너 소설의 인물들은 섭리의 내러티브에 정통한 것처럼 행동한다. 새로운 현상이나 에피소드를 접하면 곧 근저에 자리 잡은 플롯구성을 토대로 그것을 해석한다. 그러나 그 플롯부여emplotment 방식은 유한한 인간이 자기 주관적 판단에 따라 이야기를 얽어매는 인위적 행위에 불과하다. 비유컨대 마치 강아지가 주인의 옷차림의 변화에 나름 민감하게 반응하며 자신의 먹이통의 득실을 따지듯이. 맬리브란쉬는 이러한 인간중심적이고 자의적인 섭리해석을 경계하였다. 맬리브란쉬는 은총을 신의 개별적인 섭리가 아닌 신의 일반 의지, 즉 자연의 일반법칙의 소산으로 돌림으로써 당대 저명한 신학자들을 당황하게 하고 그 자신도 당대에 이단으로 오해받을 처지에 놓이기까지 하였다. 당대 주류 신학자들은 하나님의 은총이 자연의 일반법칙과는 무관하게 기적의 형태로 주어진다고 믿었기 때문이다. 그리하여 데카르트의 일반법칙을 은총의 조건으로 규정한 맬리브란쉬의 은총설은 라일리Patrick Riley의 주장처럼 "물리학이 형이상학을 지배하고 교회를 실험실로 전환하도록 이끈다는 의심을 받기" 충분한 것이다(Malebranche, "Introroduciton" 2).

역설적으로 맬리브란쉬의 의도는 오히려 신의 권능과 의지를 보다 전지전능하게 높이는 데 있었다. 만약 신의 의지에 의해 인간의 개별 세속적 판단과 욕심이 투영된 기적의 형태로 은총이 주어진다면 신의 권능은 필연적으로 제한될 수밖에 없다. 이 세상은 신이 창조하였고 따라서 자연의 객관적 법칙과 은총도 일반법칙에 따라 부여하는 게 신의 권능을 최대화하는 길임을 누구나 인정할 수 있다. 맬리브란쉬 당대 신학자들처럼 오코너의 인물들도 신의 은총을 아전인수격으로 해석한다. 자기만족적 신앙인들은 자신들이 훌륭한 가톨릭 신자라 자만하며 지식인 무리들은 반대로 한정된 세속적 지식으로 유물론으로 무장하고 무신론자임을 자처한다. 오코너가 보기에 이들은 우주를 창조한 하나님의 일반 의지에 무지몽매한 상태에 처해 있다. 그들은 정신적으로 이미 불구자이며 근원적으로 장님 상태이다. 다만 자신의 욕망과 집착의 불길에 의해 펄럭거리는 그림자만 볼 따름이다. 자기만족적 환각의 힘은 막강하다. 깨우침에 도달하지 않는 한 이 향락은 습관이나 관습과 결속하여 끔찍한 살상극을 빚기도 하였다. 그들을 온전한 정상인으로 치유하기 위해 재난에 가까운 은총의 세례가 필요하다. 폭력은 필요악이다. "이 고도의 상징적 폭력은 그녀 소설의 핵심을 구성하며 독자로 하여금 고양된 진리로 개안시켜 주는 예측 가능한 왜곡 도구이기"(Kilcourse 41) 때문이다. 그리하여 작가 자신도 인정하듯, 은총은 치유 이전 우선 상처부터 내며, 그녀 소설 속 등장인물들은 황당한 재난의 피해자로 남는다. 그러나 이 그로테스크한 풍경화의 소실점이 절대자의 일반 의지라는 걸 깨치는 순간 우리는 맬리브란쉬나 오코너와 근접한 시점에서 매우 질서정연하게 자연법칙과 절대자의 은총 하사 법칙이 동일하게 적용되는 아름다운 세계를 보게 되는 것이다.

3. 베케트의 니힐리스트 구원관

베케트의 연극은 죽음을 빼놓고는 설명할 수 없다. 엘람Keir Elam은 베케트에게 죽음에 대한 연극을 부탁하는 건 페트라르카에게 사랑의 소네트를 부탁하는 것과 다를 바 없다면서, "모든 베케트 극은, 특히 후기극의 경우 무엇에 관한 극이냐고 따진다면 그건 본질적으로 '죽음에 관한' 극이다"(145)라고 주장한다. 후기극은 아니지만 『행복한 나날들 *Happy Days*』(1961)은 무대 이미지상 땅속으로 매장되어 가는 과정으로 위니의 삶을 해석하고 있다. 그러나 좀 더 깊이 파고들면 위니가 겪는 불지옥의 고통은 단테 『신곡』「지옥편」의 수형자가 겪는 형벌과 유사하며 특히 허리까지 땅속에 묻혀서 받는 강한 빛과 열고문은 「지옥편」 칸토 X에서 배교자 에피쿠로스가 달아오른 석관에 허리까지 파묻은 채 발버둥치는 고통을 떠올리게 한다. 『유희*Play*』(1963)도 『타임즈*The Times*』 기자의 초연 극평처럼 "저승의 우울한 회색지대"(Fletcher, et al. 169)의 풍경을 그렸고 『숨결*Breath*』(1969)은 탄생과 죽음, 자궁과 무덤 사이 찰라를 인생으로 극화한다. 『발자국들*Footfalls*』(1976), 『오하이오 즉흥곡*Ohio Impromptu*』(1980)이나 대부분의 TV극 주인공들이 현세의 실존인물이라기보다는 회색지대에 거주하는 유령 내지는 중음신revenant에 가까우며 『자장가*Rockaby*』(1981)도 선형적linear 발전 없이 무의미하게 좌우로만 흔들리는 삶의 종착이 죽음이란 걸 확인해 주는 무대이다.

베케트가 그리고 있는 죽음에 대한 다양한 풍경은 기존 죽음학자나 예술가들이 추론하고 형상화한 죽음과는 동떨어져 있다. 서구 천년 동안의 죽음현상에 대한 연구를 집대성한 아리에Philippe Ariès는 죽음에 대한 인식의 변천을 5단계, 즉 1) "순치된 죽음tame death", 2) "자아의 죽음the death of the self", 3) "낯설면서 임박한 죽음remote and imminent death", 4)

"타자의 죽음the death of the other", 5) "비가시적 죽음the invisible death"으로 나눈다.[18] 이 분류는 연대기적인 동시에 죽음의 양상에 따른 분류이다. 죽음의 양상과 그에 따른 인간의 태도가 어떠한 방식으로 11세기부터 변천하여 왔는지 점검하기 위해 아리에는 4개의 주제를 설정한다. 우선, A) 개인의 자각, B) 순치되지 않은 자연에 대한 사회의 방어, C) 내세에 대한 믿음, 마지막으로 D) 악의 존재에 대한 믿음이 그것이다. 그리하여 죽음의 양상에 대한 다섯 개의 변주Variations를 이 네 주제의 다양한 조합과 변위의 결과로 해석한다.

아리에의 설명에 따르면 첫 번째, 1) 순치된 죽음의 경우, 개인의 죽음은 개인사의 비극에 그치지 않고 그가 속한 공동체의 손실로 간주되며 공동체는 경건한 장례행사를 치름으로써 거친 자연의 폭력에 대한 사회의 방어기제를 강화하는 계기로 삼았다. 그리하여 12세기까지 서구는 전통적인 순치된 죽음이 지배적인 이데올로기였다. 그러나 11세기 무렵 공동체의 운명으로부터 이탈한 개인들이 생겨나고 그들은 스스로 자아의식을 형성하여 자아를 공동체로부터 분리 독립하기 시작한다. 그 결과 죽음은 공동체의 죽음이 아니라 두 번째 양상인 2) 자아의 죽음으로 귀착된다. 즉, 4개의 주제 중 B) 사회적 기능이 약화되면서 A) 개인주의와 C) 내세관이 죽음관을 결정하게 된다. 자아의 죽음 시대 죽음관의 특징은 "쾌락과 고통을 체험한 육체와 죽음에 의해 해방되는 불멸의 영혼"(606)의 완전한 분리이다. 망자는 이에 대한 확신을 가지며 내세로 나아가는 영혼의 여행을 흔쾌하게 받아들였다. 이러한 경향은 17세기까지 심화되었다.

18 텍스트는 Philippe Ariès. *The Hour of Our Death: The Classic History of Western Attitudes toward Death over the Last Thousand Years.* Trans. Helen Weaver (New York: Random House, 2008). 이하 면수만 표시한다.

세 번째, 3) "낯설면서 임박한 죽음"은 "새로운 죽음 기술The New Arts of Dying"(300)을 제시한다. 이성의 시대에 접어들면서 죽음에 대한 두려움과 내세에 대한 불안감, 그리고 이에 부수된 성직자들의 계산적인 협박은 점차 사라지고 이들의 생사관은 "죽음에서 축복받으려면 사는 법을 배워야 하고/삶에서 축복받으려면 죽는 법을 배워야 한다"(300 재인용)라는 예수교파 시구에 잘 드러나 있듯이 과거처럼 임종 순간의 회개와 참회에 의해 사후 은총을 받는 게 아니라 평생을 두고 도덕적으로 살아서 치부책이 깨끗해야 한다는 합리적 사고가 죽음관의 근저에 자리 잡은 것이다.

네 번째, 4) "타자의 죽음"은 낭만주의 시대 죽음관이며 아름다운 죽음이다. 아리에의 주장에 따르면 네 개의 주제 중 D) 악의 존재에 대한 믿음 항목에서 지옥이란 개념이 19세기 기독교인들의 "감수성엔 낯설게"(473) 되었다. 다만 "잔재적 악residual evil"인 "고통, 불의, 불행" 등은 육체와 결합되어 있으므로 육체만 여의면, 즉 죽으면 자연히 해결된다고 생각하여 죽음은 "아름다운" 사건으로 받아들여졌다. 그리하여 에밀리 브론테Emily Brontë의 시구에서는 "거기 미지의 영원 속 깊이/나의 욕망의 닻을 내리니/… 두려움 없이 무덤의 어둠을/헤치고 나가/오히려 죽음의 거센 파도가 울부짖는 소리를 미소를 띠고 들으리There cast my anchor of Desire/Deep in unknown Eternity;/… Brave/Unawed the darkness of the grave/Nay, smile to hear Death's billows rave"(442 재인용)라고 신비롭고 아름다운 체험으로 죽음이 묘사된다. 죽음은 즉 종결이 아니라 "미지의 영원"한 대양이다. 그러나 19세기에 이르러 심리적 풍경이 획기적으로 변모하였다. 죽음은 이제 더 이상 아름답지도 "달콤한 최면 상태"(409)도 아닌 부인과 기피의 대상이 되었다. 죽음은 임종자나 친지들에 의해 감추어져야 할 보이지 않는invisible 사건으로 변질되었다. "죽음은 추악해졌고 임상치료화medicalized 되었다"(612). 의사, 환자, 보호자는 "상호 거짓말의 공모 관계로 말없이 의사소통하는 게 편하게 되었다"(612). 중세의 〈죽음의 무도*danse macabre*〉가 내뿜었던 〈죽음 공포*timor mortis*〉(이하 티모르 모르티스)가 다시 부활하여 우리 시대에 맹위를 떨치며 횡행하게 된 것이다.

얼핏 관찰하면 베케트의 소설과 드라마를 지배하는 죽음에 대한 편집증은 바로 우리 시대의 티모르 모르티스와 직결된 듯 보인다. 주인공들은 티모르 모르티스에 압도되어 자신들이 삶마저도 향유하지 못하고 고고와 디디처럼 계속 세상 무대를 바장이거나 왓트Watt처럼 마침내 스스로 목숨을 끊어 버리는 결단을 범한다. 아리에의 네 주제 중 A) 개인의 자각을 제외하고는 공동체, 내세, 악의 존재에 대한 믿음 모두가 거부된다. 아리에가 말한 추악하고 음습하여 터부시된 "죽음의 포르노그라피"(Ariès, "The Reversal of Death" 548) 시대에 베케트는 새로운 죽음관을 제시하려는 듯 보인다. 그의 새로운 죽음관은 물론 순전히 개인의 창안은 아니며 아리에의 죽음학 목록 못지않게 그리스 시대부터 전해오는 서구 전통 죽음학의 그림자가 깊게 드리워 있다.[19]

물론 베케트가 전통적인 죽음관을 가감 없이 답습하는 건 아니다. 죽음의 유령에 덮어 씐 듯한 베케트의 죽음 이해는 그에 앞선 서구의 지성들의 죽음관과는 달리 독특한 면모를 보여 주고 있다. 가령 소크라테스에게 죽음연습이 철학하기였다면 베케트에게 죽음연습은 마지막 게임endgame이고 유희이다.[20] 소크라테스와는 달리 영혼의 불멸성

19 아리에가 제시한 A) 개인의 자각, B) 순치되지 않은 자연에 대한 사회의 방어, C) 내세에 대한 믿음, 마지막으로 D) 악의 존재에 대한 믿음 등 4개의 주제가 인류학적 접근에 기반한 분류라면, 필자가 베케트 작품분석 도구로 제시할 주제는 어느 정도 철학적인 문제로서 C)와 D)에 관련된 내세와 악의 존재이다.

20 소크라테스가 가르치길, 진정한 철학자에게 죽음은 불행이 아니라 영혼을 괴롭히는 육체로부터 해방시켜 주는 신의 축복이다. 플라톤의 저서 『파이돈(*Phaedo*)』에 기술된 대화 첫머리에 죽음을 영혼과 육체의 단절이라고 정의를 내리고서 소크라테스는 철학하기 또한 동일한 단절과정이라는 명제를 산파술로 증명한다. 그 결과

에 대한 불가지 내지는 불신의 입장을 취하고 있는 베케트에게 살아감이란 죽어감이고 삶은 죽음의 유희이다. 죽음과 삶이란 현상에 대해 베케트는 보다 근본적인 문제를 제기하는 듯하다. 즉, 죽음이 영혼과 육체의 분리라는 전통적인 해석보다는 나의 실존이 죽음과 삶의 문제이다. 다시 말하여 내 몸이 살아 있으나 나 자신의 의식이 실존적 자각 내지는 깨침의 상태를 유지하지 않으면 나는 살아 있다기보다 사실상 죽은 거나 마찬가지라고 베케트는 판단한다. 여기서 베케트는 서구 문학의 주요 모티프 중 하나인 생중사death-in-life를 염두에 두고 있는 듯하다. 극단적인 경우 『모든 추락하는 것들*All That Fall*』에 나오는 정신과 소녀 환자에 대한 의사의 진단처럼 비록 그녀의 몸은 태어나서 삶의 물질적 활동을 정상적으로 영위하지만 의식이란 측면에서 "그녀의 문제는 그녀는 사실상 결코 태어나 본 적이 없다는 사실이지요"(*Complete Short Plays*, 이하 *CSP* 36).

베케트의 실존적 해석과는 달리 서구의 죽음학은 영혼의 불멸성을 인정하느냐 부인하느냐에 따라서 크게 영혼불멸설과 영혼필멸설 두 흐름으로 대별된다. 윤회를 믿는 오르피우스Orphic 전통에서부터 소크라테스, 플라톤, 키케로를 거쳐 중세, 근대의 기독교 전통으로 영혼불멸설과 내세존재설이 면면이 이어지고 있는 한편, 에피쿠로스, 루크레티우스, 그리고 현대의 유물론자나 자연과학자에 이르기까지 이어지는 영혼필멸론과 내세부인설이 그에 대립하고 있다. 베케트는 물론 회색

마침내 죽음은 바로 철학하기란 궤변적인 삼단논법을 완성한다. 이 논리에 따르면 이 현자가 죽음에 대해 두려움을 갖지 않고 의연하게 대하는 것은 너무도 당연하다. 왜냐하면 이 세상을 살아가면서 육체의 감각소여에 휘둘리지 않고 냉철한 이성으로 사유하기 위해 영혼을 육체로부터 떼어 내는 게 구도하는 철학자의 필수 실천사항인데 마침 굳이 고행을 하며 애를 쓰지 않아도 이제 절대자가 자연스럽게 영혼을 육체로부터 해방시켜 주니 불감청 고소원이기 때문이다(Plato 15-7).

지대에 서 있는 불가지론자이며 오히려 후자의 유물 무신론에 기울고 있다. 그의 죽음에 대한 입장은 「상상력이 죽었다고 상상해봐Imagination Dead Imagine」라는 짧은 산문에 잘 드러나 있다. 즉 소크라테스의 영혼에 해당하는 것이 베케트에겐 상상력이고 의식인데 소크라테스의 영혼은 임종 순간 육체의 형역形役에서 풀려나 자유롭게 저세상으로 가지만 베케트의 상상력은 죽는 순간, 일종의 회색의 전환기 상태를 기술하고 있다. "어느 구석에도 살아 있다는 흔적은 찾아볼 수 없어 그렇게 말하겠지, 흥, 그 점엔 이견이 있을 수 없지, 그런데 상상력은 아직 죽지 않았어, 그래 완전히 끝장난 건 아니지, 상상력이 죽었다고 상상해 보렴 No trace of anywhere of life, you say, pah, no difficulty there, imagination not dead yet yes, dead, good, imagination dead imagine"(*SBCSP* 181). 즉, 베케트는 소생할 가능성 없는 최후의 순간 상상력이 가물거리면서 떠오른 이미지를 재현하고 싶은 것이다. 튜Philip Tew의 설명에 따르면 "베케트의 죽음 비전은 전통적인 연옥 내러티브의 인간중심주의를 파고들면서 초월해 버리며 아마 상상력의 마지막 곤혹스러운 개념적 한계를 단지 포착하려고 한다"(6). 즉, 영혼/육체의 명료한 분리보다는 의식과 대상 사이의 실존적 각성 유무에 베케트의 방점이 주어진다.

영혼불멸/필멸설 그 어느 쪽도 취하지 않고 죽음의 현상을 관찰하려는 베케트의 죽음관도 서구의 죽음학 전통에서 예외적일 수 없으며 다만 여러 갈래의 전통이 뒤얽혀 있다. 우선 크게 네 가지 갈래를 짚어 볼 수 있다. 첫째, 그의 죽음관은 소위 시구의 "항상 죽음을 상기하라"는 메멘토 모리*memento mori* 전통의 일부를 구성하며 그 특징으로 삶을 자궁무덤으로 가는wombtombing 과정으로 보았다. 이는 살아가는 도중 끊임없이 죽음을 상기시켜 인간의 의식 속에 삶과 죽음의 의미를 상호 교직시키는 전통이다. 둘째, 베케트는 소포클레스 비극 속의 코러스처럼 "차라리 태어나지 않았더라면 좋았을걸, 이왕 태어났으면 죽음은 빠른

수록 좋다"는 극단적 염세주의를 지향한다.[21] 이 세상이 허무하고null and void 의미가 없다는 인식은 그의 무대를 결과를 낳지 않으려는inconsequential 행위들, 즉 기다림, 시간 때우기 아니면 유희나 춤으로 채운다. 셋째, 베케트 무대 위의 상황이 이승이 아니라 저승의 장면으로 해석될 수 있다는 것이다. 작가의 자궁무덤적 상상력을 극단까지 밀고 나간 결과 베케트 무대는 이승과 저승 사이 회색지대no man's land로 변환한다. 마지막으로 베케트는 육체적·일회적 죽음만이 죽음이 아니라 일평생 가운데에서도 끊임없이 자아가 죽고 태어난다고 보았다. 이러한 현미경적 시각에 따르면 의식의 질적 연속성이 불가능하므로 인간은 한평생 동일한 자아를 보지할 수 없다. 즉, 한 인간개체에 수많은 자아가 주렁주렁 매달려 있으며 우리는 수많은 자아를 거쳐 간다. 이에 대한 연극적 실험은 『크랍의 마지막 테이프*Krapp's Last Tape*』(1958)에서 집중적으로 이루어진다.

베케트 죽음관의 첫 번째 특성인 메멘토 모리 전통은 유구한 역사를 자랑한다. 중세의 〈죽음의 무도〉 전통부터 시작하여 수많은 예술작품이 이 관념을 형상화하였는데 일상생활이나 종교적 수련과정에서도 이 세계관은 지배적 영향력을 발휘하였다. 가령 17세기 영국 수사들의 목걸이에 새겨진 명구처럼, "우리가 살아 있기 시작하자마자/우리는 파멸되기 시작했었다AS SOONE. AS. WEE. TO. BEE. BEGVNNE;/WE. DID. BE-

21 극단적인 염세주의는 비단 베케트의 전유물이 아니다. 소포클레스(Sophocles)의 『콜로누스의 오이디푸스(*Oedipbus at Colonus*)』의 코러스 대사, "살아 있기보다 차라리 죽은 게 나은데, 최고의 복은 아예 태어나지 않는 거지"로부터 시작된 염세주의 편린을 역사적으로 추적하면서 릭스(Christopher Ricks)는 영문학사에서는 하우스만(A. E. Housman), 하디(Thomas Hardy), 토마스(Edward Thomas) 등을 보기로 든다. 가령 하디는 자신의 책 뒷장에 "비통하도다, 나의 지상체류가 연장되었구나(Heu mihi, quia incolatus meus prolongatus est!; Woe is me, that my sojourning is prolonged!)"라고 기록했다(Ricks 8-13).

GINNE. TO. BE. VNDONE"는 게 그 핵심적 메시지였다. 베케트는 이 메멘토 모리 전통을 이어받고 있는 것이다. 『고도를 기다리며』에서도 포조는 장님이 되어 말한다. "여자들은 무덤에 걸터앉아 아이를 낳고, 대낮이 일순 반짝했다 이내 다시 야밤중이네They give birth astride of a grave, the light gleams an instant, then it's night once more/Elles accouchent à cheval sur une tombe, le jour brille un instant, puis c'est la nuit à nouveau"(2막).[22]

아기가 태어나는 순간부터 죽으러 가는 길로 나선다는 인생관은 극단적인 염세주의이다. 이 극의 마지막 장면에서 디디도 포조의 삶/죽음관에 동의한다. 결국 인생이란 "무덤에 걸터앉아 난산을 겪는데 묘혈파는 산역꾼이 구멍 깊숙이 머뭇거리며 겸자를 들이대네"(*Waiting for Godot*, 이하 *WFG* 58). 산부인과 의사가 겸자를 사용하여 신생아를 받는 장면과 산역꾼이 시체를 묘혈 속으로 매장하는 장면을 중첩시켜서 자궁무덤화라는 그의 죽음관을 재확인하고 있다. 『독백 한 편*A Piece of Monologue*』(1977)에서도 화자는 "탄생은 그의 죽음이었어Birth was the death of him" 라고 시작한다. 배리Elizabeth Barry의 설명에 따르면 "무덤에 걸터앉은 존재"는 성 오거스틴이 『하나님의 도시*The City of God*』 12권 10장에서 생중사death-in-life 사중생life-in-death을 논하면서 "삶이라기보다는 죽음이라고 불러야 할 유한한 인간의 삶"을 가리키는 표현이다(81 재인용). 괴테도 유사한 비유를 도입하고 있다. 『토르카토 타소*Torquato Tasso*』에 대한 그의 감상 노트에서 누에가 비단실을 몸에서 뽑아내어 결국엔 자신의 무덤인 고치로 만든다는 계시적인 시구를 남기고 있다. "누에는 자신의 깊숙한 내면 자아로부터 고귀한 비단실을 뽑아내어 마침내 자신의 관 속으로 스스로 입관될 때까지 멈추지 않을 것이다It(the silkworm) will evolve its precious

22 영어판에서는 그냥 사람들(they)이라는 인칭대명사를 쓴 반면, 불어판에서 임산부(Elles)라는 점을 보다 명확하게 밝히고 있다.

weft from deep/Within its inner self and will not cease/Till it has cased itself in its own coffin" (Barry 82 재인용).

자궁무덤화라는 인생 내러티브는 아리스토텔레스가 『시학』에서 주장한 시작-중간-끝이 있는 온전한 플롯 구성을 갖지 못한다. 무덤으로 향하는 인생플롯은 궁극적 목표와 클라이맥스로 치닫게 하는 추동력이 결여되어 발단exposition-전개development의 오르막 플롯 구조를 형성할 수 없기 때문이다. 인생 드라마의 영혼인 온전한 플롯 구조가 중동무이된 인생은 부조리하다. 마치 연줄이 중간에 끊어진 연처럼 오랫동안 허공에서 방향을 잡지 못하고 맴돌다 마침내 땅으로 낙하할 것이다. 그리하여 베케트 동네의 주민들은 방향성 없이 의미도 발견하지 못하고 낯선 무대 위를 바장이고 배회하다가 마침내 무대 뒤로 사라진다. 어차피 지상의 체류가 죽음으로 가는 도정이고 그것도 의미없는 도정이라면 토마스 하디처럼 그 연장된 체류를 단축시키는 게 바람직할 수 있다. 그리하여 고고는 "목을 매는 게 어때"(12)라고 디디에게 제안한다. 이처럼 베케트극의 부조리한 플롯 구성은 바로 그의 독특한 죽음관에서 비롯한 것이다.

죽음을 되뇌면서 살아가라는 메멘토 모리는 베케트에 이르러 이처럼 염세적인 허무주의 색조를 띤다. 원래 이 전통은 부정적이기보다는 부질없는 인간의 세속적 욕망(권력, 부, 명예), 감각적 쾌락을 쫓으면서 짧은 지상의 체류를 낭비하지 말고 인생을 보다 도덕적으로, 나아가 하나님의 뜻에 순복한 삶을 영위하라는 긍정적 교훈이었다.[23] 그러나 메멘토 모리를 받아들이는 베케트의 태도는 짐짓 냉소적이고 적대적이기까지 하다. 위 포조의 대사를 무대화한 듯한 『숨결*Breath*』이란 축소극

23 메멘토 모리 설화의 기원에 대해서는 이 책 381-2쪽 참조.

dramaticule도 인생은 초로에 불과하며 죽음은 바로 코앞에 있다는 인식을 매우 냉소적으로 다루고 있다. 조명의 조작을 통해 인생을 5장으로 압축한 무대극인데 각 장이 5초(1장 발단), 10초(2장 전개, 신생아의 "희미하고 짧은 고고성"), 5초(3장 클라이맥스), 10초(4장 대단원, 단말마적 비명), 5초(5장 막내림)로 된 초압축극이다. 무대 위에 생명의 빛이 조명되는 동안의 인생은 총 25초에 불과하며 1장과 5장 합쳐서 10초는 어둠과 무의 세계로 죽음의 영역이다. 인생은 수유須臾(10^{-64} 초)라는 법문을 연상시킨다.

둘째, 차라리 태어나지 않았던 게 훨씬 좋았을 것이란 소포클레스적 염세주의 입장에서 보면 이승은 "아무 것도 할 수 없는 곳이며, 거기에서는 무언가 하려고 애쓰면 안 된다*Ubi nihil vales, ibi nihil veils*". 필링스Arnold Geulincx의 이 금언은 삶이 본질적으로 군더더기임을 잘 드러내 주고 있다. 삶은 럭키 목덜미의 상처 흔적인 고름pus인지도 모른다. 이 세상에 던져질Geworfenheit 때 다친 상처로 진물이 흐르는 삶, 고름 같은 삶은 결코 새 살로 편입될 수 없다. 언젠가 칼로 째어 쏟아 내야 할 고름에 불과하다. 다만 인간은 그 고름을 살로 착각하여 헛되이 양분과 산소를 거기에 공급할 따름이다.

현세의 비본질성, 환영성maya에 대한 인식은 소크라테스, 플라톤 이래로 고대 철학의 근간을 이루고 있다. 가령 소크라테스의 후계자처럼 보이는(영혼을 중시하고 육체를 홀대하는 점에서) 에픽테토스도 삶과 죽음의 관계를 선원과 선장의 관계로 비유하고 있다. 한 섬에 닻을 내린 선장이 물을 길어 오라고 명령을 내리면 선원은 언제든지 복종해야 한다 마찬가지로 물을 길러 가는 도중 주위 경관이 아무리 아름답고 탐스런 보물이 널려 있어도 출항 명령이 떨어지면 바로 배로 귀환해야 한다. 그 섬은 임시 귀착지이며 그의 눈에 들어오고 그가 겪는 모든 것은 죄다 실체 없는 환영에 불과하기 때문이다(56). 『고도를 기다리며』가 던지는 메시지도 고도가 나타나면 바로 떠날 준비를 해야 하며 그가 나타남으로써 비로소 그들의 삶 또는 여행은 의미와 목적지를 갖게 된다. 그 전까지는 단지 낯선 간이역에 임시 기착했을 따름이다.

현세의 환영성이 극단적으로 발전된 예는 신비적 비전에 사로잡힌 광신도에게서 발견된다. 그들에게 이 세상은 허깨비에 불과하다. 『모든 추락하는 것들』에 등장하는 피트 양이 대표적인 경우이다. 그녀를 스쳐지나가는 현실 속의 사람들은 모두 허깨비이며 오히려 자신의 환상 속의 인물들(가령 성경 속의 인물들)은 모두 생생하게 살아 움직인다. 루니 부인이 의아해 하자, "나는 나의 창조주와 단둘이 지냅니다. … 사실 나는 넋이 나갔어요. 루니 부인, 넋이 송두리째 빠진 거예요. 보고 듣고 냄새를 맡는 등 느끼면서 일상을 지내긴 하지만 내 마음은 딴 곳에 가 있어요"(*CSP* 23). 세상이 온통 "큼직하게 푸르스름한 안개덩어리"로 다가와 형체를 분간 못하니 몸이 비록 지상에 머무르고 있어도 자신은 사실상 부재한/넋이 나간not there 존재라고 황망하게 대답한다. 피트 양을 사로잡는 것은 오직 하나님과 그가 다스리는 세계일 뿐, 이 세상살이는 사후의 복된 세계로 가는 여행 도중 간이역에서 머무름에 지나지 않는다.

이처럼 현세를 죽음에 기생하는 더부살이로 보는 인식 근저에는 두 가지 전혀 상반된 철학이 존재한다. 하나는 『파이돈』의 소크라테스나 에픽테토스, 그리고 상기한 피트 양, 로제티처럼 현세 저편에 존재하는 본질이나 중심에 대한 철저한 믿음을 가지고 이 세상살이를 무의미한 행위로 간주하는 경우가 있으며, 반면 현대의 부조리주의자들처럼 죽음 이편저편 어느 쪽에도 중심이나 본질이 없다는 니힐리스트적 주장도 있다. 베케트는 후자에 속한 듯 보인다. 과학의 세례를 받은 현대인들은 전자의 축복받은 내세관에 안락하게 안주할 수 없는 처지이다. 그런 점에서 베케트의 인식이 더욱 공감을 얻는다.

삶은 경쾌하게 미끄러지듯 나아가는 것이 아니라 루니 부인처럼 세속의 군살이 더덕더덕 붙어 비져 나오는 비곗덩어리를 질질 끌며 힘겹게 발자국을 옮기는 것이다. 차라리 "팍 엎어져서 바가지에서 쏟아진 큼직하고 두툼한 젤리처럼 길바닥에 납작 들러붙어 꼼짝달싹 못했으면. 모래 먼지, 파리 떼가 쩍쩍 들러붙은 비대한 찌꺼기 덩어리라 한 삽 거창하게 퍼 올려야 하겠지"(*CSP* 14). 삶은 고해苦海, Weltschmerz 그 자체이다. 고해의 바다를 건너가는 길은 다양하다. 베케트가 『고도를 기다리며』와 『유희의 끝』에서 택한 길은 무덤 위의 춤추기Dancing on the grave이다. 패자의 무덤 위에서 득의만만하게 추는 승자의 춤이 아니라 변비에 걸려 온몸을 비비꼬든지 그물에 걸려서 퍼덕거리든지 고통으로 온몸을 쥐어짜내는 럭키의 춤이다. 베케트가 현세를 고해로 보는 근저에는 쇼펜하우어적 인식이 깔려 있다. 그는 『프루스트』에서 습관에 의해 지배된 삶을 고통과 권태 사이를 왕래하는 시계추에 비유한다. 습관이 자신의 의무인 "자신의 세계의 환경에 대한 유기체적 감각의 부단한 적응, 재적응"을 수행할 때 고통이란 바로 "태만이나 비효율성으로 인한 이 의무의 방기"이며 "권태는 만족할 만한 수행"(16)에 해당한다.

셋째, 베케트의 무대를 내세로 해석하는 비평가로 엘람을 들 수 있다. 그는 『유희*Play*』의 상황을 "구스타프 도레의 삽화를 통해 우리 자신의 문화에 도상학적으로 우선 친숙하게 알려진 단테의 저세상, 연옥의 희끄무레한 영역 중 한 곳, 아니면 지옥에 가까운 장소들"(149)로 이해한다. 『오고 감*Come and Go*』도 "폐쇄되고 통과 불가한 단테 지옥의 하계층들"(149)로 이해했다. 따라서 서세상으로 사라져 버린다는 것being gone도 "단순한 부재가 아니라, 영원한 고통의 순간의 형태로 남는 끔찍한 현존성not simple absence but terrible presentness, in the form of an eternal and agonizing instant"(150)이라는 "초월적인 연극적 내세론"을 제시한다. 베케트의 후기 축소극이 내세적 종말론을 무대화하는 것은, 물론 베케트 자신이 영혼의 불멸을 믿는 내세주의자여서라기보다는 단테의 내세적 풍경을 차용하여 현세의 징벌적 고통을 연극화하려는 시도처럼 보인다.[24] 가령 루니Dan Rooney의 삶도 생중사인데 그는 자조적으로 "저주받은 단테의 죄인들처럼, 얼굴이 정반대로 뒤틀려 우리 눈물이 우리 엉덩이를 적시겠지Like Dante's damned, with their faces arsy-versy. Our tears will water our bottoms"(*CSP* 31)라는 부분은 단테 「지옥편」 칸토 XX장 21-2행, "눈에서 흐른 눈물이 등골을 타고 흘러내려 엉덩이를 적시네tears, down from the eyes,/bathed the buttocks, running down the cleft"의 문학적 차용이다. 이 여덟째 지옥의 수인들은 티레시아스Tiresias 등 인류 역사상 명망 있는 예언자나 점술사인데 감히 하늘의 영역인 미래예측의 불경죄를 범했기 때문에 눈이 앞을 보지 못하고 후방을 보도록 머리가 180도 돌려져 있다. 그리하여 참회의 눈물을 흘리면 가슴으로 떨어지지 않고 등골을 타고 흘러내린다. 티레시아스처럼 장님인 댄도 자신이 평생 궁구한 삶의 의미가 고작해야 신에 대한 불경죄에 지나지 않겠는가라는 회한이 이 비통한 고백 속에 짙게 배어 있다.

엘람은 『나 아님*Not I*』의 여주인공Mouth이 공중에 떠 있으며 입 부분만 집중조명을 받는 모습에서 단테의 「지옥편」 XXVII장의 형벌 장면을 떠올린다. 그녀는 굳이 자신의 신원을 감추려고 발버둥 치는데, "관객의 눈에 더할 나위 없이 매혹적인, 귀가 없이 허공에 떠 있는 얼굴 모습의" 실제 신원은 다름 아닌 몽다페르티의 전투에서 플로렌스를 배신한 기벨린파Ghibellines의 보카Bocca이다. 물론 보카는 이탈리아 말로 입을 뜻한다(153). 게다가 "배신자 보카처럼 그녀는 토사물처럼 언변을 뱉어 내면서 끝없이 자신의 신원을 숨겨야 할 운명이다"(153).[25]

24 지상의 체류기간을 지옥의 형벌로 보는 니힐리스트관에 대해서는 이 책 155쪽 참조.

25 단테와 베케트 극작품 간의 유사성 비교에 대한 연구로는 Hélène L. Baldwin, *Samuel Beckett's Real Silence*; Neal Oxenhandler, "Seeing and Believing in Dante and Beckett"; Wallace Fowlie, "Dante and Beckett" 참조(Elam 163 참조).

단테의 내세와 베케트의 내세적 무대를 관통하는 일관된 요소는 징벌의 유사성이다. 즉, 생전의 죄업에 대한 심판이나 출생이란 죄업에 의해 선고된 형벌은 모두 무명blindness이다. 베케트 무대의 주인공들이 자신의 처지나 신원에 대해 장님이라 어떠한 의미 있는 말과 행동을 취할 수 없듯이, 단테 지옥의 이 수형자들은 자신의 죄업의 성격을 정확히 깨닫지 못한다. 마치 카프카의 우화 「유형지에서In the Penal Colony」에 나오는 저주받은 수인처럼. 그들은 써레처럼 생긴 정교한 고대 기계에 밧줄로 묶여 있고 그 써레의 날카로운 톱니가 수인들 등짝에 그들의 죄목을 상형문자로 새겨 넣는다. 수인들 자신은 자신의 등짝에 새겨진 죄목을 읽을 수 없다. 죽음의 순간에 이르러서야 비로소 자신의 죄목을 인지하게 된다.

『고도를 기다리며』의 고고와 디디의 어처구니없는 비극적 결함은 자신들이 누구인지 모른다는 데 있다. 게다가 약속 시간도 장소도 틀릴 가능성이 크다. 놀란 디디는 소리친다. "무슨 말 하려는 거야? 엉뚱한 장소에 왔다고?"(10) 고고는 시간이 토요일인지 일요일인지, 월요일인지 또는 목요일인지 분간 못한다. 지옥은 저세상에만 존재하는 게 아니라 자신과 시간 장소를 모르는 무명에 빠진 존재의 삶 자체가 바로 지옥이며, 그런 의미에서 지옥은 바로 여기 이 순간에*hic et nunc* 진행되고 있는 현세적·현재적 사건이다.

마지막 죽음관은 프루스트의 비전을 반영하고 있다. 베케트에게 죽음은 평생 마지막 일회적인 사건이 아니다. 매일 매 순간 자아는 죽고 또 새로 태어난다. 어제의 나와 오늘의 나는 서로 타인이며 오늘의 나는 완전히 새로운 존재이다.

> 어제의 열망은 어제의 자아에게만 유효하지 오늘의 자아에겐 들어맞지 않는다. 우리는 성취라고 부르고 싶은 것이 지닌 허무함에 실망한

> 다. 도대체 성취란 무엇인가? 자신의 욕망의 대상과 주체의 동일화라고 할까. 그 과정에서 주체는 아마 수많은 죽음을 겪어 왔을 것이다. B라는 주체가 주체 A가 선택한 대상의 진부함에 실망한다는 건 삼촌이 식사하는 장면을 보고 허기가 채워질 거라고 기대하는 것만큼이나 터무니없다.
>
> (*Proust* 3)

『크랍의 마지막 테이프』는 바로 이러한 자아의 거듭남을 녹음기 조작을 통해 보여 주고 있다. 크랍은 생일이 오면 일 년 동안 일어난 주목할 만한 사건을 녹음기에 음성으로 남긴다. 이 의식행사는 크랍이 안간힘을 다하여 기억의 상실amnesiacs을 극복하여 과거의 자아와 현재의 자아를 붙들어 매려는 노력이다. 베케트 동네의 주인공들에겐 거의 대부분 기억상실증이란 저주가 내려져 있다. 고고는 어제의 일을 기억하지 못하고 포조도 2막에서 고고와 디디를 만난 사실을 기억하지 못하며 소년도 마찬가지로 2막에서 처음 왔다고 주장한다. 기억하지 못함은 과거의 자아가 이미 죽고 새로운 자아가 태어났다는 걸 의미한다. 피필드Peter Fifield도 이 상태를 죽음도 삶도 아닌 "체험적 여명experiential gloaming"(129)이라고 부른다. 말론이 "나는 이미 죽었고 내가 존재하지 않는 가운데 만사가 일어나고 있지 않는가"(Beckett, *Molloy* 220) 하고 의심하듯.

그러한 회색지대를 지우기 위해 크랍은 과거의 자기를 다시 방문하고, 또 새로운 테이프에 자신의 발자국을 남기기 위해 70회 생일 연례행사를 벌인다. 우선 자신의 과거 분신들의 목소리가 저장된 녹음 테이프 하나를 뽑아들며 회고를 한다. 그 테이프에서는 인생에 마치 통달한 듯한 39세 혈기방장한 크랍의 자신만만한 목소리가 흘러나온다. 무대 위 크랍은 객석의 관객과 마찬가지로 39세의 크랍이란 전혀 다른

녹음기 앞의 크랍

인물의 대사를 듣고 있는 셈이다. 즉, 크랍이란 극중 인물*dramatis persona*은 두 개의 자아로 분열되는 것이다. 보다 엄밀하게 분석하면 39세의 크랍은 자신의 녹음에서 10년 내지 12년 전의 과거자아의 삶에 대한 각오에 대한 촌평을 가하면서 "그 포부, 그 결단들, 특히 절주 결심… 내가 그토록 형편없는 철부지였다니 믿을 수 없다"(*CSP* 58)라고 한다.

관객은 테이프를 듣고 있는 1) 현재 무대 위의 크랍, 2) 테이프 속 39세의 크랍, 3) 39세의 크랍에게 비웃음을 사고 있는 20대의 크랍 등 세 분신 자아를 확인하게 되며, 무대 위에서 벌어지는 이 자아 분열 현상을 유노한 작가의 의도에 대해 궁금해 한다. 대부분 인간은 인격이나 자아의 연속성을 믿는다. 시간이 인간주체를 아무리 훼손시켜 생판 다른 인물로 바꾸었다 해도 우리는 다만 몰라볼 정도로 타락했다든지 성숙했다든지 판단을 내리지 전혀 다른 인물로 보지는 않는다. 그러나 베케트는 시간의 침식/퇴적작용에 의해 변모한 인격지형에 대한 동일성을 인정하지 않는다. 매 순간 낡은 자아가 죽고 새로운 자아가 태어난다고 보았고 그 타인화 과정transsubstantiation을 구획지어서 현미경처럼 보여 주는 게 이 작품의 요체이다.

인간주체의 불연속성에 대한 통찰은 프루스트적 인식이다. 시간의 프루스트적인 "훼손deformation"에 대해 언급하면서

> 어제는 지나쳐 버린 이정표가 아니다. 세월의 궤적상에 놓인 일상의 돌로서 어제는 이미 돌이킬 수 없이 우리 안의 일부가 되어 버린 무겁고 위험한 돌이다. 우리는 어제 때문에 단지 지쳤다는 정도가 아니라 우리는 타인이 되어 버렸다. 어제라는 재난calamity 이전의 우리로 더 이상 돌아갈 수 없다.
>
> (*Proust* 3)

70세를 맞는 무대 위의 크랍도 녹음 테이프 속의 분신을 자신의 분신으로 착각하고 때로는 시샘을 느끼고 때로는 조롱하지만 테이프의 인물과 현재의 자기 사이에는 수많은 어제라는 재난이 가로막고 있어 이제는 서로 동질적 연속성을 추적 확인하기 힘들 정도로 낯설어졌다. 39세의 크랍은 인생의 절정기에서 삶의 철리를 깨친다. "그토록 내가 억누르려고 했던 어두움이 실제로는 나의 가장________the dark I have always struggled to keep under is in reality my most________"(*CSP* 60)이라고. 비록 화가 난 크랍의 녹음기 조작 때문에 가장 중요한 깨침의 내용은 밝혀지지 않았지만 그 뒤 애인과의 뱃놀이 정사 장면에서 추측해 보면 아마 밑줄 친 부분은 "본질적 자아essential self"일 것이다.[26] 다시 말하여 중년의 크랍이 개안한 진리는 육체에 대한 마니교적 억압에서 벗어나서 육체적 욕망을

26 스튜어트(Paul Stewart)는 필자와 정반대로 이 깨우침의 순간을 크랍이 성애적인 갈애에서 해방되어 금욕으로 극복하는 계기라고 해석한다(Stewart 176).

해방시켜 정신과 육체의 합일을 이루어야 한다는 것이다. 39세 화자는 애인이 마니교적 죄의식으로 태양을 보지 못하고 실눈을 뜨는데 어둠인 자신의 몸그림자로 눈을 가려줌으로써 눈을 뜨게 하고 자신의 몸도 그녀 몸속으로 들어가게 되면서 육체와 정신의 이분법에 의한 죄의식에서 해방된 의식을 획득하게 되는 것이다.

그러나 무대 위 크랍은 시간의 침식작용에 의해 이미 육체의 욕망의 노예로 전락하였으며 술과 바나나 없이는 살지 못하는 어릿광대로 훼손되었다. 그 어느 누구도 이 둘만큼 낯설고 대조적일 수 없다. 억지로 이 둘을 한 인물의 분신으로 파악하기보다 새롭게 태어난 인물로 보는 게 여러모로 보다 이성적인 판단이다. 그러나 무대 위 크랍은 습관의 힘에 의해 굳이 자신의 인격의 동일성을 증명하기 위해 70세 기념 녹음 연례행사를 시작하려고 갓 개봉한 테이프를 녹음기에 걸고 녹음 시작 버튼을 누른다. 으레 그러듯이 30년 전 테이프 목소리에 대한 경멸을 내뱉은 후 자신의 신세를 두서없이 주저리주저리 섬긴다. 그러다 화가 치밀어 올라 테이프를 내동댕이치고는 39세 녹음 테이프 뱃놀이 장면을 다시 듣는다. 결국 70세의 크랍은 자신의 모습을 온전하게 녹음하지 못하고, 억지로 두서없이 주워섬긴 녹음 서두의 자아는 무대 위에 팽개쳐지며, 공테이프 회전하는 소리만 무대 위의 정적을 깰 따름이다. 다시 말하여 시간의 파괴작용에 의해 생사를 거듭하는 인간주체의 본질을 깨닫는 순간 크랍은 더 이상 타인에 대한 기록일 수밖에 없는 연례 녹음 행사를 치르는 게 무의미하다고 생각한 것이다.

이상에서 살펴본 바와 마찬가지로 베케트가 그리고 있는 네 개의 죽음 형상은 모두 절망적인 염세적 얼굴을 지니고 있다. 그러나 염세적 얼굴의 탈을 한 꺼풀 벗기고 나면 전혀 다른 죽음을 초월한 얼굴이 나타난다. 베케트에게 삶이란 기본적으로 병이며 괴로움이다. 그 병은 죽음에 의해 비로소 치유되며 고해도 죽음에 의해 건널 수 있다. 우리는 이러한 태도를 실증적 니힐리스트positivist nihilist라 부른다. 죽음이 축복인지 행복인지는 알 수 없어도 삶의 괴로움은 도저한 고통을 안겨 주며, 죽음은 일단 삶의 고통을 멈추어 둔다는 데 의미가 있다. 이 실증적 니힐리스트란 용어는 베케트가 1937년 친구 호은Joseph Hone에게 보내는 서한에서 "그는 아마 실증적 니힐리스트 비전을 가졌음에 틀림없다"라고 하는 표현에서 비롯한다. 여기서 "그"는 보스웰James Boswell을 가리킨다. 보스웰은 『새무엘 존슨의 생애*Life of Samuel Johnson*』(1791)에서 차라리 죽어서 허무로 돌아가는 것보다 고통스럽지만 현세에 머무르는 게 낫다는 새무엘 존슨의 주장에 대해 존재 자체가 "명백한 악positive evil"이므로 옳지 않다고 지적한다. 베케트는 보스웰을 명백한 악인 삶을 부정하는 실증적 니힐리스트로 규정하고 자기와 동일시한다(Ricks 16 재인용).

베케트에게 있어서 삶이 악인 이유는 형이상학적 중심, 즉 절대자의 부재에 대한 회의 때문이다. 삶의 궁극적인 의미를 부여하는 존재가 부재함으로 삶은 의미로 충만한 느낌표의 문장이 아니라 알파 이전의 무와 오메가 이후의 무 사이의 휴지부hiatus에 불과하다. 그리하여 베케트의 주인공들은 항상 전전긍긍해 한다. 이러한 실존적 불안Angst은 때로는 중심에 대한 편집증으로 때로는 묶인 존재라는 피해망상으로 표출된다. 햄이 의자를 "바로 중심에 탕 놓아라"(*Endgame* 27)라고 클로브에게 호통치는 장면과 『고도를 기다리며』에서 고고가 디디에게 은연중 구속적인 존재를 환기시켜 주는 장면에서도 잘 드러난다.

> 고고: (씹어 삼키면서) 우리가 묶여 있는 게 아니냐고.
>
> 디디: 묶여 있다고.
>
> 고고: 무- 묶여 있다고.
>
> 디디: 어떻게 묶여져 있다고?
>
> 고고: 손발이 꽁꽁.

디디: 누구에게? 누구한테?

고고: 네가 아는 그 작자에게.

디디: 고도에게! 고도에게 묶여 있다고! 어찌 그런 생각을! 그럴 리가! (잠시) 당분간은.

ESTRAGON: (chews, swallows). I'm asking you if we're tied.

VLADIMIR: Tied?

ESTRAGON: Ti-ed.

VLADIMIR: How do you mean tied?

ESTRAGON: Down (Pieds et poings).

VLADIMIR: But to whom? By whom?

ESTRAGON: To your man (A ton bonhomme).

VLADIMIR: To Godot? Tied to Godot! What an idea! No question of it (Jamais de la vie). (Pause). For the moment.

(*WFG 15/En attendant Godot 27*)

바로 이 점에서 베케트는 죽음학의 역사에서 독특한 위치를 점하고 있다. 아리에는 죽음관의 변천사에서 중세 말기와 19세기에 유사한 지각 변동이 반복되어 발생했다고 진단한다. 즉, 중세에는 만물이 오브제로서 신적인 거대한 존재의 사슬Great Chain of Being 속 한 구성요소로 영혼을 지니고 있다고 믿었다. 그리하여 중세인들은 자신의 영혼과 오브제의 영혼이 교감한다고 믿었다. 그러나 중세 말기 자본주의가 태동하면서 인간과 오브제의 관계는 변질되었다. 인간과 재물 사이에 더 이상 "감각적 결합이" 존재하지 않는다. 가령 "우리 산업문화는 사물들이 '우리 영혼에 접착하여 그로 하여금 사랑하도록 강요하는' 그런 영혼을 품고 있다고 더 이상 믿지 않는다. 사물들은 생산 도구가 되거나 소비

탕진의 오브제로 변했다. 그들은 더 이상 '보물treasure'로 자리 잡지 못한다"(136). 이러한 사물관의 변천은 죽음관의 변화와도 밀접한 관련을 맺고 있다.

중세의 순치된 죽음은 이제 임종자의 삶의 행적biography과 소유물을 약탈해 가는 숙적으로 돌변했다. 죽음은 더 이상 "(선행과 죄업에 대한) 경중을 가리며 최종 대차대조부를 작성하고 판단하며 안식을 취하는" 계기가 되지 못하고 "육체적 죽음, 고통, 부패과정"으로 받아들여졌다(138). 20세기에도 유사한 죽음관의 변천이 일어난다. 낭만주의 시대 때 보편적으로 통용되었던 신은 이미 증발하였고 현대인들은 중세부터 지속되어 온 안온한 내세관의 보금자리에 더 이상 머무를 수 없다. 다시 죽음에 대해 불가항력을 느끼며 무력감과 공포에 빠져 있다. 마치 중세 말기인들이 〈죽음의 무도〉가 안겨 주는 티모르 모르티스에 휩싸이듯이 현대인들은 죽음에 대해 무관심과 공포라는 병립불가능한 감정에 휘둘리고 있다.

20세기에 죽음은 더 이상 소크라테스가 설법하는 영혼의 여행도, 단테가 그리고 있는 지옥/연옥/천국도 아니다. 이처럼 영혼불멸설에 근거한 전통적 내세관의 원천무효가 선언된 형편에서 현대인들은 20세기의 "험상궂은 추수꾼Grim Reaper"과 대면해야 할 운명에 처해 있다. 영혼과 내세가 동시에 증발해 버린 시대에 처한 현대인들은 어린애처럼 죽음을 두려워하며 죽음으로부터 망각도피하고자 한다. 죽음을 벽장 속에 가두어 버리고 현세의 까르페 디엠에 몰두한다.

우리 시대에서 죽음은 크레이스Jim Crace의 소설 『사후*Being Dead*』에서 묘사되듯 루크레티우스적 죽음관이다. 바리톤 만에서 불의의 강도 살인을 당한 주인공 조셉과 첼리스는 불행히도 "떠나갈 영혼도, 지옥행 마차도, 그들의 타락한 영혼을 화염지옥으로 끌고 갈 창백한 말도, 또는 그 황금빛 날개에 걸맞지 않게 소박하게 그들을 안식, 재결합과 영원으로 태워 줄 거룩하게 치장한 천상의 사자도"(15) 기대할 수 없다. 그들은 "부드러운 과일이었고 보드라운 육체에 머물렀을" 뿐이다. "그들은 살덩어리였고 우리도 완전 살덩어리이며 그러니까 우리 모두는 고깃덩어리이다"(15). 이내 곧 고깃덩어리를 구성했던 원자들은 각기 자신의 고유 화학원소인 마그네슘, 인, 칼슘으로 환원될 것이다. 영혼과 신은 인간의 꿈이 빚은 신기루에 지나지 않는다.

따라서 신성한 영혼과 육체가 분리되고 영혼의 여행이 출발하는 시점이 죽음이라는 종래 "신성한 죽음관"은 종교 신자들에게나 통용되는 가설이다. 베케트의 분신이라고 할 수 있는 말론은 "기독교적 덕성, 유혹에 대한 저항, 상시적 기도에 의존하기, 죽음의 불가피성과 미만성에 대한 부단한 성찰"(Tonning 109) 등을 통해 죽음을 맞는 것이 아니라 『게임의 종말』의 햄이 주절대듯 한바탕 게임으로 죽음을 조롱하고 있다. 시간 때우기와 놀이 외에 웃음도 죽음으로 향해 가는 인간 존재Sein-zum-Tode에 대한 부조리적 반응이다. "웃음 가운데에도 엄격히 말하여 웃음이 아닌 경우가 있다. 짖어대는 양태로 존재하는. 세 가지만 잠시 떠올려 보면 가령 쓴웃음bitter laugh, 허탈한 웃음hollow laugh, 그리고 파리한 웃음mirthless laugh"(*Watt* 47)으로 분류된다. 이 웃음들에 베케트는 위계질서를 부여한다. 파리한 웃음은 허탈한 웃음이, 그리고 허탈한 웃음은 쓴웃음이 각각 발전 심화된 경우이다. 부조리 웃음의 초보 단계인 쓴웃음은 선하지good 않은 대상에 대해 짓는 도덕적 웃음이고, 허탈한 웃음은 참true이 아닌 대상에 대해 짓는 지적인 웃음이며, 마지막으로 파리한 웃음은 "웃음 중의 웃음으로", "철학적 웃음dianoetic laugh"이다. 이 철학적 웃음은 "웃음에 대해 웃는 웃음으로… 불행한 것에 대해 웃는 웃음"(*Watt* 47)이다. "불행보다 더 우스운 건 없어요"(18)라고 외치는 『마지막 유희』의 넬의 웃음이 바로 철학적인 웃음이며 베케트 전 작품을 통해 가장 의미심장한 웃음이다.

이처럼 베케트의 문제는 인간존재 곤경human predicament of existence의 비극적 딜레마에서 벗어나 에피쿠로스나 루크레티우스처럼 개운하게 살 수 없다는 데 있다. 그렇다고 소크라테스나 에픽테토스처럼 절대자나 제우스 신에 의탁하여 구도 생활을 영위할 수도 없는 형편이다. 자연과학적 유물론이 우리 시대의 지배적 이데올로기로 등극한 지는 이미 오래 전이다. 따라서 앞에서 언급한 네 가지 죽음의 양상에서도 알 수 있듯이 이 화두에 골몰하는 베케트에게 삶은 죽음보다 고통스럽다. 이처럼 티모르 모르티스의 베케트적인 변용과 굴절이 그의 작품 속에 재현되어 있는 것이다.

베케트 작품 속 주인공들의 삶은 죽음의 잿빛으로 온통 둘러싸여 있다. 죽음의 문제가 해결되지 않으면 마치 변비걸린 사람처럼 그들은 계속 그들은 화장실을 떠나지 못하고 그 속을 들락날락해야만 하는 이치와 마찬가지이다. 자궁무덤화 과정이나, 메멘토 모리나, 현세를 내세로 대체하는 재현행위는 모두 20세기적 죽음에 대한 베케트의 대응이다. 베케트는 이렇게 말하고 싶을지 모른다. 자본주의의 무한한 욕망추구 와중에 죽음을 잠시 망각하고 신나게 보내다 말년에 느닷없이 들이닥친 험상궂은 추수꾼의 낫질에 새파랗게 질린 부르주아들에게 네가 평생 추구해 온 삶은 삶이 아니라 죽음이었다고. 진정한 삶은 그런 망각과 회피, 그리고 무명blindness의 삶이 아니라 죽음보다 더 고통스러운 투쟁의 연속으로서의 삶이라고. 톨스토이가 『참회록』에서 벌인 의식의 각성을 위한 투쟁처럼.

베케트는 평생 죽음의 그림자와 드잡이질해 왔다. 죽음으로부터 구원해 줄 고도를 기다리며 럭키의 입을 빌려 신의 무관심을 은근히 나무라기도 하는 한편, 삶을 죽음으로 가는 과정으로 파악하여 삶을 향락하는 세속애에 대해 코웃음을 친다. 그러면서도 신의 존재에 대해 냉소적인 자신의 태도에 대해 철학적인 웃음을 터트린다. 그런 의미에서 죽음에 대한 베케트의 딜레마적인 태도는 아리에가 주장한 추악한 죽음과 중세식의 티모르 모르티스를 극복하는 방식이다.[27]

27 그러나 베케트의 죽음을 진정한 의미에서 긍정적 유토피아적 비전으로 보는 이론가들이 있다. 아도르노(Theodor W. Adorno), 크리츨리(Simon Critcheley), 웰러(Shane Weller) 등 소위 죽음의 정치성을 주장하는 비평가들이다. 그중 아도르노가 대표적이다. 결국 자본주의와 전체주의에 대한 니힐리스트적 부정이 오히려 강력한 정치성을 띤다는 역설을 내세운다. 그는 "영지주의자나 베케트에겐 이 창조된 세계는 근원적으로 악이며 대체할 세계는 아직 도래하지 않았다. 그리고 세상이 현재 그대로인 한 모든 화해, 평화, 정숙의 풍경들은 죽음의 풍경일 수밖에 없다"(Adorno, *Negative Dialectics* 381). 아도르노는 『「마지막 유희」 독법』과 『부정적 변증법』에서 베케트가 동일자의 법칙에 기초한 관리된 전체주의 사회를 문체와 내용, 양 측면에서 죽음의 폐허로 재현함으로써 그 폐허 속에서 유토피아, 즉 비동일자의 법칙과 화해하는 세계를 제시했다는 점에서 매우 정치적으로 본다. 따라서 베케트의 죽음의 문학적 재현은 매우 긍정적이며 미래 지향적인 메시지를 담고 있다는 것이다. 웰러도 외견상 베케트 미학의 핵심을 이루는 고독의 숭배(apotheosis of solitude)도 결국 고독한 원자들의 "조합(combinations)"이 역설적으로 오히려 "우리가 감각으로 지각하는 사물들을 생성시키"도록 유도한다고 믿는다(Burnet 36 재인용).

2부

죽음의 공포와 죽음의 상기

3장 죽음의 공포와 인간적 극복

4장 죽음의 상기: 죽음의 무도의 문화사

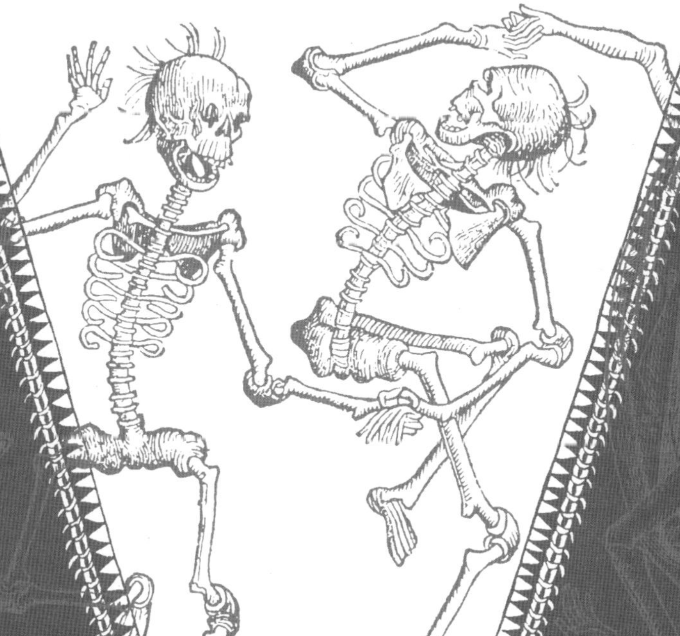

✣ 3장 ✣

죽음의 공포와 인간적 극복

개똥밭에 굴러도 이승이 좋다는 속담이 있다. 라 퐁텐(1621-1695)의 「죽음과 나무꾼」이라는 우화에도 삶에 대한 애착이 잔뜩 배어 나온다. 찢어지게 가난한 한 늙은 나무꾼이 나무 한 짐을 잔뜩 지고 집으로 내려오는데 "장작과 세월의 무게에 짓눌려" 신음이 새어 나오고 비척거리는 걸음으로 겨우 움막집에 이르렀다. 다리가 후들후들 떨리고 어깨가 빠질 것 같아 나뭇짐을 잠시 내려놓고 신세타령을 한다. 도대체 태어나서 무슨 영화를 한시라도 누려 본 적이 있었던가? 이 세상에 자신처럼 사고무친으로 외롭게 자란 사람이 또 어디 있단 말인가? 끼니를 거른 적이 그 얼마며, 다리 쭉 펴고 한시라도 쉬어 본 적이 있었나. 마누라, 자식새끼들, 징발 군인들의 강제 노역, 빚, 인두세 등등 저주받은 삶의 결산이란 게 이 모양 이 꼴인 것이다. 그리하여 더 이상 살고 싶은 생각이 없어 죽음을 불렀다. 죽음이 "뭐 아쉬운 것이라도 있으시오?"라고 묻자, 대답인즉슨 "내가 필요한 건"이라고 입을 떼고는 "이 나뭇짐을 등에 좀 올려 주시오"라고 황급히 둘러대고 말았다(*Enright* 37 재인용).

죽음에 대한 공포는 나무꾼은 물론, 왕후장상, 심지어 영적 삶을 영위하는 수도승에 이르기까지 한평생 목에 걸린 맷돌이다. 그걸 벗겨

내는 훈련은 쉽지 않다. 영국 사이언 수도원Syon Monastery의 휫포드Richard Whitford란 신부가 『일상 훈련과 죽음체험*A Daily Exercise and Experience of Death*』(1534)이란 책을 지었는데 죽음의 공포를 극복하는 방법에 대해서 이렇게 말했다. 임종 시 일어나는 영혼과 육체의 분리에 대해서 영혼과 육체는 평생 일짝꿍(marrows: "작업 동료"에 대한 영국 북부 지방의 사투리)으로서 유배지에서 임무를 공동으로 협력하여 수행해야 하는데, 이제 임종 시 영혼과 육체가 분리되어 각자 자기의 가정으로 돌아갈 수 있으니 얼마나 기뻐하겠느냐고 한다.

죽음은 모든 사람에게 어김없이 아무 차별 없이 찾아오지만 각자의 삶의 조건과 그것을 즐기는 방식과 태도는 천차만별이다. 라퐁텐의 나무꾼이 지옥 같은 육체적 고난에서 벗어나는 길이 죽음이지만 마지막 순간 그래도 삶에 매달린다. 수도승 휫포드에게도 삶은 부단한 영적 단련과정이며 이를 위한 금욕, 번민, 좌절과 고행의 과정일 것이다. 그리하여 그의 삶도 영혼과 육체가 작업동료로서 치열한 작업을 하는 곤고한 삶이다. 탄광의 예를 들면 영혼과 육체가 막장 동료 광부이면 채굴이 끝날 무렵 울리는 작업 종료 조종 소리에 탄가루와 땀방울로 얼룩진 얼굴이지만 각자 하얀 이빨을 드러내며 환한 미소를 떠올릴 것이다. 이제 영혼과 육체는 작업복을 벗고 각자 사랑스러운 가족이 기다리는 따뜻한 가정으로 귀가를 하면 된다. 굳이 어둡고 축축하고 탁한 막장에 남아 있으려고 생떼를 쓰는 사람이 오히려 이상하다.

그러나 현실은 그렇게 단순하지 않다. 대부분 죽음에 대한 극도의 두려움을 지니고 있다. 우나모노Unamono는 『삶의 비극성*The Tragic Sense of Life*』에서 아래와 같이 처절한 심정을 토로한다.

> 나는 죽고 싶지 않아. … 아니야 죽고 싶지도 않으며 죽고 싶어 하고 싶지도 않아. 나는 오래오래 무궁무진 오래도록 살고 싶어. 나는 바로

> 이 "나", 현재 나로서 지금 여기 존재한다고 느끼는 이 불쌍한 "나"가 살기를 바라. 그러기에 내 영혼의, 내 자신의 영혼의 지속의 문제가 나를 고문하고 있어.
> (60)

죽음에 대한 공포는 피를 얼어붙게 한다. 그러나 그 반대편의 영생불사가 반드시 삶의 이상적인 모습인 것 또한 아니다. 보르헤스Jorge Luis Borges의 「영생불멸The Immortal」이란 단편은 그 문제점을 드러내 준다.

> 죽음(또는 그에 대한 인유)은 인간들을 고귀하고 비감하게 만든다. 그들이 활동하는 건 그들이 환영 같은 존재이기 때문이다. 그들이 실행하는 모든 행위는 언제든지 지상에서 마지막 행위일 수 있다. 꿈속에서 본 얼굴처럼 어느새 흔적도 없이 사라지지 않을 얼굴은 없다. 유한한 존재들 사이 모든 것은 되돌릴 수 없음과 아슬아슬함의 가치를 갖고 있다. 불멸의 존재들에겐 반대로 모든 행위(그리고 모든 사고)는 과거 선행하는 다른 사고나 행위의 메아리에 지나지 않는다. 가시적인 시작도 없이, 현기증 날 정도로 미래에 그걸 되풂이할 것이라는 또 다른 것들에 대한 충실한 예고에 지나지 않는다. 끊임없이 겹쳐지는 거울들의 미로 속에서 길을 잃고 헤매는 느낌이 들지 않을 수 없다. 단 한 번 일어나는 일은 없다. 어느 것도 아슬아슬함의 값어치를 지니지 못한다. 엘레지 풍의 진지하고 의식을 치르는 행위는 영생불멸자들에게는 소용없다.
> (Scarre 54 재인용)[1]

1 차펙(Karel Čapek)의 작품에 나오는 불멸의 여주인공 마크로풀로스(Elina Makropulos)도 결국 영생불사의 괴로움을 견디지 못해 342살의 나이에 영생불로약 복용을

보르헤스나 차펙의 돌출적인 발언에도 불구하고 죽음의 공포는 삶에 대한 애착과 동전의 앞뒤를 이루면서 인간의 삶에 가공할 만한 파괴력 혹은 창조력을 발휘하고 있다. 생자필멸인 만큼 삶에 대한 인간의 애착은 더욱 강해진다. 인류 역사를 통하여 삶의 애착은 단순히 소모적이고 파괴적인 본능에 그치지 않고 이 숙명성finitude, mortality을 극복하려는 생산적인 노력인 철학, 문학, 종교, 예술적 노작으로 형상화되어 전승되었다. 이러한 작품이나 사상에 드러난 생자필멸의 극복 태도는 다양하다. 첫째, 필멸 자체를 인간의 기본 조건으로 받아들이고 더 이상 기대를 하지 않는 태도이다. 에피쿠로스나 현대 과학자등 대부분의 유물론자들의 태도이다. 둘째, 필멸을 인간의 무지나 오만에서 비롯한 것으로 보고 종교적 신념으로 극복하려는 태도, 셋째, 필멸을 예술적 승화로 극복하여 불멸에 이르는 자세, 넷째, 생자필멸의 조건을 오히려 내면 계발과 발전의 계기로 삼아 죽음의 공포를 변증법적으로 극복하는 실존주의 태도 등이 그것이다.

첫 번째 태도는 이 책의 1부 영혼과 구원의 문제, 특히 에피쿠로스, 루크레티우스의 사상에서 찾아볼 수 있으며, 두 번째 종교적 비전에 의한 생자필멸의 극복은 이 책 2부 3장 죽음의 공포와 인간적 극복에서 개진되며 특히 1절 로제티의 내세적 상상력 부분에서 로제티의 시를 통한 죽음의 극복과정이 밝혀질 것이다. 아울러 2-3절에서 예술성과 신비주의를 통한 승화 과정이 다루어질 것이다. 즉 예술을 통한 불멸화 작업은 셰익스피어 소네트 분석을 통해 이루어질 것이며, 기독교적 신비주의 태도는 톨스토이의 『고백록』, 단편 「이반 일리치의 죽음」과 「주인과 하인」에 드러난 죽음관을 중심으로 논의할 것이다.

중단하며 죽음을 맞는다.

예술성과 인간의 필멸은 얼핏 보기에 서로 관련이 없는 듯 보인다. 그러나 죽을 운명을 타고 태어난 인간의 생존 조건과 인간의 불멸에 대한 욕망은 정면으로 대립하며, 이 둘의 갈등이 야기하는 긴장이 바로 예술 창작의 원천이 되어 왔다는 사실은 부인할 수 없다. 바꾸어 말하여 인간이 이 지상에서 불멸을 누리고 있다면 예술, 철학 또는 종교가 이 세상에 존재했을까? 소크라테스가 말했듯, 죽음이란 화두에 대한 질문과 사고가 바로 철학자의 평생 본업이고 기독교의 경우도 에덴동산에서 아담과 이브가 추방당하면서 내려진 죽음이란 천벌로부터 구원받아 하나님의 품에서 영생을 누리기 위해 종교를 믿는 것이다. 이처럼 종교, 예술, 철학의 영역에서 죽음이란 인간 조건은 역설적으로 모든 인간 창조 활동의 원천으로 작용하고 있다.

위대한 문학 작품도 거의 예외 없이 죽음의 문제를 정면으로 다룬다. 좀 과장해서 얘기하여 작가들은 죽음의 그늘에서 벗어나기 위해 창작에 몰두한다. 이 언술은 두 가지 의미를 지니고 있다. 우선 작가는 매일매일 다가오는 죽음의 발자국 소리에 귀를 막기 위해 창작에 정신없이 몰두한다. 둘째, 비록 작가 자신의 생물학적 존재는 유한하여 시간의 낫질에 베어나가 흔적도 없이 사라지지만 자신의 정신적 복제품인 작품은 시간의 파괴력을 초월하여 후세에까지 영원히 전승된다. 이처럼 죽음의 공포에서 창작을 하든 자신의 정신적 불멸성을 증명하기 위해 작품을 후세에 남기든 죽음이란 화두는 예술 창작의 원천이 됨을 부인할 수 없다.

1. 로제티의 내세적 상상력: 현세부정과 애착의 변증법적 발전

1) 들어가는 글

베케트의 『모든 추락하는 것들*All That Fall*』에 등장하는 피트 양Miss Fitt은 길거리에서 이웃을 만나도 인사를 할 줄 모른다. 루니 부인Mrs. Rooney이 그 이유를 묻자 그녀는 말한다.

> 나는 나의 창조주와 단둘이 지냅니다. … 사람들은 나를 두고 말들 하죠, 저기 그녀가 가네, 창조주와 단둘이 지내는 음울한 피트양이, 모른 척 지나가요. … 사실 나는 **넋이 나갔어요**, 루니 부인, **넋이 송두리째 빠진 거예요**. 보고 듣고 냄새를 맡는 등 느끼면서 일상을 지내 오긴 하지만 내 마음은 딴 곳에 가 있어요. … 내 눈에 들어오는 건 큼직하게 푸르스름한 안개덩어리, 으레 부딪히는 큼직하고 푸르스름한 안개덩어리일 따름이에요.
>
> (Beckett, *CSP* 183 필자 강조)

세상이 온통 "큼직하게 푸르스름한 안개덩어리"로 다가와 형체를 분간 못하니 몸이 비록 지상에 머무르고 있어도 자신은 사실상 부재한/넋이 나간not there 존재라고 황망하게 대답한다. 피트 양을 사로잡는 것은 오직 하나님과 그가 다스리는 세계일 뿐, 이 세상살이는 사후의 복된 세계로 가는 여행 도중 간이역에서의 머무름에 지나지 않는다.

로제티(Christina Rossetti, 1830-1894)도 65여 년을 수녀 아닌 수녀로 보내면서 온통 내세에 대한 비전을 시로 형상화하였다. 몸은 현세에 처한 상태에서 마음은 내세에 거주하고 있으며 그 사이에 흐르는 강은 넓

고도 깊다. 강 건너 피안彼岸의 신성한 빛에 둘러싸인 화사한 봄 풍경을 바라보면서 차안此岸의 황량한 겨울 풍경 속에 갇혀 죽음이란 축복이 올 때까지 대기 상태에 머물러야 하는 로제티의 넋 나간 심정은 가히 절망적이었을 것이다.

로제티의 시는 따라서 겨울나기의 기록이다. 『열 두 달이 벌이는 종교극과 기타 시*A Pageant and Other Poems*』(1881)에 실린 「만년Later Life」이란 소네트 연작시 중 19번은 이승의 겨울 풍경에 대한 묘사이다. 인생의 황혼기에 접어든 로제티는 젊은 시절 한때 보여 주었던 세상사의 허망함이란 고정관념을 극복하고 이승이 인간이 전혀 견딜 수 없는 혹한의 겨울일 수만은 없다는 보다 성숙한 인식으로 나아간다. 이 시에서 묘사되듯이 이승은 "미리 짐작했던 것보다는 덜 황량한" 곳이다.

느낄 수도 없이 미미한 햇살을 받은 담쟁이가 뻗어 가는
내 정원 담벼락을 아직도 잎과 딸기들이 치장하고 있다.
아직도 여기 새순 저기 꽃봉오리가
바야흐로 벙글어질 듯 로빈은 아직도 노래를 멈추지 않았다.
잎사귀와 꽃송이, 과일들, 그리고 즐거운 노래 한 곡은 여전히
남아 있다.

Still leaves and berries clothe my garden wall
Where ivy thrives on scantiest sunny beam;
Still here a bud and there a blossom seem
Hopeful, and robin still is musical.
Leaves, flowers and fruits and one delightful song
Remain;
(*CP II*, "Later Life": Sonnet 19, 146)[2]

그러나 곧 "서리는 만물을 심판하는 봄날에 대비하여 강한 자들을 더욱 튼튼하게 하면서 나약한 자들은 꺾어 버린다Frost nips the weak, while strengthening still the strong/Against that day when Spring sets all to rights"(*CP II*, "Later Life": Sonnet 19, 146). 지상에서 살아가는 동안 이승의 달콤한 유혹을 물리치고 신앙적으로 견인주의를 견지한 자들은 겨울나기 후 한층 더 강해져서 저세상에서 구십춘광을 누리는 지복을 선사받게 된다. 하지만 현세적 쾌락에 빠져 허우적대는 자들은 겨울나기를 게을리 한 대가로 봄 시샘 서릿발의 징벌을 받아 꽃도 피워 보지도 못하고 스러지고 만다.

이 절은 로제티의 내세관에 초점을 맞추어 현세에 대한 태도, 현세에서 내세로 넘어 가는 길목인 죽음에 대한 태도, 그리고 사후 내세의 비전 등을 분석한다. 역사상 인간의 상상력으로 빚어낸 최고의 내세관은 단테의 『신곡』에서 구체화된다. 중세 기독교의 내세관이 고스란히 반영된 이 걸작에서 단테는 현세의 인간행적이 죽음과 동시에 죄와 축복으로 판결되어 각각 지옥Inferno, 연옥Purgatorio, 천국Paradiso으로 분리 수용되는 과정과 원리를 치밀하게 보여 준다. 현세에서 저지른 악행은 고스란히 축적되어 지옥으로 빠지는 죄업으로 자동변환되는데, 그 형벌의 양상과 죄업의 성격은 친연성affinity을 지니고 있다. 가령 길흉화복에 대한 점을 치거나 예언을 한 비성서적인 점술가나 예언자는 세상사의 미래에 대한 무지의 죄를 지었다. 앞을 내다보지 못한 상태에서 혹세무민한 죄업을 지었으므로 얼굴이 등 쪽으로 향하도록 목을 비틀어 놓았다. 그리하여 그리스 현인이며 예언자인 타이레시우스Tiresius조차도 여덟 번째 지옥계에서 발은 앞으로 나가지만 눈은 뒤로 향한 채 지척

2 시 인용 텍스트는 *The Complete Poems of Christina Rossetti A Variorum Edition Vol. I, II, III*. Ed. R. W. Crump (London: Louisiana State UP, 1979). 이하 *CP I, II, III*와 시 제목, 그리고 면수를 표시한다.

지척 거꾸로 나아가며 눈물은 등골을 타고 흘러 엉덩이 부분을 적시고 있다. 호레이스는 동정하는 단테를 향해, "하나님의 심판을 수동적 행위로 받아들인 자보다 더 불경한 자들이 어디 있는가who can be more impious than he/who links God's judgment to passivity?"(Canto XX 29-30)라고 꾸짖는다.

로제티의 내세관은 물론 단테처럼 일목요연한 우주관과 세밀한 디테일을 지니지 못하고 소박한 인식에 머무르고 있다.[3] 오히려, 그녀의 내세 그림은 완성도 되기 전 본인의 회의에 의해 끊임없이 덧칠이 가해지곤 하였다. 신앙적 삶의 뼈대를 이루는 금욕과 경건이란 두 바퀴가 내세를 목표로 줄기차게 굴러가고 있었지만 목표 집착이 부과하는 지나친 하중으로 수레가 잠시 멈춰 서는 경우도 있었다. 즉, 엄숙한 경건과 반대편에 있는 가벼운 현세의 감각적 쾌락에 대한 끌림을 고백하는 시를 때때로 우리는 만나게 되는 것이다. 그러나 역설적으로 그녀의 시는 회의하고 의심한 만큼 신앙고백devotional성에서 벗어날 수 있었고 다행히도 벗어난 그만큼 휴머니즘적 진실에 가까워졌다고 할 수 있다. 그 결과 그녀의 시는 종교적 비전에 의해 구축된 단일 가치체계의 협소한 신앙고백에 그치지 않고 구체적이면서도 보편적인 인간의 심성을 건드리는 문학 작품으로 거듭나게 된 것이다. 다시 말하여 내세에 대한 초월적 희구와 인간적인 현세에 대한 애착이 끊임없는 대립항을 이루며 그녀의 시적 구조에 변증법적인 긴장을 부여한다.[4]

3 그녀의 구체적 내세관은 특히 어머니에 대한 애도와 사후 축원의 의미로 요한계시록을 시적논평하고 있는 『대양의 표면(*The Face of the Deep*, 이하 *FD*)』(1892)에 단편적으로 묘사되어 있다. 윌리엄스(Isaac Williams)의 강론에서 영향을 받은 이 논평 시집에서 로제티는 단테가 보여 주는 심판과 징벌보다는 자비와 사랑의 예수를 부각시킨다. 전통적인 죽음의 이미지인 낫을 휘두르는 험상궂은 추수꾼(Grim Reaper)이 아니라 "거둬들인 알곡을 가슴에 품어 안는 추수꾼(the reaper embraces and draws to his bosom that good grain which he cuts down)"(*FD* 364)인 예수의 모습을 그리고 있다.

4 물론 이 찢어지는 긴장은 셸리(Shelley), 하이네(Heine), 횔덜린(Hölderlin) 등의 시편

로제티의 시편들을 현세부정과 현세애착의 변증법적 발전이란 측면에서 조명하면 크게 세 부류의 시편들을 관찰할 수 있다. 첫째, 현세부정, 즉 인생무상이란 주제가 지배적인 시편들, 둘째, 현세에 미련을 두는 마음이 은연히 또는 노골적으로 드러나는 시편들, 마지막으로 현세부정과 현세애착이 변증법적으로 결합되어 하나의 완성된 내세관을 보여 주는 완숙기의 시편들을 들 수 있다.

2) 현세부정과 내세 희구

로제티의 현세부정은 일체 세상사가 허망하다vanity of vanities라는 성경적 가르침에 기초하고 있다. 그런 의미에서 전도서 첫 장은 로제티 현세부정의 시편들의 바탕 무늬를 이룬다.

> (전 1:2) 전도자가 이르되 헛되고 헛되며 헛되고 헛되니 모든 것이 헛되도다.
> (전 1:3) 해 아래에서 수고하는 모든 수고가 사람에게 무엇이 유익한가?
> (전 1:4) 한 세대는 가고 한 세대는 오되 땅은 영원히 있도다.

> 2: Vanity of vanities, saith the Preacher, vanity of vanities; all is vanity.
> 3: What profit hath a man of all his labour which he taketh under the sun?

을 지배하는 낭만적 아이러니(romantische Ironie)의 또 다른 변종일 것이다. 셸리의 「서풍부(Ode to the West Wind)」에 나오는 "인생의 가시덤불에 넘어져 피 흘린다(I fall upon the thorns of life! I bleed)"란 현실과 이상의 괴리에 대한 낭만적 절규가 로제티의 경우엔 현세와 내세의 괴리에 대한 영성적 비탄으로 형상화되는 것이다.

4: One generation passeth away, and another generation cometh: but the earth abideth for ever.

(Ecclesiasticus Ch. 1: lines 2-4)

그 허망함의 근저에는 죽음이란 회피할 수 없는 숙명이 가로놓여 있다. 오틀링거Claudia Ottlinger도 이 둘의 관계에 대하여 언급하면서 지상의 "시간적 순환"과 기독교의 "영원한 순환"을 대비시키며 로제티의 시학을 설명한다.

> 지금까지 거론된 바에 따라 결론을 내리면 지상에 믿음을 두는 희망이란 모두 죽음이란 가공할 만한 무력 앞에 절망으로 떨어질 수밖에 없다. 따라서 로제티의 중심 모티프 중 하나는 기독교의 영원한 순환이란 궁극적 담보와 대비된 인생의 시간적 순환의 무상함이다.
>
> (54)

그런 의미에서 「단 하나 확실한 것One Certainty」은 전도서의 시적 변용이다. 이 시에서 로제티는 성경의 직설적인 화법에서 벗어나 상투적이며 소박하나마 자연물의 비유를 들어 인생무상의 메시지를 전달한다.

일체가 허망하다. 눈과 귀는
자기가 보고 들은 것으로 채워지지 못한다.
아침 이슬처럼 일진 미풍처럼
시드는 풀잎처럼
인간은 희망과 두려움으로 뒤척인다.

All things are vanity. The eye and ear

Cannot be filled with what they see and hear.
Like early dew, or like the sudden breath
Of wind, or like the grass that witherth,
Is man, tossed to and from by hope and fear:
(*CP I*, "One Certainty" 72)

일체계공에 대한 비유물은 "아침 이슬", "일진 미풍", "시들어 가는 풀잎"이다. 그럼에도 불구하고 희망과 두려움으로 뒤척이고 "긴긴 죽음의 먼지the long dust of death"로 화할 때까지 낙도 없는 삶을 견뎌 나가는 존재가 바로 인간이다. 여기서 거론된 자연물들은 우리 일상에 매우 친숙한 사물들이며 이미 케케묵은 상투어에 불과하다. 그러나 그녀의 시는 성경이 갖는 소박한 기품을 지니고 있다.[5]

5 로제티 시가 지닌 이 소박함과 상투성은 20세기에 들어와 치명적인 약점으로 작용하게 된다. 가령 유사한 영성시(spiritual poetry)라도 홉킨스(John Manley Hopkins)의 시는 20세기 신비평가들에 의해 극찬된 반면 로제티의 시는 거론조차 되지 않는 수모를 겪었다. 70년대 이후 페미니즘 미학, 신역사주의, 문화 비평이 대두되면서 그녀의 시는 재조명을 받고 있긴 하지만 문학 작품으로서의 평가는 아직도 미지수로 남아 있다. 돌이켜 보면 신비평의 모더니스트 미학이 반드시 영원 보편한 잣대가 될 수 있는지도 궁금해진다. 물론 새로운 감수성을 계발하는 것은 시의 핵심적인 요소인 창조적 상상력의 영역에 속하지만 영성시의 성격상 소박하면서도 친밀한 비유가 현란한 시적 장치가 아닌 생활과 밀착된 이미지로 오히려 대중들에게 보다 절실한 감동을 불러일으킬 수 있다고 본다. 다시 말하여 문학을 전문업으로 하는 지식계층이 아닌 일상을 살아가는 일반인들에겐 요령부득인 홉킨스의 참신하고도 심원한 비유의 비상보다 로제티 시의 일상에 밀착된 상투성이 더욱더 어필할 수 있을 것이다. 결국 신비평도 현대 자본주의 발전 단계의 노동 분화, 전문성 강조 등의 특정 시대적 이데올로기의 소산이며 이러한 흐름은 시문학의 난해화, 귀족화, 비인간화 흐름으로 이어졌다고 이해될 소지가 있는 것이다. 1895년 당시 『내셔널 리뷰(*The National Review*)』에 실린 벤슨(Arthur Christopher Benson)의 시평처럼 로제티의 시는 조오지 허버트(George Herbert)의 '정교한 기상(conceit)'도 리차드 크라쇼(Richard Crashaw)의 '필사적으로 도입된 미사어구(desperate euphemism)'도 없는 '균형 잡힌 단순함'이 돋보이는 것이다(Charles 40 재인용). 비유뿐만 아니라 어휘의 소

일체가 허망하다면 지상의 것은 모두 포기해야 한다. 처녀로서 로제티가 포기해야 하는 가장 중차대한 인생사는 결혼이다. 「초상화A Portrait」란 시에서 시적 화자는 처녀 서약을 한다.

꽃다운 처녀 시절 아름다움을 포기했네.
모든 희망과 즐거움과 쾌락을 버려 버렸네.
허망한 것들을 보지 못하도록
눈을 가리고 쓰디쓴 진실을 선택했네.
…
(이윽고) 하늘이 열리고, 나는 이들을 버리고 떠나네.
신랑이 부르길, 내 신부여 머무르길 원하오?

She gave up beauty in her tender youth,
Gave all her hope and joy and pleasant ways
She covered up her eyes lest they should gaze
On vanity, and chose the bitter truth.
…
Heaven opens; I leave these and go away;
The bridegroom calls – "shall the Bride seek to stay?"
(*CP I*, "A Portrait" 122).

박미도 사이먼(Arthur Symon)이 주장하듯 그녀의 "짧고 해묵은 색손 어휘들"(Charles 56 재인용)을 통해 잘 드러나고 있다. 로제티에 대한 홀대와 허버트나 홉킨스에 과도한 관심을 쏟은 신비평의 적실성에 대한 논쟁은 맥간(Jerome J. McGann)의 글 참조(McGann 128-30).

크리스티나 로제티(Christina Rossetti)

시인의 처녀 서약은 피상적인 인식이나 경박한 젊음의 객기에서 내려진 맹세는 아니다. 삶의 아름다움과 환희에 대한 부정과 포기로 일관하지만 이 시편들은 세상살이의 허무함에 대한 직정적인 푸념에 그치지 않고 현세의 아름다움과 생의 환희의 순간을 포착하면서 그 대비선상에서 그럼에도 그들은 덧없다는 시적 종결로 대부분 마무리된다. 가령 남녀 간의 사랑은 인류 지고의 아름다움이며 미덕이다. 아무리 변전무상한 지상에서 맺어지고 유한한 존재들끼리 맺어지는 사랑일지라도 사랑은 영원한 아름다움의 원형으로 인류에게 각인되어 왔다. 이 지상의 사랑이 갖는 순간적 아름다움과 열락에 대해 로제티는 깊이 공감하는 한편, 그 허망함을 동시에 통찰하고자 한다.

23세의 처녀로서 수시로 죽음의 방문을 받고 전율하는 한 처녀가 죽음에서 자유로이 한낮의 밝음을 만끽하는 한 쌍의 연인을 보면 부러운 마음이 솟아나는 건 너무도 당연하다. 자연의 이법은 모두 쌍을 이루고 있으며 모든 자연물도 다 제 짝을 짓고서 사랑을 구가하고 있다.

한 줄기 가지에 나란히 앉은 한 쌍의 비둘기
　　외줄기에 피어난 한 쌍의 백합꽃
꽃 한 송이에 앉은 한 쌍의 나비
　　그들을 바라보고 있는 자들은 행복하리라.

손을 마주 잡고 그들을 바라보는 자들
　　장밋빛 여름 햇빛에 상기되어
손을 맞잡고 쳐다보고 있는 자들
　　밤이 온다는 생각은 꿈에도 하지 않고.

Two doves upon the selfsame branch,
　　Two lilies on a single stem,
Two butterflies upon one flower: —
　　Oh happy they who look on them.

Who look upon them hand in hand

Flushed in the rosy summer light;

Who look upon them hand in hand

And never give a thought to night.

(*CP I*, "Song" 44)

하나는 불완전하며 둘은 완벽하다. 사랑은 둘이 하나로 된 조화 harmony이다. "한 줄기selfsame" 가지, "외a single"줄기나 꽃 "한 송이one"에 상이한 "한 쌍의two" 비둘기, 백합꽃, 나비가 하나가 되어 조화롭게 앉아 있거나 피어 있다. 그러나 지상에 머무르는 동안만 잠시 조화된 하나일 뿐, 이 쌍은 각기 따로 둘이 되어 시간의 파괴력에 허물어질 존재들이다. 이들 유한한 존재는 스스로 영원의 길을 찾아야 한다. 이 찰나적 합일에 도취되어서는 안 된다. 이 생물들처럼 행복을 즐기는 건 일시적 착각이다. 최소한 인간은 나비와는 달리 존재의 유한성을 인식하는 능력을 지니고 있기 때문이다. 이 시에 등장하는 연인은 "장밋빛 여름 햇빛에 상기되어" 쌍쌍의 자연물들이 구가하는 사랑이 영원으로 이어질 것이란 착각에 빠져 있다. 그러나 밤은 어김없이 찾아온다. 세상은 영원히 지속되는 봄도 한낮도 아니며 현세의 사랑은 영원한 약속이 되지 못한다.[6]

6 보다 정확하게 기술하면 "일체 세상사의 허망함"이란 사고는 당시 극단적인 고행주의자인 푸시(Edward Bouverie Pusey)의 영향이다. 그는 영성의 건강과 능력을 증진하고 단련시키기 위해 일체 세상사의 물질적 혜택과 안락을 포기하는 원칙을 실천해 나갔다. "그의 현세포기주의는 극단에까지 이르러 자신의 가족의 정신적·육체적 건강을 심하게 해쳤다. 그의 아내 마리아와 그의 아이들은 과도한 단식과 변변치 못한 식사로 거의 아사지경에 이르렀다"(Palazzo 7). 푸시는 그럼에도 불구하고 "육체의 학대(mortification of the flesh)"를 고집하면서 "우리 방식이 온전한 의미를 가지려면 세상 방식과는 정반대가 되어야 한다"고 부인을 설득했다(Palazzo 7 재인용).

아직 사랑을 해 보지 못했고 평생 동안 두 번 받은 사랑의 프로포즈도 종교적인 이유로 거절을 한 로제티는 사랑의 상태에 빠질 수 있는 준비는 되어 있었다. 그리하여 꿈속에서 이상적인 연인과 사랑에 빠진다. 그러나 그 사랑의 결합을 방해하는 요소는 항상 현세의 유한성과 내세에 대한 공포였다. 꿈속에서 연인과 사랑을 하면서도 항상 보다 큰 존재의 인기척을 느낀다. 로제티의 강박관념은 현세의 사랑은 결국 매나 독수리의 날카로운 발톱 아래 한시적으로 지속되는 연애일 뿐이라는 사고이다. 언제라도 저 하늘 높이 빙빙 돌고 있는 매가 아래로 쏜살같이 낙하하여 낚아채 올라가 버리면 현세의 사랑은 그것으로 끝이다. 현세사랑의 취약성을 「날개 위에서On the Wing」란 시는 이렇게 노래하고 있다.

언젠가 꿈속에서(단 한 번 당신에 대한 꿈을 꾸면서)
우리는 탁 트인 벌판에서 나란히 서 있었어요.
우리 머리 위로 두 마리 비둘기가 경쾌한 날갯짓으로 원을 그리고 있었죠.
마음 놓고 즐기며 다 드러내놓고 사랑을 속삭이고 있었죠.
훨씬 더 높은 곳에서 검은 점이 점차 커져 오더니
아래로 쏜살같이 덮쳐 오며 포악한 매 한 마리가 모습을 드러내었죠.
싸우기엔 역부족이고 날아서 도망가기엔 너무 연약해 날개를 접었죠.
자, 그 순간, 안녕, 삶이여, 사랑이여 새로운 기쁨이여.
그러자 땅에 흩뿌려져 떨어지는 그들의 깃털들
그들의 백설 같은 깃털들은 선홍빛 핏방울로 얼룩이 지며
나는 울었어요. 그리고 당신 쪽으로 고개를 돌렸는데
당신은 어디론가 사라졌어요: 바람에 몸을 맡겨 사각대는 관목 숲
우듬지가 전해 주는 소리는

저 멀리 애처롭게 울부짖는 새끼 양과 양들의 울음소리만.

Once in a dream (for once I dreamed of you)
We stood together in an open field;
Above our heads two swift-winged pigeons wheeled,
Sporting at ease and courting full in view,
When loftier still a broadening darkness flew,
Down-swooping, and a ravenous hawk revealed;
Too weak to fight, too fond to fly, they yield;
So farewell life and love and pleasures new.
Then as their plumes fell fluttering to the ground,
Their snow-white plumage flecked with crimson drops,
I wept, and thought I turned toward you to weep:
But you were gone: while rustling hedgerow tops
Bent in a wind which bore to me a sound
Of far-off piteous bleat of lambs and sheep.
(*CP I*, "On the Wing" 138)

자신의 사랑을 매의 발톱 아래 무참하게 난자당하는 비둘기의 사랑에 비유하면서 로제티는 현세의 사랑을 포기해야 한다.

현세의 무상함에 대한 메타포는 시인의 시력이 완숙해지면서 상투성을 벗어나 오묘한 경지를 열어 간다. 가령 생명력과 아름다움, 그리고 인생 기획이 모두가 "발광을 하면서도 온기를 싣지 못한 반딧불 Glow-worms that gleam but yield no warmth in gleaming"(*CP II*, "Till Tomorrow" 101)과 다를 바 없다고 시인은 노래한다. 또한 허망한 삶은 신기루이며 시적 화자 자신은 깨어진 술잔에 지나지 않는다. 깨어졌기에 영혼을 위한 물한 방울도 담을 수 없고, 따라서 자신을 불 속에 던져 넣어 녹여서 예수님에게 올리는 성배로 새롭게 빚어지길 화자는 기도한다.

내 인생은 깨어진 술잔처럼
내 영혼을 위해 물 한 방울,
파고드는 냉기를 물리칠 감로주 한 방울도
담지 못하는 깨어진 술잔.
망가진 물건을 불 속에 던져 넣어
용해하고 재주조하여
나의 왕 주님을 위한 성배로 될 때까지.
주 예수여 내 잔을 들이키십시오.

My life is like a broken bowl,
A broken bowl that cannot hold
One drop of water for my soul
Or cordial in the searching cold;
Cast in the fire the perished thing,
Melt and remould it, till it be
A royal cup for Him my King:
O Jesus, drink of me.
(*CP II*, "A Better Resurrection" 68)

영생이란 관점에서 보면 이 세상은 역설적이게도 모든 생명이 다 동면하는 혹한이거나 만물이 다 잠든 한밤중이다. 새로운 천상의 봄과 새벽은 사후에 찾아오니 이 지상의 겨울과 밤을 무사히 월동하고 철야하라고 하나님은 교시한다. 이처럼 철저한 현세부정은 교회 팜플렛주의Tractarianism 기조의 옥스퍼드 운동Oxford Movement의 영향에 기인한다.[7] 노클스Peter Benedict Nockles의 정의에 따르면 이 신앙 강령은 "일차적으로 정신력이며 육체적·세속적 욕구에 대한 고행적 극복과 자기 부정을 통해 성스러움을 추구하는 노력"(Nockles 184)을 강조한다.

이러한 금욕적 태도는 항상 자신의 욕망과 행동에 대한 감시와 질책으로 나타난다. 조금이라도 영적 수련을 소홀히 하거나 일상의 즐거움에 빠지면 곧 참회를 하게 된다. 「이브의 딸A Daughter of Eve」(*CP I* 208-9)에서 누구보다 금욕적으로 살아 온 35살의 로제티조차도 자신이 인생의 "한낮에at noon" 잠에 빠져 버렸고 "한기가 감도는chilly" 밤에 깨어난 바보라고 자책한다. 그리고 "장미꽃을 너무 빨리 따 버린 바보/백합을 꺾어 버린 바보A fool to pluck my rose too soon,/A fool to snap my lily"라고 자신을 질책한다. 그리하여 신앙의 "채마밭plot-garden"을 가꿀 시기를 놓쳐 버려 그 밭은 황폐해지고 말았다고 후회하며 "대성통곡을 한다I weep as I have never wept". 신앙생활에 용맹정진해야 할 여름을 허송세월로 보내고 갑자기 겨울이 들이닥쳐 그제야 정신이 번쩍 들어 깨어 보니 맞을 준비도 안 된 새봄이 코앞에 다가와 있다. "희망이고 뭐고 모든 걸 송두리째 빼앗기니Stripped bare of hope and everything" 더 이상 웃을 일도 노래할 일도 없어 홀로 슬픔에 젖어 있다고 시인은 한탄한다.

반드시 교회 팜플렛주의의 가르침이 아니라도 이미 천국의 비전을 일별한 로제티에게 현세의 삶은 고단한 수고로움이다.

7 로제티를 교회 팜플렛주의로 연결시키는 팔라조(Dinah Roe Palazzo)의 설명에 의하면 "교회 팜플렛주의 시학은 옥스퍼드 운동(1833-1841)에서 형성되었으며 이 운동은 옥스퍼드 오리엘 대학의 종교 지도자에 의해 시발되었다. 그들은 『시대를 위한 팜플렛(*Tracts for the Times*)』이란 종교 소책자를 정기적으로 발간하여 영국 성공회에 의해 오랫동안 폐기되었던 종교 의식의 복원을 주창하였다"(Palazzo 11).

우리가 영위하는 이 삶이 도대체 무엇인지
무엇이 아닌지 숙고해 보면, 얼마나 힘든 수고와 고통을 겪으며
잠시도 쉬지 않고 내세울 만한 아무런 소득도 없이
현세가 결코 채워 줄 수 없는 굶주림에 시달리며
우리 마음의 반쪽을 갈대 한 줄기에 의지하여
애도해도 소용없어 잃어버린 보화를 애통해하지도 않는다.
잃어버린 보화를 아끼지만 우리의 위안을 위해
다시 찾아오고 싶어 하진 않는다.

When we consider what this life we lead
Is not, and is: how full of toil and pain,
How blank of rest and of substantial gain,
Beset by hunger earth can never feed,
And propping half our hearts upon a reed;
We cease to mourn lost treasures, mourned in vain,
Lost treasures we are fain and yet not fain
To fetch back for a solace of our need.
(*CP II*, "Later Life": Sonnets 25, 149)

즉 현세의 삶이 허망한 꿈을 쫓아가는 것이라면 진정한 희망을 위해 그들이 "소중히게 품었던 사랑을" 되찾아 와야 하는데, 누구도 그 고통과 희생이 싫어 감히 시도하지 않는다고 자신의 게으름과 비겁함을 질책한다.

그러나 그 "잃어버린 보물"을 되찾아 오기는 쉽지 않다. 그건 숨을 헐떡이며 올라야 할 오르막길이다. 세상에는 수많은 내리막길이 지천으로 널려 있는데 굳이 가파른 오르막길을 택할 필요 없다. "마치 한

쌍의 귀여운 비둘기가 서로 희롱하느라 가지에 앉을 새도 없듯이⋯ 두 발을 공중에 붕붕 떠다니며to float on/The air like soft twin pigeons too sportive to alight" 세상애*amor mundi*에 넋을 잃고 내리막길을 내달리면 되는 것이다. 시적 화자도 엉겁결에 따라나서나 이내 불길한 전조를 예감한다. 그리고 소리쳐 보지만 때는 늦었다. "네가 밟고 있는 이 익숙한 길이 바로 지옥으로 연결되는 통로인 것 같애This beaten way thou beatest I fear is hell's own track"라고 하자 상대방은 "어쩌겠어요, 언덕을 오르기는 너무 가파르고, 글쎄요, 돌아가기엔 너무 아깝고. 이 내리막길은 편안한데, 되돌아갈 길은 끊어졌네요Nay, too steep for hill-mounting; nay, too late for cost-counting/This downhill path is easy, but there's no turning back"(*CP I*, "Amor Mundi" 214).

이처럼 로제티의 현세부정의 시편들은 일체허망이라는 성경적 깨우침을 밑그림으로 하고 그 위에 채색된 그림들이다. 초·중기의 일반/세속시편general poems 속에 분류된 허망의 시들은 성경에서나 찾아볼 수 있는 소박하고도 친밀한 이미지로 깊은 감동을 불러일으킨다. 이에 비해 영성시devotional poems들은 지나치게 종교적인 신앙과 교훈에 편중되어 몇몇을 제외하고는 상투적이고 딱딱한 설교 이상의 호소력을 갖지 못한다. 따라서 이 절에서 다루는 시들은 대개 세속시편에 속하는 작품들이다.

3) 현세애착과 미련

로제티의 시가 영성시나 후기의 시적논평 등을 통하여 신앙고백에 치우친 것은 사실이지만 설교 일변도의 종교시는 아니다. 희귀하나마 그녀의 시편 속에는 생의 향락*carpe diem*이나 현세애착의 경향도 섞여 있으며 이러한 시편들이 그녀의 시세계에 대한 보다 복합적이고 심층적인 조명을 요구한다. 현세애착의 시라고 불릴 수 있는 이 시들은 두 가지 종류로 나뉜다. 첫 번째 경우는 사후 세계, 엄밀하게 구분하면 죽음과 최후 심판까지 무덤 속에서 머무르는 일종의 유예 기간에 대한 불확신과 현세에 완전히 등을 돌리지 못하는 미련을 그리고 있다. 이 기간에 시적 화자는 반의식 상태에서 현세와 내세의 양쪽을 모두 인지할 수 있는 존재, 즉 영혼 귀환자revenant로 존재한다. 이 영혼 귀환자는 양면적 시각을 가진 시적 화자로서 현세에 대한 독특한 평가를 내린다.[8]

두 번째 경우는 현세의 감각적 쾌락의 추구에 강한 집착을 보이는 경우이다. 이들 시편에서 시적 화자는 올지 모르는 미래의 내세를 막연히 기다리기보다 차라리 현세적 삶에 빠져서 한 세상을 보내 버리길 원한다.[9] 그러나 대부분의 비평가들은 그녀의 회의와 현세 미련이란 가설을 인정하지 않는다. 암과 투병하던 말년 가장 가까운 지인으로 옆에서 지켜본 벨Mackenzie Bell도 로제티가 자기에게 선사한 시구 "믿음은 높이 쳐든 하얀 백합과 같다Faith is like a lily lifted high and white"에서 보이듯이 "전

8 로젠바움(Dolores Rosenbaum)은 이 양면적 시각을 장치함으로써 로제티는 "그녀의 영성시가 종교적 히스테리에 의해 고취될 정도로 협소한 단일 키의 재능"(xv)이라는 자신의 치명적 약점을 극복할 수 있다고 평가한다. 그러나 로젠바움은 양면적 관점을 여성적 존재 방식의 문제제기로 해석한다. 그리하여 로제티는 "여성이 자신을 '타자'로, 특히 보여지는 대상으로 체험하게"(xv) 한다고 주장한다. 이러한 해석은 70년대 이후 로제티 시의 재조명 작업에 있어 활발한 페미니즘 내지는 문화 분석에서 두드러진다. 그러나 필자는 굳이 이러한 재해석 작업이 아니더라도 양면적 응시는 로제티에 대한 전통적 해석의 틀에서 그녀의 내세/현세를 둘러싼 내면적/신앙적 갈등이란 측면으로 충분히 설명될 수 있다고 본다.

9 다미코(Diane D'Amico)는 로제티 시의 현세 향락/애착 경향을 인정하지 않는다. 그녀는 빅토리아 시대, 특히 1870년 무렵, 종교적 회의로 점차 전환하는 시대 풍조가 로제티에게는 전혀 영향을 미치지 않았다고 주장한다. "로제티는 이러한 전환기류에 전적으로 저항했다. 실제로 이 기간에 그녀의 직업 생활과 영성 생활은 완벽하게 융합되었고 그녀는 타의 추종을 불허할 정도의 종교 시인이 되었다"(D'Amico 147). 특히 후기로 갈수록, "그녀는 종교적 회의 시대에 하나님은 사랑이라고 변함없이 노래한 시인으로 남았다"(D'Amico 149).

생애를 통해 그녀는 다가오는 천년지복에 대해 한 점의 의심도 품지 않았다. 여행을 출발하면서 여행자가 목적지의 존재에 대해서 의심하지 않듯이"(190). 오틀링거Claudia Ottlinger도 로제티가 "사후 삶의 확실성에 대해서 단 한 번도 의심해 본 적이 없다고… 그리고 사후 삶과 부활, 그리고 최후 심판일에 대한 전통적인 믿음을 포기한 적이 없으며 수많은 시에서 이를 표현해 왔다"(138)라고 단호하게 주장한다.

이처럼 로제티 시의 주류 비평은 일종의 향락주의적 경향의 시편에 대해서 주목하지 않았다. 물론 그 편수가 과작이라서 그렇기도 하겠지만 이 시편들에 대한 소홀한 관심은 로제티의 시학에 대한 온전한 평가를 상당 부분 왜곡시키고 있다. 어쨌든 부인할 수 없는 사실은 시인 자신이 내세에 대한 확신이 흔들린다든지 목전의 현세적 안락이나 쾌락에 안주하거나 유혹되는 경우 현세애착의 시편들이 창작되었다는 것이다.

① 영혼 귀환자의 현세애착

현세애착 또는 미련의 시편들은 영혼 귀환자라는 화자를 도입하여 사후 유예기간의 체험을 그린 시와 현세애착을 생의 향락주의 모티프의 변주로 노래한 시 두 종류로 나뉜다. 사후 유예기간을 그린 시들 중 비교적 초기의 시 「노래song」(*CP I* 58)(22)의 화자는 죽은 뒤 연인에게 슬픈 애도가도 부르지 말고 장미도 사이프러스 나무도 심지 말라고 한다. 그리고 자기 무덤 위에 소나기와 이슬로 젖은 파란 잔디가 되어 달라고 청한다. 그리고 기억하고 싶으면 기억하고 잊고 싶으면 잊어 달라고 한다. 무덤 속에서는 사이프러스 그늘도 보지 못하고 비도 느끼지 못할 것이며 피를 토하는 나이팅게일 노래도 듣지 못하고 지지도 떠오르지도 않는 황혼 속에 꿈꾸며 어쩌면 기억할지도 어쩌면 까먹을 수도 있을 것이라고 한다. 이 무덤 속의 내세는 당시 기독교에서 주장하는 최후의 심판까지 무덤 속에서 보내는 반의식半意識 상태를 묘사하고 있다. 18세의 로제티에겐 이 유예기간의 망자가 현세의 치열한 사랑을 기억할지 자신이 없다.

이처럼 로제티에게 사후세계는 항상 천상의 빛으로 충만한 곳은 아니다. 영혼은 비록 깨어서 주위를 살피고 지각을 하지만 때로는 갈망이 사후 천국으로 향하기보다 두고 온 이승에 대한 애착으로 변질되기도 한다. 「밀폐Shut Out」(*CP I* 56)란 시에서 화자는 내세, 즉 무덤 속 삶을 감옥소 생활에 비유한다. 그리고 담장 너머 세상, 방금 떠나온 세상은 꽃, 나비, 새들이 어우러져 생명력과 환희로 가득 찬 자신의 정원이다.[10] 무덤에 밀폐된 고독한 영혼 귀환자는 간수에게 꽃봉오리 하나만 꺾어 달라고 하지만 간수는 묵묵부답이다. 다시 그렇다면 나뭇가지 하나만이라도 꺾어 달라고 하자 간수는 대답도 하지 않고 정원으로 뚫린 벽의 구멍을 모두 막아 버리고 담장을 벽돌로 더 높여 버린다.

> 문은 닫히고 쇠창살 사이로
> 보니 그것이 눈에 들어온다.
> **나의 정원이, 내 것이** 하늘 아래
> 이슬을 머금은 형형색색의 꽃들과 푸르름으로 꾸며져서
>
> 이 가지에서 저 가지로 새들은 노래하며 옮겨 다니고
> 니방이와 나비는 이 꽃 저 꽃을 탐하고
> 우람찬 나무들 새둥우리를 하나씩 품고
> 그건 **내 거였는데** 이젠 잃어 버렸다.

10 존스(Kathleen Jones)는 이 정원을 천국에 딸린 정원으로 해석하여 영혼 귀환자가 지상에서도 고독하게 지냈는데 "천국에서도 이브처럼 추방당했다"(72)고 설명한다.

그림자 없는 혼령이
무덤처럼 꿈쩍도 하지 않고 멍하니 대문을 지킨다.
문틈으로 내려다보며 말하길 "**내 쫓겨난 심정**을 달래기 위해
꽃봉오리 단 몇 개라도 꺾어 주셨으면"

그는 대꾸하지 않았다. "그게 안 되면
숲이나 나무에서 작은 가지 하나라도 꺾어 주셔서
내가 다시 돌아올 때까지
나를 기억하라고 **내 집**에게 일러 주었으면"

그 혼령은 말없이 벽을 쌓을
모르타르와 돌을 들고는
안달 내는 **내 눈이** 들여다볼
벽 구멍이란 구멍은 크건 작건 모두 막아 버렸다.

그리하여 나는 여기 홀로 외로이
눈물이 앞을 가리나 이젠 비탄에 잠길 수도 없다.
내 사랑스러운 땅이 사라진 후
주위에 돌아볼 만한 풍경은 남아 있지 않으니.

The door was shut. I looked between
Its iron bars; and saw it lie,
My garden, *mine*, beneath the sky,
Pied with all flowers bedewed and green;

From bough to bough the song-birds crossed,

From flower to flower the moths and bees;
With all its nests and stately trees
It had been *mine*, and it was lost.

A shadowless spirit kept the gate,
Blank and unchanging like the grave.
I peering through said: 'Let me have
Some buds to cheer *my outcast state*.'

He answered not, 'Or give me, then,
But one small twig from shrub or tree;
And bid *my home* remember me
Until I come to it again.'

The spirit was silent; but he took
Mortar and stone to build a wall;
He left no loophole great or small
Through which *my straining eyes* might look:

So now I sit here quite alone
Blinded with tears; nor grieve for that,
For nought is left worth looking at
Since *my delightful land* is gone.
(*CP I*, "Shut Out" 56-7 my emphasis)

현세애착을 강조하기 위해 시인은 **"나의 정원"**, **"내 것이"**라고 소유격을 되풀이 사용하며 각 연마다 **"내 거"**, **"내 집"**, **"내 쫓겨난 심정"**, "안달 내는 **내 눈"**, **"내 사랑스러운 땅"** 등 소유격을 유난히 강조하며 현세에서의 소유 집착에 대한 미련을 강조하고 있다.

「사후After Death」(*CP I* 37-8)도 사후 의식이 명료한 가운데 혼령 귀환자가 산 자의 행동을 관찰하며 기록한다. 사후 영혼의 존재를 믿는 시인이 현재 살아 있는 상태에서 상상 속 사후 행동을 예측해 보는 것이다.

커튼이 반쯤 드리우고 꽃은 치워지고
급히 뿌려진 탓에 로즈메리랑 산사나무 꽃이
내가 누운 침대 위에 수북이 쌓여 있다.
그 위로 격자창을 통해 담쟁이 그림자가 기어갔다.
그는 내 위로 몸을 기울였다. 내가 잠들어
그의 말을 못 들을 거라 생각하고, 그러나 나는 들었다.
'불쌍한 애야 불쌍한 것' 그리고 몸을 돌렸을 때,
깊은 정적이 흘렀다. 나는 그가 울고 있음을 알았다.
그는 수의에 손도 대지 않고 내 눈을 가린
가리개를 들춰 보지도 않았고 내 손을 잡아 보지도 않았다.
내 머리를 받친 부드러운 베개도 뒤척여 보지 않았다.
살아 있을 때 나를 사랑하지 않더니 죽고 나니
그는 나를 동정했다. 나는 차가운데
그가 아직 따뜻한 마음을 지니고 있다는 걸 아니 정말 감사하기 그지 없다.

The Curtains were half drawn, the flower was swept
And strewn with rushes, rosemary and may
Lay thick upon the bed on which I lay,

Where through the lattice ivy-shadows crept.
He leaned above me, thinking that I slept
And could not hear him; but I heard him say:
'Poor child, poor child:' and as he turned away
Came a deep silence, and I knew he wept.
He did not touch the shroud, or raise the fold
That hid my face, or take my hand in his,
Or ruffle the smooth pillows for my head:
He did not love me living; but once dead
He pitied me; and very sweet it is
To know he still is warm though I am cold
(*CP I*, "After Death" 37-8)

시적 화자는 육체의 옷을 벗고서 내세로 홀가분하게 떠날 수는 없는 상태이다. 삶에 대한 미련이 남아 있기 때문이다. '그'라는 인물은 현세에 대한 미련의 대상이며 대부분의 비평가들이 추정하듯 애인일 수도, 아니면 아버지일 수도 있다. 따라서 이 시를 감상하는 관건은 '그'라는 존재의 확인이며 또 하나는 왜 혼령 귀환자를 시의 화자로 설정했는가이다. 적지 않은 비평가들이 전기적 사실과 연결시켜 '그'를 당시 사귀고 있던 콜린스James Collins로 지목한다. 필자는 그러한 추론이 로세티의 영성적 체험에 대한 피상적 관찰에서 비롯된 것이며, 따라서 연인이나 신부님, 아버지 등 현세적 인물이 '그'가 될 수 없다고 본다.[11]

11 레이놀즈(Reynolds 1999)의 크리스테바의 비루함(abjection) 개념에 기대는 해석은 매우 흥미롭다. 이 시에서 화자는 새로운 타자로서의 여성성으로 태어나기 위해 비루한 자신을 죽음으로 몰고 간다. 그리하여 마지막 세 행에서 로제티의 "'나'

이 시는 자신의 불철저한 신앙에 대한 자책감의 산물이며 따라서 '그'는 주 예수를 가리킨다고 본다. 이러한 독법에 따르면, 로제티에게 있어서 겨울나기인 현세 건너가기는 매우 지난한 작업이었고 수시로 일어나는 회의와 번뇌로 그녀에게 화창한 봄날의 지복 천 년은 무망해 보인다. 하늘나라의 심판은 "강한 자들을 더욱 튼튼하게 하면서 서리는 나약한 자들을 꺾어 버"리기 때문이다. 그러나 마음속 깊이 주 예수는 그토록 무정한 사람이 아닐지 모른다는 믿음이 숨어 있다. 그리하여 자신이 주 예수의 기대에는 못 미치지만 열심히 겨울나기를 하면 죽어서 예수가 나타나 내 몸은 비록 "차가와"졌지만 그 "따뜻한" 사랑으로 자신을 "가엾게" 여길 것이라 믿고 싶어 한다. 주 예수가 심판이 아니라 사랑이라는 사실을 깨닫는 건 "정말 감사하기 그지없는very sweet" 신의 은총이 아닐 수 없다. 결국 이 시는 시인 자신의 강박관념인 보다 엄격한 신앙생활을 추구하지 못한 데 대한 회한과 예수의 사랑에 대한 염원이란 복합 감정을 잘 형상화한 작품이다.

사후 존재에 대한 해석은 로제티 비평가들에게 매우 흥미로운 작업이었다. 벌링슨Kathryn Burlinson의 주장처럼 "삶과 죽음 사이를 부유하거나 사후 입장에서 발언하는 화자들을 형상화함으로써 로제티는 많은 비평적 논란을 야기했다"(22). 맥간은 로제티의 사후 귀환자의 일종의 꿈의 비전에 대해 심리적·문화적 해석을 시도한다. 즉, 현세 허망의 심리적 보상으로 당시 기독교 교리 중 하나인 죽음과 최후 심판일 사이의 일종의 영혼 영면Soul-Sleep을 도입하였다. 그리고 그 상태에서 비로소 시인은 당시 "꿈의 비전dream vision"이란 시적 서술 장치로 자신의 욕망을

는 그녀를 명명하는 아버지로부터 분리되어 타자로 된다"(Reynolds 10-1). 맥스웰(Maxwell 1995)은 종부성사 시 고해장면이며 신부님으로 해석한다.

투사할 수 있다는 것이다(McGann 135-9).[12]

벌링슨 자신은 이러한 서술기법을 디킨슨Emily Dickinson, 브론테Emily Brontë 등 여류 작가들의 미적 기법과 마찬가지로 "의미심장한 문화적 개입"으로 본다. 즉, "그것은 마치 이들 작가들이[에밀리 디킨슨, 에밀리 브론테, 로제티] 주류 문학 풍토에 직면하여 체험했던 '주변부로 밀려나기'가 하나의 미적 전략으로 세공되어 문화적으로 한계를 지닌 체험을 극단적인 효과를 가져올 정도로 과장하는 것이다"(27).

대부분의 문화 분석가나 페미니스트들이 벌링슨처럼 로제티의 사회적·문화적 주변성에서 비롯된 서술적 전략으로 영혼 귀환자의 화자 기법을 해석하는 데 반해, 리이톤Angela Leighton은 신앙적 실존 차원에서 이 기법을 분석한다. 그녀에 의하면 "무덤의 꿈 같은 여명 세계는 신학적인 안식처가 아니라 의심으로 믿음이 흔들리는 회의적이고 불안한, 어중간한 영토이다"(375). 리이톤의 회의적 시각에서 한걸음 더 나아가서 로제티의 영혼 귀환자를 해석하면 그는 시인의 현세적 욕망이 투사된 화자로 볼 수 있다.

육체의 집에 갇힌 존재로서 로제티는 현세는 물론이거니와 내세에 대한 비전도 투명하게 그릴 수 없다. 투명한 비전을 갖고자 하는 염원은

12 영혼 영면에 대한 보다 자세한 논의는 라이톤(Leighton 1990), 마샬(Marshall 1987), 맥스웰(Maxwell 1995), 왈드만(Waldman 2008) 참조. 특히 왈드만(Suzanne Waldman)은 사후 귀환자를 라깡의 거울 신기루(specular mirage) 개념에 연결시켜 "외부라고 느꼈던 타자와의 교류와 접촉에 대한 확신이 사실상 내부적으로 생성된 사랑의 거울 신기루"(15) 현상임을 "Death Chill Between" 분석을 통해 보여 주고 있다. 그녀의 라깡적 해석에 따르면 사랑에 있어서 현세/내세주의의 충돌은 에로스적 사랑(erotic love)을 "예수를 향한 영성적 사랑(devotional love for Jesus)"으로 승화시키는 과정에서 필수적으로 일어나는 현상으로 본다. 즉, "그녀의 상상적 욕망을 충분히 승화시키기 위해선 그녀의 상상적 리비도를 해체구성하고 그녀 자신을 상징적 담론 속으로 방산시켜야 하기 때문이다"(28). 그 과정에서 죽음은 바로 결혼식이 된다.

현세적 자아의 목소리로는 불가능하다. 현세의 자아는 육체의 감관기관에 의해 사로잡힌 포로이며 술 취한 취객과 다름없기 때문이다. 육체의 감각소여에 기초하여 판단하는 삶을 영위하면, "영혼도 변전무상의 세계에 들어와 방황하고 혼돈에 빠지게 되고, 세상은 빙글빙글 돌고 영혼은 술 취한 듯 비틀거린다"(*Phaedo* 113)라고 소크라테스는 영혼의 세속적 오염 가능성에 대해 경고한다. 보다 객관적이고 명증한 판단을 내리려면 따라서 죽음을 거쳐 다른 세계로 옮겨 가야만 한다. 그리하여 시인은 시적 화자를 육체의 허물을 벗은 어중간한 존재로 설정한 것이다.

활동하는 영혼 귀환자와는 달리 실내, 특히 침대에서 부동의 자세로 관찰하는 영혼도 자주 등장한다. 실제로 죽음의 체험에 대한 두려움은 그녀로 하여금 때로는 꿈의 상태에서 죽음을 간접체험하게 해 주었는지 모른다. 죽음의 침상에서 벌어지는 정경은 그다지 고양된 분위기는 결코 아니다. 그녀의 영혼은 비상할 준비가 되어 있는데 그녀의 친지들은 주위 침상으로 몰려와 애도를 하고 자신은 애도의 대상이 되어 관찰의 주체가 된다.

마지막 작별 인사를 보내기엔 아마 너무 혼수상태이겠지.
옆에서 위안을 주기엔 너무 불안에 떨고 있고
오랜 병고의 시간을 거치느라
그저 지켜볼 수밖에 없이 안쓰러운 회환의 풍경일 거야.

Too dulled, it may be for a last good-bye,
Too comfortless for any one to soothe,
A helpless charmless spectacle of ruth,
Through long last hours.
(*CP II*, "Later Life": Sonnet 27, 150)

시적 화자는 스스로 죽음을 주관적으로 체험하지 않고 자신의 죽음과정을 객관화시켜 묘사하고자 한다. 따라서 죽어 가는 자의 의식은 침상 주위 관찰자의 의식 속으로 감정이입된다. 즉 자신이 아닌 그들의 공포, 죽음 장면에서 "아하! 그녀의 침상에 어느 성자도 축하하려 오지 않는구나"라는 깨달음에 이르는 걸 오히려 죽어 가는 자가 역으로 관찰자를 관찰한다. 그리고 그들이 자신이 죽은 뒤 "마침내 소원을 달성하지 못하고 지복의 관을 쓰지 못하리라고May miss the goal at last, may miss a crown" 확신을 굳히는 걸 지켜본다. 결국 자신의 천년지복이 불가능하리라는 불안감을 애도 행위자에게 투사하는 서술 장치로 사후 귀환자를 이용하는 것이다.

이상으로 무덤에 매여 있어 수동적인 상태에서 단지 보고 들으면서 관찰하는 영혼 귀환자를 살펴보았는데 때로는 밀폐된 공간에서 벗어나 현세의 인연이 맺힌 곳으로 이동하여 지켜보는 영혼 귀환자도 있다. 「밀폐」, 「사후」와는 달리 「집에서At Home」는 이동하며 활동하는 사후 영혼을 그리고 있다.[13]

죽고 나서 영혼이 자신이 살았던 집을 방문한다. 오렌지 나무 아래 펼쳐지는 친구들의 야외 파티는 바야흐로 무르익어 가고 있다. 포도주 잔을 돌리고 복숭아 주스를 마시며 노래하고 웃고 떠들며 흥청

13 「집에서」는 사후 존재를 집중적으로 다룬 7편의 혼령시 중의 하나이다. 이 시 외에도 "The Hour and the Ghost", "A Chilly Night", "A Bird's Eye View", "The Poor Ghost", "The Ghost Petition", "Goblin Market" 등이 포함되어 있다. 오틀링거는 이런 귀환 혼령시 경향을 당시 낭만주의의 고딕 전통에 연결한다(91). "A Chilly Night"에서는 모녀 간의 의사소통이 이루어지지 못하는 안타까움이 그려져 있다. 시적 화자의 어머니 눈동자는 텅 빈 상태에서 딸을 볼 수 없고 입을 움직여 말을 하나 그 음성은 들리지 않는 안타까운 상황이 벌어진다. 연인 간의 사이를 그린 "The Poor Ghost"와 "The Ghost's Petition"에서는 죽음 행위에 대한 상이한 해석으로 의사 불통을 겪는다. 귀환 혼령들은 모두 미망의 연인들이 보여 주는 지나친 상심과 애도 행위를 비난한다.

대는 분위기이다. 꾸밈없이 정다운 대화들이 오고 간다. 누군가가 "'내일 인적 없는/해변의 모래사장을 발이 시리도록/몇 마일이고 한 번 걸어 보자'/또 누군가가 '조수가 바뀌기 전에 모래사장이 다 우리 차지일 거야'Tomorrow we shall be/Plodding along the featureless sands/And coasting miles and miles of sea/Said one: 'Before the turn of tide/We will achieve the eyrie-seat'"라고 하고 또 어떤 이는 "내일도 오늘과 별반 다르지 않을 거야, 훨씬 즐거울 거야Tomorrow shall be like/Today, but much more sweet"라고 한다.

현세를 다시 방문한 사후 영혼은 정작 섭섭해한다. 이미 그녀는 친구들에게 "어제"의 존재로 소외되었고 그들은 발목이 시리도록 생을 구가하며 썰물로 끝 간 데 없이 펼쳐진 모래사장을 조망하며 "내일 그리고 오늘"만을 축하하며 만끽하기 때문이다. 요절한 그녀와는 달리 그들 삶은 "환한 햇살을 받은 정오full at blessed noon"였고 그녀는 절대 소외감과 슬픔의 한기로 온몸을 부르르 떨고 있다.

나는 허전하여 몸을 떨었다. 그러나
테이블 보 위로 냉기를 흩뿌리진 않았다.
모두에게 잊혀진 존재로 온몸을 떨었다. 머무르기엔
슬프고 떠나버리기는 너무 싫고.
사랑하는 이들을 두고 세상을 떠난 나는
단 하루 더 지체한 손님의 기억을 떠올리며
정든 방을 나선다.

I shivered comfortless, but cast
No chill across the tablecloth;
I all-forgotten shivered, sad
To stay and yet to part how loth:

I passed from the familiar room,

I who from love had passed away,

Like the remembrance of a guest

That trarrieth but a day.

(*CP I*, "At Home" 28)

이처럼 정지된 상태에서 관찰하건, 이동하건 귀환 영혼들은 양면적 시각을 가지고 현세를 되돌아본다. 이러한 시적 화자의 설정은 현세를 살아가는 로제티의 자의식의 산물이며 자신의 신앙에 대한 부단한 성찰의 한 형태이다. 즉, 마음을 피안으로 완전히 옮겨 놓았다고 확신할 때 그 반동으로 일어나는 차안에 대한 미련을 귀환 혼령자의 목소리로 극화시키고 있는 것이다.

② 현세애착

사후 존재가 갖는 현세에 대한 미련 외에도 현세적 목소리로 지상의 삶에 대한 애착을 직접적으로 표현한 경우도 있다. 일평생 동안 로제티는 현세를 즐기지 못했다. 현세의 즐거움은 내세의 괴로움이고 현세의 고행은 내세의 축복을 가져온다고 믿었기 때문이다. 항상 그녀를 집요하게 따라다닌 고정관념은 "만약if 현재 우리의 삶이 모두 신기루라면, 진짜 삶은 죽음 이후에 펼쳐진다면"이라는 가정이었다. 그러나 때로는 그 가정에서 벗어나 세상을 있는 그대로 받아들이고 마음을 들판에 방목하고 싶은 충동이 불쑥불쑥 솟는 것이다. 「또 한 번의 봄Another Spring」은 바로 이러한 인간적인 충동을 그리고 있다.

또 한 번의 봄을 맞을 수 있다면—

오, 내 과거에 대해 따끔하게 일러 주리라.

항상 "만약에"로 나의 지난날들은 끝장나 버렸다고.
또 한 번의 봄을 맞을 수 있다면
오늘 나는 실컷 웃으리, 오늘은 짧으니,
아무 것도 기다리지 않으리. 다만
스쳐 지나가 버릴 오늘을 붙잡고
오늘을 즐기며 노래하리라.

If I might see another Spring—
Oh stinging comment on my past
That all my past results in 'if'—
If I might see another Spring
I'd laugh to-day, to-day is brief;
I would not wait for anything:
I'd use to-day that cannot last,
Be glad to-day and sing.
(*CP I*, "Another Spring" 48)

경건, 고행주의에서 갑자기 헤도니스트로 변신한 로제티는 이 시에서 찰라 향락주의를 주장한다. 화자는 1연에서 철이 바뀌도록 기다려야 하는 여름 꽃을 심는 어리석음을 되풀이하지 않을 것이며 비록 잎이 없지만 크로커스나, 연분홍 메제란이나 속잎에 쌓인 앵초 등 초봄에 순식간에 개화하는 꽃들을 심을 것이라고 약속한다. 2연에서는 여름날 짝 없이 한밤중에 피를 토하는 나이팅게일보다 봄날 자웅 쌍쌍이 짝을 찾으며 날아다니는 한낮의 새들 노래를 듣겠다고 하면서, 마지막 연에서 비로소 나의 모든 과거가 "만약에"로 항상 귀착되고 말았다는 사실에 후회막급하며 부싯돌에 튀기는 불꽃처럼 짧은 오늘을 놓치지 않고 마음껏 웃고 노래하지 더 이상 하냥 기다리는 삶을 살지는 않겠다고 맹세한다.

갓 스물을 넘은 시인은 생의 활력이 넘쳐흐르는 여름을 추스르지 못한다. 마음속으로는 인생이 겨울나기라고 곱씹고 있지만 바깥세상은 만발한 장미와 창공을 솟구치는 새의 노래로 가득한 한여름이다. 장미에게 "그대의 멋진 삶을 실컷 누려라,/이슬에 젖은 아름다운 장미여./그대의 저녁 이슬을 털어 버려라./날이 화창할 때/다시 새로 맺히기 위해/즐거움을 주는 게 너의 존재 이유가 아니던가Live all thy sweet life thro',/Sweet Rose, dew-sprent,/Drop down thine evening dew/To gather it anew/When day is bright:/I fancy thou wast meant/Chiefly to give delight" 한다. 비록 장미에게 말을 걸지만 사실은 자신에게 건네는 말이다. 죽음과 내세에 대한 차갑고 어두운 생각의 이슬에 젖어 있는 자신의 처지를 되돌아보는 것이다. 그리하여 "오, 나도/저 꽃처럼 살았으면/자신의 가지에서/나비와 벌을 위해 자신의 여름 아침들을 피어 올리는/나도 내 시간을 피워 올렸으면/가시가 박힌 장미이지만 Oh that it were with me/As with the flower:/Blooming on its own tree/For butterfly and bee/Its summer morns:/That I might bloom mine hour/A Rose in spite of thorns"(*CP I*, "A Summer Wish" 42-3). 시인은 인간의 숙명을 안다. 이슬은 털어 낼 수 있지만 몸에 박힌 생자필멸mortality이란 가시는 뽑아낼 수 없다는 걸. 그럼에도 불구하고 지난밤 어둡고 축축한 기억을 털어 버리고 여름 아침 이슬을 머금고 있는 장미처럼 바야흐로 펼쳐질 대낮의 축제에 참석하고 싶은 것이다.

결혼을 하여 가정을 꾸려 나가면서 현세의 즐거움을 누렸으면 하는 바람이 「새의 노래A Bird Song」에 나타난다. 화자는 지난여름 제비로 인해 풍성해진 여름을 그리워한다. 다시 여름이 돌아와 "한 마리 제비가 날아들면 그의 짝도 뒤쫓는다./앞서거니 뒤서거니 빙빙 돌며 어지럽게 원무한다Come one swallow, his mate follow,/The bird-race quicken and wheel and thicken". 여름이 풍성한 까닭은 바로 이 제비들이 벌이는 사랑의 유희와 자손을 퍼뜨리는 행위 때문이다. 화자는 부러움으로 탄식한다. "오 행복한 제비여/짝이 하늘 위로 계곡 아래로 뒤좇아 가니! 나도 제비가 되어/이 날씨에 같이 보금자리를 틀었으면Oh happy swallow whose mate will follow/O'er height, o'er hollow! I'd be a swallow/To build this weather one nest together"(*CP I*, "A Bird Song" 213). 불혹의 나이를 훌쩍 넘어서도 시인은 세속 행복의 상징인 결혼과 보금자리를 꾸려 가려는 꿈에 대한 미련을 아직 완전히 버리지 못하고 있다.

4) 승화된 현세/내세관

찰라 향락주의*carpe diem*는 장미꽃을 꺾는 행위rose gathering이다. 로제티도 젊은 시절 자신이 사과꽃을 꺾어 모으는 치명적인 죄를 지었다고 생각한다.[14] 청춘의 향락을 누렸으므로 곧 다가올 내세에 그에 상응하는 형벌을 받지 않을까 죄책감과 두려움에 사로잡힌다. 사과꽃과 사과 열매는 양립이 불가능한 것처럼 보인다. 적어도 28세의 로제티에게 이 둘의 모순을 극복한다는 건 불가능하다.

> 내 사과나무에서 연분홍 꽃봉오리를 죄다 따서
> 봄철 저녁 내내 머리에 꽂고 다녔네.

14 다미코는 이 시를 빅토리아 문학관례 중 하나인 타락한 여인을 다룬 시로 분류한다. 이 시의 마지막 연에서 집 밖을 배회하는 이유를 "화자가 철이 무르익지 않은 때, 즉 결혼식을 거행하기 전에 이미 마음을 허락하였으므로 집안으로 발을 들여놓을 자격을 잃었다"(101)는 해석은 그러나 지나친 속류 해석이다. 지상의 구체성과 내세의 상징을 교직시키는 우화적 기법이 로제티의 독특한 미학임을 감안할 때 이 시에서 언급하는 집은 지상의 집이 아니라 내세의 천국을 가리킨다.

이슥고 수확철이 되어 둘러보러 갔는데
사과를 찾아볼 수 없었네.

풀밭을 따라 달랑거리는 바구니를 끼고
온 길로 터덜터덜 되돌아왔네.
내 이웃들은 내가 지나치자 비웃었네.
빈손으로 돌아왔다고.

I plucked pink blossoms from mine apple tree
And wore them all that evening in my hair:
Then in due season when I went to see
I found no apples there.

With dangling basket all along the grass
As I had come I went the selfsame track:
My neighbours mocked me while they saw me pass
So empty-handed back.
(*CP I*, "An Apple-Gathering" 43-4)

친구들은 바구니 가득 사과를 채우고 집으로 돌아오는데 빈 바구니의 화사는 안타까운 후회를 한다.

아, 윌리, 윌리, 우리 사랑이
녹색 잎 달린 채 쌓여 있는 사과들보다 하찮았던가?
지상의 사과 정도가 제 아무리 장미처럼 빨개도
어찌 사랑에 감히 견줄 수 있으랴 생각했는데.

Ah Willie, Willie, was my love less worth
Than apples with their green leaves piled above
I counted rosiest apples on the earth
Of far less worth than love.

그러나 이미 봄철에 사과 꽃봉오리는 꺾어졌고 그 인과로 가을 사과 수확은 무망해졌다. 사랑이란 열락을 누리며 금욕과 헌신의 삶을 지키지 못했기 때문에 가득 찬 사과 바구니를 끼고 따뜻한 집으로 귀가할 수 없다. 화자는 친구들, 이웃들이 유쾌하게 자신을 스쳐 지나가는 모습을 지켜볼 따름이다. 맨 마지막 누군가가 "밤이 쌀쌀해지네"라며 서둘러 지나쳐 간다. "그러나 나는 서성거렸다./이슬은 시시각각 내리는데 나는 여전히 서성거리며but I loitered, while the dews/fell fast I loitered still" 집안으로 선뜻 들어서지 못한다.

로제티의 시가 만일 조금의 회의도 없이 내세의 축복을 그리고 있다면 그건 종교시는 될지언정 문학적으로 훌륭한 시는 될 수 없다. 그러나 현세에 대한 미련과 애착이 독실한 신앙의 내세 희구와 대극을 이루면서 그녀의 시는 긴장 상태를 유지하게 되고 그만큼 그녀가 도달한 죽음의 경지는 현묘해진다. 그 합일적 인식, 다시 말하여 현세의 완전한 부정도 아니면서 동시에 내세에 대한 성숙한 철학적 인식을 보여 주는 시적 통찰이 바로 현세를 꽃으로 내세를 그 열매로 보는 관점이다.

「만가A Dirge: She was as sweet as violets in the Spring」란 시에서 화자는 한 여인의 죽음을 애도한다. 그녀는 봄날의 바이올렛처럼 곱고 여름철의 장미처럼 아름다웠으나 자태가 가장 아름다운 절정의 만개 시에 가장 취약하다. 그녀도 비운의 장미나 바이올렛처럼 인생이 활짝 폈을 때 요절한다. 한번 지면 다시 피지 못하는 신세에 화자는 안타까워서 묻는다. "영원토록/해변의 모래처럼 차갑게/희로애락을 등진 채/죽어야 하나

Must she die so/For evermore,/Cold as the sand upon the shore,/As passionless for joy and woe?"(*CP III*, "A Dirge" 196-7)

그러나 그녀는 장미나 바이올렛과는 다르다. 죽어도 사멸하지 않는다. 꽃이 짐은 열매를 맺기 위함이다. 그녀의 아름다운 육체가 스러짐으로써 튼실한 영혼의 열매가 맺어진다. 그리하여 비관적인 질문에 대한 시인의 대답은 아니오, "자줏빛 과실이 탐스럽게 열릴" 것이 오이다.

> 아니, 그녀는 시들은 꽃들보다 더욱 소중하여
> 자줏빛 과실이 탐스럽게 열릴 거야;
> 생명의 포도나무 가지는 그 뿌리가
> 영생에까지 닿아 있어.
> 이 세상 해가 아닌
> 새로운 태양이
> 그녀의 꽃을 시들게 하긴 했지만
> 그녀의 포도송이를 한 알 한 알 여물게 하였네.

> Nay, she is worth much more than flowers that fade
> And yet shall be made fair with purple fruit;
> Branch of the Living Vine, Whose Root
> From all eternity is laid.
> Another Sun
> Than this of our's,
> Has withered up indeed her flowers
> But ripened her grapes every one.
> (*CP III*, "A Dirge" 196-7)

이 세상의 식물들은 단지 햇빛을 받아 화려한 꽃들을 피워 올리나 이내 그 꽃들은 시들어 버린다. 그러나 내세의 영생의 가지들은 영생의 수액을 빨아들이고 새로운 내세의 햇빛을 흡수하여 꽃들을 시들게 하지만 포도송이 한 알 한 알 탐스럽게 여물게 한다. 로제티의 내세관은 현세로서 인생은 종료되지 않는다. 내세에 가서 비로소 영생의 열매가 열리는 것이다. 현세에 신앙의 자양분과 태양의 은총을 흡수하길 게을리한 자는 꽃이 떨어진 후 열리는 열매가 부실할 수밖에 없다. 여기서 우리는 꽃을 만개시키는 현세의 태양과 열매를 충만하게 하는 내세의 태양 둘을 상정할 수 있다. 꽃의 아름다움과 열매의 탐스러움을 구현하는 이 두 태양은 서로 상극적이지 않다. 현세의 아름다움은 내세의 탐스러움으로 질적 변환을 겪는다. 이 시를 통하여 비로소 독자들은 사과꽃과 사과 열매 양자를 모두 수용하고 향유하는 로제티를 만날 수 있다.

그녀의 통합적 비전은 말년에 저술한 『대양의 표면: 계시록에 대한 신앙적 평설(*The Face of the Deep: A Devotional Commentary on the Apocalypse*, 이하 *FD*)』에서 산문적 글쓰기로 보다 명확하게 제시된다.

> 세상은 어떤가? 어디에 그 해악, 덫과 오염이 깃들어 있는가? 그 자체로는 해악을 끼치지도 덫을 놓지도 오염시키지도 않는다. 내가 이렇게 되는 건 소위 인간의 외부 유혹자인 악마와 육체라는 내부 유혹자의 수동적인 도구, 심부름꾼으로 바뀌었기 때문이다.
>
> (*FD* 333)

현세를 부정하는 건 자신이 안과 밖의 유혹자들에게 무기력하게 넘어가 그들의 도구로써 이용되었기 때문이다. 따라서 보다 적극적인 주체로서 세상을 보면 현세의 태양 아래 개화한 포도 꽃도 내세의 태양 아래 여물어 가는 포도송이처럼 아름다운 것이다.

5) 결론

이렇게 승화된 내세관은 나이팅게일이란 새를 통해서도 잘 구현된다. 시인 로제티는 이 세상에서 매우 고독한 새이다. 다른 새들은 한낮을 구가하며 노래를 부르지만 로제티는 나이팅게일처럼 밤을 새워 외롭게 노래 부른다.

> [나이팅게일의] 감미로운 비탄이 우리의 시름을 달래 주고
> 우리의 곤고한 고행을 환희의 송가로 바꾼다.
> 마음속에 맺힌 한을 노래하는 듯
> 짐작하고 노래 부르면 풀어 준다.
> 하여, 다시 한 번 더 오월이 오월임을 느끼게 하고
> 더 이상 이제 시들지 않을 꽃봉오리가 벙글 것이라는 희망을 안겨 준다.
>
> 이 고독의 새는 즐거움을 만끽하는 수천 수만의 뭇 새들이
> 감히 범접할 수 없는 기품과 울림을 지니고 있다.
> 그들의 철없는 지저귐도 우리에게 지혜를 가져다주긴 하지만,
> 일어나라 하는 그들의 말을 우리가 따르기만 하면.
>
> [Nightingale's] mellow grieving wiles our grief away,
> And tunes our weary watches to delight;
> It seems to sing the thoughts we cannot say,
> To know and sing them, and to set them right;
> Until we feel once more that May is May,
> And hope some buds may bloom without a blight.

> This solitary bird outweighs, outvies
> The hundred thousand merry-making birds,
> Whose innocent warblings yet might make us wise,
> Would we but follow when they bid us rise.
> (*CP II*, "Later Life": Sonnet 20, 146)

여기서 로제티는 밤과 죽음, 겨울과 봄의 차이가 환기시키는 오묘한 의미, 그 도저한 심연에까지 내려가 보지 못한 한낮의 뭇 새들은 봄의 의미를 진정 모른다고 주장한다. 그들은 철없이 목청껏 환희의 지저귐으로 봄의 아름다움을 노래하는 듯하지만 초봄에 산발적으로 들이닥친 봄의 시새움 추위로 얼마나 많은 꽃봉오리들이 상했는지 모른다. 오월이 와야 비로소 이제는 더 이상 겨울은 손을 쓸 수 없다는 걸 나이팅게일은 알며 그런 진실을 밤을 통해 피를 토하며 설파하고 있다고 믿는다. 마찬가지로 인생의 아름다움을 구가하는 시인이나 예술가들도 죽음의 의미를 모르면 그건 한갓 온갖 뭇 새들의 지저귐에 불과하다. 봄밤에 가슴을 절절하게 울리며 슬픔, 아름다움을 노래하는 나이팅게일이야말로 바로 로제티 자신이다.

로제티는 역설의 시인이다. 삶 자체가 역설이기 때문이다. 로젠블룸의 적요한 삼단논법처럼.

> 우리가 보는 현상은 신성의 표징이다. 그러나 내면의 눈에 비하면 현세의 눈은 장님이며 영적 안목은 현세의 풍경에 눈감음으로써 자양된다. (110)

그리하여 그녀에게 삶은 겨울이고 죽음은 봄이다. 그녀의 시는 허망한 삶이란 한탄과 혹독한 겨울철을 넘겨야 하는 비탄의 목소리가 사후 지복천년의 비전을 그리는 환희의 송가 속으로 동시에 정교하게 짜여 들어간 한 편의 견직물이다. 1896년 2월 자 『새터데이 리뷰*Saturday Review*』의 한 시평처럼 그녀의 도저한 신심은 마치 "일출 시 태양"처럼 "뜬 구름들을" 영광스러운 빛으로 채색한다(Charles 65 재인용). 이처럼 기독교적 독단에 함몰되지 않은 그녀의 세속시들은 인간의 존재에 대한 변경 의식을 확장시켜 주었다는 사실에 이견이 있을 수 없다.

2. 셰익스피어의 소네트에 구현된 예술적 불멸화

연구사적인 시각에서 셰익스피어 소네트의 연구는 적어도 20세기 초까지는 전기적인 요소와 시에 드러난 텍스트적인 증거를 꿰맞추는 소위 탐정소설적인 담론이 지배적이었다. 구체적으로 동성애의 대상은 당시 어느 젊은 귀족을 지칭하는가? 검은 피부의 여인Dark Lady의 실제 모델은?부터 시작하여 그들의 사랑의 행태는 어쨌는가? 등 시시콜콜하면서도 스캔들적 요소가 논의의 초점이 되어 왔었다. 그리하여 19세기 후기 오스카 와일드Oscar Wilde에 이르러 그 정점에 달한 느낌을 준다.[15] 한편, 장르학적 측면에서 소네트 자체의 시학에 대한 연구, 즉 셰익스피어 동시대 시적 관례poetic convention나 그리스-로마 전통과의 영향 등에 관한 연구는 20세기에 이르러 비로소 본격적으로 대두되었다. 대표적 연구로 20세기 중반, 로마시대, 페트라르카Petrarch, 탓소Tasso, 롱사르Ronsard 등의 서구 연애시 전통의 영향관계를 규명한 라이쉬맨J. B. Leishman의 저작, 『셰익스피어 소네트의 주제와 변주*Themes and Variations in Shakespeare's Sonnets*』를 들 수 있다. 아울러 전기적 해석의 굴레에서 벗어나 소네트 텍스트에 드러난 주제와 이미지의 결합 방식 등의 미학을 가늠하는 연구는 19세기 키이츠John Keats 등 낭만주의 시인들의 촌평에서 그 단초를 엿볼 수 있으며 본격적인 연구는 20세기 이후 신비평적 해석에 이르러 활짝 개화하여 벤들러Helen Vendler의 "섬세한 서정시 감성 독법lyric- sensitive subtleties of reading"(Bloom 126)의 소네트 주해서, 『셰익스피어 소네트의 예

15 와일드(Oscar Wilde)는 『블랙우드 매거진(*Blackwood Magazine*)』에 실린 「W. H.의 자화상(The Portrait of Mr. W. H.)」이란 일인칭 시점 단편에서 셰익스피어의 연인으로 추정되는 Mr. W. H.에 대한 신원 추적을 소네트 분석을 통해 수행하고 있다.

술*The Art of Shakespeare's Sonnets*』에 이르러 그 절정에 이른 감을 준다.

이 절에서 다룰 시간과 불멸성에 대한 주제는 그리스-로마 문학에서부터 시작하여 셰익스피어 당시 페트라르카 연애시 전통으로 정착한 유서 깊은 시적 관행이다. 이 상투적인 관행은 연인의 젊음과 아름다움을 시간의 파괴로부터 보호하여 불멸화시킨다는 시적 화자의 진술 등으로 특징지어진다. 그러나 셰익스피어의 시적 불멸화 작업은 단순히 시적 화자의 상투적 진술에 의존하지 않고 "기상奇想의 이미지를 형상화시키는 치열성the intensity of working out conceits"(Keats 70)의 산물이다. 사랑과 아름다움과 시간의 파괴성에 대한 시인의 도저한 통찰은 그의 치열한 시적 형상화 작업에 의해 구체화되었고 낭만주의 감수성을 대변하는 키이츠도 스스로 이 연작시들을 자신이 시작 전범으로 삼겠다고까지 하였다. 이러한 문학적 의의를 넘어서서 시간과 불멸성이란 주제는 인간의 유한성을 배경으로 사랑과 예술의 찬란함을 도드라지게fore-ground하는 일종의 플라톤적인 셰익스피어를 드러냄으로써 소네트의 철학적 깊이를 더해 주고 있다. 셰익스피어는 인생의 의미를 일상의 현상적인 사실에서 찾기보다 일종의 축제적인, 즉 이데아적인 초월과 승화의 순간에서 발견하며 그 순간의 영속화·불멸화 기능을 예술이 갖는 것으로 믿었다.

엄밀히 말하여 셰익스피어의 소네트에 나오는 죽음은 육체적 사멸을 지칭하지 않는다. 일차적으로 죽음은 시적 화자의 연인이 누리고 있는 청춘과 아름다움이 사라지는 것을 가리킨다. 그리하여 시적 화자는 시간이란 낫에 의해 무참하게 훼손되는 미와 청춘을 소네트란 시 형식에 담아 영원히 보존하려고 한다. 따라서 셰익스피어에게 불멸은 단순한 죽음의 극복이 아니라 생명력의 정수, 미의 정화를 시간의 마수魔手 속에서 빼내어 영원히 보관한다는 의미를 갖는다.

시간의 마수는 역설적으로 예술적 대상을 더욱 아름답게 화장한다. "무상함의 귀중함은 항상 시와 예술의 위대한 영감이 되어 왔다. 우리가 사랑하는 것을 잃을 것이라는 인식이 그것을 더욱 사랑하게 만든다"(Scarre 55). 타오르는 사랑의 눈길과 자연의 절정에 이른 연인의 아름다움이 교감하는 순간 지고지선의 사랑은 탄생한다. 그러나 무상하게도 그 아름다움은 곧 시들고 추레해진다. 만개의 정점에서 눈부신 아름다움과 황홀한 향기를 과시했던 장미가 꽃잎을 떨구기 시작하면 우리는 그걸 더 이상 장미라고 부를 수 없다. 마찬가지로 세월의 고랑이 패이고 이미 퇴색해 버린 연인은 더 이상 사랑일 수 없다. 장미나 사랑도 그 본래 이데아가 완벽하게 발현했을 때만 장미나 사랑이 되는 것이다. 그리하여 예술의 가장 중요한 기능은 그 이데아의 발현 순간을 순간적으로 포착하여 불멸화시키는 것이다.

많은 비평가들이 절정에 다다른 미의 순간적인 포착과 고정, 그리고 불멸화란 점에서 키이츠의 송가Odes에 형상화된, 시간이 흐르지 않고 피가 통하지 않는 고정 냉각된 작업과 소네트를 동일시하나, 이 두 작업은 근본적으로 다르다. 가령 「희랍 항아리에 부치는 송가Ode to a Grecian Urn」에서 희랍 항아리 표면의 그림은 아직 미의 정점에 이르지 못한, 따라서 사랑의 합일이 가져다주는 환희의 절정 직전의penultimate "정적quietness", "침묵silence" 상태에 있다. "목적을 거의 이룰 듯 다가가나/결코 절대로 키스할 수 없는 상태never, never canst thou kiss,/Though winning near the goal"이다. 시적 화자는 "하지만 슬퍼하지 마라yet, do not grieve"라고 달랜다. "그녀는 시들지 않기에 그대가 열락을 누리지 못해도 영원히 그대는 사랑할 수 있고 그녀는 아름다움을 유지할 것이니She cannot fade, though thou hast not thy bliss,/For ever wilt thou love, and she be fair!"라고 그림 속의 남자 인물을 달래지만 엄밀하게 말하여 사랑의 열락을 누리지 못한 점에서 그들은 진정한 사랑, 사랑의 이데아를 체험하지 못했다고 할 수 있다.

이러한 순간적으로 정지된 사랑에 대한 집착은 시인 자신의 피해

의식적인 삶의 태도에서 비롯하는지 모른다. 삶의 정화인 아름다움을 향유하고 그 열락의 순간을 영원히 보존하려는 셰익스피어와는 달리 키이츠에겐 "심사를 슬픔의 구렁텅이로 빠트려 염증을 불러일으키거나/이마를 열로 들뜨게 하고 혀를 바싹 바싹 말리는/인간의 열정 저 너머로All breathing human passion far above,/That leaves a heart high-sorrowful and cloy'd,/A burning forehead, and a parching tongue" 초월 내지는 도피하고자 하는 열망이 지배적이기 때문이다. 따라서 키이츠의 작업은 셰익스피어의 긍정적인 미의 불멸화 작업과 근본적으로 그 성격이 다르다. 결국 키이츠의 희랍 항아리 송가가 불멸화시킨 마지막 그림은 "차가운 목가적 풍경Cold Pastoral"일 수밖에 없다.

반면 셰익스피어는 진정한 이데아주의자이며 탐미주의자이다. 예술이 갖는 불멸화 기능에 대한 그의 적극적인 믿음은 삶과 예술의 이분법에서 잘 드러난다. 그에게 사랑과 청춘, 그리고 미는 일상적인 삶보다 훨씬 중요하다. 그에게 삶의 이데아는 사랑, 청춘, 미이기 때문이다. 우리 일상은 지하 동굴 속의 흑백 그림자처럼 볼품없고 거짓된 그림자이다. 플라톤의 동굴 계단을 올라와 그 입구 문을 열어 제치고 걸어 나와야만 야외에서 펼쳐지는 이데아의 향연을 즐길 수 있다. 아쉽게도 일상을 살아가는 갑남을녀에게 이 향연은 일 년 365일 내내 벌어지는 사건이 아니다. 대부분의 일상을 우리는 아폴론적으로 꾸려 나가고 캘린더상의 축제기간이나 공휴일에만 일종의 디오니소스적인 엑스터시의 상태를 체험한다. 여기서 엑스터시란 그야말로 단순히 황홀경이 아니라 정적인 일상 상태stasis에서 풀려남ex-을 의미한다.

따라서 엑스터시는 어쩌다 한 번씩 돌아오는 진귀한 날인 축제기간 중에 찾아온다. 우리는 쳇바퀴처럼 돌아가는 일상에 자신을 임대해 주었다가 그걸 다시 돌려받는 축일, 빨간 동그라미가 그려진 공휴일을 기다린다. 바로 그때 삶은 축제의 불꽃놀이처럼 자신의 이데아적 본래 모습을 작열시킨다. 셰익스피어의 시적 화자에겐 연인을 만나는 순간이 이에 해당한다. 그리하여 그는 "축복받은 열쇠로/꼭 잠긴 사랑스러운 보석함을 언제든지 열어 볼 수 있으나/그 오묘한 희열의 짜릿한 맛을 버릴까봐/시간이 멀다 하고 들락거리길 꺼리는 부자처럼as the rich, whose blessèd key/Can bring him to his sweet up-lockèd treasures,/The which he will not every hour survey/For blundering the fine point of seldom pleasure" 행동한다. 연인과 만나는 날은 "일 년 내내 한두 번 찾아올까 말까 하는/드물고도 성스러운 축제이므로/드문드문 박아 놓은 값진 보석처럼/화관 정면의 으뜸 보옥처럼 빛난다feasts so solemn and so rare,/Since, seldom coming in the long year set,/Like stones of worth they thinly placèd are,/Or captain jewels in he carcanet"(Sonnet 52).

소네트 속의 사랑이 일상을 탈각시켜 이데아의 축제로 만들듯이 장미도 오월이 되어야 장미가 되는 것이지, 이월의 장미는 여느 잡풀들과 다를 바 없이 흙먼지를 덮어 쓰고 추레한 모습으로 서 있을 따름이다. 오월 어느 날 오후의 햇살 아래 자신의 이데아가 마음껏 발휘된 장미는 슬프도록 아름답다. 곧 그 비현실적인 아름다움은 환희의 정점을 지나 시간의 손을 타서 허물어지기 시작한다. 꽃잎은 선홍빛을 내주고 탄력을 잃고 중력에 못 이겨 아래로 무너져 흐르기 시작한다. 천지에 이제 장미는 자취도 없다. 시들기 시작한 꽃은 존재할지 몰라도. 중력에 의해 지상의 존재로 끌어내려진 장미는 더 이상 장미가 아니다. 그리하여 예술가는 시들기 전 장미를 불멸화할 사명감을 가지고 있는 것이다.

그러나 문학이 재현 대상을 불멸화할 수 있는가는 논란의 여지가 있다. 불멸화는 시간의 개입을 허용하지 않으며 변화나 무상mutability을 배제하는 세계이다. 마치 예이츠의 「비잔티움Byzantium」에 "별빛으로 빛나는 황금가지에 앉은… 황금으로 빚은 새bird or golden handiwork, … planted on the starlit golden bough"에서 형상화되듯이 예술적 불멸화의 보편적 아이콘은 황금가지이다. 황금가지는 "인성과 신성, 유한과 불멸을 융합시키는 탁월한 압축 상징이며 유기체이며 변화하는 취약한 자연세계의 개념과 고정 불변의 견고한 귀금속의 개념을 결합한다"(Klotz 30).

그러나 애석하게도 황금가지는 자가당착이며 어쩌면 문학의 불멸화 작업은 이루어질 수 없는 작가의 환상인지 모른다. 황금이면서 생장을 겪는 식물은 존재 불가능하기 때문이다. 그럼에도 불구하고 황금가지는 "예술의 궁극적 목표의 핵심적인 표현"(Klotz 30)이다. 클로츠는 이를 쉴러Friedrich Schiller의 예술관을 빌려 아래와 같이 설명한다.

> 단지 예술만이 인간의 근원적이면서도 서로 충돌하는 심리적 욕구를 충족시켜 주므로 예술은 존재한다. 쉴러에 의하면, 인간은 두 상호 모순적인 충동에 의해 찢어져 있다. 고정불변, 다른 말로 게쉬탈트Gestalt라는 "형식"에 대한 갈망 그리고 변화, 즉 레벤Leben, 삶에 대한 갈망이 그것인데 전자는 안정성, 친숙함, 편안함, 반복됨에 대한 인간의 욕망에 반영되고 있다면, 후자의 충동은 흥분, 모험, 새로움에 대한 갈망으로 표출되며 비합리적이고 우상파괴적, 창조적이나 잠재적으로 위험하고 파괴적이다.
>
> (31)

그리하여 예술의 기능은 이 둘이 통합된 모습을 "예술적 상징"으로 제시함으로써 상호 모순된 이 두 충동을 조정하는 데 있다. 따라서 예술은 "살아 움직이는 형상lebende Gestalt"(Klotz 31)이 되어 "끊임없는 변화를 추구하는 욕망의 혼돈에 굴하지 않으면서 순수형식의 침체에도 저항하는 삶에 대한 하나의 질서화된 그림을"(Klotz 31) 제시한다.

샤르프Lesley Sharpe는 나아가서 이 조정하는 기능을 쉴러의 놀이 욕구Spieltrieb에서 찾는다. 상호 충돌하는 이 두 욕망을 조화시키는 기능을 놀이 욕구가 수행하며 그 결과로 미가 탄생한다(154-5). 셰익스피어의 시적 불멸화 작업도 같은 맥락에서 이해할 수 있다. 불멸의 반대편에는 늙음과 사멸이 위치하며 이 둘을 이어 주는 고리는 시간이다. 셰익스피어의 불멸화 작업은 쇠락과 죽음으로 치닫는 원심력을 불멸의 반대축으로 끌어당기는 일종의 구심력 운동이다. 자연의 순리는 원심력으로 연인과 화자 모두를 삶의 원 밖으로 몰아내는데 "유희 충동"은 예술적 형식을 부여하여 불멸의 미와 형상을 빚어내면서 그들을 삶의 구심점으로 끌어 온다. 그런 의미에서 소네트 154편 하나하나는 시적으로 빚어낸 영원한 조각품들이며 "살아 있는 게쉬탈트"로 후세 독자들을 영원의 세계로 이끈다. 다시 말하여 셰익스피어의 빼어난 소네트를 통해 독자들은 혼돈과 질서, 유한과 영원, 삶과 예술, 인성과 신성의 영원한 모순과 대립 속에 처한 인간 존재의 실존성을 절감하게 되는 것이다. 지상의 유한한 존재가 자연이 가하는 쇠락과 죽음이란 파괴 행위에 맞설 수 있는 단 하나 기품 있는 저항이 바로 예술의 불멸화이기 때문이다.[16]

시간은 인간사를 헝클어 놓고 파괴하지만은 않는다. 셰익스피어의 시간은 야누스의 얼굴을 지녔다. 늙음과 죽음을 가져오는 반면, 만물을 소생시키고 대지에 꽃들을 피워 내는 것도 시간의 몫이다. 소네트 5번은 이러한 시간의 양면성을 계절의 비유를 통해 형상화하고 있다.

16 시인의 불멸화 작업을 개인적인 권력 욕구와 결부시켜 환원적인 해석을 하는 경우도 있다. 가령 하이랜드(Peter Hyland)는 젊은 연인을 불멸화시키겠다는 시적 화자의 강력한 의지는 자신의 시적 권능(poetic power)으로 연인이 지닌 우월한 사회적 권력에 맞서려는 태도라고 해석한다(159). 이는 시인-화자가 품은 예술가적 본능이나 소명의식을 존중하지 않고 단지 개인 간의 사랑의 투쟁 측면에서 화자의 "자기 권력 강화(self-empowerment)"(182)에만 집착하여 내린 매우 비루한 해석이다. 셰익스피어의 소네트 연작시에서 보여 주는 불멸화 작업은 시인의 유희 본능의 소산이며 시간의 손길을 타지 않는 영원한 형식인 게쉬탈트를 만들려는 예술가적인 본능으로 이해되어야 한다.

세상의 모든 눈길이 머물 만큼
매혹적인 그대의 눈길을 원숙한 솜씨로 빚어낸 시간들이
이번에는 폭군처럼 군림하며
더할 나위 없이 아름다운 바로 그 눈을 짓물러 버린다.

그건 지칠 줄 모르는 시간이 여름을
끔찍한 겨울까지 끌고 가서는 거기서 내동댕이쳐 버리기 때문.
서릿발에 막혀 버린 수액, 사라져 버린 무성한 잎들
하얀 눈에 뒤덮여 버린 아름다움, 온 천지에 황량함만이 가득.

Those hours that with gentle work did frame
The lovely gaze where every eye doth dwell,
Will play the tyrants to the very same,
And that unfair which fairly doth excel.

For never-resting Time leads Summer on
To hideous Winter and confounds him there,
Sap checked with frost and lusty leaves quite gone,
Beauty o'er snowed and bareness everywhere.
(Sonnet 5)[17]

이처럼 셰익스피어에게 시간은 봄, 여름, 가을, 겨울 4막짜리 비극에서 각 막마다 역할 변신을 거듭하는 다중 성격이다. 봄을 맞아 새순

17 텍스트는 William Shakespeare. Ed. Stephen Booth. *Shakespeare's Sonnets* (New Haven: Yale UP, 1977)를 기본으로 사용하였음.

을 돋게 하고 나무에 수액을 펴 올리며 만발한 꽃과 무성한 잎으로 자연을 꾸미는 순수한 예술가이며 가을날 모든 곳간을 채울 책임을 다하는 믿음직한 농부이다. 그런 시간이 클라이맥스 이후 대단원에서 느닷없이 첫서리를 들고 와서는 모든 자연의 생명력을 틀어막고 죽임을 일삼는 난폭한 폭군으로 돌변하는 것이다. 시인은 클라이맥스 순간 지상의 아름다움을 영원히 보존할 방책을 마련해야 한다. 이런 상태에서 일상적인 의미의 불멸화 방식은 여름의 정화精華인 꽃을 끓는 물에 담가 "유리벽 속에 가둔 액체 수인囚人, A liquid prisoner pent in walls of glass"인 장미유로 증류시키는 것이다. 그러면 여름꽃은 "자태는 잃겠지만 그 방향芳香은 향기롭게 남을 것이다Lose but their show, their substance still lives sweet"(Sonnet 5).

여름꽃의 향기 추출 방식도 그중 하나이지만, 셰익스피어가 초기 소네트 연작시에서 골몰한 불멸화의 방식 중 하나는 생식procreation 방식이다.[18] 즉, 생물학적 방식으로 후손을 낳아서 영생을 누리는 방법을 제안한다. 소네트 6번에서 "겨울의 거친 손이 당신 안의 여름을 증류도 하기 전 뭉개 버리는 일이 없도록 해라Then let not winter's ragged hand deface/In thee thy summer ere thou be distilled"라고 충고하면서 또 하나의 방법으로 돈으로 새끼 치는, 즉 고리대금업도 바람직하다고 권유한다. "또 다른 당신을 번식하는 것이 이로운 일이다That's for thyself to breed another thee"에서 알 수 있듯이 경제적 용어와 과학적 용어를 사용했을 따름, 궁극적으로 고리대금과 생물학적 자기 복제는 동일한 표현이다.

그대가 후손을 통해 자신을 남겨 두고

18 불멸화의 방식에 대한 논의에서 주목할 만한 비평가는 당연히 윌슨 나이트(G. Wilson Knight)이다. 그는 "시간의 문제를 극복하는(to master the problem of time)" 방식으로 세 가지를 제시한다. (i) 생물학적(biological); (ii) 예술적(artistic); 그리고 (iii) 종교적(religious) 분류이다(78-82).

세상을 버리면 죽음도 별 도리 없지 않겠는가?
고집을 피우지 말게, 그대는 죽음에게 정복당하기에는
또 구더기에게 유산을 물려주기엔 너무나 아름다우니까.

Then what could death do if thou should'st depart,
Leaving thee living in posterity?
Be not self-willed, for thou art much too fair
To be death's conquest and make worms thine heir.
(Sonnet 6)

생물학적 복제는 가장 확실한 불멸화의 방식이며 인류 역사를 통해 종족유지 본능에 의해 어김없이 준수되어 왔다.[19] 고리대금이란 경제적 비유 외에도 셰익스피어는 이 불멸화 방식을 자연의 도장을 열심히 찍어 세상에 유포하는 것에 비유한다. 즉, 자연은 그대를 총애하여 선물을(재능, 미모, 건강) 아낌없이 하사하였는데 그걸 그냥 낭비한 건 죄악이다.

자연이 그대를 그녀의 인장으로 조각했으니, 그 의도는

19 셰익스피어의 불멸화 작업 중 생물적 복제, 즉 생식은 신역사주의 비평의 새로운 해석을 낳기도 하였다. 가령 파인맨(Joel Fineman)은 시적 화자가 더 이상 와이엇(Wyatt)으로 대표되는 궁정 가치관이나 페트라르카 양식의 신플라톤 철학에 따르지 않고 새로운 이데올로기인 시장주의와 상품 이론에 경도한다고 주장한다(Herman 264 참조), 허어만(Herman)의 주장에 따르면 셰익스피어는 연애시 관행에 따른 시적 언어를 구사하지 않고 경제적 용어를 생식 소네트(procreation sonnets)에 차입한다. 고리대금의 비유를 들어 돈의 동성애적 새끼치기를 강조하지만 그건 결국 "생식 소네트의 실패한 경제"를 드러낼 뿐이며 이 "실패한 경제는 후속되는 연작시 전편에 또한 깊이 침투하여 소네트 18번의 화창함에도 불구하고 젊은 청년의 연작시에서 나머지 소네트 대부분은 화자와 동성 애인, 그리고 화자의 연인 사이의 관계 파탄만을 노래할 따름이다"(Herman 277-8).

그대가 열심히 인쇄하여 그 복사본이 사라지지 않게 하는 것이다.

She carv'd thee for her seal, and meant thereby
Thou should'st print more, not let that copy die.
(Sonnet 11)

소네트 12번도 불멸화의 방식으로 생물학적 복제를 제안하는데 시적 화자의 비감한 시정이 자연물의 세목 속에 더욱 절절하게 배어 있다.

시간에 맞추어 울리는 괘종시계의 타종 수를 세거나
당당하던 대낮이 끔찍한 밤으로 떨어져 버리고
이미 한물 간 바이올렛, 그 검은 솜털이
하얀 서리로 뒤덮힌 은빛으로 변한 걸 보노라면

한때 열기를 피하려는 가축들의 그늘이 되었던
키 큰 나무들이 무성한 잎들을 모두 떨구고
한여름의 신록이 빳빳한 백발 수염의 곡식 단으로 묶여져
영구차에 실려 갈 때

그대의 아름다움도 시간의 쓰레기 더미 속에
묻혀 사라지지 않는지 하는 의문이 솟아난다.
향기와 아름다움은 스스로를 저버리며
미처 다른 존재들이 성장을 채 하기도 전에
스스로 자진해 버린다.

시간의 낫질을 피해 갈 존재는 없다.

자손을 낳아 그에 대항하는 수밖에, 죽음이 그대의 손을 잡으면.

When I do count the clock that tells the time,
And see the brave day sunk in hideous night,
When I behold the violet past prime,
And sable curls all silvered o'er with white:

When lofty trees I see barren of leaves,
Which erst from heat did canopy the herd
And summer's green all girded up in sheaves
Borne on the bier with white and bristly beard:

Then of thy beauty do I question make
That thou among the wastes of time must go,
Since sweets and beauties do themselves forsake,
And die as fast as they see others grow,

And nothing 'gainst Time's scythe can make defence
Save breed to brave him, when he takes thee hence.
(Sonnet 12)

향기추출 기법이나 생물학적 방식으로 연인에게 불멸화의 애원을 하던 시적 화자는 마침내 자신의 예술 작품으로 그를 영생불멸화하는 방도를 찾아낸다. 이 방식은 연인의 의지가 필요 없이 시인 자신의 상상력과 묘사 능력에 전적으로 의지할 수 있는 자족적이며 바람직한 방법이다. 그리하여 소네트 15번은 생물학적 복제와 예술적 후손인 작품

생산의 접붙이기engrafting 방식이다.

> 이 무상한 체류의 변덕이
> 내 눈앞에서 그대를 청춘의 화신으로 변모시키는 순간
> 낭비벽의 시간은 쇠락과 머리를 맞대고
> 우리의 젊은 나날을 추레한 밤으로 바꿔치기할 궁리를 짜낸다.
>
> 당신의 사랑을 차지하기 위해 전면전을 벌이고 있는
> 시간이 그대를 앗아갈 때 나는 그대를 새 가지에 접붙인다.
>
> Then the conceit of this inconstant stay
> Sets you most rich in youth before my sight,
> Where wasteful Time debateth with Decay
> To change our day of youth to sullied night,
>
> And all in war with Time for love of you
> As he takes from you, I engraft you new.
> (Sonnet 15)

이 세상에 영원한 것은 없고 지상에서의 체류는 이해하기 힘든 변덕으로 가득 차 있다. 시간은 연인을 눈부신 젊은이로 변모시켜 놓고는 그걸 상찬할 시간도 채 주지 않은 채 변덕스럽게 이내 싫증을 내며 부수어 버리고 캄캄한 혼돈의 밤으로 매장할 궁리를 한다. 시적 화자는 이런 괴팍한 시간에 맞서 전면전을 치를 각오를 하면서 새로운 생명의 가지에 접붙이기할 계획을 밝힌다.

그러나 소네트 15번의 불멸화 시도로서 예술적 형상화는 아직 본

격적 궤도에 오르지 못한다. 곧 16번 소네트에서 이 시도에 대한 강한 회의를 표명한다. "화폭의 모조품"이나 "불모의 시구"를 통하지 말고 아름다운 아가씨들의 정원에 꽃들을 피워서 영생을 구하라고 충고한다.

왜 좀 더 강력한 전략으로
나의 불모의 시구보다 축복받은 수단으로
이 악독한 전제 군주 시간과 전투를 벌이며
당신의 몰락으로부터 당신을 강고하게 하지 않는가?

이제 행복한 시간의 절정에 서라.
아직 정원을 구미지 못한 많은 처녀들이
정결한 염원으로 당신의 초상화 모조품보다 더욱 닮은
그대의 살아 있는 꽃들을 낳아 주려고 하는데.

But wherefore do not you a mightier way
Make war upon this bloody tyrant Time,
And fortify yourself in your decay
With means more blessed than my barren rhyme?

Now stand you on the top of happy hours,
And many maiden gardens yet unset,
With virtuous wish would bear your living flowers,
Much liker than your painted counterfeit.
(Sonnet 16)

16번에서 잠시 머뭇거리는 회의를 제외하고는 새 가지에 접붙이기를 선언한 이후 18번부터 예술을 통한 미, 사랑, 청춘의 불멸화는 다양한 메타포를 거쳐 가면서 소네트 연작의 중핵적인 주제로 부각된다. 예술적 불멸화 작업은 세 가지 양상을 띤다. 첫째, 메타포 등을 통하여 연인과의 데이트, 용모, 관계 내지는 시간, 자연의 이미지 등을 시적 형상화하는 경우, 둘째, 자신의 시적 불멸화 작업을 스스로 조롱하며 자학적으로 사랑의 푸념을 늘어놓는 시, 마지막으로 예술의 불멸화 작업을 연인에 대한 최고의 헌사이며 사랑의 헌신이라고 자부하는 시이다. 그리하여 첫 번째 경우로, 154편의 소네트 중 많은 시편들이, 연인의 아름다움을 자신의 가슴을 감싸는 의상으로 비유하는 시(22), 연인의 초상화를 화폭에 담아 "마음의 거실"로 옮겨놓는 시(24), 헤어짐의 슬픔을 자신이 타고 가는 말에 가탁하는 시(50), 연인과의 데이트를 "진귀하기에 옷깃을 여미게 하는" 축제일에 비유하는 시(52), 연인의 아름다움을 장식이 없는 자연의 꽃이나 "흘러간 시대의 지도the map of days outworn"로 비유하는 시(68), 이 세상의 모든 꽃들이 연인의 미모와 향기를 강도질하여 꾸미고 있다고 주장하는 시(99), 시간에 의해 희롱하는 어릿광대가 아니라 심판일까지 변치 않는 사랑을 예찬하는 시(116), 시간을 위압적인 석탑에 비유하는 시(123)에 이르기까지 현란하면서도 시제와 유기적인 조화를 이룬 메타포를 통해 사랑과 시간의 의미를 절절하게 전달하고 있다.

특히 소네트 73과 126번이 발전시키는 사랑/시간/죽음이란 핵심적인 모티프의 변주는 셰익스피어 소네트의 정점을 보여 준다.

> 일 년 중 그런 때를 내 속에서 바라보게 될 것이오.
> 노란 잎이 아예 없거나 어쩌면 한두 개 정도
> 떨고 있는 가지에 매달려 있을 때,
> 최근까지 귀여운 새들이 노래했던 텅 빈 폐허의 성가대.

내 속에서 그대는 그런 날의 황혼을 보리라.
해가 서쪽으로 기운 이후
점차 모든 것을 안식으로 봉인하는 죽음의 두 번째 자아인
밤이 그럭저럭 짙어지고.

내 속에서 그런 불꽃의 타오름을 보리라.
자신의 젊음의 잿더미 위에 놓여 있는
스스로 숨을 거두어야 하는 죽음의 침상처럼
자신의 자양분을 섭취한 것에 연소되어 버려야 하는.

That time of year thou mayst in me behold,
When yellow leaves, or none, or few, do hang
Upon those boughs which shake against the cold,
Bare ruined choirs where late the sweet birds sang.

In me thou seest the twilight of such day
As after sunset fadeth in the west,
Which by and by black night doth take away,
Death's second self that seals up all in rest.

In me thou seest the glowing of such fire
That on the ashes of his youth doth lie
As the deathbed whereon it must expire,
Consumed with that which it was nourished by.
(Sonnet 73)

이 시의 메시지는 내가 이제 죽음의 문턱에 이르렀으니 나를 한층 더 치열하게 사랑하라는 것이다. 그러한 주장을 뒷받침하는 논리로서 자신을 비유하는 메타포 세 개를 제시한다. 첫째, 사행구quatrain에서는 "일 년 중 그런 때", 둘째, "그런 날의 황혼", 마지막 사행구에 "그런 불꽃의 타오름"이라고 표현하고 있다. 모두 "그런such"이란 내용이 텅 빈, 그리고 애매모호한 지시형용사를 사용하여 화자의 망설이는 심적 상태를 잘 드러내고 있다. 화자의 주저하는 심정은 2행에서 "아예 없거나 어쩌면 한두 개 정도", 7행에서 "그럭저럭"이란 표현에서도 잘 드러나 있다.

"그런"을 보충하는 설명은 각각, 늦가을, 황혼 무렵, 임종 침상이다. 모두 고갈되고 종료되는 상황을 지시한다. 그러나 셰익스피어의 메타포는 상투적이지 않고 매우 역동적으로 변모한다. 특히 4행, "최근까지 귀여운 새들이 노래했던 텅 빈 폐허의 성가대"란 구절은 매우 많은 비평가들을 곤혹스럽게 할 만큼 빼어난 호소력을 지니고 있다. 만일 상대방이 화자의 마음을 지금 들여다본다면(세 번째 사행구에서 아마 임종을 앞둔 환자의 입장을 고려하여), 인생의 늦가을인데 나뭇잎은 거의 다 떨어지고 한두 잎 정도 바람에 부르르 떨고 있는 때라는 매재媒材, vehicle는 그렇게 특별하지 않다. 다만 보통의 경우, 자신을 부르르 떨고 있는 나뭇잎에 비유하든지 아니면 그런 가을 잎을 달고 있는 한목寒木에 비유하는데, 시인은 구체적 오브제에 자신을 결부시키지 않고 뭉뚱그려 "그런 때"라고 하여 잎, 나무를 포함한 늦가을 황량한 풍경 전체를 매재로 한 점이 특이하다.

또 하나 눈에 띄는 점은 느닷없이 "최근까지 귀여운 새들이 노래했던 텅 빈 폐허의 성가대"란 상황을 돌연히 병치시키고 있는 점이다. 늦가을 나목을 텅 빈 폐허의 성가대로 비유했을 때, 독자는 의미의 양자 비약quantum leap을 겪는다. 단순히 조락하는 늦가을 풍경이 아니라 엄청난 두께의 과거가 축적된 심리적·사회적 풍경이 겹친 그림으로 환기된다. 실제로 당시 스트라드포드와 런던 사이에 "수도원이 몰락한 이후 70여 년이 지난 영국에 폐허화된 수백 개의 교회가"(West 228) 널려 있었다고 기술되어 있다. 심리적으로 이해하면, 화자가 강조하는 건 현재의 황량한 풍경이 아니라 젊은 시절 수많은 새들이 이 나무에 찾아와서 지저귀며 노래를 불렀다는 것이다. 각기 대비된, 늙고 병든 현재의 화자/매력이 넘쳤던 과거의 젊은 화자, 폐허로 변한 교회의 먼지 덮인 성가대/장엄한 찬송가가 울려 퍼졌던 과거의 성가대, 낙엽을 떨구어 버린 가을 나목/새들의 즐거운 지저귐으로 가득 찼던 여름 녹음, 이 세 차원의 의미망이 역동적으로 상호 교직한 결과, 사랑/시간(역사)/늙음(죽음)이란 자칫하면 경직된 추상화로 떨어질 주제가 구체적인 실존성을 획득하면서 감동적인 시적 호소구조를 생성시킨다.

3번 사행구의 은유화도 통상적인 과정을 겪지 않는다. 재와 불꽃의 역설적인 관계를 묘사함으로써 시간의 야누스적인 얼굴을 통찰한다. 생성과 죽음의 동시적 담지자로서의 죽음이 묘사된다. 여기서 불꽃은 삶이고 장작 땔감은 시간이다. 인생은 장작이란 시간에 의해 활활 타올랐지만 타고난 장작이 변한 하얀 재라는 또 다른 얼굴의 시간에 의해 사그라진다. 왜냐하면 하얀 재는 산소를 차단하여 그 밑에 덮혀 있는 장작 부분은 정작 연소되지 못하기 때문이다. 이처럼 시간은 인간을 생의 절정으로 올려놓기도 하지만 그 후 내리막길에서는 똑같은 원리로 파국으로 치닫게 하기도 한다.

이처럼, 예술의 불멸화 작업의 핵심을 이루는 셰익스피어의 은유화 과정은 매우 독보적인 통찰력을 보여 주고 있다. 동성애 연인에게 띄우는 마지막 소네트인 126번도 사랑/시간/죽음의 변주를 읊는다. 여기서는 자연과 시간이 분리된다. 시간은 연상의 시적 화자와 연하의 연인에게 각기 다른 얼굴로 나타난다. 이 아름다운 청년은 "변덕스러운 시간의 거울과 그의 낫을/모두 그대의 손아귀에 넣고 있기에" 그대의 "아름다움은 자라지만 그대의 연인들은 시들어 간다who in thy power/Dost hold Time's fickle glass, his sickle hour, …/Thy lovers with'ring as thy sweet self grow'st". 스스로 퇴색하는 자신의 젊음과 미모를 느끼는 화자는 그러나 연인에게 자연을 경계하라고 충고한다. 지금 그대가 더욱 아름다워지는 듯 보이지만 그건 자연의 눈가림에 불과하다고. 왜냐하면 자연은 시간을 통제하는 더욱 막강한 존재이기 때문이다.

> 시간의 폐허를 다스리는 절대 여왕인 자연은
> 나이 들까봐 그대를 잠시나마 뒤로 잡아당길지 모르지만
> 그건 다만 시간을 보다 멋들어지게 우스갯감으로 만들어
> 그 비참한 발걸음을 아예 없애 버릴 심산에서 그런 거야.
>
> If Nature, sovereign mistress over wrack,
> As this goest onwards still will pluck thee back,
> She keeps thee to this purpose, that her skill
> May Time disgrace and wretched minutes kill.
> (Sonnet 126)

이처럼 연인에 대한 묘사, 사랑/시간/죽음에 대한 성찰 등을 통한 연인의 형상화 시도는 많았지만 엄격하게 구별하여 불멸화에 초점을 둔, 즉 시를 통한 불멸화를 다룬 작품은, 18, 19, 54, 55, 60, 63, 64, 65번 정도이다. 이 절에서는 18, 19, 54, 60번을 다루기로 한다. 선정 기준은 셰익스피어의 감각적 감수성의 탁월함이다. 키이츠는 「가을에 부침To Autumn」 첫 연에서 후각과 촉각적 이미지로 흘러넘치는 풍요로움의 가을을, 그리고 2연에서는 눈으로 완성과 쇠락이 공존하는 가을 풍경

을 들여다보며 마지막 연에서 철새나 벌레울음 등 귀로 들은 사라짐의 가을을 그렸다. 키이츠의 독보적 감각시는 셰익스피어에 버금갈 정도로 탁월하며 아마 실제로 이 대가의 시에서 많은 영감을 받았는지 모른다. 셰익스피어는 시적 형상화 과정에서 한두 개의 감각소여에 초점을 맞추어 이미지를 구축하는 경향이 있다. 가령, 19번은 시간을 묘사하는 가운데 맹수의 포식 장면을 그리면서 촉각에 의존하며, 54번에서는 연인의 진실/아름다움을 방향 속에 녹여서 전달하고, 60번에서는 시간의 변신을 눈부신 시각적 이미지의 변모를 통해 표현한다. 따라서 19, 54, 60번은 이처럼 다양하게 초점화된 감각 이미지의 분석에 논의의 비중이 갈 것이다.

소네트 18번은 특별히 부각된 감각은 없지만 예술을 통한 불멸화 계열 작품의 본격적인 첫 시로서 중요할 뿐 아니라 소네트 전체를 대표하는 백미이며 또한 가장 널리 인구에 회자하는 시편이 되었다.

> 내 그대를 한여름에 비유할까요?
> 그대는 더욱 사랑스럽고 온유하오.
> 거친은 바람이 오월의 사랑스런 봉오리를 뒤흔들고
> 여름 동안의 임대는 너무 짧은 기간이고.
>
> 때로는 하늘의 눈이 너무 작열하고
> 그의 황금빛 안색도 자주 흐려지기도 한다.
> 미인들의 아름다움도 때로는 퇴색되고
> 우연히 아니면 자연의 무상한 순리에 따라 화장이 지워진다.
>
> 그러나 그대의 영원한 여름은 변색되지 않으며
> 그대가 지닌 소유물을 잃지 않고

죽음도 그대가 자신의 그늘 속에서 배회하고 있다고 뻐기지 못하리라.
그대가 영원한 시구 속에서 성숙해 간다면

인간이 숨을 쉬고 눈이 볼 수 있는 한
이 시가 살아 있는 한, 이것이 그대에게 생명을 부여하리라.

Shall I compare thee to a summer's day?
Thou art more lovely and more temperate.
Rough winds do shake the darling buds of May,
And summer's lease hath all too short a date.

Sometimes too hot the eye of heaven shines,
And often is his gold complexion dimmed,
And ev'ry fair from fair sometimes declines,
By chance or Nature's changing course untrimmed.

But thy eternal summer shall not fade,
Nor lose possession of that fair thou ow'st,
Nor shall Death brag thou wand'rest in his shade,
When in eternal lines to time thou grow'st.

So long as men can breathe or eye can see,
So long lives this, and this gives life to thee.
(Sonnet 18)

셰익스피어의 시적 불멸화 작업은 두 쌍의 대립항을 전제한다. 겨

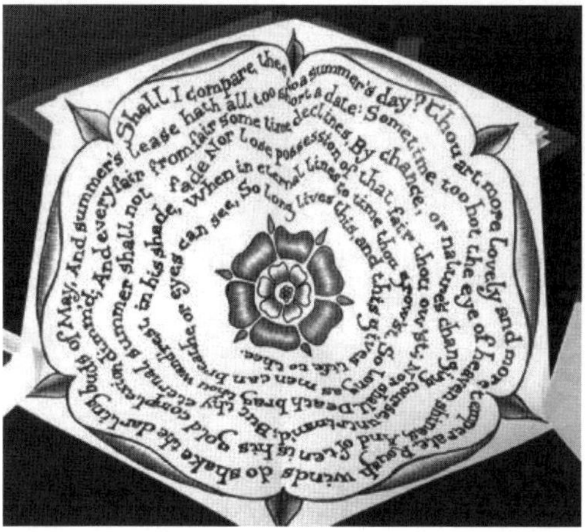

소네트 18번

울/여름, 죽음/생명력, 사멸/불멸, 지상의 임차 생활/천상의 영원한 가정, 자연 또는 시간의 파괴/예술의 불멸화 작업이 그것이다. 여기서도 화자에게 연인은 뻗어 가는 생명력인 여름의 화신이다. 허나 지상에서 생명이 주어진 기간은 영원하지 않고 만료 일자가 명시된 임차 기간이다. 계약이 종료되면 지상의 집을 내주어야 한다. 화자는 그 여름의 순간을 포착하여 영원하게 보존하고자 한다. 그 방법이 바로 시구로써 불멸화시키는 것이다. 이 시에서 하나 더 주목할 것은 죽음에 대한 구체적 이미지이다. 여기서 몰락과 파괴의 힘으로서 제시된 자연은 활유화되지 않고 "자연의 무상한 순리"라고 표현된 반면, 죽음은 거대한 느티나무로 구체화된다. 그리고 그 그늘 속에 있는 자들은 모두 유한한 운명을 지닌 무리이다. 누가 그 나무 그늘 밖에 서 있을 수 있겠는가?[20]

20 벤들러는 이 불멸화를 거창한 초월이나 의기양양한 예술의 승리로 내세우기보다는 겸허하고도 "온화한(temperate)" 해결책으로 간주한다. 그리하여 이행구의 조건절에서도 드러나듯이 "계속 인간 독자들이 감상해 주어야만" 가능한 불멸이므로 "소멸 위기에 놓인 예술의 취약한 점(the fragile strength of art before its extinction)"을 잘 드러내 주고 있다고 주장한다(122).

소네트 19번에 나오는 시간은 사자나 호랑이보다 더욱 포악한 맹수이다. 그리고 불사조보다 장수할 정도의 가공할 만한 짐승이다. 화자는 이 맹수가 날뛰더라도 자신의 연인에게 해코지하지 않길 바란다. 그러나 마지막으로 자신의 탄원이 부질없다는 걸 깨닫고는 시간의 해코지에도 불구하고 자신의 시구가 연인의 젊음을 아름답게 영구보존할 것이라 자신한다.

포식하는 시간이여, 사자의 발톱을 무디게 하고
대지로 하여금 자신의 사랑스런 새끼들을 삼켜 버리게 하고
사나운 호랑이 턱의 날카로운 이빨을 뽑아 버리고
장수한 불사조를 그의 피 속에서 태워 버리려무나.

그대가 흘러가는 동안 호시절 궂은 때 다 만들어도 좋아.
날쌘 시간이여 마음대로 하시오.
이 세상 모두에게 그리고 시들어 가는 아름다운 것들에게
그러나 단 하나 끔찍한 범죄만은 제발.

오 그대의 시간들로 내 연인의 아름다운 이마를 조각하지 말아다오.
그대의 골동품 펜으로 선을 긋지 말길.
그대의 행로에서 그를 손대지 말길.
후세인들에게 아름다움의 전범으로 남도록.

그러나 이보게, 시간 친구야 실컷 행패를 부리려무나, 그대의 해코지
에도 불구하고
내 사랑은 내 시 속에 젊게 영원히 살아 있으리니.

Devouring Time blunt thou the lion's paws,
And make the earth devour her own sweet brood,
Pluck the keen teeth from the fierce tiger's jaws,
And burn the long-lived phoenix, in her blood.

Make glad and sorry seasons as thou fleet'st,
And do what'er thou wilt swift-footed Time
To the wide world and all her fading sweets:
But I forbid thee one most heinous crime.

O carve not with thy hours my love's fair brow,
Nor draw no lines there with thine antique pen,
Him in thy course untainted do allow,
For beauty's pattern to succeeding men.

Yet do thy worst old Time: despite thy wrong,
My love shall in my verse ever live young.
(Sonnet 19)

이 소네트에는 "devouring", "blunt", "pluck", "burn", "fleet'st", "carve", "untainted" 등 시각보다는 촉각이 두드러진 "강한 동사strong verb"가 압도적으로 지배한다. 명사나 형용사의 경우에도, "paws"(무언가를 움켜쥐는 신체 부위), "keen"(날카롭게 찌르는), "jaws"(우물우물 삼키는 신체 부위) 등 신체 접촉이 연상되는 단어가 많이 쓰이고 있다. 이러한 감각 소여 차용의 시적 효과는 촉각적 이미지가 시간의 탐식적 포악성을 전경화시켜 주기 때문이다.

소네트 54번은 반면, 후각적 이미지를 전경화한 훌륭한 보기이다. 이 시는 불멸화 방식으로 연작시 초기 즐겨 사용했던 이미지인 꽃의 향기 추출법과 연결되어 있다.

> 오! 진실을 부여하는 그 향기로운 장식 덕택에
> 아름다움은 더욱더 빛을 발하지.
> 장미가 아름다우나 더욱 아름다운 이유는
> 그 속에 살아 있는 향기로운 꽃내음 때문이다.
>
> 벌레 먹은 꽃송이가 향내 나는 장미의 색조 못지않게
> 짙은 색깔을 드러내고
> 감추어 두었던 봉오리를 여름 숨결이 만개시켜
> 같은 가시 위에 매달려 희롱하며 즐겨도
>
> 외모만 뛰어나므로 구혼은커녕 대우도 못 받고 시들어져
> 마침내 홀로 죽어 간다. 향기로운 장미는 다르다.
> 달콤한 죽음에서 향내 나는 꽃내음이 만들어진다.
>
> 사랑스럽고 아름다운 젊은이여, 그대도 그렇게 이울어 가면,
> 내 시가 그대의 방향을 추출해 낼 것이다.
>
> O! how much more doth beauty beauteous seem
> By that sweet ornament which truth doth give.
> For rose looks fair, but fairer we it deem
> For that sweet odour which doth in it live.

The canker blooms have full as deep a dye
As the perfumèd tincture of the roses,
Hang on such thorns, and play as wantonly
When summer's breath their maskèd buds discloses.

But, for their virtues only is their show,
They live unwooed and unrespected fade,
Die to themselves. Sweet roses do not so;
Of their sweet deaths are sweetest odours made.

And so of you, beauteous and lovely youth,
When that shall vade, my verse distils your truth.
(Sonnet 54)

이 시는 후각이 압도한다. 시인이 다른 감각을 후각의 지배 아래 두려는 의도는 "향기로운 장식sweet ornament"이란 공감각적 어구에서도 잘 드러나 있다. 보통 장신구는 시각적 오브제인데 시인은 후각적인 에피쎄트를 끌어와 의도적인 감각 기관의 충돌을 빚고 있다. 그러고 나서 장미의 아름다움은 시각적인 점보다는 사실 "향기로운 꽃내음" 때문이라고 감각의 서열화를 공언한다. 구체적으로 들어가 "벌레 먹은 꽃송이가 향내 나는 장미의 색조 못지않게/짙은 색깔을 드러내고… 희롱하며 즐겨도" "구애는커녕 대우도 못 받고 시들어" 버린다. 그 이유는 장미의 진실/아름다움인 꽃내음이 향기롭지 못하기 때문이다. 그리하여 사랑하는 연인의 아름다움이 이우는 순간 화자의 시는 그의 시각적 용모보다는 진실의 향내를 추출하여 보존하겠다고 주장한다.[21]

소네트 60번은 시인의 시각적 소여를 최대한 동원한 시이다. 이

시에 드러난 시적 상상력의 탁월한 점은 인간사의 핵심을 이루는 추상적인 개념들, 가령 시간, 성숙, 노화, 길흉화복, 죽음 등이 모두 시각적 풍경 속의 장면이나 소품으로 처리되었다는 점이다.

> 파도가 자갈해안을 향해 몰려오듯이
> 우리의 분초들도 종착지를 향해 허겁지겁 달려오고 있다.
> 앞서거니 뒤서거니
> 모두 앞만 보고 뒤처지지 않으려고 꼬리에 꼬리를 물고.
>
> 한때 찬란한 빛 속에 잠겼던 탄생은 기어서
> 성년에 이르고, 마침내 성공의 화관을 머리에 쓰게 되나
> 곧 사악한 월식이 그의 영광에 맞서 투쟁하니,
> 재능을 부여했던 시간이 이젠 총명을 흐리게 한다.
>
> 시간은 청춘에 드리운 화려한 치장물을 걷어 가 버리고

21 마지막 행의 증류 추출하여 보존하겠다는 "그대의 진실(your truth)"의 성격에 대해서 다양한 해석이 존재한다. 이 책에서는 아름다움이 바로 연인의 이데아이며 실체이므로 미의 정수를 증류하는 것으로 해석하나. 랜드리의 경우, "그대의 진실"을 정절이란 구체적인 도덕적 요구로 해석한다. 즉 찔레꽃(wild dog rose)과 향기로운 장미를 비교하면서 장미가 장미답게 감미로운 건 "도덕 의식(moral sense)"(Landry 51) 때문이며, 이 소네트는 따라서 "외양의 아름다움이 상대적으로 덜 중요하며 약조, 정조, 충실, 정절 등의 도덕적 진실이 지닌 아름다움의 중요성에 대한 교훈"(Landry 50)이라고 해석한다. 랜드리의 상황 설명에 의하면, 연인의 인기가 너무 좋고 빼어난 아름다움과 정절의 동거는 항상 아슬아슬하여 질투심을 잠재울 수 없다. 단지 연인이 이 점을 명심하여 사랑의 진실인 정절과 순결을 지켜 주면 그 대가(reward)로 연인을 자기의 소네트 속에서 구원의 연인으로 불멸화시켜 주겠다는 애탄 바람이 배어 있다(Landry 52-3). 랜드리의 해석은 심리적 갈등에 대한 설명으로는 무난하나 불멸화를 꼭 수절에 대한 보상으로 이해한다는 점에서 화자의 감정을 지나치게 주관적으로 접근한 환원주의 해석의 좋은 보기라 하겠다.

미인의 이마에 주름 고랑을 패게 하며
절세가인을 파먹어 들어가니
그의 베어 가는 낫질에 버틸 존재가 어디 있으랴.

허나 나의 시구는 그대의 빼어남을 칭송하며
그의 잔인한 손길에도 불구하고 다가올 미래에 버티고 서 있을 것이다.

Like as the waves make towards the pebbled shore,
So do our minutes hasten to their end,
Each changing place with that which goes before
In sequent toil all forwards do contend.

Nativity, once in the main of light,
Crawls to maturity, wherewith being crowned,
Crooked eclipses 'gainst his glory fight,
And Time that gave doth now his gift confound.

Time transfix the flourish set on youth,
And delves the parallels in beauty's brow,
Feeds on the rareties of nature's truth,
And nothing stands but for his scythe to mow.

And yet to times in hope my verse shall stand,
Praising thy worth, despite his cruel hand.
(Sonnet 60)

우선 첫째 사행구에서 시간의 흐름에 대한 메타포는 해변으로 몰려오는 파도이다. 일견 이 비유는 매우 상투적이다. 실제로 이 비유는 오비드Ovid의 『변신*Metamorphoses*』 15. 177-85를 차용하였다. 골딩의 번역본(1567: 버로우Burrow의 현대 철자본)에 따르면 아래와 같다.

> The time itself continually is fleeting like a brook.
> For neither brook nor lightsome time can tarry still. But look
> As ev'ry wave drives other forth, and that that comes behind
> Both thrusteth and is thrust itself: Even so the times by kind
> Do fly and follow both at once, and evermore renew.

두 시구의 차이를 논하자면 우선 셰익스피어 특유의 청각적 이미지를 들 수 있다. [l], [m], [w], [b], [d] 등 반모음, 비음, 유음 등의 유성음 계열 자음과 [t], [p], [s], [tʃ], [ʃ] 등 파열음, 파찰음 등 무성음 계열 자음의 충돌은 몰려오는 파도와 해변의 자갈이 서로 부딪히는 양상을 청각적으로 잘 묘사해 주고 있다. 그러나 "현저한 차이"는 물론 웨스트David West가 지적하듯이 "개울의 물결은 지나가 버리지만, 바다의 파도는 우리 발밑에서 종말을 고한다"(195)는 데 있다.

첫째 사행구가 시간의 흐름에 대해 일반적인 시각적 이미지를 제공했다면 둘째 사행구는 변수이든 주체이든 시간이 개입된 인생의 흐름을 시각적 이미지로 제시한 경우이다. 탄생-성년-노년의 통과의례를 아기가 기어가는 모습, 둥근 보름달처럼 생긴 성공의 화관을 쓴 중년의 모습으로 의인화하여 보여 주다가 노년의 경우는 의인화하지 않는다. 대신 이미지 연쇄작용에 힘입어 성공의 절정에 이른 보름달을 갉아먹는 월식을 형상화함으로써 노화과정에 미치는 시간의 파괴력을 역동적으로 보여 준다. 자연의 이법상 초생달을 보름달로 살찌우는 것도 시간이고 보름달을 이울게 하는 것도 바로 시간인 것이다. 월식에 의해 일그러지는 달은 결국 천지를 환하게 비추었던 총명이 이제 흐릿한 그믐달 정도의 희미한 노망으로 변해감을 회화적으로 보여 주고 있다.

셋째 사행구에서 시간은 부지런한 농부에 비유되어 있다. 팽팽한 피부, 삼단 같은 머리카락, 탄탄한 근육, 이 모든 젊음의 장식물들은 바로 가을들판의 곡식과 과일들이다. 농부는 낫을 들고 가을걷이를 하고 이제 빈 들만 남는다. 그리고 봄에 쟁기로 밭을 갈듯이 미인의 이마에 주름 고랑을 판다. 시간의 파괴력은 평범한 사람들에겐 잘 드러나지 않는다. 다만 절세가인의 경우 늙음은 그/그녀의 존재/진실/미 자체를 원천적으로 부정하게 한다. 마치 농부가 수확물 중 가장 완벽한 과일을 맛보듯이 시간은 인간들 중 절세가인에게 더욱 가혹한 형벌을 내린다. 그리고 시간의 마지막 배역인 죽음은 작물을 베어 가는 "험상궂은 추수꾼"이다. 그의 낫질에 꿋꿋이 서서 배겨날 불멸의 인간은 없다. 마치 키이츠가 「가을에 부침」에서 가을을 방랑하는 나그네로 묘사하여 가을의 정서를 형상화하듯이 셰익스피어는 소네트 60번에서 시간을 파도에 빗대든지 의인화하는 방식으로 시각화하여 그 파괴성을 역설한다. 그 마무리로 마지막 이행구couplet에서 자신의 시구가 그대만은 이러한 운명에서 구해 불멸화시켜 줄 것이라고 약속한다.

이상에서 설명한 바와 같이 셰익스피어의 소네트 연작은 시인 자신의 개인사와 연관된 사적인 감정의 토로가 아니다. 탈개성화한 시인이 삶의 이데아인 사랑과 아름다움에 예술적 형식인 게쉬탈트를 부여하여 영원히 보관하고자 하는 예술적 불멸화의 작업이다. 셰익스피어에게 예술불멸화되지 않은 삶은 하나의 플라톤적인 현상phenomenon이며 동굴 속 벽에 투영된 그림자에 불과하다. 동성이든 이성이든 사랑하는 연인의 젊음과 아름다움이 절정에 이르는 순간 삶의 이데아는 발현되며 예술가는 이를 영원불멸화시켜야 한다.

셰익스피어의 위대함은 추상적인 이데아나 영원 또는 시간의 개념들을 장미 향기처럼 독자들이 느낄 수 있도록 구체적 감각소여로 바꾸어 놓은 데 있다. 독자들은 그의 소네트를 통해 역으로 이 세상 모든 사물이나 사건 속에 추상적인 개념이, 그리고 영원한 실체가 존재함을 인간 감각으로 느끼게 된다. 마치 그리스 비극이 인간을 고양시켜 주듯 셰익스피어의 소네트 연작시들은 덧없는 존재의 인간들이 영원불멸을 체험할 수 있는 신성한 계기를 마련해 준다.

3. 톨스토이의 신비주의적 극복: 『참회록』, 「이반 일리치의 죽음」, 「주인과 하인」

1) 『참회록』에 나타난 죽음 극복

19세기 중후반 당시 계몽 운동에 매진하면서 문학·예술에 종사하는 지식인들은 스스로 자신들을 선각자로 자처하며 국민들을 계도시킨다고 생각했다. 톨스토이는 견해를 달리했다. 그들은 모두 자신들이 무얼 하는지도 모를 뿐 아니라 남의 말에 귀조차 기울이지 않으며 악다구니를 치는 정신병자들에 불과했다. 톨스토이가 지켜보기에 그 시대 문화계는 일종의 정신병 환자들의 집합소에 다름없었다. 특히 파리를 방문하면서 톨스토이는 지식인들이 모두 "진보"라는 이데올로기에 빠져 "진보에 발맞추어 살아라"(III)[22]라는 구호에만 매달려 자기 자신을 돌아볼 엄두조차 못 하는 광경을 수없이 목도하였다. 그 진보에 대한 지식 공동체의 공감대는 명확하게 형성되지 않았으며 대부분 감상적 분위기에 휩싸여 그냥 떠밀려 가고 있었다. 톨스토이는 이러한 진보라는 미신에 사로잡혀 정작 자신의 삶에 직결된 본질적인 문제를 등한시하는 지식인들이 싫었다. 그러던 차에 그의 삶에 대한 견해를 뿌리째 뒤흔드는 두 개의 사건을 목격하고 그의 회의와 고뇌는 시작된다. 공교롭게 두 사건은 모두 죽음과 직결되어 있다.

첫 번째는 파리에서 역시 발전이란 미명하에 사형이 집행되는데, 단두대에서 목이 떨어져 나가고 그 머리는 몸체와 분리되어 쓰레기통

22 텍스트는 톨스토이 라이브러리 온라인(Tolstoy Library OnLine)에서 나온 『참회록(*A Confession*)』(1882, 1998)을 사용했다. 인용구절은 면수가 아닌 장(chapter) 번호를 괄호 안에 표시한다.

으로 팽개쳐진다. 이 충격적인 장면은 톨스토이의 심중에 여태까지 미진하게 남아 있던 "진보에 대한 미신적인 믿음"을 송두리째 흔들어 놓는다. 즉, "선과 악을 분간하는 관건은 사람들의 말과 행동이 아니고 진보도 아니며 다만 나의 마음이고 나"라고(III) 생각하게 된다.

진보에 대한 미신을 인생지침으로 삼는 걸 포기하는 두 번째 계기는 형의 죽음으로 이루어진다. 그의 죽음과정에 대한 상세한 기록은 『안나 카레니나』에서 주인공 레빈의 형인 니콜라이의 임종 장면을 통해 인상적으로 형상화되어 있다. 니콜라이는 대학 젊은 시절 진보 운동에 몸을 바쳐 재산과 사랑 젊음 모두를 바쳤으나 중년도 채 못 되어 결핵에 걸린다. 그 병은 물론 좌절된 혁명 이후 열패감과 냉소, 그리고 인간혐오증에 걸린 채 흘려 보낸 무절제한 생활에서 비롯된다. 임종 순간 작가는 인간에 대한 사랑 방식을 키티와 니콜라이와 비교하며 보여 준다. 한때 진보의 이데올로기에 도취된 영웅적인 니콜라이와 정치에 대해 문외한이지만 한 사람을 지극 정성으로 간호하는 키티 사이에서 톨스토이는 정치적인 사랑행위보다 개인적 실존적 사랑행위를 더 우위에 두는 듯 보인다. 특히 레빈에게 깊은 충격으로 다가온 깨달음은 자신이 지식인으로서 고금동서에 걸친 고전들을 읽으면서 죽음에 대한 지식을 충분히 축적했다고 생각했는데 막상 죽음과정을 직접 목도한 순간 책으로 얻은 그런 지식은 한 푼어치 가치도 없다는 사실이었다. 오히려 간호하는 두 여인 애가써와 키티는 "삶 그리고 죽음이 무엇인가에 대한 질문에 한마디도 대답을 못하고 이해조차 못하겠지만… 그들이 죽음의 본질을 꿰뚫어 보고 있다는 확실한 증거는 그들이 죽어 가는 환자를 다루면서 조금도 공포를 느끼지 않고 한순간도 흐트러지지 않고 간호를 한다는 데서 찾아볼 수 있었다"(*Anna Karenina* 523).

니콜라이의 죽음과정은 나중 이반 일리치의 임종 장면에도 그대로 재현되지만 죽음과정은 품위와 엄숙함과는 거리가 먼 현상이다. 모스코바의 저명의사를 데려오지 않는다고 간호하는 사람들을 윽박지르는 등 죽음은 니콜라이 속에서 난동을 부리며 그의 가장 나쁜 성격 요소들을 하나하나 밖으로 끄집어내어 진열한다. 형의 죽음을 통해 레빈이 얻은 교훈은 죽음은 풀 수 없는 수수께끼이며 죽음을 목도함으로써 오히려 더 불가해한 현상으로 받아들이게 되었다는 사실, 그리고 더욱 중요한 것은 "죽음에도 불구하고 삶과 사랑에 대한 필요를 느꼈으며 사랑이 절망으로부터 그를 구출하고 이 사랑이 절망의 위협을 물리치고 더욱 강하고 순수하게 되었다는 것이다"(*Anna Karenina* 532).

죽음의 허무와 삶의 신비 사이에서 갈등하며 죽음의 의미를 궁구하던 톨스토이는 그 이후 죽 육영 사업이나 저술활동을 통해 죽음의 허무를 극복하고자 하였다. 그러나 자신의 건강하고 합리적인 인생 프로젝트도 허무주의의 늪에서 그를 건져 주지 못했다. 그를 끈질기게 따라다니는 질문은 스스로 무지한 자가 어떻게 남을 계도시킬 수 있는가였다. 여기서 무지하다는 것은 인생의 진정한 의미에 대한 무지를 가리킨다. 이 질문은 처음에는 간헐적으로 제기되었지만 시간이 흐를수록 마치 "죽을 병"의 증상처럼 처음에는 기분이 께름직한 정도였는데 횟수가 거듭될수록 통증이 심해지고 마침내 가벼운 불쾌감은 어느덧 이 세상에서 가장 치명적인 질병인 절망으로 악화되어 버리는 것이다.

즉, 키에르케고르가 의미한 죽음에 이르는 병인 절망에 톨스토이는 빠진 것이다. 사실 이 절망은 키에르케고르에 의하면 크나 큰 축복이다. 왜냐하면 죽음의 진정한 의미를 통찰하지 못하는, 즉 "자신이 절망이라고 하는 것을 모르는 절망, 바꾸어 말하면 자신이 자기를, 그것도 영원한 자기를 갖고 있음을 알지 못하고 있는 절망인 무지"(키에르케고르 71)가 인간 실존의 최대 비극이기 때문이다. 보통 사람들은 "자신의 주위에 있는 인간의 무리를 보고 세속적인 여러 가지 활동을 부지런히 해야 하며, 세상의 풍습을 익히고 그 결과 자기 자신을 잊고 있으며, 그가—신적인 의미에 있어서—일컫고 있듯이 자신이 자기를 믿으려 하지 않고, 타인처럼 처신하는 쪽이 훨씬 더 즐겁고 안전하다고 여기며, 그리하여 그는 그 자신이 아니라 군중의 일원으로 타락한다"(키에르케고르 57).

반면 톨스토이는 죽음이란 현상에 직면하여 "군중의 일원으로 타락하여" 삶의 향락을 누리지 못하고 철저히 절망의 나락 속으로 자기를 내던진다. 세상이 주는 모든 명예, 권력, 부, 가족이 주는 행복이 죽음 앞에는 봄눈 녹듯이 사라져 버린다. 대신 그 자리를 차지한 것은 삶의 무의미, 방향상실, 그리고 도저한 절망이다. 셰익스피어가 소네트에서 보여 주었던 예술을 통한 불멸도 그의 죽음에 대한 공포를 씻어 주지 못했다. 그의 작가로서의 자부심은 하늘을 찌를 듯하지만 사후 작품이란 상징적 자손들을 인류사회에 퍼트려 이룩하는 불멸에 대해 톨스토이는 회의적이다. "그래 좋아, 고골리나 푸시킨, 셰익스피어나 몰리에르, 아니 이 세상의 어느 작가보다 네가 더 유명하게 될 거야. 그래서 어쨌다는 거야?"(III). 자신이 디디고 있던 삶의 발판이 허물어져 내림을 느끼는 그가 진정으로 추구한 것은 예술적 불멸도 후손을 통한 불멸도 아닌 톨스토이적 불멸이었고 그 화두는 바로 "나를 기다리고 있어 도저히 회피할 수 없는 이 죽음도 결코 파괴할 수 없는 그런 의미를 내 삶 속에서 찾을 수 있을까?"(IV)이다.

죽음이 결코 파멸시킬 수 없는 삶의 의미는 바로 그의 평생 화두가 되어 그의 뒷덜미를 한시라도 놓지 않고 따라다녔다. 인간의 모든 노작이 다 허망하다는 인식은 그를 자살충동으로 몰고 가고, 그 유혹을 뿌리치기 위해 각고의 노력을 한다. 방 주위에 노끈을 치워 버리고 일부러 총을 소지하고 가는 사냥을 기피하는 등 일종의 잔꾀를 부려 보기도 하였다. 자살충동은 "내 인생은 누군가가 나를 조롱하기 위해 벌이는 바보 같은 농담"(IV)에 불과하다는 판단에서 비롯된다. 누구라고 명확히 지적할 순 없지만 저 높은 곳에서 삶의 재미에 빠져 철없이 희희낙락하고 있는 나를 내려다보며 킬킬거리고 있는 존재에 대한 반격이며, 복수를 하고자 하는 도스토예프스키의 『악령』에 나오는 키릴로프의 충동이 그를 자살 쪽으로 기울게 한다.

죽음의 무도에서 등장하는 해골이 낫을 들고 오늘 아니면 내일이라도 들이닥칠 것이다. "악취와 구더기 외에는 아무 것도 남지 않을 것이다. 어느덧 나의 행적들은 그 무엇이건 망각될 뿐 나는 존재하지 않을 것이다. 그렇다면 나는 왜 애를 써야 하는데? … 어떻게 인간들이 이걸 놓칠 수 있어? 그리고 어떻게 삶을 연장해 갈 수 있어? 이건 정말 놀라운 노릇이야. 삶에 도취했을 경우에만 가능한 거겠지. 정신만 바짝 차리면 인생이 사기이고 완전히 돼먹지 못한 사기라는 건 누구나 알 수 있는데"(IV).

삶의 재미에 빠져 죽음을 망각한 예로 톨스토이는 동방의 불교 예를 든다. 한 나그네가 여행 중에 사나운 짐승을 만나 바닥이 마른 우물로 피신한다. 그러나 우물 바닥에는 용 한 마리가 입을 벌리고 있다. 올라가지도 뛰어 내리지도 못하고 우물 벽에 자라난 나뭇가지에 매달려 있다. 손에 힘은 점차 빠지고 자포자기 상태에 이르렀는데 생쥐 두 마리, 흑쥐와 백쥐가 번갈아 가며 나무줄기를 갉아먹고 있다. 금방이라도 가지가 툭 부러져 용의 아가리로 떨어질 것 같다. 그런데 주위를 둘러보니 나뭇잎에서 꿀이 몇 방울 떨어지고 있다. 혀를 내밀어 핥는다. 톨스토이는 이 우화를 들면서 자기도 이 나그네와 같은 신세지만 다른 점은 이제 더 이상 세상살이의 꿀이 달콤하지 않다는 것이다. 여기 백쥐인 낮과 흑쥐인 밤이 자기 삶을 갉아 먹고 곧 죽음인 용의 벌어진 아가리를 이미 보았다는 것이다. 그리고 거기에서 자신은 더 이상 눈을 뗄 수 없다고. 더 이상 삶의 단물이 나를 즐겁게 하지 못한다고.

자기에게 두 방울의 꿀은 가족에 대한 사랑과 글쓰기의 즐거움,

즉 예술이었는데 더 이상 마음의 안식처가 되지 못한다. 특히 문학이 삶의 거울로서 "희극으로 때로는 비극으로 감동시키며 끔찍하면서도 동시에 더할 나위 없이 아름다운 삶의 빛의 유희들로 나를 즐겁게 해 왔지만"(IV), 이제 이런 거울놀이도 싫증이 난다. 용을 본 이후. 종국에는 부러질 가지인데 그때까지 안달을 내며 공포의 시간을 질질 끄느니 차라리 내 스스로 가지를 부러뜨려서 떨어지는 길을 찾겠다. 노끈이나 총알을 사용하여서라도 하고 톨스토이는 스스로 다짐한다.

그러나 혹시라도 자신이 본 용의 모습이 착각일 수도 있고, 또 다른 선인들은 그 모습에 대해 어떻게 생각하는지 알고 난 이후에 가지를 부러뜨려도 된다고 생각하며 관련 서적을 뒤지기 시작한다. 그리하여 자신의 궁극적인 화두, "나를 기다리고 있는 회피불가능의 죽음도 감히 파괴할 수 없는 의미를 내 삶 속에서 찾을 수 있을까?"를 떠올린다. 처음에는 수학 또는 실험과학과 추상적인 형이상학에서 해답을 찾으려 한다. 자연과학은 인간의 존재에 대해 "너는 덧없는 존재야, 입자들의 우연한 응집물이야. 이 입자들의 상호작용과 변화가 네 속에서 소위 네가 말한 '인생'이란 걸 생산해 내지. 그 응집물은 일정 시간 지속되다 그 이후 이 입자들의 상호작용은 멈추고 네가 말한 '인생'은 정지되며 아울러 너의 질문들도 중단되겠지. 너는 우발적으로 결합된 물질덩어리에 불과하니까 그 덩어리가 발효하는 거지"(VI). 한편 형이상학이 제시하는 죽음에 대한 해답은 "세상은 불가해한 전체 세계의 무한한 존재이며 동시에 불가해한 부분이다"(VI).

톨스토이는 숲의 비유를 들면서 이들 학문의 죽음 규명 방식을 설명한다. 숲 속의 빈 터에서 나무에 올라가 좌우 사방 무한히 펼쳐진 숲을 보게 되나 정작 자신의 집은 보지 못한다. 내려와 어두운 숲 속을 헤매어도 역시 자신의 본향은 찾지 못한다. 숲의 우듬지에서 세상을 조망하는 태도는 자연과학이고 자신의 집을 찾으려는 태도는 철학이다. 특히 인간의 본향을 찾으려는 철학 측에서 소크라테스, 솔로몬 왕, 석가모니, 쇼펜하우어 등 현인들의 인생관을 경청한다. 그러나 경청할수록 그의 절망의 병은 더욱 깊어지며 "태어나지 않은 자여 행복할지니라. 삶보다 죽음이 더 좋으니 삶에서부터 자기를 해방시켜야 한다"(VI)라고 다짐한다.

주위를 관찰해 보면 이처럼 절망적인 죽음에 대처하는 네 종류의 태도를 발견할 수 있다. 첫째, 삶이 악이고 부조리하다는 걸 전혀 의식하지 않고 떨어지는 꿀을 혀로 핥고 있는 부류, 주로 여자, 어린이, 둔감한 사람들이다. 둘째, 에피쿠로스주의자들이다. 이들은 인생의 허무함에 대해 절감은 하지만 주어진 삶을 최대한도로 활용하여 능력껏 쾌락을 뽑아내는 부류. 그들은 애써 쥐나 용의 존재를 무시하고 꿀을 핥는 행위에 몰두한다. 태양 아래 인간이 누릴 수 있는 거라곤 먹고 마시고 신나게 지내는 것밖에 없으니 실컷 즐기라는 솔로몬의 권고를 따르고 있는 것이다

여기서 톨스토이는 에피쿠로스주의를 헤도니즘인 "초로와 같은 삶을 맘껏 즐겨라*carpe diem*"와 혼동하고 있다. 원래 에피쿠로스주의는 금욕주의의 다른 이름이다. '목마를 때 물 한 모금, 배고플 때 빵 한 조각은 산해진미가 된다'라는 신조에서도 알 수 있듯이 그들의 철학은 안연이 말한 "나물 먹고 물 마시고 팔을 베고 누웠으니 대장부 살림살이 이만 하면 어떠냐" 식의 청안주의에 기반한 정신적인 유열 추구의 태도이다. 어쨌든 에피쿠로스의 청안주의를 왜곡한 향락주의를 택하는 부류가 존재했었으며 톨스토이 주위의 친구들이 대표적인 보기이다. 톨스토이 자신은 석가모니의 설법을 경청하여 생로병사가 그러한 쾌락의 허망함을 깨달아야 한다고 주장한다.

셋째, "기개 넘치는" 행위로서 스스로 목숨을 끊는 태도이다. 용감한 자들은 조물주가 저기 높은 곳에서 자기를 상대로 벌이는 우스꽝

스러운 놀이를 단호히 거절한다. 목을 매건, 심장에 칼을 꼽건, 다가오는 기차에 몸을 던지건, 인류 역사상 대부분 실존적 반항의 자살자들은 놀랍게도 인생의 절정에서 목숨을 초개처럼 내던졌다.

톨스토이가 거론하는 네 번째 태도는 비겁하고 약한 자들의 몫이다. 인생이 무의미하고 종국에는 허무한 죽음으로 마감된다는 걸 번연히 알면서도 기개가 없어 목숨을 연명하며 살아간다. 우리 대부분 장삼이사들이 이에 속한다. 톨스토이 자신도 이 부류로 분류시킨다. 자기는 당연히 세 번째를 택해야 하지만 그를 망설이게 하는 미련은 생에 대한 애착이 아니라 나의 이성으로 내린 인생의 부조리와 무의미함이란 결론이 과연 완벽한 진리인가에 대한 불확신 때문이다. 그의 추론은 삶이 일차적으로 존재하고 그에 부수되는 게 이성인데 여기서 삶의 자식인 이성이 자신의 아버지이고 창조자인 삶을 정면으로 부인하는 게 사리에 맞지 않다고 생각한다.

나아가서 자신을 매우 현명하다고 믿고 있는 자신에 대한 의혹이 생긴다. 내가 혹시 어떤 지식에 대해서는 무지한데 자만심에서 그 무지한 부분을 추구하는 걸 어리석은 사고라고 쉽게 치부해 버리지 않았는가? 실제로 유구한 인류 역사상 수많은 현자들이 유형, 무형적으로 인생의 교훈을 남겼고 나라는 존재도 그것을 섭취하여 지금의 내가 형성되었다는 사실을 인정한다. 그러자 그들이 자살하지 않고 살아갔는데 그들의 산물인 내가 그들을 터무니없다고 지금 부인할 수 있는가? 그건 모순이다.

그리하여 이 죽음이란 화두에 매달려 수행을 한 결과 이 참담한 상태에서 나를 구해 준 하나의 희미한 빛은 "다른 힘도 동시에 작용하지만 내가 이름 붙이길 생의식consciousness of life이라고 하는 이성은 작용한다"(VIII)라는 깨우침이다. 이 깨우침은 일종의 계급에 대한 통찰에서 촉발되었다. 자기 주위 소수의 특권층인 귀족들은 모두 물질적·문화적으로 풍요로운 삶을 향유하는 유한계급인데 톨스토이가 보기에 이들 특권층은 불행하게도 삶을 헛살고 있는 "가짜 인간"들이다. "진짜 인간"들은 바로 자기 주위에 생산을 하며 심지어 이 귀족 계층을 먹여 살리면서까지 삶의 본질에 충실한 농부나 노동자 등 민중들이다. 인류의 대다수를 차지하는 이 민중들을 안중에도 넣지 않고 인간의 죽음을 사유하는 것은 언어도단이라고 회개한다. 그리하여 죽음이란 화두에 대한 질문은 이제 민중 중심으로 바뀌어 "세상에 현재 살고 또 살았던 수억의 민중들은 죽음에 어떠한 의미를 부여하는가?"로 바뀌었다. 그걸 깨닫지 못한 과거에 대해 "정신이 나간"(VIII) 때였다고 고백한다. 이 민중들은 죽음에 대한 위 네 가지 태도 어느 것에도 분류되지 않았다.

민중들은 우리가 "멸시하는 사이비 심리"에 의존하여 죽음을 이해한다. 이들이 품고 있는 "비이성적 지식"은 "믿음"이며 그건 기독교적 삼위일체와 예수의 부활에 대한 믿음이다. 아무리 민중의 심리에 동참하고자 해도 이러한 비과학적 미신을 이성적으로 수용할 수 없다는데 톨스토이의 고뇌는 비롯된다. 이성을 버려야 하는 막나른 지경에까지 이른 것이다. 그리하여 그는 새로운 질문을 계발해 낸다. 무조건 삶의 의미가 무어냐고 질문할 것이 아니라, 유한한 조건하에서 삶의 의미를 물어야 된다. 즉 "주어진 시간, 원인, 공간 내에서 내 삶의 의미는 무엇인가?" 여기에 대한 답은 당연히 "무"이다. 그러나 유한한 영역에서 유한한 존재인 인간의 삶이 의미 없다고 하여 이 정답을 무한한 영역에 그대로 대입할 수는 없다. 물속에 녹은 산소밖에 호흡하지 못하는 물고기가 그물에 걸려 모래사장에 던져지면 호흡곤란으로 이내 죽게 된다. 유한한 존재인 인간이 무한한 세계에 던져지면 살 수 없다. 그의 아가미는 공기호흡에는 아무런 소용에 닿지 않기 때문에. 톨스토이의 죽음에 대한 이성적 추론도 물고기의 아가미처럼 물 밖에서는 불필요한 기관이다. 공기 속에서는 공기호흡 기관인 허파가 필요할 따름이다. 톨스토이는 먹물들과는 달리 이러한 무한을 호흡하는 허파가 민중들의 신앙체계 속에 내장되어 있다고 믿게 된다.

이처럼 유한한 영역에서 도출된 정답은 따라서 한계가 있다. 유한한 영역에서 죽음과 삶의 의미에 대한 질문은 동어반복에 불과하다. 그 관계를 설명하면서 톨스토이는 "내가 어떻게 살아가야 하는가?—신의 법칙에 따라서. 내 삶의 실제 결과는? 영원한 고통과 영원한 지복, 죽음이 결코 파멸시킬 수 없는 인생의 의미는? 영원한 신과의 결합—천국"(IX). 그리하여 이성적 지식과 비이성적 신앙이란 두 도구를 모두 사용하여 톨스토이는 죽음에 대한 화두를 풀어 나간다. 그리고 신앙이 유한한 존재인 인간에게 무한한 의미를 부여하고 그 무한한 차원에서의 의미는 "고통이나 박탈, 죽음"에 의해서도 파괴되지 않는다는 결론에 도달한다.

죽음 규명의 핵심적인 도구인 신앙에 대한 톨스토이의 신뢰는 확고하다. "신앙은 인생의 의미에 대한 지식이며 이로 말미암아 인간은 자신을 파괴하지 않고 살아간다"(IX). 따라서 신앙을 갖기 위해서는 우선 인간은 "유한자의 환영성illusory nature"(IX)을 이해하고 그 결과 무한자의 존재를 받아들여야 한다. 우리가 오관을 통해 보고, 듣고, 이해하는 건 단지 마야illusion라는 걸. 그리고 영혼의 눈인 신앙이 비로소 우리에게 비로소 삶과 죽음의 새로운 의미 지평을 열어 줄 것이라는 걸. 톨스토이는 인간이 이성으로 자연과학적 방법론으로 삶의 의미를 규명하는 방식을 마치 어린 아이들이 자기 만족감으로 빼기며 시계 부속품을 분해해 놓고 장난감처럼 갖고 놀다 시계가 작동하지 않자 놀라서 어쩔 줄 몰라 하는 상황에 비유한다(IX).

톨스토이가 죽음에 대한 해답을 구하는 과정에서 중시하는 개념들은 가령, "무한자인 신의 관념, 영혼의 신성함, 인간사와 신의 연결성, 영혼의 통일성과 존재, 도덕적 선과 악에 대한 인간의 관념, 이 모든 것은 인간 사고의 숨겨진 무한자 속에서 개념화된 관념들이며 이것 없이 삶도 나도 더 이상 존재할 수 없다"(IX). 그러나 톨스토이의 신이나 무한자 개념은 서양 기독교의 신앙과는 구분된다. 동시대 기독교 공동체가 기대고 있는 모든 교리들을 거부하며 자기의 비전에 따라 새롭게 신앙체계를 재창조하고자 하였다.

그리하여 톨스토이는 불교, 이슬람교, 기독교 교리에 대해 공부하기 시작한다. 그러나 여기서 그는 하나의 실수를 저지른다. 가령 기독교 공부를 하면서 그 교리에 대한 연구보다는 주위 기독교인들의 신앙생활에 대한 관찰과 소견에 근거한 피상적 비판을 한다. 그의 친지들이 언행 불일치의 부실한 신앙생활을 영위하면서 단지 "에피쿠로스식의 삶의 위안"(X)을 누리며 기독교를 믿고 있다고 신랄하게 꼬집는다. 그러나 주변적인 경험사실에 대한 관찰보다 본질적인 접근을 시도하여, 그들의 말과 행동의 괴리에 초점을 맞추기보다 성경해석이나 신앙의 본질에 대한 연구를 했어야 했다.

어쨌든 그는 기독교인 가운데에서도 "가난한 자들이나 글자를 깨치지 못했지만 소박한 민중들"(XI)에게 관심을 돌린다. 귀족 계층이 혹한 미신처럼 민중들도 미신을 믿지만 그러한 믿음은 삶의 긍정적인 태도와 연결되어 있다. 민중들은 "중노동에도 불구하고 삶에 만족한" 듯 보이고 "질병과 슬픔에 당황하거나 저항하지 않고 그대로 받아들이며 모든 것은 선하다는 조용하면서도 확고한 신념을 지니고 있었다"(XI). 여기서도 톨스토이는 사려 깊지 못한 일반화를 시도한다. 물론 자신의 계층에 속한 귀족들이 외양상으로는 독실한 신앙인을 가장하지만 내면적으로는 무위도식자이면서 사이비 미신주의자일 수 있다. 그러나 그들을 고발하는 와중에 반대편 민중들을 지나치게 미화하고 있다. 결과적으로 양쪽 다 즉흥적 일반화에 의해 왜곡되어 버렸다. 분명한 것은 민중들이 삶의 고난이나 죽음을 흔쾌히 받아들이는 것이 톨스토이가 판단하듯이 영혼에서부터 우러나온 완전한 긍정인지, 아니면 죽음에 버금가는 삶의 고통을 벗어난다는 안심 아니면 습관화된 체념에서 빚어진 마지못한 수긍인지는 알 수 없다. 『참회록』과는 달리 다행히 톨스토이는 소설에서 민중 출신 인물들을 매우 복합적으로 묘사하여 이처럼 순진한 긍정주의적 사고를 하는 인물로 그리고 있지 않다. 자신의 이념과 소설적 형상화의 괴리는 『안나 카레니나』의 인물 형상화에서도 잘 드러난다.

특히 죽음을 대하는 태도에서 톨스토이는 민중들의 자세를 높이 산다. "공포나 절망이 동반되지 않는 안심입명이 우리 계층에는 매우 예외적이지만 당황하고 반항하며 맞는 불행한 죽음이 민중들에게는 오히려 매우 예외적이다"(XI). 여기서 톨스토이는 한 번 더 지나친 비약을 하여 치명적인 오류를 범한다. 즉, 그들이 소박하게 그리고 의연하게 맞는 삶과 죽음에 대한 태도를 비약시켜 마침내 자신의 계층에서 생산되는 모든 예술과 문화 활동을 "모두 자기 탐닉에 불과한 것으로"(XI) 왜곡 폄하한다. 그 결과 매우 왜곡되고 독선적인 그의 『예술론』이 저술되었지만 이도 역시 그의 직접적인 이념적 선언과 작품에서의 형상화에서 보여 주는 통상적인 괴리를 염두에 두면 그다지 놀랄 만한 일은 아니다. 이처럼 톨스토이에겐 항상 자신의 도덕적인 판단과 미학적 통찰 사이에 불가해한 틈새가 발견된다. 산문에서 도덕적인 선언을 작성하는 논객과 소설에서 인물현상화나 사건 구성을 하는 소설가의 두 마스크를 쓰고 있는지 모른다.[23]

23 대표적 보기가 물론 『안나 카레니나』이다. 주지하다시피 신문의 한 귀퉁이를 차지했던 한 귀족부인의 열차 투신 사고가 위대한 장편으로 거듭나게 되었는데 작가의 원작 의도는 불륜의 어리석음에 대한 설교였으나 자신도 모르게 여주인공 안나 카레니나가 너무나 신비스러운 사랑의 화신으로 태어나 버린 것이다. 작가 자신도 놀라서 씁쓰레한 톤으로 이 작품은 실패작이라고 선언하게 된다.

톨스토이는 여태까지 죽음에 대한 자신의 질문 제기 방식이 잘못되었다는 걸 깨닫는다. 즉 지금까지 죽음에 대한 질문은 항상 나에게로 향하고 있었으며, 그 결과 나의 삶의 의미는 무어냐고 물었을 때 삶이 악이고 부조리하다하다는 해답을 언제나 내리곤 했다. 그건 물론 정답이다. 왜냐하면 나에게 삶은 악이고 부조리하기 때문이다. 그리하여 나는 에피쿠로스의 향락주의에 내 자신을 내맡기고, 사고와 말과 행동이 서로 일치하지 않게 살아 왔다. 그러나 나 자신의 특수한 경우가 아닌 인간 일반을 대상으로 삶의 의미란 질문을 던질 경우 정답은 완전히 달라진다. 다시 말하여 인류 일반의 삶의 의미를 물을 경우엔 "기생충 인생들의 삶이 아닌 그런 삶"(XI)에 대해 생각하고 말해야 하는 것이다. 여기서 톨스토이는 자기가 속한 귀족계급에 대한 지독한 혐오를 드러낸다. 이러한 귀족 계급에 속한 기생충들은 다른 비유를 들면 한평생 남을 고문하고 목을 치는 망나니나 구제불능 주정뱅이나 평생 동안 골방에 갇힌 광인들과 다름없다고 폭언한다. 그들이 자신들이 초래한 어두운 감금 생활에서 "삶이 무엇이냐"라고 물으면 당연히 그 답은 "삶은 최악"이라고 할 수밖에 없다(XI). 무위도식 유한계급은 바로 광인의 무리에 다를 바 없기 때문이다. 새를 비롯하여 모든 동물들조차 자신의 먹이와 잠자리를 스스로 챙기지 않는가? 하물며 만물의 영장인 인간들이 남의 노동력·생명력을 착취한다는 건 있을 수 없다. 그리하여 톨스토이는 자신의 지나간 전 생애가 모두 남의 피를 빨아 먹는 기생충이었다고 참회한다.

여기서도 톨스토이는 단순사고를 범한다. 노동 계층의 생산 개념을 너무 좁게 설정하여 작가로서 본인이 생산한 저서, 또 그가 수행했던 농촌계몽 사업이나 교육복지 사업은 생산에서 제외하는 우를 범한다. 그 결과 지나친 결벽주의를 내세우면서 참회한다. 자신이 속한 계급 소위 지식인 계급에서 생산된 인문학적 저술이나 예술 작품들을 불신하는 톨스토이에게 신적인 존재에 대한 모색은 지적·이성적 행위가 아니라 감정에서부터 우러나오는 "공포, 고아의식, 타향에서의 고립감, 누군가가 도와줄 것이라는 희망" 등의 감정적 반응이다(XII). 그리하여 신의 존재를 느끼기 위한 정서적 영적 순례를 한다. 자기 존재를 가능하게 한 제1원인으로서 신의 존재를 우선 설정하고 느낀다. 그 깨우침의 순간 톨스토이가 느끼는 그 대상은 "창조자이고 보존자이다"(XII). 그러나 그 존재는 불행하게도 그에게 현현되지 않는 존재이다. 소통이 되지 않는 톨스토이 자신의 환상의 산물일 수도 있기에 그는 간절히 기도한다. 그럼에도 불구하고 그 절대적 존재는 은총을 베풀지 않는다. 삼위일체와 구세주 예수를 동일시하는 순간 그 신은 얼음덩어리가 녹듯 사라지고 그의 마음속 생명의 샘물은 다시 말라 버린다. 기독교의 신은 현재 상태의 그로서는 수용할 수 없었기 때문이다. 이러한 희망과 생의 환희, 그리고 절망과 자살 충동이 몇 차례 거듭된다.

절대자에 대한 내적 추구의 강도와 회수가 치열해지면서 어느 날 하나의 내면의 목소리를 듣는다. "여기 그가 있다. 그란 존재는 아무도 그 없이는 살 수 없는 존재이다. 신을 안다는 것과 살아간다는 건 분리될 수 없는 동일한 행위이다. 신은 생명이다"(XII). 이 진리를 깨닫는 순간 그는 더 이상 자살 충동에 휩쓸리지 않았다. 그렇게 회복된 생명력은 완전히 새롭지 않고 이미 유년 청년 시절에 이미 소유했던 것이었다. 그 체험을 비유하자면, "배 위에 실려서 미지의 강변에서 밀어내진다. 건너편 강안으로 향하게끔. 노 저을 줄 모르는 내 팔에 노가 주어지고 홀로 남겨진다. 힘닿는 한 노를 저어 앞으로 나아간다. 강 중심으로 나아가면서 물살은 더욱 거세어지고 건너편 목표지점에서 나를 점차 멀리 밀어내며 멀어지게 한다. 그리고 물살에 밀려 떠내려가는 사람들 수는 자꾸만 늘어 간다. 그러나 어떤 이들은 그럼에도 불구하고 계속 노를 젓는가 하면 일부는 노를 아예 팽개친다. 거대한 범선이나 커다란 배에는 선객들로 가득 차 있다"(XII). 여기서 톨스토이는 혼자 노를 젓다가 결국 방향을 잃게 되고 노젓기도 포기한다. 강물의 흐름에 몸을 맡긴 거대한 범선, 그리고 다른 배들과 같이 떠밀려 내려간다. 승선한 선객들은 웃으면서 흥청망청 즐기고 이제 그냥 물살에 떠밀려 흘러 내려가는 수밖에 없지 않느냐며 고개를 서로 끄덕인다. 그런데 저쪽 하류에서 폭포 소리가 들리며, 곧 이 배들이 폭포 속으로 파선되고 선객들은 물거품처럼 사라지리라는 게 명백해진다. 흘러가는 물결에 몸을 맡긴 게 편안했으나 하류에서 벌어지는 파멸의 아우성을 환청으로 듣는 순간 톨스토이 자신도 이젠 다급하게 주위를 돌아보며 안간힘을 쓰나 피신처도 없고 어찌할 방도도 찾지 못한다. 그러다가 뒤를 돌아보니 열심히 끈질기게 강물을 거슬러 강 피안으로 향하는 수많은 배들을 발견하게 된다. 그 순간 피안과 노와 방향을 떠올리고는 강물을 거슬러 상류로 피안으로 힘차게 저어 나갔다고 톨스토이는 적고 있다. 여기서 톨스토이는 친절하게 피안은 신이며 방향은 전통이고 노는 절대자의 합일을 하기 위해 피안까지 저어 간 자유라고 설명해 주고 있다

임종 2년 전(1908) 톨스토이

그리하여 톨스토이가 얻은 삶의 철학은 "모든 사람은 신의 뜻에 따라 이 땅에 태어났다. 신은 모든 인간들이 그의 영혼을 파멸시킬 수도 구원할 수도 있게 만들었다. 인생의 목표는 각자의 영혼을 구하는 것이며 구하기 위해서는 "신적으로" 살아야 한다. "신적으로" 살기 위해선 삶의 쾌락을 모두 포기해야 하고 노동하고 자신을 낮추며 고행하

고 자비로워야 한다"(XII). 그리고 이러한 교훈은 이미 성직자들이나 전통을 통해 전수되어 오고 있다고 한다.

톨스토이의 종교적 비전은 따라서 각 교파들이 벌이는 이단/정통 다툼과는 멀리 떨어져 있다. 사랑이 중요한 것이지 성경 해석이나 교리가 중요한 게 아니다. 그리스 정교Orthodoxy란 이름으로 저질러진 종교재판, 화형, 유배, 독방 감금 등 종교보호나 선교란 미명하에 적국을 침범하고 살육을 자행하는 것은 "분파의 종류에 관계없이 신앙의 제일 원칙에도 위배되는 악"(XV)이라고 규정한다. 따라서 출정 간 군인들에 대한 승리기도 모두 죄악이며 역사를 통하여 고위 성직자들이나 교사들이 부랑자나 고아들을 학살하게 사주한 만행도 끔찍한 죄라고 규정하고 특히 이 만행들이 기독교의 이름으로 벌어졌음을 참회한다.

여기서 톨스토이적 깨달음의 본질은 자못 신비적이다. 즉 그가 말한 신적인 것, 신적으로 살아야 한다는 건 무슨 의미일까? 전통적인 서구의 기독교의 하나님일까? 아니면 사적인 신비체험의 원천이 되는 초자연적인 존재인가? 바로 이러한 애매모호함이 이반 일리치의 마지막 임종 순간도 지배한다. 독자들은 톨스토이와 마찬가지로 이반이 도달한 안심입명이 무엇인지 정확히 집어낼 수 없다.

2) 만인의 죽음과 이반 일리치의 현대적 죽음

그런 의미에서 『참회록』에서 설파된 죽음에 대한 깨달음을 소설적으로 형상화한 작품이 바로 「이반 일리치의 죽음The Death of Ivan Ilyich」(1886)과 「주인과 하인Master and Man」(1895)이다. 「이반 일리치의 죽음」은 현대적 죽음의 정수를 보여 주기에 수많은 문학 비평가와 죽음학자, 임종 상담 치료사들의 바이블로 자리 잡고 있다. 현대 죽음학은 이 작품으로부터 논의가 출발한다. 그 이유는 작품의 주인공 이반 일리치가 죽음에 관한 한 전형적이고 보편적인 만인Everyman이기 때문이다. 그는 "실제적으로 러시아 문학의 여타 인물들과 다를 바 없이 우리 모두를 대변하며 모든 남과 여 공히, 우리가 언제 어디에 있건 우리 모두가 대면해야 할 실존적, 존재론적 딜레마에 처해 있다"(Russell, R. 402).

이 절에서는 「이반 일리치의 죽음」을 중세 말기의 『만인*Everyman*』과 비교함으로써 현대적 죽음의 특징을 이해하고자 한다. 「이반 일리치의 죽음」의 주인공 이반 일리치는 남부럽지 않은 삶을 살았다. 현의 부장판사이며 누구보다 인생을 만끽하고 살았다. 포도주를 마시며 브릿지 게임을 즐기고 파티를 열면서 인생의 달콤한 쾌락을 음미하며 살았다. 상류사회와 사교하면서 그들의 예절과 규범, 처세술에 정통하여 항상 그들의 사랑과 인정을 받으며 출세가도를 달려 왔다. 그런데 어느 날 새로운 근무처에 마련한 새 집을 고상한 기호에 맞게 꾸미는 과정에서 옆구리를 다치게 되고 그로 인해 이미 진전되고 있었던 모종의 병, 즉 충수돌기나 신장에 관련된 암과 유사한 병에 걸렸음을 알게 되며, 이로 인해 석 달 동안 끔찍한 병고와 절대 소외를 겪는다.

투병과정에서 느닷없이 들이닥친 죽음이란 존재에 대한 공포, 그로부터 탈피 시도, 과거에 대한 회한, 유년 시절의 아름다운 추억, 주위 사람에 대한 혐오 등을 작가는 소름 끼칠 정도로 절절하게 그리고 있다. 육체적 통증과 죽음에 대한 공포는 이반 일리치의 인생관을 송두리째 바꾸어 놓는다. 그의 삶의 원칙은 러셀Robert Russell이 정리하듯 "쾌락pleasantness: priiatnost과 관례decorum: prilichie"이다(Russell, R. 633). 그러나 행정이나 법률가로서 보여 주었던 유능함, 민원인들이나 피고들에게 취했던 모든 위엄, 그리고 업무 후 누렸던 개인적이고 은밀한 향락, 이 모든 것이 죽음 앞에서는 아무 소용이 없으며 오히려 잘못된 삶이었구나 하는 회오의 각성이 그를 마구 뒤흔들어 놓는다. 무서운, 그러나 때늦은 깨달음이 그의 머리를 친다. 그가 출세와 행복의 가도를 질주하고 있다고 믿었을 때 사실 그는 실패와 불행의 바닥으로 굴러떨어지고 있었다는 걸, 인생의 오르막이 죽음의 내리막이라는 걸. "내가 출세길에 접어들었다는 평판이 돌 때 사실 삶은 내게서 썰물처럼 빠져나가고 있었던 거야. 이제 만사 다 끝장나고 죽음만이 남았네"(*Collected Short Fiction*, 이하 *CSF* 163).

죽음의 과정에서 당사자가 겪는 온갖 회의, 번민, 고통을 상세하고 리얼하게 묘사했다는 점에서 이 작품은 중세도덕극인 『만인』과 일맥상통한다. 특히 갑작스러운 죽음의 출현과 주인공의 허둥댐이란 측면에서 이 작품은 이 중세도덕극과 자주 비교되었다. 이 두 작품은 특이하게도 주인공의 죽음이 극복되는 양상을 보인다. 『만인』은 종교적 의식 절차를 통해, 「이반 일리치의 죽음」은 실존적 각성에 의해 안심입명의 경지에 이른다.

모든 현존재Dasein는 죽음으로 향하여 가는 존재Zum-der Tode-Sein이며 그 길은 본인 외에 어떠한 동반자도 허용되지 않는 절대 고독의 저승길이다. 이러한 죽음의 사실은 인간들을 모두 공포로 떨어뜨린다. 그리하여 주위와 하나하나 분리되는 과정이 두 작품에서 여실히 잘 묘사되어 있다. 『만인』에서 가족 친지들은 만인의 죽음 순례 여행에 동행하려 하지 않는다. 우선 사촌Cousin의 핑계는

사촌: 아니, 저런, 발가락에 쥐가 났네.
이거 안 되겠는데, 하나님이 나를 굽어 살피시길
어쩔 수 없이 곤경에 빠진 당신을 배신할 수밖에.

Cousin: No, by Our Lady! I have the cramp in my toe:
Trust not to me. For, so God me speed,

I will deceive your most need.

(356-8)[24]

그리고 친척Kindred의 배신은 더욱 무책임하고 가증스럽다. 만인으로 하여금 자기 몸종을 데리고 가라고 한다.

친척: 꼬셔도 소용없네.
내 몸종을 붙여 주겠네, 진정으로
걔가 파티에 가는 것 좋아해. 교태를 부리고
춤추고 여행다니는 걸 좋아해.
너와 그녀가 합의만 본다면
네 여행에 도우미로 휴가를 줄 작정이야.

Kindred: It availeth you not us to 'tice.
Ye shall have my maid with all my heart:
She loveth to go to feasts, there to be nice,
And to dance, and abroad to start
I will give her leave to help you in that journey,
If that you and she may agree.

(359-64)

「이반 일리치의 죽음」에서도 가장 가까운 사이인 부인은 남편의

24 텍스트는 Greenblatt, et al., Eds. *The Norton Anthology of English Literature*, Vol. 1. 8th ed. (New York: W. W. Norton, 2006)이며, 이하 면수 대신 극대사의 행수를 표시한다.

몹쓸 병과 죽음 가능성에 대해서 진정으로 이해하려 하지 않고 의사가 오면 병의 악화를 남편의 무책임과 게으름 탓으로 돌리며 책임회피에만 급급하다. 어떤 때는 약을 잘 복용하다가도 "그 다음 날에는 내가 감시하지 않으면 약을 까먹고 철갑상어를 먹고—금지 식품인데도—카드놀이를 새벽 한 시까지 한다니까요"(*CSF* 141)라며 그를 탓한다. 그의 딸은 더욱 더 냉정한 모습을 보인다. 아버지가 병고에 시달려 짜증을 부리자, 밖으로 나와 어머니에게 동조를 구하듯 "아니 이게 우리 잘못이에요, 마치 우리 탓이라도 되는 듯이. 물론 아빠가 안됐어요. 하지만 왜 우리를 못 잡아먹어 난리에요?"(*CSF* 166).

가족들이 한때는 자신들을 부양하다 이제는 중환자로 떨어진 가장에게 짜증을 부리는 배은망덕을 어떻게 이해할 수 있는가? 이 현상은 만인의 경우와는 다르다. 만인은 자신이 죽는다는 걸 명확히 인식하고 준비를 한다. 그리고 가족은 등장하지 않고 친구, 사촌 등 한 어깨 정도 멀어진 친지가 등장한다. 그러나 톨스토이의 현대적 죽음에서는 가족의 반응을 부각시킨다. 그들은 짜증을 내며 무언가를 환자로부터 숨긴다. 아리에가 말한 것처럼 "가족과 의사의 일차적 의무는 죽어 가는 사람으로부터 현재 상태의 심각성을 감추는 것이다. … 이런 새로운 풍습으로 임종자는 무지 상태로 죽도록 강요되는 것이다"("The Reversal" 540). 이반의 딸과 아내의 짜증은 얼핏 그들의 몰인정한 이기주의 탓인 듯 보이지만 그 숨겨진 심리적 동기는 죽음 자체를 포르노그라피처럼 회피하며 타기시하려는 현대인의 보편적인 심리에서 비롯된다. 20세기 들어와서 죽음은 더러운 죽음dirty death이라 모두들 외설물처럼 감추고 정면으로 이해하려 하지 않는다. 이 현상의 심층 구조에 한 겹 더 파고들면 바로 현대인의 티모르 모르티스가 숨어 있다. "가족은 사랑하는 이에게 떨어질 타격을 참을 수 없다. 만약 모든 속임수와 환상을 내팽개치고 죽음을 보다 가까이 끌어와서 보다 확실하게 드러낼 경우 그들 자신들에게도 어김없이 가해질 그 타격을 도저히 견딜 수 없는 것이다"("The Reversal" 541). 중세의 친지들이 자신들도 곧 죽을 운명이란 걸 알고 있지만 자신들의 현세적 쾌락이 박탈당할까봐 두려워, 즉 세속애 *avaritas* 때문에 죽음이란 비극적 사건에 연루되지 않고자 만인의 죽음에 동참하길 거부하는 반면, 현대 일리치의 가족들은 죽음이란 현상 자체를 거부하고 무지와 잠재적 공포 상태에 머물기를 고집한다. 그들은 자신의 필멸성을 인정하고 싶지 않고, 살아가는 동안 죽음을 더럽고 외설적인 사건으로 간주함으로써 티모르 모르티스가 가져다줄 공포를 망각하고 부인하고자 한다. 바로 이 점에서 「이반 일리치의 죽음」은 『만인』과는 달리 죽음의 현대성에 대한 문학적 전범을 보여 주는 것이다.

중세인들의 죽음관에서도 물론 티모르 모르티스는 핵심 요소이다. 그러나 그들의 공포는 현세욕을 너무 쉽게 일찍 포기 못하는 태도에서 비롯된다. 따라서 그들은 일리치처럼 죽음과 죽음 이후의 존재에 대한 턱없는 무지와 도저한 공포를 느끼지는 않는다. 『만인』에서 친구가 죽음의 순례에 동행하지 못하는 이유는 간단하다.

> 친구: 죽음이 그걸 전한 사자라면
> 　　오늘 살아 있는 그 누굴 위해서라도
> 　　그 끔찍한 여행에 따라나서지 않겠네.
> 　　심지어 나를 낳아 준 우리 아버지를 위해서도.
>
> Fellowship: If Death were the messenger
> 　　For no man that is living today
> 　　I will not go that loath joyrney —
> 　　Not for the father that begat me.
>
> (266-9)

친구는 이 세상에서의 현세욕을 분명히 밝힌다.

친구: 만약 그대가 먹고 마시고 신나게 놀 심산이라면
아니면 여자들과 농탕질하러 가자고 하면
이 광명천지에 내 어찌 너를 저버리겠는가.
그건 염려 놓으라구.

Fellowship: And yet, if thou wilt eat and drink and make good cheer,
Or haunt to women the lusty company,
I would not forsake you while the day is clear,
Trust me verily.

(272-5)

톨스토이의 중편에서 친구들은 『만인』에서보다 더욱 야비한 인물로 그려진다. 가령 페터 이바노비치는 이반 일리치와 법대 동문이고 법원 동료로서 평소 술잔도 기울이고 브리짓 게임도 즐기면서 죽마고우처럼 지낸 사이인데 정작 친구의 부음을 듣고서 그의 머리에 떠오른 첫 생각은 친구의 부장판사직이 공석이 됨으로 인해 연쇄적으로 생겨나는 자리에 자신의 처남을 천거하려는 계획이다. 물론 그보다 앞서 일어나는 생각은 무엇보다 "죽은 자는 그이고 나는 아니야"(*CSF* 112)라는 안도감이다.

아무리 친한 사이일지라도 지인의 죽음에 대해 "휴우 다행히도 나는 아니야"라고 가슴을 쓸어내리는 건 인지상정이다. 다만 여기서 톨스토이가 문제 삼는 것은 임종자가 겪고 있는 죽음이란 현상에 대한 세상 사람들의 무지몽매함, 우둔함이다. 타인의 죽음을 목도하고 이번 차례는 아니지만 필연적으로, 그리고 전격적으로 방문할 자신의 죽음에 대해서 세상 사람들은 진지하게 질문을 던지지 않는다. 그 결과 우연히 주어진 타인의 죽음, 즉 간접적인 죽음체험을 통한 커다란 깨달음에 이르게 된다. 주어진 죽음에 대한 깨달음의 기회를 놓치고는 어이없게도 현재 삶을 보다 윤택하고 평안하게 유지하는 데 급급해 한다. 이반 일리치의 부인도 연금을 좀 더 타내려고 페터 이바노비치를 정중하게 모시며 그 방도를 찾기 위한 조언을 청하다가 실패하자 갑작스럽게 쌀쌀한 태도로 돌변한다. 남편의 죽음의 의미에 대해, 그리고 자신의 죽음에 대해 성찰할 수 있는 훌륭한 기회를 차 버리는 것이다. 그리하여 페터 이바노비치도 친구의 죽음이 주는 중압감이 부담스러워 친구들이 벌이는 밤샘 카드게임에 몰두함으로써 불쾌한 사건을 망각해 버린다.

이처럼 죽음의 가장 비장한 본질은 아무도 죽음을 대신해 줄 수 없는 일인칭이라는 데 있다. 그럼에도 불구하고 이반 일리치는 자신의 죽음을 수용할 수 없다. 논리학에서 배운 죽음의 주체와 현대 실존적으로 살고 있는 자신은 전혀 별개의 존재라고 그는 확신한다.

> 키에츠웨터의 논리학에서 배운 삼단논법, "케이어스는 사람이다. 사람들은 죽게 되어 있다. 고로 케이어스도 죽을 것이다"는 케이어스에게 적용하면 항상 옳게 보였다. 그러나 그 자신에게 적용하면 절대로 그럴 수 없다. 케이어스라는 추상적 인물이 죽을 운명이란 건 완벽한 정답이다. 그러나 그는 케이어스가 아니라, 추상적 인물이 아니라, 다른 모든 사람들과 아주 완전히 분리된 존재가 아닌가?

> The syllogism he had learnt from Kiezewetter's Logic; "Caius is a man, men are mortal, therefore Caius is mortal" had always seemed to him correct as applied to Caius, but certainly not as applied to himself. That Caius—man in the abstract—was mortal, was perfect-

ly correct, but he was not Caius, not an abstract man, but a creature quite, quite separate from all the others.
(*CSF* 131-2)

반면 『만인』에서 주인공은 저승사자의 전갈을 받고 혼비백산했다가 서서히 자신의 주위를 둘러보고 순례를 떠날 채비를 챙기며 죽음에 대한 준비를 한다. 톨스토이의 중편은 병고와 죽음의 과정이 매우 사실적 디테일에 충실하게 그려져 있지만 이 중세극은 알레고리 형식으로, 대부분의 인간적 자질이나 성격, 죽음 준비 단계들이 의인화되어 있다.

친구, 사촌, 친척으로부터 차례차례 버림을 받은 만인은 자신이 평생 지상의 목표로 삼고 일구었던 재물과 보화를 부른다. 그의 재물은 "산더미처럼 구석에 쌓여 있고/금고마다 꽉꽉 잠겨져 있고/자루마다 가득가득 채워져 있어서/움쭉달싹 할 수 없다"라고 대답한다. 만인은 "한평생 너와 더불어 세상쾌락을 원 없이 즐겼으니/제발 나와 같이 가자./아마 네가 전지전능 하나님 앞에서/나의 치부책을 깨끗하게 청산해 줄 수 있을 거야./왜 돈만 있으면 만사형통이라고들 하지 않니"라고 하자 재물은 정반대의 엉뚱한 소리를 한다.

재물: 아니요, 만인님, 저하고는 곡조가 틀리네요.
누가 그런 여행에 동행합니까?
설사 간다고 할지라도
저 때문에 더욱 큰 횡액을 당하지요.
저한테만 혹하여 살았기에
당신의 치부책에 황칠을 하여 알아볼 수 없게 만든 장본인이 전데
제대로 심판을 받으실 수 있겠어요.

Goods: Nay, Everyman, I sing another song:
I follow no man in such voyages.
For, and I went with thee,
Thou shouldest fare much the worse for me;
For because on me thou did set thy mind,
Thy reckoning I have made blotted and blind,
That thine account thou cannot make truly—
(414-20)

만인이 재물 축적을 평생의 업으로 삼았다면 이반 일리치에겐 품격 있고 유쾌한 사교생활이 삶의 중심이 되었다. 그 물질적 토대를 마련하기 위해 공직과 사생활을 엄격히 분리시켜 사적인 동정심이 일체 개입되지 않고 형식과 절차만을 철저히 강조하는 전형적인 관료주의의 화신으로 처신했다. 그리하여 개인적인 사생활에서 과도하지 않을 만큼 감각적이고 향락적인 자유를 누렸다. 『안나 카레니나』에 나오는 오블론스키처럼 전형적인 세속인으로 세상이 제공하는 쾌락을 탐미했다. 따라서 그의 하루하루는 직장이 주는 자긍심과 퇴근 후 사교생활이 던져 주는 유쾌함으로 점철되고 그의 삶은 생명력으로 팽팽히 부풀어 있었다.

세상사의 달콤한 유혹은 뿌리치기 쉽지 않다. 로제티의 시에 의하면 이 세속애*amor mundi*는 "돌아올 수 없는" 내리막길이다. 그에 반해 금욕과 정화의 길은 고난과 고독의 오르막길이다. 주위 풍경을 즐기고 담소를 즐기며 산책을 할 수 있는 내리막길을 두고 누가 굳이 오르막길을 오르려고 하겠는가? 그러나 아래로 내려갈수록 상황은 급변한다. 로제티는 세상의 향락에 몸을 내맡긴 삶의 끝을 이렇게 보여 준다. "어쩌겠어요, 언덕을 오르기는 너무 가파르고,/글쎄요, 돌아가기엔 너무 아깝고./이 내리막길은 편안한데,/되돌아 갈 길은 끊어졌네요Nay, too steep for hill mounting; nay, too late for cost counting: This downhill path is easy, but there's no turning back."("Amor Mundi").

이 내리막길은 바로 "지옥으로 직행하는 길"인 것이다. 적어도 죽음이 방문하기 전까지는, 이반도 만인처럼 이러한 삶이 자신의 "치부책에 황칠을 할 장본인"이 되리라곤 꿈에도 생각하지 못했다. 우리 모든 장삼이사처럼. 그러나 세상살이란 전혀 예상할 수 없으며 자신의 업보가 이제는 부메랑이 되어 자신을 강타한다. 정작 병이 들어 의사를 찾으니 의사는 마치 판사처럼 환자인 자신을 피고나 소송인처럼 다룬다. 기계적으로 사적인 감정을 개입하지 않고 냉혹한 관료처럼 자신을 대한다. 자기가 재판정에서 은근히 즐겨 써먹었던 비인간적인 초연함을 이제 의사가 자신에게 고스란히 써먹고 있는 것이다. 자신에겐 생사가 걸려 있는 사건이지만 의사에겐 안중에도 없는 흔하디 흔한 질병 중 하나이다.

만인의 경우도 마찬가지이다. 자기가 애지중지 아꼈던 비아속체들은 죽음의 심판에서 아무런 소용에 닿지 않으며 오히려 불리한 증거나 차변의 부채로 재판정에 제출된다.[25] 재물에게 버림받은 만인은 마침내 자신의 구원에 조력할 존재는 선행Good Deeds이란 걸 깨닫고 선행을 찾아간다. 하지만 선행은 말하길,

> 선행: 여기 차가운 땅에 누워 있죠.
> 당신의 죄가 나를 꽁꽁 묶어 놓아
> 꿈쩍도 할 수 없어요.
> 만인: 오 선행이여, 두렵구나.

25 비아속체에 대해선 이 책 1부 1장 2. 쾌락주의와 스토아주의: 에피쿠로스와 에픽테토스편 참조.

너에게 충고를 빌어야겠다.
지금 바로 네 도움이 필요하다.

선행: 만인이시여, 짐작하고 있었지요.
예루살렘의 왕인 메시아로부터
치부책 심판을 받기 위해 소환되었다고
그리하여 그 여행에 나를 동행시키려고 한다는 걸.
만인: 그래서 간청하려 왔다.
나와 같이 동행해 달라고.

선행: 기꺼이 그러지요. 하지만 사실은.
만인: 왜, 무슨 일이 있어?

선행: 다 당신 탓이지요.
당신이 나를 온전하게 북돋워 두었더라면
당신의 치부책은 완벽하게 준비되었을 텐데.
보시오, 당신 행적과 그리고 행위의 기록을.
발밑에 깔려 있는 모습을.
만인: 주님이시여 저를 구하소서!
한 자도 읽을 수 없구나.

선행: 이 절망의 시간에
치부책에 읽을 만한 기록은 하나도 없지요.
(358-9)

기력이 쇠하여 거동도 하지 못하는 선행은, 하지만 만인에게 자신의 누이인 지혜Knowledge를 찾아가라고 한다. 구원의 빛이 희미하게나마 비치는 순간이다. 여기서부터 만인과 이반의 운명은 갈라지며 중세의 기프로그램된 죽음과정과 신이 증발한 현대 죽음과정의 극명한 차이가 드러난다. 만인에게 어렴풋이 찾아오는 구원의 빛과는 달리 이반 일리치가 처한 상황은 냉혹한 소외와 온몸을 쥐어짜는 듯한 고통의 구렁텅이이다. 마치 "홀로 낭떠러지 끝에 서 있는데 아무도 알려고도 동정도 하지 않는 상태"이다(*CFS* 142). 고통 속에서 비로소 죽음의 접근을 눈치채게 되고 죽음의 공포는 육체적 고통을 압도하면서 그를 지옥의 나락으로 몰고 간다. 이반에게 죽음에 대한 공포는 우나모노도 인정했듯이 소멸에 대한 공포이다. 차라리 지옥 불 속의 고통이 영원한 소멸보다는 나은 것이다. 육체적 죽음 후 최소한 의식이나 정신의 영원성은 보장되니까. 졸지에 일리치는 자신의 소멸의 가능성에 대해 절망한다. 그리고 즐겁게 인생을 구가하는 가족들을 "바보", "짐승"들이라고 저주를 퍼붓는다.

> 내가 존재하지 않으면 뭐가 있는 거야? 아무 것도 없겠지. 내가 더 이상 존재하지 않게 되면 나는 도대체 어디에 있을까? 이게 죽는다는 것일까? 아냐, 죽음이야. 그래 죽음이지. 저자들은 아무 것도 모르면서 알고 싶어 하지도 않는군. 나에게 일말의 동정도 보여 주지 않고 잘들 놀고 있군. … 어차피 똑같은 거야. 그러나 그들도 곧 죽잖아. 바보 같은 것들. 내가 먼저 그리고 그들이 나중에 그들에겐 이러나저러나 마찬가지겠지. 지금 저렇게 희희낙락하고 있다니. 짐승만도 못한 놈들. (*CFS* 145)

이반 일리치의 이 저주에서 우리는 만인이 죽음 앞에서 용의주도하게 준비하며 획득했던 영적인 상승 같은 희망을 기대할 수 없게 된다.

임종 순간 이반은 어떤 강력한 힘이 자신을 "검은 자루" 속으로 밀어 넣는 걸 느낀다.[26] 기이하게도 그의 심적 고통은 검은 구멍인 자루 속으로 밀려들어 간다는 사실보다는 무언가에 막혀 제대로 자루 속으로 담겨지지 못하고 자꾸만 삐져나온다는 사실로 더욱 가중되었다. 여기에 방해를 놓는 힘은 바로 "자신의 삶이 훌륭했다는" 자만에 가까운 내적 목소리였다. 이 내면의 주장이 그를 자루 속으로 들어가지 못하게 훼방을 놓고 그의 고통은 더욱 가중되었다. 그러다 어떤 힘이 그의 가슴과 옆구리를 강타하여 숨조차 거북하게 만들더니 마침내 자신은 구멍 속으로 가라앉았는데 그 바닥에서 한 줄기 빛이 스며나오고 있었다. 이 순간은 그의 막내 아이가 병상으로 달려와 그의 손에 입맞추며 울음을 터뜨리는 순간과 일치한다. 그리고 그는 아직도 자신의 삶을 "제대로 돌려놓는" 작업이 늦지 않았음을 직감한다(*CFS* 160).

그 이후 첫 번째 반응으로 그의 내부에서 주위 모두에게 미안하고 감사하는 마음이 일어난다. 주위 사람들에 대한 동정pity 또는 자비심compassion이 일어나면서 이반에게 죽음의 공포가 사라진다. 마지막 그가 깨달은 진리는 "타인들에 대한 자비, 타인의 고통과 고독에 공감하고 그걸 떠맡을 욕구와 능력"에 대한 바람이다(Sansom 417). "자신을 으레 따라다녔던 죽음에 대한 공포를 둘러보았지만 찾지 못했다. '어디에 있는 거야, 어떤 죽음이?'", "공포도 사라지고 죽음도 없는 거야". 죽음 대신에 "빛만이(*CFS* 160). '그래, 그렇구나!' 갑자기 크게 고함쳤다". "이

26 다나허(David S Danaher)는 "검은 자루" 에피소드가 톨스토이의 인생철학을 촌철살인으로 드러내 주는 은유법의 백미라고 한다. "검은 자루는 이 이야기의 정점을 찍는 이미지이다. 왜냐하면 이 하나의 강력한 비유 속에 이 이야기가 구성되고 이반의 영적(심층텍스트적인) 여행의 여정이 분리된 채 도상화되었던 핵심적인 세 구성틀, 즉 빛/어둠의 이미지(앎은 봄이다), '인생의 행로' 모티프(행로 도식), 용기 이미지들이 합류된다"(464).

런 기쁨이!" 그리고 그는 마지막으로 속삭인다. "죽음은 끝난 거야, 그건 더 이상 존재하지 않아."(*CFS* 160)[27]

이 중편의 역설은 사회 권력과 명예를 잃고 추락한 병자로서의 투병생활이 정신적인 고양으로 나타나는 데 있다. 사교계의 화려한 생활에서 떨어져 나와 병상의 고독한 칩거에 들어가게 되어 오히려 영적으로 더욱 풍요롭게 되었다는 사실이다. 키에르케고르식으로 설명하면 "절망은 병이지만 완전히 양의적이기 때문에 그 병에 걸리지 않았음이 최대의 불행이며, 이 병에 걸리는 것이 참된 신의 선물인 것과 같은 그런 병이다"(키에르케고르 45). 임종의 끝에 이르러 비로소 이반은 자신의 불치병이 하나님의 은총이었음을 깨닫게 된다.

> 이반의 병은 자신의 안락한 일상생활의 기분전환식 의례 행사들을 견딜 수 없게 혐오하게 만듦으로써 자신의 즉시적 자아에 집중하게 만들었다. 그는 '자신의 영혼의 목소리'에 귀 기울일 수밖에 없었고 내면의 여행을 감행한 것이다.

> Ivan's sickness forces him to concentrate on his immediate self by rendering the comforting, distracting rituals of everyday life intolerable. He is compelled to listen to the "voice of his soul" and undertake a journey inward.
>
> (Danaher 463)

27 임종 직전 이 통찰은 던(John Donne)의 영성 소네트(Holy Sonnet) 6 마지막 행을 떠올리게 한다. "그리하여 죽음은 더 이상 없을 것이다. 죽음 그대는 죽을 것이다(And death shall be no more, Death, thou shalt die)".

그런 의미에서 올니Olney는 「이반 일리치의 죽음」의 핵심 소재가 "죽음"이 아니라 "영적 귀의spiritual conversion"라고 규정한다. 그리하여 "「이반 일리치의 죽음」 속 죽음이 삶을 무의미한 실존에서 패턴이 존재하는 의미과정으로 변용시킨다"(Olney 105). 그 과정에서 지방판사 의식을 지닌 과거의 이반이 죽고 영적이고 신앙적인 이반이 거듭 태어난다. 이처럼 인생이란 매 순간 발생하는 죽음과 삶의 사건들이 엮어 내는 하나의 패턴으로 정의할 수 있다. 진화의 매 순간마다 진화한 자아가 거듭나며 궁극적으로 한 주인공의 개인사는 수많은 "진화한 자아"의 순열이라고 정의내릴 수 있다.

그러나 상기한 죽음의 긍정적 해석보다는 위 상황 묘사에서도 드러나듯이 "임종 직전 이반 일리치의 '귀의 체험conversion experience'"을 미심쩍게 또는 실패한 형상화로 보는 비판이 존재한다. 심적 준비가 덜 된 상태에서 단순히 극심한 육체적 고통 이후 느닷없이 하나님의 은총이 그에게 떨어지면서 "여태까지 풀 수 없었던 딜레마에 대한 해결책을 명확히 투시한 후 자신과 세상에 대한 화해를 하면서 죽는다는 건"(Shepherd 402) 현실적으로 설득력이 없으며 이 부분에서 톨스토이는 어느 정도 안일하고 무책임한 종결처리를 하고 있다는 비평이 대종을 이룬다. 와시올렉Edward Wasiiolek도 이반 일리치의 귀의 체험을 "예술적으로 납득하기 힘들며… 그의 생의 마지막에서 그가 보았다는 진리도 선뜻 이해되지 않는다"(Shepherd 403 재인용)라고 주장한다.

이 "종결처리의 설득력"에 대해서 정작 작가 자신은 "사람이 영적 삶만을 추구하여 살수록 죽음은 덜 끔찍해진다. 바람직한 삶을 살수록 죽음은 덜 끔찍해지며 더욱 죽기가 쉽다"(Shepherd 403 재인용)라고 언급했다. 이반의 임종 장면에서 작가가 특히 초점을 맞추는 부분은 동정pity, zalko 또는 공감력에 대한 부분이다. 일찍이 1906년 일기장에 톨스토이는 "인간의 언어 가운데 동정을 느낀다는 것zhalet'은 바로 사랑([liubit'])

이며, 이는 무엇보다 사람들을 결속시키고 그들의 사랑행위를 환기시키는 사랑의 올바른 정의이다"(Shepherd 403 재인용). 공자도 일찍이 인을 한마디로 측은지심이라고 정의하지 않았던가? 톨스토이의 동정은 바로 이 측은지심에 해당하는 사랑이다. 일단 가족에 대해서 이러한 마음을 일으킴으로써 이반은 자아를 초월할 수 있게 된다. 버나스코니Robert Bernasconi의 설명에 따르면 동정의 윤리학을 포용함으로써 이반 일리치는 "마지막 순간 타자들을 위해 살길 선택함으로써 그가 처한 상황에서 바로 자기 자신의 죽음을 수용하는 걸 의미한다"(Shepherd 404 재인용). 동정 또는 자비의 의미에 대해서 산솜의 설명이 가장 경청할 만하다.

> 타인에 대한 자비심은 한 사람의 과거를 자신의 미래와 통합하게 해 주며 자신의 영혼과 타인의 영혼을 결합시켜 주는 기회를 제공한다. 우리는 우리 자신의 실존적인 삼단논법을 검토하면서 반성할 때 비로소 타인의 실존적인 삼단논법에 감정이입할 수 있는 것이다. 그들은 우리와 다른 추상적 존재가 아니다. 그들은 우리의 무관심 대상에서 우리의 염려 대상으로 바뀌어 버린다. 우리는 타인의 감정에 이입할 수 있는 능력을 얻게 되고 이입하면 할수록 실존적 삼단논법과 대면한 육체, 영혼, 삶의 일체감을 더욱 확고하게 체험하고 확인할 수 있는 것이다
>
> (Sansom 427)

이는 톨스토이 자신의 말처럼, "자아는 다른 자아들과 승화된 결합을 통해서만 가장 완벽한 상태로 된다"(Shepherd 404 재인용)라는 소신과 일치한다.

질버트Sandra Gilbert는 기독교적 귀의나 동정에 의한 휴머니즘적 초월성을 인정하지 않는다. 다만 이반의 죽음을 19세기의 죽음과는 판이

한 "최초의 현대적 죽음의 한 예"(125)로 보며 그런 시각에서 "검은 자루"의 의미를 강조한다. 특히 이 자루 속으로 빨려 들어가는 순간의 변형에 큰 의미를 둔다. 즉 이 변형은 "자부심 있는 한 판사로부터 언어 이전의 상태로, '그가 공포와 고통으로 터져 나오는 단말마의 비명'으로 환원되었다는 것"(125)이다. 이는 19세기 작가 톨스토이가 20세기의 죽음, 종식termination으로서의 죽음의 구성에 은연중 가담한 것으로 질버트는 판단한다.

후기 다아윈 세계에서, 이반 일리치의 어휘가 분절 안 된 비명이 암시하듯, 이미 우리는 영혼을 잃었고, 영혼의 소유가 아닌 문법적인 기관이 우리를 그나마 동물과 구분 지어 주었다. 그러나 이제 만약 우리가 언어마저 잃게 되면 우리는 동물로 떨어지며 한걸음 더 나아가 코마 상태의 환자를 통칭하는 식물인간의 "식물vegetation"로까지 "전락한다"(Gilbert 126-7). 이상에서 살펴본 바와 같이 질버트는 임종 순간의 귀의 체험의 의미에 대해선 거론하지 않고 다아윈 이후 영혼의 불멸성이 부인되고 종식설이 점차 대세가 되어 가는 현대에서 이반은 바로 인간에서 동물로, 그리고 식물로 전락해 가는 죽음과정을 잘 형상화하고 있다고 주장한다. 죽음의 현대성에 초점을 맞춘 질버트의 "검은 자루" 해석은 그러나 작가의 의도를 상당 부분 왜곡한 것이다. 스펜스도 주장하듯 톨스토이의 이원론적 인간관의 핵심에 "동물성품과 합리적 의식animal personality and reasonable consciousness"(Spence 226)이 공존하며, 이 중편을 통해서 작가가 드러내려고 하는 건 마지막 순간 합리적 의식이 동물성품을 극복하여 마침내 죽음도 넘어선다는 메시지이기 때문이다.

상기한 바와 같이 이반의 임종 장면에 대한 해석은 세 부류로 나뉜다. 톨스토이 죽음관의 구현으로서 이반의 대사를 액면 그대로 믿어 그의 귀의 체험을 전적으로 수용하는 올니 같은 비평가가 있는 반면, 세파드나 버나스코니처럼 귀의 체험 진위 여부를 떠나서 작가 톨스토이가 너무 서둘러 이반의 귀의과정을 마무리 짓는 바람에 내러티브의 설득구조를 구성하지 못했다는 주장, 그리고 마지막으로 질버트처럼 영혼을 지닌 인간으로부터 동물·식물화되어 가는 이반의 임종과정에서 후기 다아윈 시대의 죽음관을 미리 예진한 톨스토이의 통찰을 강조하는 주장이 있다. 특히 영혼의 불멸과 신의 개념이 차츰 마모되어 가는 현시대에 질버트의 통찰은 매우 날카롭지만, 그녀 논지의 오류는 현대의 죽음을 거론하면서 정작 주인공 이반의 심리변화, 귀의 체험에 대해선 언급하지 않을 뿐만 아니라 톨스토이의 죽음관과 정면으로 배치되기 때문에 설득력을 갖기 힘들다.

3) 「주인과 하인」에 나타난 죽음의 계급성 극복

「주인과 하인」은 『참회록』에서 끈질기게 추구했던 계급에 따른, 즉 생산계급의 죽음관과 비생산 유한계급의 죽음관의 차이를 형상화한 중편이다. 주인 바실리는 젊은 시절 톨스토이처럼 아랫사람들을 일종의 가축으로 생각하고 함부로 다룬다. 그러나 눈구덩이에서 같이 얼어 죽어 가면서 인간의 평등과 존엄, 그리고 사랑의 의미가 실린 신의 뜻을 영접하고 기꺼이 자기 체온으로 머슴인 니키타를 데우고 자신은 동사한다. 현실의 톨스토이가 꿈꾸는 이상적인 죽음을 소설 속에서 형상화하는 것이다.

「주인과 하인」은 『참회록』에서 밝힌 죽음에 대한 민중적 통찰을 담고 있다. 계급에 따라, 아니면 현세 삶의 고달픔에 따라 죽음에 대한 태도는 다를 수 있다. 그러나 죽음은 모두에게 공평하게 찾아온다. 주인인 바실리Vasili Andrevich는 매우 인색하고 장삿술에 밝은 교활한 부자이다. 반면 머슴인 니키타Nikita는 매우 어수룩하고 평소에 술도 하지 않는 순종적인 일꾼으로 나온다. 일 년 내내 열심히 일을 하는데 능력이나 기술, 힘으로 보아 그는 일등 머슴이다. 그러나 일 년에 한두 번 축제 기간 중에 참고 참았던 술을 입에 대었다 폭주로 흐르고, 마침내 주정을 부려 일 년 신임과 새경을 한꺼번에 다 까먹어 버리는 무대책의 가련한 머슴이다. 그러나 워낙 유능하고 정직한데다 싼 임금으로 부려먹을 수 있어서 주인 바실리는 주정을 부릴 때마다 쫓아 보냈다가는 이내 아쉬워서 다시 부르곤 하였다. 그리고는 일 년 새경을(80루블에 해당되는) 주지 않고 40루블에, 그것도 현금이 아닌 고가로 매긴 자신의 가게 식품으로 처리하면서 마치 대단한 선심을 베푸는 것처럼 허세를 부린다. 그러나 니키타는 가타부타 말없이 묵묵히 자기 일만 하였다. 그의 마누라도 니키타가 집에 들어오건 안 오건 신경쓰지 않고 새경만 챙겼다. 술이 들어가지 않으면 순하기 짝이 없지만 일단 술이 들어가면 마치 "평소 깨어 있을 때 고분고분했던 걸 보충이라도 하려는 듯 그녀의 옷장을 열고는 가장 아끼는 옷을 끄집어내어 도끼를 쳐들고는 그녀의 속옷들을 산산조각 내버리기에"(*CSF* 544) 축제날이 닥치면 마누라도 도망가기 바빴다.

인간 세계에서 소외된 니키타에게 유일한 말동무는 말 무코르티여서 수시로 이 말에게 자기의 속내를 털어 놓는다. 고르바치킨 숲 계약 건을 성사시키는 일에만 필사적으로 매달린 바실리는 주위의 충고를 무시하고 폭설이 몰아치는 날 숲 주인을 다른 상인보다 한발 앞서 만나기 위해 밤길을 떠난다. 그들은 그리시키노 마을을 두 번이나 되돌아올 정도로 눈보라 벌판에서 길을 잃는 위험에 빠졌음에도 불구하고 마음씨 좋은 유지의 간청을 뿌리치고 다시 길을 나선다. 고르바치킨 숲의 계약으로 굴러 들어올 "일만 루블"(576)의 이익으로 바실리의 눈은 이미 멀어 있었다. 억척스럽게 사업은 사업이야business is business라는 사업 철학으로 돈을 긁어모으면서 가난한 자들의 게으름, 어리석음을 비웃는다. 그리고 자신의 고생을 부의 축적을 위한 희생으로 여기고 또 낙으로 삼는다.

> 오로지 사업에만 매달리니, 남들처럼 침대에서 빈둥거리며 바보같이 시간을 낭비하지 않고 불철주야 고생을 마다하지 않지. 눈보라가 몰아치건 아니건 출발하는 거야. 그래야 사업을 완수하는 거야. 남들은 돈 버는 걸 장난으로 아는데, 천만에. 뼈 빠지게 머리를 싸매지 않으면 안 돼.
> (577-8)

마침내 살인적인 눈보라에 갇혀서 동사를 목전에 둔 상태에서 바실리는 혼자 살아남기 위해 눈구덩이 속에 의식을 잃은 니키타를 팽개쳐 두고 혼자 말을 끌고 길을 찾아 눈보라 속을 나선다. 니키타는 살았어도 바실리에겐 가축과 다름없는 하찮은 존재이다. 『참회록』에서 밝혔듯 작가 자신이 속한 유한 해충 계급에 걸맞게 바실리도 니키타를 팽개치면서 중얼거린다. "죽거나 살거나 그에겐 마찬가지야. 그의 삶이 무슨 가치가 있단 말인가? 자신도 삶이 아깝지 않을 거야. 그러나 나는 살아야 할 무엇이 있는 거야, 하나님 감사"(582). 주인의 부스럭거림에 설핏 깬 니키타도 자신의 죽음의 의미를 되새겨 보면서 죽음이 반드시 억울한 건 아니라고 중얼거린다.

> 자기가 아마 틀림없이 그날 밤 죽게 되리라는 생각이 떠올랐으나 뭐 그렇게 별스럽게 불쾌하거나 끔찍하다는 느낌은 들지 않았다. 특별히 불쾌하지 않았던 건 그의 한평생이 신나는 축제라기보다는 오히려 쉴 새 없이 닥쳐오는 일감의 연속으로 이미 파김치가 돼버린 기분이라서 그랬다. 그리고 그다지 끔찍하다고도 느끼지 못했다. 왜냐하면 여

기 지상에서 바실리 안드레비치 같은 주인들에게 머슴질하며 모시듯이 그를 이 지상으로 보낸 으뜸 주인인 하나님에게 항상 의존하고 있다고 느꼈기 때문이다. 그리고 죽으면 하나님 주인의 권능하에 머물 것이며 설마 당신께서 나를 박대하진 않겠거니 믿었다. '이제 일도 익히고 어느 정도 익숙해졌는데 포기하려니 안타깝지만 어찌할 수 없잖아. 새로운 삶에 또 익숙해지겠지.'

(538)

자신의 죄에 대해서도 비교적 낙천적이었다.

물론 죄다 그게(음주, 마누라 모욕주기, 교회 예배와 금식 불참, 신부님께 고해하지 못한 죄들) 죄이지. 그렇다손 치더라도 그게 다 모두 내 탓이란 말인가? 하나님이 나란 놈을 그렇게 만들은 탓이겠지. 죄야 그렇다고 쳐, 그렇다고 내가 어디 도망쳐 숨을 곳이나 있겠어?

(583)

주인이 자신만 살아 보겠다고 몰래 말을 끌고 눈보라 속으로 빠져나가는 걸 보면서 니키타는 그를 진심으로 이해한다. 왜냐하면 "그와 같은 삶을 포기한다는 건 참으로 어려울 것이야. 어쨌든 우리네 삶과는 판이하니까"(584). 바실리의 삶은 부귀와 영화가 넘치는 삶이라 죽어서 포기하기에 너무 아까운 삶이며 죽지 못해서 겨우 연명해 나가는 자신의 삶은 언제든지 내벗어던져도 무방한 누추한 넝마에 지나지 않는다.[28]

28 죽음의 역사사회학자인 아리에는 빈부의 격차로 인한 삶의 고단함보다는 죽음을 자연의 순리 내지는 하나님의 뜻으로 보는 "순치된 죽음(tame death)"의 카테고리

한편 눈보라 속에서 말을 잃어버린 바실리가 말의 발자국을 더듬어서 따라와 보니 말은 조금 전에 출발한 눈구덩이 속으로 다시 돌아와 있다. 아마 자기를 친구처럼 아끼는 니키타의 체취를 동물적인 본능으로 맡으면서 돌아온 것이다. 거기서 얼어 죽어 가는 니키타를 본 바실리는 갑자기 크나 큰 깨우침에 도달한다. "그래 이제 죽어 간다고 말하는 거지! 가만, 가만히 따뜻하게 해, 그게 우리 길이야… 우리 길이야" 하면서 "기이하면서도 엄숙한 다정함"이 마음속에서 솟구치는 걸 바실리는 느낀다. 그리하여 마치 물건 흥정할 때의 뻐기는 목소리로 활기차게 자신의 몸과 코트로 니키타를 감싸고 안으면서 체온을 보존해 준다. 그리고 마치 흥정 물건을 이번에는 놓치지 않겠다는 결심으로 "두려워하지마, 이번에 그를 놓치지 않을 거야"(590) 한다. 그러면서 죽음의 문턱에 이른 순간에 영적체험을 체험하고 거듭난 자아는 세속적 욕망의 포로였던 과거의 자아를 떠올리며 "그(바실리 브레쿠노프)는 몰랐지, 그러나 아니야 알아. 이제 확실히 알아. 나는 이제 알아"라고 의식을 잃으면서 행복한 꿈에 젖어 죽어 간다. 그리고 자기를 부른 천상의 부름을 듣고는 "이제 가요, 가고 있다구요"라고 반갑게 대답하며 그의 전 존재는 즐거운 감정으로 가득 찬다. 그 스스로 해방감을 느끼면서 이제 그를 붙들어 매 놓을 수 있는 건 아무 것도 없다고 생각한다. 불행 중 다행으로 주인의 몸과 코트 덕분에 니키타는 오히려 살아남고 20년을 더 살게 된다. 동상으로 발가락 3개를 절단했지만.

에 톨스토이 작품 속 농민들의 죽음을 분류한다. 그러나 이 작품에서 보듯이 니키타는 자신의 지옥 같은 삶과 주인의 천국 같은 삶을 비교하면서 마지못해 죽음이라는 운명에 순응한다. 아리에가 예를 든 중세 귀족들인 롤랑(Roland)이나 트리스탄(Tristan)의 순치된 죽음을 니키타의 죽음과 동일선상에 놓고 거론하는 건 어폐가 있다. 그런 점에서 오히려 소설가 톨스토이가 이 역사인류학자보다 더욱 인간의 죽음에 대한 통찰이 뛰어나다고 볼 수 있다("The Reversal" 538 참조).

✣ 4장 ✣

죽음의 상기: 죽음의 무도의 문화사

1. 홀바인 2세의 목판화 『예술적으로 상상되어 전아하게 묘사된 이미지와 이야기로 된 죽음의 양상』

영문학에서 메멘토 모리*memento mori*(죽음의 상기)와 죽음의 무도*danse macabre*의 환상적인 결합은 셰익스피어의 『햄릿*Hamlet*』 5막 1장 오필리아 입관식 장면에서 이루어진다. 산역질하는 어릿광대가 파 놓은 무덤자리를 자기 것이라고 하자 햄릿은 "누워 있는/거짓말하는lie" 말장난을 즐기며 "네가 그 속에 누워서[거짓말하면서] 거기 있으면서 그것이 네 것이라고 하나 그곳은 산 사람이 아닌 죽은 사람 자리이니 따라서 너는 거짓말을 하고[누워 있는] 있는 거야"라고 하자 어릿광대 1은 "재치 있는 거짓말[생매장]이죠. 당신도 곧 내 신세 꼴 나겠지요HAMLET: 'Thou dost lie in't, to be in't and say 'tis thine./'Tis for the dead, not for the quick; therefore thou liest./First Clown: 'Tis a quick lie, sir; 'twill away again, from me to you"(5.1.122-5)라고 응수한다.[1] 이 장면에서 산역꾼은 햄릿에게 자신은 물론 햄릿도 곧 무덤 속에 누울 운명이란 걸 지적한다. 인간은 살아 있지만quick 사실은 매장되어 가는

lie 존재라는 만고의 철리, 즉 메멘토 모리를 햄릿에게 상기시켜 준다.[2] 신분여하에 관계없이 모두 무덤으로 향해 나아가는 존재라는 메멘토 모리 교훈은 이 산역 장면에서 〈죽음의 무도〉 이미지의 부각에 의해 그 효과는 더욱 배가된다. 즉, 햄릿은 어릿광대 1로부터 방금 발굴한 궁정 어릿광대의 해골을 손에 받아 들고 아래와 같은 유명한 삶과 죽음의 허망함에 대한 명상을 한다.

그가 들고 있는 흉측한 몰골의 요릭Yorick 해골에 달려 있었던 "입술에 얼마나 헤아릴 수 없는/키스를 나는 퍼부었던가Here hung those lips that I have kissed I know not how oft?"라며 햄릿은 생전 항상 빙글빙글 웃던 요릭의 얼굴과 현재 끔찍한 모습으로 자신을 쏘아보는 해골을 비교한다. 단순히 요릭의 삶과 죽음의 의미에 대한 반추에 그치지 않고 햄릿은 사색가 답게 궁정 어릿광대인 요릭을 초월한 인물, 만고의 영웅인 알렉산더 대

1 『햄릿』 텍스트는 *The Oxford Shakespeare: The Complete Works*. General Eds. Stanley Wells and Gary Taylor (Oxford: Oxford UP, 1988).

2 여기서 "quick lie"를 김재남은 "생(生) 거짓말이랄까요."(5.1.125)라고 번역하였는데, 의미가 매우 모호하다. 필자가 해석하기에 이 구절은 메멘토 모리 전통을 나타내며 따라서 "생매장"이라고 번역해야 햄릿의 죽음관이 부각될 수 있다고 본다. 현세의 삶을 죽음으로 가는 과정으로 보고 끊임없이 죽음의 의미를 상기시키는 이 전통은 영국문학의 니힐리즘 전통 속에 깊이 자리 잡고 있으며 하우스만(A. E. Housman), 하디(Thomas Hardy), 토마스(Edward Thomas) 등에서 찾아볼 수 있다. 최근의 가장 단적인 보기는 베케트(Samuel Beckett)의 「단테와 바닷가재(Dante and the Lobster)」 단편에서 볼 수 있는데, 베케트는 냄비 끓는 물속에 던져진 바닷가재의 불운을 "quick death"라고 표현한다. 베케트의 말장난(wordplay)에 따르면 1) 30초라는 순식간에 빨리(quick) 죽는다는 의미와, 2) 가재를 산 채로(quick) 죽인다는 의미의 양의성이 존재한다. 동일한 해석의 연장으로 "quick"은 어릿광대 1의 대사처럼 재빠르고 재치 있는 거짓말일 수도 있지만 셰익스피어는 아마 "lie"를 매장이라는 의미로 사용하여 인간의 삶이란 생중사(death-in-life)이며 결국 자궁이 무덤으로 변하는(womb-tombing) 생매장(quick lie) 과정으로 파악했을 것이다. 베케트의 "quick"에 대한 양의적인 해석에 대해서는 릭스(Christopher Ricks, 29-32); 바필드와 튜(Barfield and Tew, 1-2) 참조.

왕 해골의 의미까지 확장하여 사색한다.

햄릿: 알렉산더조차도 땅속에서 이런 모습일 것 같애?

호레이쇼: 별 수 있겠어요.

햄릿: 이처럼 악취를? 흡!

(해골을 내려놓는다.)

호레이쇼: 별 수 없겠죠, 폐하.

햄릿: 어떤 비천한 용도의 진토塵土로 우리가 쓰일지라도, 호레이쇼! 상상력을 발동하여 알렉산더의 고귀한 진토를 추적하다 보면 나무통 입을 틀어막고 있다는 게 드러나지 않을까?

호레이쇼: 그렇게까지 비약시키면 지나치게 기괴한 상상이 되겠지요.

햄릿: 천만에 조금도 기괴하지 않아.

…

알렉산더가 죽었다; 알렉산더가 묻혔다.
알렉산더가 진토로 돌아갔다. 진토는 흙이다.
흙으로 우리는 찰흙을 만들고, 왜 그가 변모한
그 찰흙으로 그들이 맥주통을 막지 말라는 법이 있냐?

HAMLET: Dost thou think Alexander looked o' this fashion i' the earth?

HORATIO: E'en so.

HAMLET: And smelt so? pah!

Puts down the skull.

HORATIO: E'en so, my lord.

HAMLET: To what base uses we may return, Horatio!

Why may not imagination trace the noble dust of Alex-

ander, till he find it stopping a bung-hole?
HORATIO: 'Twere to consider too curiously, to consider so.
HAMLET: No, faith, not a jot;

...

Alexander died, Alexander was buried,
Alexander returneth into dust; the dust is earth; of
earth we make loam; and why of that loam, whereto he
was converted, might they not stop a beer-barrel?

(5.1.193-207)

르네상스극에서 맥베스처럼 처형된 머리가 제시된 적은 있지만 무대 위에서 소도구로 해골이 등장한 것은 요릭의 경우가 처음일 것이다. 무대 위에서 관객을 응시하고 있는 요릭의 해골은 바로 당대의 지배적인 문화 아이콘이었던 〈죽음의 무도〉에서 때로는 활을 겨냥하며 때로는 류트를 타는 해골, 앙상하게 뼈만 남은 저승사자 이미지이다. 르네상스기 유럽의 대중들은 이 해골의 모습에서 죽음을 상기하고 삶에 대한 새로운 각오를 다짐하곤 하였으나 셰익스피어는 이 장면에서 〈죽음의 무도〉라는 문화 아이콘을 무대화하여 햄릿의 허무주의적 멜란콜리를 오히려 부각시키고 있다. 특히 이 산역 장면에서 과거 천하를 호령하던 알렉산더 대왕은 지금 어디로 가고 한갓 술통 마개로 바뀌어 버렸는가 하는 대사는 전형적인 〈어디로 사라져 버렸는가*ubi sunt*〉라는 인생무상 모티프의 변형으로 메멘토 모리와 더불어 햄릿의 죽음에 대한 명상을 더욱 심원한 경지로 상승시킨다.[3]

3 햄릿의 죽음에 대한 명상은 단순한 철학적 사변에 그치지 않고 모리스(Harry Morris)에 의하면 햄릿의 "메멘토 모리와 티모르 모르티스(죽음의 공포) 장르(*memento*

특히 영국에서 〈죽음의 무도〉가 대중적 아이콘으로 각인되는 데 획기적인 계기는 홀바인 2세의 『죽음의 무도』 판화 창조인 듯 보인다.[4] 홀바인 2세는 셰익스피어와도 시간상으로 상당한 차이를 보이지만 동일한 문화적 공간을 공유한 것으로 밝혀졌다. 모리스Harry Morris의 설명에 따르면,

> 홀바인은 자신의 마지막 17년 여생을 영국에서 보냈으며, 궁궐이 윈저에서 화이트홀로 이궁하고 다시 환궁하는 시기에 궁중과 밀접한 접촉을 유지하였다. 셰익스피어도 자신의 작품을 장식할 죽음의 이미지들을 떠올리는 과정에서 궁중의 언저리에서 활동했다. 비록 반세기가 늦었지만.
>
> Holbein spent most of the last seventeen years of his life in England, in close touch with the court as it moved from Windsor to White-

mori-timor mortis genre)"("Hamlet as" 1038) 때문에 햄릿의 복수지연이 초래되었다. 다시 말하여, 햄릿의 티모르 모르티스의 근거는 죽음 자체가 아니라 내세론(eschatology)에 기초한 지옥과 천당 심판이다. 그리하여 왕으로 등극하여 합법적인 절차를 거쳐 삼촌을 처형하는 복수를 하지 못한다는 사실에 대한 불안과 삼촌의 육체만 죽일 뿐 그의 영혼은 오히려 지옥으로 밀어 넣지 못한다는 불안, 두 종류의 불안이 존재한다. 이 두 불안이 바로 햄릿의 티모르 모르티스의 핵심을 이룬다. 즉 복수 집행 과정에서 햄릿은 죽음의 의미에 대한 상기(*memento mori*)와 사후세계에 대한 끊임없는 공포감(*timor mortis*)에서 벗어날 수 없었고, 이 산역 장면은 바로 이러한 집착증의 무대화에 해당한다고 모리스는 해석한다.

4 윌슨(K. J. Wilson)의 조사에 의하면 홀바인 2세의 『죽음의 무도』 목판화는 모어(Thomas More)가 처형된 이후에 비로소 영국에 소개되었다. 그럼에도 불구하고 윌슨이 홀바인 2세의 목판화가 모어의 마지막 저서 『고난을 버티게 하는 위안의 대화(*Dialogue of Comfort against Tribulation*)』에 지대한 영향을 미쳤다고 판단한다. 바젤(Basel)에서 목판화 초판본이 나온 연도가 1526년인데 바로 그해 말에 홀바인은 영국의 모어 집을 방문하게 된다. 그는 에라스무스의 초청장과 함께 자신의 가장 최근 걸작인 『두 대사들』과 『죽음의 무도』 판화집 속의 에피소드 몇 개를 모어에게 보여 주었을 것이라고 주장한다. 그 증거는 바로 모어의 『고난을 버티게 하는 위안의 대화』 속에 등장하는 처형 집행자 망나니의 인물 묘사가 홀바인의 죽음사자와 너무나 흡사하기 때문이다(Wilson 53).

> hall and back again. Shakespeare called often upon images of death to adorn his plays, while he too moved about the edges of the court, although some half century later.
>
> ("Dance-of-Death" 15)

서두에서 거론한 "quick lie"의 양의성 문제에서도 잘 드러나듯 어떤 특정한 작품해석에서 그 작품이 배태된 문화적 공간에 대한 이해가 충분하지 않으면 그 작품에 대한 해석 또한 본질적인 한계를 지닐 수밖에 없다. 그런 의미에서 셰익스피어 연구자들 가운데 〈죽음의 무도〉라는 문화 아이콘과 그의 희곡 작품을 연결시키려는 학문적인 연구가 눈에 띄지 않는 건 "놀라운 일이다"(Morris 15). 그건 아마 셰익스피어 학자들이 지나치게 문자 텍스트, 즉 문학 작품 간의 상호텍스트성 규명에 치중한 나머지 시각적 텍스트로서의 문화 아이콘인 〈죽음의 무도〉에 대한 연구가 상대적으로 소홀하지 않았나 추정해 볼 수 있다.

그런 의미에서 이 장의 내용은 비록 영문학 작품에 대한 실제비평은 아니지만 문학 작품이 생산된 문화적 환경을 밝혀서 문학 연구의 배경 자료를 제공해 주는 기초 작업이다. 그리하여 메멘토 모리의 문화적 표출이고 변용인 〈죽음의 무도〉 작품 중에서 가장 고전적이며 예술적인 정점을 보여 주는 홀바인 2세의 목판화 작품에 대한 분석을 통해 중세 말기와 르네상스에 걸친 죽음에 대한 태도를 소개함으로써 동시대 영문학 작품해석 과정에 일조함을 그 일차적 목표로 한다. 그리고 이차적으로는 서구 근세 천 년 동안의 죽음과 그 변천에 관한 아리에의 통찰에 힘입어 중세 말기의 죽음관이 어떠한 방식으로 진화하여 현대의 죽음관에 이르게 되었는지에 대한 통시적 연구를 지향한다. 이 통시적 연구는 영문학사에 면면히 지속되는 메멘토 모리의 진화과정에 대한 문화적 통찰을 제공할 것이다. 아울러 메멘토 모리의 진화과정을 추적하는 과정에서 물론 콤브William Combe의 『영국식 죽음의 무도*The English Dance of Death*』(1815)의 특징을 간략히 언급할 것이다. 다시 말하여 〈죽음의 무도〉라는 중세 말기에 폭발적으로 분출된 문화 아이콘이 서구 문학사의 형성에 일정 부분 영향을 끼치고 있었다는 인식과 그러한 영향 관계의 연구에 대한 기초적인 작업의 필요성에서 이 장은 작성되었다.

우리 시대의 죽음관은 시간상으로는 물론 인식 면에 있어서도 르네상스기 태도와 너무나 멀리 떨어져 있다. 16세기와는 달리 과학적 유물론과 후기 소비자본주의가 팽배한 21세기에 죽음은 평온한 현세를 누리기 위해선 부인되고 금기시되어야 할 대상이다. 마이어Richard Meyer가 한탄하듯, "묘지는 현대 건축 풍경에서 가장 기피되는 요소로 떠올랐다"(Meyer, *Confronting Death* 140). 개인의 죽음이 공동체의 상실로 자연스럽게 이어지던, 아리에의 표현으로 "순치된 죽음"의 시대는 가고[5] 공동체는 개인의 죽음에 대해 무관심할 뿐 아니라 한걸음 더 나아가 마치 포르노그라피처럼 서로 쉬쉬해야 하는 창피한 사건으로 치부한다. 게다가 죽음의 임상의료화 과정은 죽음의 이물성과 흉악함을 배기한다. 아리에의 중환자실Intensive Care Unit 스케치에 의하면,

> 그것[죽음의 부인]으로 인해 과거의 야만성이 의료기술이란 탈을 쓰고 다시 기어들어 오게 되었다. 튜브줄로 뒤덮인 채 병원에서 맞는 환자의 죽음이 이제 낯설지 않게 되었는데 이는 강시僵屍나 춤추는 해골의

5 아리에는 근세 서구 천 년 동안의 죽음에 대한 인식의 변천을 5단계로 분류하여 설명한다: 1) "순치된 죽음(tame death)", 2) "자아의 죽음(the death of the self)", 3) "낯설면서 임박한 죽음(remote and imminent death)", 4) "타자의 죽음(the death of the other)", 5) "비가시적 죽음(the invisible death)"이 그것이다. 자세한 내용은 이 책 1부 2장 참조. 아리에 텍스트는 Philippe Ariès. *The Hour of Our Death: The Classic History of Western Attitudes toward Death over the Last Thousand Years*. Trans. Helen Weaver (New York: Random House, 2008).

표정보다 더 끔찍한 얼굴로 다가온다.

> it[denial of death] has allowed the old savagery to creep back under the mask of medical technology. The death of the patient in the hospital, covered with tubes, is becoming a popular image, more terrifying than the *transi* or skeleton of macabre rhetoric.
> (*The Hour* 614)

우리는 죽음에 대해 애써 눈을 감는다. 가까운 사람이 세상을 떠도 공개적인 애도는 민망해 하며 혼자서 몰래 꺼억꺼억 울기도 한다. 아리에는 변화한 죽음에 대한 현대적 태도를 고러Geoffrey Gorer의 "죽음의 외설성" 해석에 의존하여 아래와 같이 설명한다.

> 죽음은 이름 붙일 수 없는 타부로 되었다. … 그건 마치 예전의 섹스처럼 공공장소에서 언급되어서는 안 되며 다른 사람들에게도 거론하도록 강요해서는 안 된다. 20세기에 고러가 강력히 증명하듯이 죽음이 제1의 금기사항인 섹스를 대체해 버렸다.

> Death has become a taboo, an unnameable thing. … and, as formerly with sex, it must not be mentioned in public. Nor must other people be forced to mention it. Gorer shows forcefully how, in the 20th century, death has replaced sex as the principal prohibition.
> (Ariès 553 재인용)

그리하여 마치 자위행위를 치루듯 타인의 눈을 의식하여 숨어서 감정을 방출한다. 죽음으로 가는 과정도 마찬가지이다. 말기 암 진단을 가족 중 하나가 받으면 갑자기 가까이 다가온 죽음에 본인은 물론 가족 모두가 어쩔 줄 몰라 한다. 적어도 그들의 인생 로드맵에는 들어 있지 않은 침입자가 갑자기 풀숲에서 나타나 길을 막고 횡포를 부리는 격이다. 대부분 우리 시대 가족이 하는 일은 병원 신세를 지는 일이다. 의사와 간호사에게 환자를 맡겨서 최선의 의료 서비스를 받게 함으로써 살아남은 자로서의 양심의 가책을 덜고 싶은 것이다. 죽음의 대기소인 중환자실에 환자를 위탁함으로써 불한당 죽음까지도 가두어 버리는 일거양득의 효과를 갖는다. 이제 우리는 조금 께름칙하긴 하지만 이 둘을 가두고 나서야 비로소 다시 평안한 일상으로 복귀할 수 있게 된다. 죽음과 일상은 절대적 격리를 요한다.

그러나 옛날 선인들은 죽음을 이처럼 문전박대하지 않았다. 죽음이란 영원한 이별과 도저한 상실감과 무력감을 떠안겨 주는 더할 나위 없이 비극적인 사건인 한편, 인간의 숙명을 고려할 때 매우 정중히 대접해야 하는 존재였다. 19세기 미국 여류시인 디킨슨Emily Dickinson에게 죽음은 귀부인을 파티장으로 모시고 가는 정중한 미부 신사이다.

죽음의 비가시적 시대라고 부른 현대에 들어서 죽음이 마침내 장피하고도 배타시되는 존재로 바뀐 것이다. 우리 시대에 죽음과 삶은 완전히 절연되어 있지만 1세기 전만 해도 우리의 일상을 지배한 것은 죽음의식이었고 이 의식은 활기찬 삶의 의식과 직결되어 있었다. 식민지 시대 미국 뉴잉글랜드 지역의 한 묘소에 세워진 묘비명도 그 좋은 보기이다. 죽음은 메멘토 모리로서 삶을 가르치는 훌륭한 훈육자였다.

> 경청하라 지나가는 나그네여,
> 지금 너처럼 나도 한때는 그랬었다.
> 지금 나처럼 너 또한 될 것이다.
> 고로 죽음을 생각하고 나를 따르라.

> Hearken Stranger, As You Pass By,
> As You Are Now So Once Was I,
> As I Am Now So You Must Be,
> Thus Think On Death And Follow Me.
> (Meyer 153 재인용)

살아가는 동안 항상 죽음이 네 곁에 바투 서 있음을 명심하고 네 삶의 처신을 잘 하라는 교훈이 바로 메멘토 모리 전통의 핵심이다. 중세 수사들이 사용하는 수저에도 메멘토 모리가 새겨져 있어 매 끼니 수저질을 할 때마다 그들은 매 순간 죽어 가는 존재라는 걸 스스로 각인시켰다. 현대사회가 죽음을 부인하고 일상에서 완전히 추방했다면, 중세나 근대 초기에 메멘토 모리는 일상의 가구 집기들의 장식 문구로, 때로는 일상에서 주고받는 인사말로 회자되었다. 가령 1650년 영국 수사의 목걸이엔 아래 문구가 새겨져 있다.

> 우리가 존재하길 시작하자마자.
> 우리는 바로 소멸하기 시작했다.

> AS SOONE. AS. WEE. TO. BEE. BEGVNNE;
> WE. DID. BEGINNE. TO. BE. VNDONE.

이 메멘토 모리는 현대사회의 죽음 담론에서도 자연스럽게 용해되어 있다. 한 TV 쇼에서 네이션Terry Nation은 "산 자는 휴가를 나온 죽은 자라고 말한 사람이 누구죠?"(Gilbert 13 재인용)라고 묻는다. 이 질문은 역전된 죽음과 삶을 잘 반영하고 있다. 즉, 인간의 삶은 본래 사후세계에 뿌리박고 있는 데도 불구하고 잠깐 휴가삼아 들러서 일시 체류하는 현세의 삶에 더욱 애착하는 자들을 불쌍히 여기는 태도이다. 이러한 현세 경멸*contemptus mundi*의 태도는 현재도 많은 기독교인들에게 공유되고 있다.[6]

전술하다시피 셰익스피어 극 대중들의 뇌리에 깊이 각인된 이 〈죽음의 무도〉 문화 아이콘의 기원을 추적해 보면 5세기 아랍의 민담에까지 거슬러 올라간다. 세 왕 혹은 귀족이 낮 동안의 흥미진진한 사냥 놀이를 마치고 성으로 돌아오는 길에 갑자기 지하에서 울려 퍼지는 기괴한 음성을 듣게 된다. "현재의 너희들이 과거의 우리이고 현재의 우리는 미래의 너희들이다*Quod fumis, estis, Quod sumus, eritis*." 일제히 뒤돌아본 그들의 눈에 들어오는 건 세 구의 시체인데 화강암 석관에서 이미 상당히 부패하고 구더기들이 들끓어 형체를 분간하기가 힘든 상태였다. 이 "세 산 자와 세 죽은 자"가 이후 중세 서구를 휩쓴 다양한 형태의 〈죽음의 무도〉의 원형으로 남아 있다.[7] 이 세 해골들은 이 세상 모든 것이 허망하다. 육체적 쾌락은 물론, 명예, 권력, 모든 부귀영화가 헛되고 헛되도

6 반면, 같은 내세 본질주의자 중에서도 현세를 경멸하기보다 현세를 사랑하지만 이를 초월하여 내세로 지향하려는 절대 긍정주의자도 있다. 천상병의 시가 좋은 보기이다. "나 하늘로 돌아가리라./새벽빛 와 닿으면 스러지는/이슬 더불어 손에 손을 잡고,/나 하늘로 돌아가리라./노을빛 함께 단 둘이서/기슭에서 놀다가 구름 손짓하면은,/나 하늘로 돌아가리라./아름다운 이 세상 소풍 끝내는 날,/가서, 아름다웠더라고 말하리라"(천상병, 「귀천」).

7 중세 말기 유럽 각국의 다양한 〈죽음의 무도〉에 대한 원천을 밝히는 작업은 매우 지난하다. 가령 스태믈러(Wolfgang Stammler)의 『중세 죽음의 무도(*Die Totentanze des Mittlelalters*)』(1922)가 제시한 이 아이콘의 세 원천 작품 1) *Vadomori*, 2) *Des trois morts et des trois vifs*, 3) *Dispute between Death and Life*는 클라크에 의해 비판적으로 수용된다. 클라크는 스태믈러의 연구가 많은 문제를 해결했지만 "원형 텍스트(Urtext)를 상정하여 진화과정에서 확연히 구분된 단계(clearly marked stages in the evolution)"가 있다는 결론에는 승복하지 않는다(342). 그러나 단 하나 부동의 사실은 1424-1425년 이노센트 공동묘지의 시가 죽음의 무도에서 가장 오래된 문학형식"이라는 사실이다(Clark 344).

다라고 설교한다. 나아가 이와 같은 인간의 갈애desire와 연관된 모든 추구 행위는 지옥에서 영원한 고통을 안겨 줄 결코 사면 받지 못할 대죄를 구성하게 되기 때문에 모든 인간은 평생 매 순간 죽음을 항상 떠올리며 청안하게 살아가야 한다고 가르친다.

이 〈죽음의 무도〉가 시대정신Zeitgeist 내지는 문화 아이콘으로 부상하게 된 배경으로 꼽을 수 있는 항목에는 1) 자아의 죽음, 2) 흑사병, 3) 죽음의 기술*ars moriendi*, 4) 육체혐오, 5) 세속애*avaritas*가 있다. 첫째, 〈죽음의 무도〉는 아리에의 죽음관 분류에 따르면 순치된 죽음 이후 개별적 자아의 죽음단계에 해당한다. 이제 죽음은 공동체의 사건에서 벗어나서 개인에게 일어나는 일생일대의 사건이다. 그리고 그 사건은 자신이 평생 쌓아올린 모든 재물, 권력, 명예를 한꺼번에 쓸어가 버리는 쓰나미 같은 재난이다. 중세 후기에 인간들은 공동체의 일원이라기보다는 자신만의 세속애를 향유하는 엘리트 개인을 지향하였다. 그리하여 죽음은 중세 기사 롤랑의 죽음에서 보듯이 공동체의 일원으로 죽음을 평안하게 받아들이고 공동체도 그에 합당한 애도를 하는 순치된 죽음이 아니다.

그리하여 죽음은 개인의 현세관과 내세의 판결이 충돌하는 지점이다. 즉, 현세에 쌓아올린 공덕이 내세의 선악 판별 잣대에 얼마나 부합하느냐에 대한 개인의 판단이 결정적으로 작용하는 순간이 바로 임종 순간이다. 자신의 현세관과 내세의 판결에 대한 확신을 가진 자는 죽음이 출현해도 두려워하지 않는다. 가령 뉘른베르크 소재 성당참사회원 씩스투스 투커(Canon Sixtus Tucher, 1458-1507) 가문의 스테인드글라스 〈죽음의 무도〉는 죽음과 신학생의 대화가 회화와 시구로 이루어져 있는데, 죽음의 협박에도 불구하고 의연하게 죽음에게 대꾸하는 신학생은 바로 이러한 개인의 죽음에 엘리트적 자각을 보여 주는 좋은 보기이다. 활을 겨누면서 죽음이 "조심해라 불행한 자여 내 화살로 너를 꿰뚫어 이 흉측한 목관 침대로 집어넣지 않도록*Cave miser. ne meo te confixvm. telo. in hoc. tetr(ic)o collocem feretri lelcto*"이라고 협박하자 신학생은 "무엇을 해치우려고 하느냐, 나는 이미 이 엄중한 경고를 회피할 수 없는 신세인데, 설사 네가 바란다손 치더라도*Quid mi[ttis qu]od. hoc monente. sepvlcro: exiam. si. velis. cavere. neqveo-?*"(Schleif 587 재인용)라고 당당히 응대한다. 따라서 투커 가문의 스테인드글라스 〈죽음의 무도〉는 "죽음의 무도 주제에 대한 개인적이고 비판적인 패러디"인 셈이다(Schleif 597).

둘째, 아리에의 설명에 따르면 〈죽음의 무도〉는 메멘토 모리 철학에만 기반한 것은 아니다. 〈죽음의 무도〉라는 문화적 아이콘이 배태되는 과정에서 〈죽음의 기술〉이라는 시대정신과 흑사병이라는 사회현상이 결정적인 역할을 한다. 중세의 사후 최후 심판Last Judgment이란 내세관이 13세기 무렵 〈죽음의 기술〉로 대체되었다. 과거에는 사람이 죽으면 영혼은 무덤에서 썩어 가는 육체와 더불어 최후의 심판을 기다리며 대기해야 했다. 그러나 〈죽음의 기술〉을 교설하는 성직자들은 내세를 결정짓는 심판이 임종 순간 수호천사와 악마가 나타나 벌이는 "영혼과 육체의 논쟁Le débat du corps et de l'âme"(Davis 98 재인용)이라고 가르친다. 그 영혼을 놓고 벌이는 이 쟁탈전의 쟁점은 임종자의 일생치부책에 기록된 선행과 악업의 대차대조표이다. "인생은 책 한 권에 세목화되고 요약될 수 있는 사실의 묶음"(Ariès, *The Hour* 104)이기 때문이다. 이 인생 치부책의 차변debit엔 악업이 기입되고register, 대변credit엔 선행이 기입된다. 〈죽음의 기술〉은 바로 대변의 기입액수를 늘려 잔고balance가 항상 넉넉할 정도로 살아야 임종 순간에 수호천사의 손을 잡고 천국의 문으로 갈 수 있다는 걸 강조한다. 그러기 위해서 우리는 평소 메멘토 모리 하면서 현세애에 탐닉하지 말고 죽음 이후의 축복에 항상 몰두해야 한다.

셋째, 〈죽음의 무도〉의 중요한 배경으로 영혼과 육체의 이분법에서 육체에 대한 두드러진 혐오감을 들 수 있다. 죽음과 홀로 맞서는 중세 말 개인에게 비치는 실제적인 죽음현상은 시체가 부패되어 가는 육체현상이다. 특히 중세 말기 전 유럽을 휩쓸며 인구의 삼분지 일을 빼앗아 간 흑사병은 모든 인간들에게 참혹한 육체적 죽음을 절감하게 하였을 것이다. 길거리 골목마다 넘쳐나는 시체들엔 구더기가 득실거리고 기록에 의하면 페스트균이 뇌를 침범한 환자는 죽기 직전 느닷없이 지붕에 올라가 류트를 타면서 미친 듯이 노래 부르다 떨어져 죽는 경우도 있었다고 한다. 류트를 타는 해골, 이것이 바로 〈죽음의 무도〉의 원형적인 이미지이다.

육체에 대한 혐오는 플라톤 이후 서구 형이상학의 근간을 이루며 로마 스토아학파의 금욕주의자 에픽테토스Epictetus를 거쳐 중세에는 수도사들의 금욕고행이 종교적 수행으로 정착되었다. 홀바인과 교유하고 『죽음의 무도』 판화에 대한 논평까지 했으리라고 짐작되는 모어Thomas More도 이 문화적 아이콘이 "영혼의 올바른 쾌락을 방해하는 육체의 덧없는 쾌락에서 벗어나게 하는 계기를 마련해 주는"(Wilson 57 재인용) 역할을 한다고 평한다. 한걸음 더 나아가 잔켈레비치Jankélévitch의 육체관처럼 우리 속에 이미 우리는 육체라는 죽음을 내재하고 있다. 즉, 사후 썩어 문드러진 시체는 변형된 것이 아니라 현세에서 우리가 동거하는 육체의 본모습인 것이다.

> 더럽게 썩은 오물, 진물, 침
> 코를 찌르는 썩은 배설물
> 밖에 없으니
> 자연의 소산들을 보렴.
> 모두 제각기 악취 풍기는 오물
> 혐오스러운 것들을 그의 몸으로부터
> 끊임없이 쏟아 놓고 있지 않는가.

there is naught but filthiness
Mucus, spittle, rottenness
Stinking, rotten excrement
Consider the products of nature
You will see that each man brings
Stinking matter, loathsome things
From his body constantly.

(Ariès, *The Hour* 121 재인용)

이처럼 육체혐오의 상상력이 〈죽음의 무도〉 형상화에 커다란 영향을 미쳤음을 알 수 있다.

마지막으로 〈죽음의 무도〉는 인간의 세속애의 산물이라고 아리에는 주장한다. 실상 전술한 여러 가지 항목들이 이 문화적 아이콘의 배경적 요인이라는 데 아리에는 회의를 표명한다. 가령 흑사병이 창궐하자 탁발승들mendicants이 중세 말기 추락한 교회의 권위를 회복하기 위해 부패한 시체 해골의 이미지로 티모르 모르티스를 환기시켜 세속 대중 속으로 파고들며 선교활동을 벌였다. 그러나 "죽음의 무도와 페스트 사이의 상호 관련성은 아무리 유혹적이라도 완전한 설득력을 갖지는 못한다. 왜냐하면 특히 중세 말기의 거대 위기에 오늘날 역사가들은 의혹의 눈길을 보내고 있기 때문이다"(*The Hour* 125). 즉 히어스Jacques Heers의 주장처럼, 전해 오는 대부분의 기록들이 성직자들의 손을 거쳐 작성되었으며 이들은 객관적 통계 숫자나 사실보다는 "동시대의 손실과 문제점들을 너무도 당연하게 받아들이고 확대하려는 추세에 휩싸여 허구화되고 왜곡된 이미지를 제시하면서, 인류적 재난을 하나님의 진노로 천벌을 받았다는 식으로 비탄하는 경향을 보여 왔다"(*The Hour* 125 재인용).

따라서 페스트보다 오히려 세속애가 〈죽음의 무도〉 아이콘 형성에 지대한 영향을 미친 것으로 아리에는 판단한다. 그에 의하면 "죽음과 시체부패의 이미지들은 죽음의 공포나 내세의 두려움을 의미하지는 않았다. 비록 그것들이 그런 목적으로 활용되기는 했지만, 그것들은 오히려 현세에 대한 강렬한 사랑의 표시인 동시에 개별 인생들의 저주받은 실패에 대한 고통스러운 자각이다"(*The Hour* 130). 바로 이 열정적인 세속애인 아바리타스*avaritas*는 "일시적인 것, 외적 사물 혹은 배우자나 세속적인 친구들, 그리고 재물과 재산 또는 현세의 삶 동안 지나치게 사랑했던 기타 대상에 대한 과도한 애착"(*The Hour* 131)[8]을 지칭한다. 아리에의 설명에 따르면 중세 말기인들은 에픽테토스 같은 금욕주의를 따르지 않았다. 오히려 에피쿠로스적 삶을 선호한 듯 보인다. 그들은 존재의 사슬 속 가장 밑바닥에 처한 무생물에 이르기까지 모든 사물에 영혼이 깃들어 있다고 믿었다. 따라서 인간들이 모든 자연계의 생명체나 사물들과의 영육적 교감을 통하여 쾌감을 누리는 건 너무나 자연스러운 일이었다. 그리하여 역설적이게도 말기 중세인들이 가장 "물질적materialistic"(*The Hour* 137)이었다. 그 결과 〈죽음의 무도〉는 "더 이상 개종을 위한 경건한 초대"(*The Hour* 137)가 아니며 호이징어Johan Huizinga가 주장하듯 "과도한 감각적 취향에 대한 일종의 발작적인 반발"(*The Hour* 137 재인용)이다.

이상의 복잡한 배태 배경을 가진 〈죽음의 무도〉는 설교, 시문학,

8 〈죽음의 무도〉에서 발현되는 아바리타스는 기독교를 포함한 그리스-로마 전통에 비추어 볼 때 일탈이며 변종이다. 중세 기독교는 물론 로마시대의 스토아 철학도 바로 주위 사물에 대한 애착을 끊는 훈련에 기초했다. 가령 에픽테토스는 이를 외존물이라고 부르며 이에 대한 집착을 끊어야만 사후에 비로소 천상의 세계로 나아갈 수 있다고 주장한다. 에픽테토스 철학의 핵심은 우리 능력 안의 아속체(我屬體, What belongs to me)와 우리 능력 밖의 비아속체(非我屬體, the Externals)로 명확히 구분하는 데 있다. 그에 의하면 부와 권력, 명예, 자식, 아내까지도, 심지어 나의 육체까지도 외존물이며 나의 통제력을 벗어난 비아속체라고 주장한다(Epictetus, 57-9).

연극, 음악, 판화, 묘비명이나 낙서 등에 이르기까지 다양한 장르에 걸쳐 18세기까지 서구 사회를 지배한 문화 아이콘으로 자리 잡았다. 〈죽음의 무도〉가 공식아이콘으로 대두하게 된 계기는 1538년에 발간된 한스 홀바인 2세Hans Holbein the Younger의 목판화 『예술적으로 상상되어 전아하게 묘사된 이미지와 이야기로 된 죽음의 양상*Les simulachres & historiees faces de la mort, autant elegammêt pourtraictes que artificiellement imaginées*』에서 비롯된다.

이 판화집에는 41개의 판화가 수록되어 있다. 1번 판화는 창세기의 그림으로 지상의 흙으로 남자와 여자가 창조되는 장면이며, 2번 판화는 아담과 이브가 선악과를 따먹는 장면으로 아래와 같은 설명의 시구가 붙어 있다.[9]

> 아담이 이브에게 속아서
> 금단의 과실을 따먹게 되자
> 둘 다 죽음의 숙명을 안게 되었고
> 모든 인류는 필멸하게 되었다.

> ADAM fur par EVE deceu
> Et contre DIEU mangea la pomme
> Dont tous deux ont la Mort receu
> Et depuis fut mortel tout homme
> (Holbein, *The Dance of Death*)

9 홀바인 2세의 목판화 텍스트는 Hans the Junior Holbein. *The Dance of Death by Hans Holbein the Younger, A Complete Facsimile of the Original 1538 ed.* "Les simulachres & historiees faces de la mort autant elegammêt pourtraictes que artificiellement imaginées"(New York: Dover, 1971)을 사용하였다. 판화에 부기된 불어 4행 시구는 중세 불어의 철자를 그대로 적용하였다(필자 번역).

홀바인의 목판화 그림은 성서적 해석에 기초하여 두 번째 판화에서 이처럼 죽음의 기원을 밝히고 있다. 영생을 누렸던 인간이 하나님의 지시를 어김으로써 죽음이란 형벌을 감수하게 된 것이다. 그리하여 생자필멸의 업보를 지닌 유한한 존재가 되었을 뿐 아니라 이제 죽음은 평생 동반자로 되었다. 즉, 죽음은 어딜 가나 유한자의 주위에서 어슬렁거리며 『죽음의 무도』는 그가 동침자임을 깨우쳐 주는 설교의 장이다.

그리하여 3번 판화에서 처음으로 죽음이란 인물이 등장한다. 해골과 뼈만 해부학적으로 남은 이 등장인물의 행동은 부기된 시구에 의하면,

> 하나님이 쾌락의 인간을 추방하여
> 자기 손으로 벌어먹도록 하자
> 곧 죽음은 그를 붙잡으려 했으며
> 마침내 전 인류를 손아귀에 쥐었다.

> DIEV chaſſa l'homme de plaiſir
> Pour uiure au labeur de ſes mains:
> Alors la Mort le uint faiſir,
> Et conſequement tous humains.
> (Holbein, *The Dance of Death* 18)

하나님은 구름 위에서 노한 표정을 지으며 불칼을 휘두르며 에덴동산에서 아담과 이브를 쫓아내고 죽음은 기타를 들고 연주를 하며 아담 쪽으로 히죽히죽 웃으면서 고소하다는 표정을 짓는다. 그리고 앞장서서 그들을 지상으로 안내하는 역을 맡는다.

3번 판화까지는 영원한 시간관이 지배하는 세계이므로 모래시계

한스 홀바인 2세 목판화 2화

한스 홀바인 2세 목판화 3화

가 등장하지 않았다. 그러나 지상으로 추방된 이후의 세계를 그린 4번부터 41번 판화는 영원불멸의 신적인 시간이 아니라 인간의 시간, 시계가 적용되는 유한한 시간이다. 그리하여 대부분의 그림에서 죽음사자는 항상 모래시계를 들고 다니며 태어나는 순간부터 모래는 이미 죽음의 하단부 유리병으로 흘러내리기 시작했음을 강조하고 있다.

5번 판화는 전체 판화연작의 핵심 주제를 압축하여 제시한다. 해골 모습의 죽음들이 공동묘지에서 잔치를 벌이고 있다. 북치는 고수, 드럼펫 주자, 호른 주자, 모든 해골들이 신나게 연주를 하며 즐기고 있다. 부기한 시는 『죽음의 무도』의 메시지이다.

지상에 사는 이들이여 애통할지어다.
항상 곤경에 빠져 허덕이며
신분고하를 막론하고

모두들 죽음이 방문할 것이다.

Malheureux qui uiuez au monde
Toufiours remplis d'aduerfitez.
Pour quelque bien qui uous abonde,
Serez tous de Mort uifitez.
(Holbein, *The Dance of Death* 20)

5번까지 개론적인 소개가 끝나고 본격적으로 6번 판화부터 죽음에 대한 개별적인 대상 인물들이 등장하게 된다. 5번에서 제시했듯이 그야말로 "신분 고하를 막론하고" 무차별적으로 방문하는 죽음을 묘사하는 그림들이다. 우선 6번에서 교황이 성직을 후계자에게 승계하는 장면에서부터 시작하여 7번 황제가 죽음과 맞닥뜨리는 장면, 8번 왕이 만찬 테이블에서 죽음과 조우하는 장면 등 각계각층의 권력자, 중세 대표적 직업을 가진 인물들이 모두 망라되어 등장한다. 그리하여 그 이후의 그림에서 추기경, 황후, 왕비, 주교, 공작, 수도원장, 여수도원장, 귀족, 대성당 수석신부, 판사, 변호사, 상원의원, 설교자, 교구 신부, 수사, 수녀, 천문학자, 구두쇠, 상인, 선원, 기사, 백작, 노인, 백작부인, 공작부인, 행상, 농부, 아이, 최후의 심판 등이 판화로 새겨져 있다.[10]

이상에서 간략하게 살펴본 바와 같이 홀바인의『죽음의 무도』판화는 선행하던 〈죽음의 무도〉 문화적 아이콘과는 몇 가지 차이를 보여

10 41개 에피소드에 대한 구체적 분석을 시도하지 않는 이유는 죽음의 특징을 밝혀낸다는 측면에서 개별 에피소드가 등장인물의 직제와 신분차이만 보여 주지 크게 의미 있는 변별점을 보여 주지 않기 때문이다. 이 절에서는 다만 이들 다양한 에피소드에 공통적으로 발현되는 죽음사자의 성격을 정리하고자 한다.

주고 있다. 우선 선행 작품들이 죽음의 불가피성과 예측불가능성 측면만을 부각시켰다면, 홀바인 작품은 죽음의 근원에 대한 기독교적 해석을 내린다. 즉 아담과 이브가 저지른 원죄로 인해 에덴 동산에서 추방당하고 아담은 밭을 갈고 이브는 아기 젖을 먹이는 에피소드를 묘사하며 마지막 목판에는 최후의 심판 장면을 새겨 넣음으로써 인간이 타고난 죽을 숙명에 대한 책임 소재를 분명히 한다(Davis 101). 목판화 연작 도입부 서두의 에피소드들은 홀바인 죽음 이야기 전개에서 일종의 발단exposition 역할을 하고 최후의 심판은 대단원denouement 기능을 함으로써 죽음의 내러티브에 일종의 플롯 구조를 도입한다. 그 결과 홀바인의 죽음 이야기는 설득적인 기독교적 플롯을 갖춘 잘 짜여진 이야기Well-made story로 완성된다.

한스 홀바인 2세 목판화 5화

또 하나 홀바인 『죽음의 무도』 목판화의 빼어난 예술성은 구체적 사실에 충실한 사실주의적 재현에서 찾아볼 수 있다. 선행하는 『죽음의 무도』 작품들, 가령 에스토니아 탈린Tallin, Reval의 니굴리스트 성당Niguliste Church 작품에서 보듯이(Gertsman 145) 죽음과 임종자가 만나는 장면의 배경이 목가적인 전원 풍경으로 임종자의 삶의 공간과는 "동떨어지게"(Davis 101) 추상적으로 묘사된 반면, 홀바인의 목판화들은 직업 현장에서 자신의 고유 업무를 수행하는 희생자들을 포박하는 죽음을 그린다. 이러한 화법은 홀바인 작품의 근대적 사실주의를 웅변하고 있다.

그렇다면 1538년 화가 홀바인 2세의 필치에 의해 재현된 죽음은 어떠한 성격을 지니고 있는가? 서술성과 회화성에서 빼어난 완성도를 보여 주는 홀바인의 『죽음의 무도』에 등장하는 죽음 인물은 아래와 같은 다섯 가지 특징을 지니고 있다. 첫째, 무자비한 폭군tyrant으로서의 죽음이다. 상기한 바와 같이 사회 각계각층의 인물이 망라되어 등장하는데 그림과 시구가 묘사하는 건 죽음의 광포한 체포행위일 뿐 개별 소환 대상이 지닌 도덕성의 유무나 세계관의 검증에 대해서 매우 인색한 태도를 보인다. 이는 중세도덕극 『만인*Everyman*』의 죽음사자가 스스로 하나님의 사신임을 명백히 밝히면서 기독교적 윤리관에 입각한 영장을 제시하는 모습과 비교할 때 뚜렷한 차이를 보이고 있다. 이 도덕극과는 달리 홀바인의 『죽음의 무도』에 등장하는 해골은 인간들에게 어떻게 살아가야 하는지에 대한 교훈을 주는 데도 소홀하다. 판화들은 연회, 학문 연구, 인간 사이의 유대, 사랑, 젊음, 결혼 등 삶의 풍요로움과 극적으로 대비되는 파괴와 혼돈, 그리고 황폐함을 대변하는 해골을 잔인무도한 폭군으로 등장시켜 무시무시한 공포만을 자아낼 따름이다. 그의 역할은 늦가을 서리처럼 생명의 수액을 틀어막고 인간의 시간을 멈추어 버리는 것이다. 그것도 전혀 예기치 않는 시간과 장소에서 휘두르는 전횡무도의 체포행위에 판화 속 희생자들은 공포로 일그러져 있으며 끌려가지 않으려고 필사적으로 몸부림친다. 작가의 생생한 묘사는 감상자들을 전율시키며 도저한 죽음의 공포로 몰아넣는다.[11] 11번 여왕, 12번 주교, 14번 수도원장, 15번 여수도원장, 25번 노파, 39번 어린

11 죽음의 폭군이 저지르는 만행이 가장 끔찍하게 드러난 〈죽음의 무도〉계열 작품은 아마 브뤼겔 1세(Pieter Bruegel the Elder)의 『죽음의 승리(*The Triumph of Death*)』(circa 1568)일 것이다. 이 회화는 죽음의 군대와 산 자들이 벌이는 전쟁터를 그리고 있다. 죽음은 산 자들을 무참히 학살하며 "죽음은 순례자의 소매를 끈다든지 설교를 귓속말로 전해 주는 게 아니라 바로 목을 베어 버린다"(Thon 292). 물론 쏜은 이 종말론적 회화가 〈죽음의 무도〉 아이콘 전통을 답습하는 듯 보이지만 심층 텍스트상으로 당대 역사 사회적 분노, 구체적으로 적시하면 네덜란드에 대한 스페인 제국의 종교 탄압과 침략 행위에 대한 저항을 은유적으로 화폭에 옮긴 것으로 본다.

이의 죽음 장면이 그 좋은 예들이다.

둘째, 익살꾼jester으로서의 죽음이다. 중세 〈죽음의 무도〉에 등장하는 죽음은 일반적으로 세 가지 모습으로 등장한다. 1) 계시록의 묘사(계시록 6장 8절)처럼 말을 타고 죽음이 전격적으로 희생자 앞에 나타나고, 2) 사냥꾼으로 등장하여(시편 7장 13-4절) "산 자들 가운데 희생자를 선택하는 죽음의 자의성"(Schleif 594)을 두드러지게 하며, 3) 묘지 산역꾼으로 등장시켜 일상의 장례처리 과정 속 죽음의 얼굴을 환기시키는 기능을 수행하게 한다. 그러나 홀바인의 죽음 형상은 상기한 보편적인 죽음 묘사와는 달리 류트를 켜는 악사로, 때로는 술을 따르는 시종으로 마치 연극에서 어릿광대 같은 익살을 부리고 있다. 이러한 희극적인 요소는 죽음의 정치성과 깊숙이 연결되어 있다. 즉 홀바인은 가난한 노인이나 시골 교구 성직자들에겐 다소 너그러운 반면, 권력의 정점에 서 있는 교황, 추기경, 수도원장 등 고위 성직자들에겐 매우 가혹하여 그들이 누리고 있는 현세의 부귀영화를 조롱하고 풍자하기 위해 어릿광대의 성격 부여를 하는 것이다. 그리하여 목판화 속에선 매우 엄숙하고 경건한 장면, 가령 교황이 추기경을 임명한다든지 황제가 신하들을 배설하고 주연을 베푸는 장면에 죽음이 느닷없이 등장하여 그림의 주인공들을 어쩔 줄 모르게 하는 것이다. 이러한 아이러니 효과는 일상 직업에 종사하는 인물들에게도 유사하게 적용된다. 가령 현세의 직업에 골몰하여 죽음을 망각하고 넋을 잃고 있는 인물들에게 '너에게 가장 중요한 사업은 바로 죽음에 대한 연구'라고 놀리고 있다. 26번 의사, 27번 천문학자가 대표적 보기이다.

셋째, 민주적인 탕평론자leveler로서의 죽음이다. 현세의 계급적 위계질서나 나이, 성별, 신앙 또는 도덕성 유무 등을 따지지 않고 "죽음은 무차별적으로 화살을 쏘아댄다"(Schleif 595). 홀바인의 판화에서 특히 강조되는 체포 장면은 교황이나 황제, 수도원장, 추기경 등 종교, 정치권력의 정점을 차지한 인물들이다. 그들은 대체로 살이 피둥피둥 쪄 있으며 도움을 청하러 온 약자들은 거들떠보지도 않고 권력 있는 측근들에게만 귀를 기울이고 있다. 『죽음의 무도』의 정치성이 도드라진 부분들이다.[12] 『만인』에서도 노골적인 성직 사회에 대한 개혁적인 비판을 읽을 수 있지만 『죽음의 무도』에는 당시로서는 매우 과격한 체제 도전적 메시지를 엿볼 수 있는 것이다. 추측컨대 부와 권력에서 멀어진 탁발승들이 『죽음의 무도』 창작과정에 깊숙이 개입했을 가능성을 엿볼 수 있다(Schleif 595). 그 결과 현세가 오히려 지옥이며 저세상으로 가는 길이 오히려 즐거운 여행처럼 받아들여질 사회 기층 민중이나 병약자의 체포에 대한 판화는 오히려 희귀한 편이다. 그 의미상 홀바인 판화 전체가 무차별적 탕평론을 잘 보여 주고 있지만 대표적인 작품은 6번 교황, 33번 노인, 35번 신혼 신부이다.

넷째, 『죽음의 무도』가 던져 주는 메시지는 주지하다시피 메멘토 모리이다. 전술하다시피 이 현세부정적인 메시지는 인간이 누릴 수 있는 삶의 쾌락에 대한 전면적인 포기를 강요한다. 한 아랍 현인이 재치

12 홀바인의 『죽음의 무도』는 우선 "반가톨릭적"이며 "위험하고 정치적이며 프로테스탄트적 풍자로 가득 차 있다"(Davis 106). 이 개혁적 전복성으로 인해 그의 작품은 세상에 빛을 보기까지 다소 굴절을 겪는다. 우선 목판에 대한 운문 해석을 프랑스어 4행시로 작시한 코로제(Gilles Corrozet)는 본인이 근본주의 가톨릭이었으며, 따라서 목판화에 그려진 "반성직자적 풍자"(Davis 110) 부분은 가치중립적인 성경 구절을 인용함으로써 "풍자성을 희석시켰다"(Davis 110). 그리고 헌정 발문을 쓴 보젤(Jean de Vauzelles)도 정통 가톨릭으로 프로테스탄트와는 무관하여 홀바인 죽음 이야기의 전복적인 풍자를 부각시키지 않았다. 보젤의 죽음관은 전형적인 메멘토 모리로 "죽음의 이미지란… 바로 죄악의 왜곡을 시정하고 영혼을 치장하는 진실하고 합당한 거울이다(Les Images de Mort… c'est le vray et propre miroeur auquel on doibt corriger les defformitez de peché, et embellir l'Ame)"(Davis 114-5 재인용). 마지막으로, 인쇄를 맡은 트렉슬 형제(Trechsel brothers)는 최종 출판본에서 홀바인의 저자명을 의도적으로 누락함으로써 반가톨릭적 풍자가 가져올 구설수를 미리 방지하려고 하였다(Davis 106-8 참조).

있게 표현했듯이 현세와 내세는 서로 처첩지간이다. 현세를 향락하면 내세는 포기해야 하고 현세를 고행하면 내세는 천국이다. 일부 이처제의 경우 한쪽을 편애하면 다른 쪽이 시샘을 하기 마련이다. 판화에 나오는 인물들은 하나같이 죽음의 존재를 망각하고 세상애*amor mundi*의 향락에 빠져 있다. 황제나 추기경, 공작은 권력의 향유에 도취되고 판사나 변호사, 행정장관, 탁발승, 수전노들은 재물욕에 빠져 허우적거린다. 특히 34번 백작부인은 사치와 허영에 빠져 죽음이 임박함을 눈치채지 못한다. 쾌락 뒤에 그들을 기다리는 건 지옥의 고난인 것이다.

홀바인 죽음의 마지막 특징은 죽음의 체포가 불심 검문으로 이루어진다는 것이다. 카프카의 K가 졸지에 자신의 집에서 낯선 기관원들에게 애매모호한 죄목으로, 그리고 전격적으로 체포되듯이 신사(16번), 상인(29번), 삶의 환희에 젖어 있는 처녀(34번), 어린이(39번), 사랑에 빠진 연인(36번) 등이 자연의 이법에 어긋나게 부조리한 상황에서 느닷없이 잔인하게 죽음의 손아귀에 포박된다. 아리에도 지적하듯 "죽음은 유예기간을 허락하지 않는다. … 가장 두려운 것이 바로 이 비명횡사*mors improvisa*이다"(*The Hour* 118). 시대상으로 좀 앞선 『만인』에서는 온갖 소송, 참회과정을 거친 데 반해 〈죽음의 무도〉를 교설하는 성직자들은 "죽음의 회피불가능과 그 방문의 예측불가능"을 강조하여 "참회와 죄짓지 않는 삶의 절박감"(Davis 97)을 회중들에게 환기시킨다. 이렇게 "갑작스럽고 신속한 죽음의 방문이 덜 준비된 죄인에게 던지는 훈계가 함축하는 의미는 '더 이상 참회의 시간'이 주어지지 않는다는 것이다"(Morris "Dance-of-Death" 18).

중세 말기의 죽음은 전술한 바와 같은 다섯 가지 특성을 지닌다. 그러나 이러한 죽음의 가공할 만한 폭력성은 계몽주의를 겪으면서 점차 순치된다. 적어도 낭만주의까지 그러한 순화과정을 거쳐 왔으며 그 결과 이 시대의 죽음은 "달콤한 죽음"이었다. 그러다가 죽음의식은 다시 한 번 혁명적인 전환기를 맞게 되고 20세기에 죽음은 비가시적이고 외설적이며 추악한 사건으로 전락한다. 죽음의 가공할 폭력성이란 관점에서 조명하면 놀랍게도 우리 시대는 과거 중세 말기로 퇴행하는 시대착오를 보여 주고 있다. 또 다시 티모르 모르티스가 크게 활개를 치고 있다. 현대와 중세 사이 서구의 죽음관 진화과정을 이해하기 위해, 이 장의 서두에서 밝힌 현대 중환자실의 의료공학화된 〈죽음의 무도〉와 홀바인 2세의 『죽음의 무도』 사이에 놓인 『죽음의 무도』 작품을 분석할 필요가 있다.[13]

콤브William Combe의 『영국식 죽음의 무도*The English Dance of Death*』(1815)가 바로 그 진화과정의 중간 작품이다. 시간상으로 거의 300년 남짓 간격을 두고 있는 콤브의 『영국식 죽음의 무도』는 홀바인 2세의 판화 연작과는 여러모로 다른 양상을 보이고 있다. 우선 예술 재현 형식에서 서로 다른 장르에 속한다. 홀바인 판화에서 판화가 주 텍스트이고 각 삽화에 부기된 시구는 부차적이어서 작품의 메시지가 회화적 이미지를 통해 주로 전달된다면, 콤브의 작품은 일종의 시극verse drama형식을 취한다. 도입 부분에서 죽음과 시간이란 두 등장인물이 서로 대사를 주고받으며 인간의 유한성과 불멸성에 대해 격론을 벌인다. 그리고 독립된 에피소드의 각 시들도 상당 부분 대화로 이루어져 있어 시와 희곡의 중간에 위치하는 문학 장르이다. 그러나 이 작품도 단순히 시문학 장르에 속하지 않고 각 시편마다 잡지 삽화가 빠지지 않고 첨부되는 〈죽음의 무도〉의 전통을 따르고 있다. 실제로 출간 당시 시 내용보다 롤랑슨

13 이 글은 지면 관계상 콤브의 『죽음의 무도』에 대한 본격적인 분석 작업은 하지 않는다. 여기서는 다만 중세 말기와 현대의 죽음관의 가교 역할이란 측면에서 콤브의 작품에 나타난 죽음의 특징적 이미지를 소개한다. 본격적인 콤브 작품의 해석은 이 책 2부 4장 2절 참조.

Rowlandson이란 삽화가의 명성에 힘입어 작품이 인기를 얻었다.

둘째, 콤브의 시극은 대작이며 등장인물이나 다루는 에피소드가 무려 100개에 달한다. 그 결과 등장인물의 직업이나 사회적 위치는 훨씬 다양해지고 다루는 사회적 풍경은 더욱 역동적인 일상사의 스케치이다. 특히 근대 부르주아 계급이 부상하는 전환기의 다양한 직업들에 대한 묘사는 매우 사실적이며 작가의 깊은 통찰을 보여 주고 있다. 홀바인의 판화집에도 물론 중세 사회 위계질서의 반영인 최고 성직자나 왕후장상 외에 생업에 종사하는 인물들이 등장한다. 가령 변호사(19번), 의사(26번), 천문학자(27번), 상인(29번), 선원(30번), 행상인(37번), 농부(38번) 등이 등장하는데 경구에 가까운 짧은 묘사라 구체적 직업적 일상이 잘 드러나 있지 않다. 그러나 콤브의 작품에는 근대 초기 부르주아 계급의 부상과 더불어 생겨난 다양한 경제활동이나 전문 분야에 종사하는 인물들이 묘사될 뿐 아니라 그들의 직업 일상이 손에 잡힐 듯 자세히 묘사되어 있다. 봉건 구체제가 물러나고 이제 대의 민주정치가 시작되어 정치가Statesman란 직업이 나타나며(4번), 인구 도시집중으로 인한 주택경기 붐으로 한밑천 일구어 여생을 평안하게 보내는 주택건설업자 톰 히긴스(Tom Higgins 5번), 인정사정없이 차압하는 집달리(Catchpole 18번), 보험회사원(Insurance Office 19번), 교장선생님(Schoolmaster 20번), 장의사와 돌팔이(Undertaker and Quack 23번), 권투 선수(Deathblow 25번), 현관 수위(Poter's Chai 27번), 알콜 중독자(Dram Shop 30번), 도박꾼(Gambling Table 31번) 등 다양한 직업군을 망라하고 있다.

셋째, 주인공 죽음의 성격이 변하였다. 홀바인의 죽음이 공포의 폭군으로서 모든 종류의 현세주의를 거부했다면 콤브의 죽음은 현세주의 가운데 중용과 절제, 그리고 합리적인 삶의 방식에 대해서는 긍정적 태도를 취하며, 심지어 상기 덕목을 갖춘 현자의 경우 임종 순간 예우를 갖추며 모시고 간다. 그리하여 〈죽음의 무도〉는 단순한 협박과 공포의 메멘토 모리가 아니라 풍속과 도덕을 교정하려는 지침을 지닌 일종의 도덕지침서로 기능한다. 그 결과 홀바인의 판화가 강조했던 내세의 징벌적 성격이 많이 약화되었다.

다시 말해 홀바인의 『죽음의 무도』와 콤브의 작품이 보여 주는 가장 큰 차이는 현세의 삶에 대한 태도이다. 홀바인의 판화엔 바람직한 삶이 제시되지 않는다. 대신 죽음의 무차별성과 돌발적 방문에 대한 공포만이 판화집에 가득하다. 그러나 상식과 합리성, 그리고 절제의 미덕이 으뜸의 가치로 존중되는 콤브의 시대엔 죽음조차도 감히 파괴할 수 없는 세계가 존재한다. 훌륭한 삶을 산 사람의 죽음은 미래에 대한 희망과 축복으로 가득 차 있다. 세상도 그의 빈자리가 너무나 큼을 느끼며 그를 여읜 아픔을 애도한다. 현세부정주의인 중세의 죽음과는 달리 계몽의 시대에 등장한 죽음은 현세에서의 인본주의 가치에 동조하며 유덕한 사람을 모셔갈 때는 예를 갖추어 내세로 초대한다. 죽음은 매우 이해심이 깊고 정중한 신사의 모습으로 그려진다. 그는 소환을 앞둔 인물에게 자신이 직접, 또는 시적 화자의 존평을 통해 존경의 예우를 표하며 임종자는 안심입명을 누린다.

언젠가부터 죽음이 음습하고 추악한 사건으로 돌변한다. 추악한 죽음은 잠재된 공포의 왜곡된 발현이다. 우리 시대 팽배하는 현대적 티모르 모르티스는 심리적 풍경이 획기적으로 변모한 19세기 중 · 후반부터 싹터 왔다. 낭만주의 시기만 하여도 지옥이란 개념이 19세기 기독교인들에게 점차 낯설게 되고 육체만이 고통과 불행 등 모든 악의 근원으로 여겨졌다. 따라서 육체를 여의는 사건인 죽음은 삶의 고통을 종료시켜 주는 "아름다운" 사건으로 받아들여졌다. 하지만 낭만주의 이후 다아윈의 과학주의 인간관과 세계관이 확산되어 가면서 죽음은 이제 더 이상 아름답지도 "달콤한 최면 상태"(*The Hour* 409)도 아닌 부인과 기피의 대상이 되었다.[14] 죽음은 임종자나 친지들에 의해 감추어져야 할 '보이지 않는' 사건으로 변질되었다. "죽음은 추악해졌고 임상치료화medicalized되었다"(*The Hour* 612). 의사, 환자, 보호자는 "상호 거짓말의 공모 관계로 말없이 의사소통하는 게 편하게 되었다"(*The Hour* 612). 중세의 〈죽음의 무도〉가 내뿜었던 티모르 모르티스가 다시 부활하여 우리 시대에 맹위를 떨치며 횡행하게 된 것이다.

14 스티븐스(Sherwin Stephens)의 「부인에게 고하는 생물학자의 이별사(The Biologist's Valedictin to His Wife)」는 전형적인 과학적 죽음관의 동시대적 표출이다: "천국이나 지옥을 기대하지 마시오./당신은 죽은 거야. 그것으로 끝. 안녕. 잘 가./영원히 기다린다고? 아, 물론!/그건 부패와 거름/그리고 무자비하게 썩고, 썩고, 또 썩는 것/당신이 동물에서 식물로 퇴행하는 동안(Don't count on Heaven, or on Hell./You're dead. That's it. Adieu. Farewell./Eternity awaits? Oh, sure!/It's Putrefaction and Manure/And unrelenting Rot, Rot, Rot,/As you regress, from Zoo. to Bot)."

2. 콤브의 『영국식 죽음의 무도』에 구현된 계몽주의 죽음관

이 절에서는 콤브의 『영국식 죽음의 무도』에 등장하는 각계각층 백여 명의 등장인물 중 계몽주의 죽음관을 대변할 수 있는 인물을 제시하기 위해 거칠게나마 1) 경제계, 2) 사회계, 3) 종교계에서 활동을 한 인물 세 명에 대한 분석을 시도하고자 한다. 콤브가 보기에 이들은 온갖 세태의 악습과 인간의 어리석음에도 불구하고 나름 계몽주의 합리성으로 죽음의 기술을 습득하여 마침내 안심입명을 성취하는 이상적 인물들이다.

경제적 측면에서 주목을 끄는 인물은 톰 히긴스Tom Higgins이다. 히긴스 에피소드는 아래와 같이 시작한다.

안타깝도다. 변전무상의 이 세상에서
자신의 진짜 이익에 충실하여
상식이라는 물건을 항상 가슴에 품고 다니는
사람을 찾아보기가 쉽지 않으니
얼마나 많은 사람들이 열정에 휩싸여
부질없는 희망과 허황한 꿈이 키워 놓은
전도망상의 환영에 사로잡혀
이 계략 저 모책을 꾸며 가며 한평생을 살아가는가;
그리하여 파멸의 여울목을 겨우 빠져나가
사업이 설사 만사형통 풀렸다손 치더라도
결코 안분지족을 얻지 못했으므로
인생을 허비했음을 알게 된다.

HOW few, alas, are to be found

In this world's ever-varying round,
Who, to their real interest true,
Keep that thing, Common Sense , in view.
How many, by their passions led,
By some fallacious phantom fed
With airy hope and empty dream,
Run on through Life from scheme to scheme;
And though they shun the shoals of ruin,
Though Fortune smiles on all they're doing,
Yet find, at last, their time mispent,
As they have never found Content.
("Tom Higgins" 1-12)

자본주의 발달 초기 단계에 과열되는 이익추구에 대해 콤브는 나름대로 도덕적 잣대를 제시하고자 한다. 신흥 부르주아들은 부의 획득과 축적, 그리고 소비 행위에 몰입한 결과 여태껏 자신들을 의식적·무의식적으로 통제해 오던 메멘토 모리를 망각한다. 나아가서 자본주의의 총아 부르주아들은 지상에서의 물질적 향유가 초래할 사후 세계의 형벌에 대한 두려움도 망각하게 된다. 그 이유는 아리에가 밝히듯 19세기 들어 내세에 대한 믿음은 여전히 존속했지만 지옥에 대한 비전은 점차 "낯설어지게 된" 탓이기도 하였다. 이런 상황에서 콤브의 딜레마는 지옥에 대한 협박 없이 동시대인의 도덕성을 회복시켜 그들의 복된 삶을 영위하도록 하는 것이다.

근본적으로 이익추구와 시장 논리에 기초한 자본주의와, 도덕과 인간의 존엄성에 기초한 휴머니즘이 본격적으로 충돌하는 19세기 초 영국에서 이 둘을 조화시키는 방식은 자본주의 용어로 인간적 가치를 번역하고 그 정당성을 설파하는 것이다. 그리하여 아마 고육지책으로 콤브는 자본주의 핵심 개념인 "이익"을 동원하여 "그들의 진짜 이익에 충실하"다는 것이 무엇인지에 대한 해명을 시도하는 듯 보인다. 그의 해명에 의하면 최소의 비용으로 최대의 이익을 가져오는 경제성의 원칙이나 물질적 가치이든 인간적 가치이든 가격은 수요와 공급이 만나는 교차점에서 결정된다는 시장논리는 본원적인 인본주의 가치와는 거리가 멀다. 오히려 경제주의가 아닌 인본주의에 입각한 "상식"이란 원칙에 의해 "진짜 이익"과 "가치"가 결정된다고 주장한다. 그러나 휴머니즘적 가치관의 도입은 그 물질적 추구와 향유가 가져다주는 감각적·현세적 쾌락에 비해 그 자체로는 큰 설득력을 갖지 못한다. 그리하여 콤브는 인간의 욕망과 쾌락 추구에 대한 새로운 도덕적 개념을 도입할 필요성을 느끼며 그 결과 "안분지족"이란 쾌락 상태를 상정한다. 안분지족이란 관점에서 판단하면 목하 진행 중인 온갖 경제적 이익 추구 행위는 "열정에 휩싸여/부질없는 희망과 허황한 꿈이 키워 놓은/전도망상의 환영에 사로잡혀/이 계략, 저 모책을 꾸며 가"는 어리석고 분주한 삶에 지나지 않는다.

그리하여 물질적 추구와 향유가 인간의 궁극적 행복 성취에는 별로 도움이 되지 않는다고 주장하며 따라서 호사스럽지 않더라도 "의식주"만 잘 갖추어지면 충분히 복된 삶이라고 설파한다.

> 권력과 재물은 획득될 수 있다.
> 허나 그렇다고 권력이나 재물을
> 　훨씬 능가하는
> 즐거운 마음이나 유유자적한 시간이
> 저절로 찾아오는 건 아니다.
> 수단을 목적에 부합시키고

우리 행위와 양심을 친구로 섬기는 지혜는
때로는 우매함의 덫에 걸려들기도 하지만
잘못을 시정하지 못하진 않는다.
우리를 부자로 만들어 주어
하인들에 둘러 싸여 거들먹거리는 생활을 보장해 주진
  않을 수는 물론 있겠지만
의식주를 챙겨 주기만 하면
이성적으로 따져 더 이상 무엇이 아쉽겠는가.
세월이 흘러 세상을 떠날 때가 오면
지나간 과거를 후회하며 눈물짓게 하진 않는다.

Though Power and Wealth may be obtain'd,
It follows not that they have gain'd
The chearful heart, th'approving hour
Which far outweigh both wealth and power.
That Sense which suits the means to ends,
And keeps our deeds and conscience friends,
Though sometimes caught in Folly's snare,
Fails not the error to repair.
It may not make us rich, 'tis true,
Nor deal out Pomp and Retinue:
But when it gives food, cloaths and fire,
Reason will little more require;
And, when Time brings us to the last,
Sheds not a tear on what is past.
("Tom Higgins" 13-32)[15]

여기서 제시하는 행복관은 자본주의 시대 도덕관이라기보다는 고대 그리스, 가령 에피쿠로스나 에픽테토스 등이 내세운 유다이몬, 아타락시아의 경지를 떠올리게 한다. 그런 면에서 콤브는 부상하는 자본주의 이데올로기를 적극적으로 수용하지 못하고 이미 퇴조하는 청빈도덕주의로 회귀하는 보수주의를 표방하고 있다. 어쨌든 19세기 초 영국은 기독교적 청빈주의와 새로운 자본주의적 이익과 물질적 소비향락주의가 점차 정면대립하는 역사적인 전환기를 거쳐가고 있었다.[16] 그러나 자본주의 대세를 흘러간 도덕주의로 저지할 수는 없었으며 자본주의 초기 주체할 수 없이 넘쳐 나는 물질적 풍요와 무한한 축재의 가능성에 직면한 부르주아들이 콤브의 고리타분한 청빈 설교에 쉽게 넘어가지도 않았을 것이다. 그래서 죽음이란 엄포가 필요했을 것이다. 그리하여 콤브는 중세 말 〈죽음의 무도〉라는 비교적 퇴색한 문화적 아이콘을 끌어들여 부르주아들에게 그들의 현세적 향락이 영원하지 않으며 곧 가을걷이 하듯 그들의 현세적 축재물을 낫으로 수확해 갈 "험상궂은 추수인"이 존재한다는 걸 경고하고 싶었던 것이다. 이 전략은 일단 설득력을 가진다. 아무리 자본의 힘으로 현세적 쾌락을 누려도 결국 죽어서

15 텍스트는 William Combe. *The English Dance of Death*, Vol. I, II (New York: Bibliobazaar, 2008)이며 본문에서 에피소드 소제목을 밝히고 시구는 인용 뒤에 행수만 표시한다.

16 당시 자본주의의 현세애가 대중들의 의식을 점차 지배하여 기독교 정신을 훼손시키기 시작할 때 이에 반발하여 청빈주의를 넘어서 더욱 혹독한 금욕과 고행으로 치달은 종교적 흐름이 영국을 휩쓴 건 역사적으로 매우 자연스러운 현상이다. 철저한 현세부정의 흐름 중 강력한 운동은 교회 팜플렛주의(Tractarianism) 기조의 옥스퍼드 운동(Oxford Movement)이다. 이 신앙 강령은 "일차적으로 정신력이며 육체적·세속적 욕구에 대한 고행적 극복과 자기 부정을 통해 성스러움을 추구하는 노력"(Nockles 184)을 강조한다. 가장 극단적인 사례는 고행주의자인 푸시(Edward Bouverie Pusey)의 경우이다. 그는 영성의 건강과 능력을 증진하고 단련시키기 위해 일체 세상사의 물질적 혜택과 안락을 포기했으며 나아가 현세포기주의를 가족에게까지 강요한 결과, 그들의 정신적·육체적 건강에 심대한 손상을 끼쳤다.

하나님의 심판을 받을 수밖에 없다는 당시 서구 기독교인의 세계관에서는 〈죽음의 무도〉가 세속 향락주의에 대한 강력한 제동장치로 작용할 수밖에 없었을 것이다.

그런 의미에서 톰 히긴스는 지혜와 이성을 가지고 죽음과 쾌락의 균형을 유지하며 안분지족을 누릴 줄 아는 이상적인 인물이다. 그는 벽돌공의 아들이었으며 아버지로부터 기술을 전수받아 지붕이나 굴뚝을 수선하며 청소년기를 보냈다. 하루 종일 노동을 해도 싫증을 내거나 게으름을 피우지 않고 "노래를 흥얼거리며 노동에 흥을 주었고/멋들어지게 뽑아내는 노래 가락에/길거리 행인들도 넋을 잃고 귀를 기울이곤 했다He cheer'd his labours with a song;/And carrol'd forth his tunes so sweet,/That people listen'd in the street"(35-7). "무슨 일을 하건 어디로 가건/그의 말과 얼굴은 안분지족을 웅변했으며/비록 말솜씨는 없어도/마음속으로 이미 모든 걸 다 짚고 있는 사나이였다His words and looks bespoke content;/But though he seem'd devoid of art,/Tom was a knowing one at heart"(42-4).

부지런함과 매사에 긍정적인 그의 성격에 덧붙여 히긴스는 질약을 미덕으로 삼는 매우 경제적인 인간이었다. "치부의 달인들로부터 가르침을 받아/임금의 절반을 꼬박꼬박 저축하며/근면함이 승진을 가져올 것이라는/생각을 한시도 놓쳐 본 적이 없었다And, taught by oeconomic sages,/He always sav'd one half his wages/Nor did he cease to nurse the notion/That industry would gain promotion"(45-8). 같은 업종에 종사하는 동료들 중 자기보다 별 나을 바 노 없는 친구들이 출세하여 시의원이나 시장으로 선출되는 경우도 있었지만 히긴스는 욕심을 부리지 않고 착실하게 자기 사업을 번창시켜 나갔다. 그리하여 주택 수리 사업에서 주택건설업자로 변신하여 신흥 부자들의 호사 주택을 건축하여 큰 수입을 올리게 된다. 마침내 사업을 접고 부인과 시골로 낙향하여 시골 양반과 마나님으로 여생을 보내게 된다. 담소와 술, 그리고 담배로 여생을 보내다 죽음을 맞이한다.

히긴스의 안심입명

“그러나 행복했던 한때가 끝나기만 하면
틀림없이 나 히긴스와 죽음은 친구가 될 거야”라고
말을 끝내기도 전에
부드러운 졸음이 덮쳐와 의식이 가물가물해지고
파이프의 마지막 불꽃이 사그러지자마자
파이프를 쥔 손에 힘이 풀리며
그것이 마룻바닥으로 소리 없이 굴러떨어졌다.
그 순간 죽음이 사뿐사뿐 걸어와
화살을 보여 주곤 속삭이길
정령들이여 이 분을 모시고 가서 잘 보호해 드려라.
세상이 두 쪽이 나도 더 이상 깨지 못할 것이니

“But still, I trust, whene'er it ends,
“Death and Tom Higgins will be friends.”
He spoke, and strait a gentle sleep

Did o'er his yielding senses creep.
The pipe's last, ling'ring whiff was o'er,
The hand could hold the tube no more;
It fell, unheeded, on the floor.
Death then appear'd, with gentle tread;
Just shew'd his dart, and whisp'ring said,
"Spirits, to your protection take him:—
"For nothing in this world can wake him."
(172-81)

콤브 시화집의 현대성은 물질적 축적과 향유에 대해 중세 수도승처럼 무조건적인 혐오와 배타성을 보이지 않는 데 있다. 중세의 금욕주의나 세속의 부에 대한 부정적 편견에 대해 합리적으로 반박하는 작가의 목소리를 여기저기서 확인할 수 있다. 부르주아 계급의 에토스를 뒷받침하는 이러한 발언은 대부분 시편 서두에서 작가 자신의 일인칭 목소리로 전달된다. 가령 「보험 사무소The Insurance Office」에서 작가는 아래와 같이 이윤 추구와 부의 축적에 대해 긍정적인 견해를 제시한다. 자본주의 태동기에 자기이익 추구는 강력한 추동력이 된다.

자기이익이란 누군가 말하길
신분고하를 막론하고 모든 남자들이 추구하는
보편적인 장사라고
그들 말이 옳다면
온갖 여성들에게도 들어맞겠지.
부를 걸머지기 위해 선원들은 파도와 싸우며
상인은 이윤을 위해 눈에 불을 켜며

아무리 이념이 고상해도
아무리 언변이 출중해도
아니, 가슴에서 뛰고 있는 심장의 박동 어느 하나조차
이익의 호소에 무릎 꿇지 않는 것 없나니.

Self-Interest by some is said,
To be the universal trade
Which men of ev'ry rank pursue;
And if, what some folks say, be true,
Of ev'ry kind of Woman too.
For wealth the Sailor ploughs the main,
The Merchant thinks of nought but gain;
We even see superior sense,
And all the powers of eloquence,
Nay, ev'ry impulse of the breast,
Yield to the calls of Interest.
("The Insurance Office" 1-11)

자본주의 추동력으로서 자기이익 추구의 정당성을 충분히 인정하는 한편, 이러한 추동력이 통제력을 잃게 되면 파국의 빌미를 제공하게 된다는 경계 또한 빠트리지 않는다. 특히 이익만을 위하여 "저열하고도 추악한 의도를" 우리가 추구하는 목표에 편입시켜서는 안 되며 현자의 "분별력", "신중함", "사려 깊은 솜씨", "정당한 수단" 등이 이익추구 행위를 덕성으로 고양시키는 필수적인 요소라고 주장한다.

만약 저열하고도 추악한 의도가

우리가 추구하는 목표에 스며 있지 않다면
현자의 분별력이 지닌 사려 깊은 솜씨가
감정의 실수를 교정만 해 준다면
신중함이 계획을 지배하여
목표달성에 그 수단을 제공해 준다면
이윤추구란 올바르게 사용되면
평안한 행복을 가져다 줄 것이다.

…

각자는 추구해야 할 이익이 있고
요모조모 유리함을 챙겨야 하니—
이익이란 잘만 이해하면
각 경우에 선이 되고
덕성만이 선사할
진정한 행복을 알게 될 것이다.

…

부는 사악하게 축적해선 안 된다.
신중함은 탐욕이 아니니까.
넉넉하고 독립적인 정신은
물려받는 것 자체가 축복이지만
혼신을 다하여
목표달성을 위해 정당한 수단을 동원한다.
그러니까, 동일한 도구를 어떻게 사용하는가가
바보와 현자를 구분시킨다.
… 이성이 곧 알아보게 될 것이다.

But if nor base, nor sordid view

Blends with the purpose we pursue,
If sage Discretion's cautious art
Corrects the errors of the heart;
If Prudence o'er the plan presides,
And for its ends the means provides,
…
Each has an Int'rest to pursue,
And keeps the fav'rite point in view,
The Interest, well understood,
In each condition, to be Good;
And that true Happiness to know
Which Virtue only can bestow.
…
Wealth may be sought without a vice,
For Prudence is not Avarice.
The gen'rous, independent spirit,
Which 'tis a blessing to inherit,
In all its energies depends
On the right use of means to ends.
Nay, 'tis the use of these same tools
Distinguishes Wise Men from Fools.
… A reason soon will rise to view.
("The Insurance Office" 12-7; 50-5; 60-8)

결국 최종적인 판관은 이성인 셈이다.
히긴스가 부르주아 계급의 원형적인 인물로서 죽음의 축복을 받는 안심입명의 경지에 이르렀다면, 15장 「선인 그리고 의사The Good Man, Death, and the Doctor」 에피소드의 주인공 유제니오Oliver Eugenio는 도덕적으로 이상적인 삶을 구현한 사람이다. 그는 사람의 근본 도리를 지키며 살아왔다. 웃음을 지을 때는 가슴으로부터 솟아나는 태양처럼 환한 웃음을 띠며 울음을 보일 때는 자연스럽게 흘러나온 눈물로 상대방의 슬픔과 고통을 자기 것으로 만들었다. 마냥 슬퍼하지만 않고 현명한 판단으로 사려 깊은 충고를 해 주었다. 부자나 빈자나 가리지 않고 어려운 일이 생기면 제일 먼저 달려가서 도움의 손을 뻗쳐 이웃에게 축복을 선사하는 존재였다.

즐거운 마음으로 배움의 수고를 아끼지 않아
때로는 자정이 지나도록 등잔불을 밝히며 독서를 하여
동서고금을 꿰는 해박한 지식을 쌓아 나갔다.
그럼에도 불구하고 경직된 현학적 태도에서
자유로운 태도를 견지했다.
그렇다고 시류의 유행을
좇아가기 위해 도리에 어긋난 생각을
하지도 않았고
교언영색을 일삼지 않았을 뿐만 아니라
상스러운 표현을 입에 담은 적도 없었다.
신중하게 고른 어휘들은
건전한 깨우침과 당당한 사고로 충만하였다.
온화한 표현들은 매혹적인 충고를 하기에
적합하도록 구성되어 있었다.

Learning he sought with pleasing toil,
And sometimes burn'd the midnight oil,

In adding to his copious store
Of modern and of ancient lore:
But still he kept his manners free
From the stiff airs of pedantry;
Nor did his fancy ever stray
To suit the fashion of the day:

Nor did he slippant wit supply,
Nor cloak his speech with ribaldry.
His well-weigh'd words were ever fraught
With morals sound, and manly thought;
While each expression, mild and warm,
Was fram'd to counsel, and to charm.
("The Good Man, Death, and the Doctor" 75-88)

묘사된 바 유제니오는 완벽한 인간이다. 그러나 그에게도 어김없이 죽음은 찾아든다. 콤브가 보기에 유제니오의 죽음은 보통 사람들의 죽음과는 사뭇 다르다. 사십대도 되기 전 죽음은 그를 방문한다. 유제니오의 예기치 않은 요절은 본인에게나 친지들에게 너무나 가혹한 형벌이고 비극일 것이다. 그의 철 이른 죽음으로 인해 그와 그의 공동체는 많은 것을 박탈당했다. 그러나 콤브의 죽음관에 의하면 그의 종말은 모든 것의 종식은 아니다. 현세는 죽음이 내면적으로 서식하는 육체의 삶이지만 사후 영혼은 육체의 형역을 벗어나 이제 내세에서 복된 제2의 삶을 누리게 된다. 육체라는 존재 조건에서 지상의 삶은 "눈물과 비탄의" 계곡이다. 그러나 최후의 심판일이 다가와야 유제니오의 현세적 덕성은 비로소 아름다운 꽃으로 활짝 개화하며 영원한 꽃다발이 그의 목에 비로소 헌정된다.

그는 천상의 꽃을 심었고
그 꽃은 삶의 연륜이 쌓여 갈수록 무럭무럭 자랐지만
그러나 눈물과 비탄의 이 계곡에선 활짝 핀 적이 없다.
무한한 시간을 기다려
무덤 속에 갇힌 세월을 넘어 개화하길 기다리고 있다.
그곳에서 비로소 영원한 꽃다발이 엮어진다.
사후에 쓰는 덕성의 화관.

He planted the Celestial Flower,
Which grows with Life's encreasing hour,
But never yet was known to blow
Within this vale of tears and woe;
It waits through endless years to bloom,
Beyond the confines of the tomb;
There forms the everlasting wreath; —
The crown of Virtue after death.
("The Good Man, Death, and the Doctor" 89-96)

육체적 존재라는 한계 때문에 지상은 회피할 수 없는 고해이긴 하지만 그럼에도 불구하고 하나님의 축복을 받은 자가 요절로 이어진다는 상황은 쉽게 납득이 가진 않는다. 특히 홀바인의 세계가 아니고 합리성이 지배하는 계몽의 시대에 이러한 주장은 매우 모순적이며 당연히 시대착오적이다. 현대인의 시각에서 보아도, 또 콤브가 여타 에피소드에서 설파한 합리적 세계관에 비추어 보아도 요절을 하나님의 축복과 연결시켜 "하나님을 너무 기쁘게" 하였기에 사십을 채 넘기지 못하고 부름을 받았다는 건 다소 어폐가 있다. 그런 의미에서 이 에피소드는 콤브의 시화집 전편에 흐르는 통일된 세계관에 일종의 파열음을 가져오며, 이 작품의 고전적 가치를 다소 훼손시키는 부분이기도 하다.

> 아직 이마에 건강이 빛나고 있지만
> 그 화관이 내세의 긴 세월을 약속했고
> 축복된 영혼이 누릴 수 있는 그 화관을
> 유제니오가 쓰도록 부름받았다.
> 우리 인간의 숙명적인 시간을 측량하는
> 전지전능 하나님을 너무도 기쁘게 하여
> 사십을 채 넘기지 못하고
> 더할 나위 없이 훌륭한 사람이 마지막 숨을 거두었다.
>
> That crown, while health beam'd on his brow,
> And promis'd length of years below;
> That crown, which blessed spirits share,
> Eugenio was call'd to wear:
> For so it pleas'd the Almighty power
> Who measures out life's mortal hour,
> That, e'er his fortieth year was past,
> The best of men should breathe his last.
> ("The Good Man, Death, and the Doctor" 97-104)

고위 성직자에 대해서도 중세에 비해 비교적 관대하다. 홀바인 판화의 죽음은 주교로부터 주교관과 홀을 빼앗아 양떼들의 목자직을 더 이상 수행하지 못하도록 하겠다고 엄포를 놓는다.

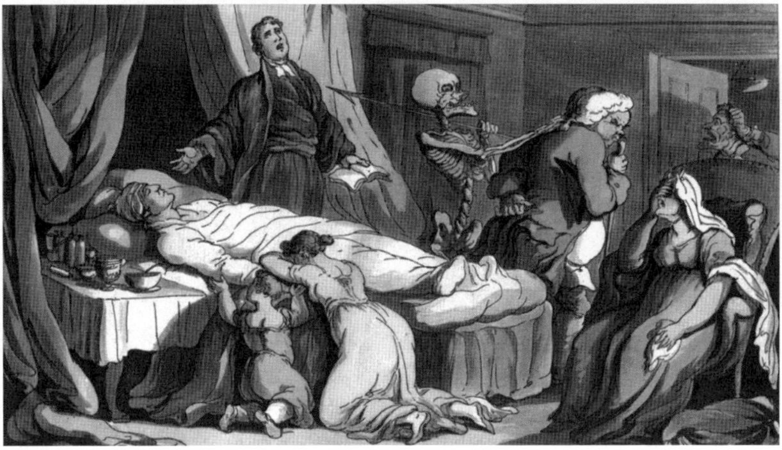

유제니오의 승천

목회자도 또한 나한테 당할 것이다.
주교관과 홀은 땅에 내동댕이쳐지고
내가 그를 체포하는 순간
양떼들은 뿔뿔이 흩어질 것이다.

Le pafteur auffi frapperay
Mitres & croffes renuerfées,
Et lors quand ie l'attrapperay
Serons ses brebis dispersées.
(Holbein, *The Dance of Death* 12)

그러나 콤브의 주교는 이상적인 성직자로 묘사된다.

하늘이 더 이상 무엇을 이 사람,
즉 지상에서 하나님의 상찬을 받는 이 사람에게 부여하겠는가?

그리로 소환을 받자 두려움 없이
생의 종말이 다가옴을 알았다.
신앙심이 가슴 속에서 흘러넘치니
임박한 죽음의 화살을 개의치 않는다.
그의 신실한 친구인 죽음이
영생의 땅으로 그를 안내하는 것이다.

What more can Heaven on man bestow,
Or man deserve of God below?
Now call'd to that, devoid of fear,
He sees the close of Life is near;
Religion beaming in his heart,
He heeds not Death's impending dart:
His faithful friend directs the way
To regions of eternal day.
("The Bishop and Death" 69-76)

아마 교회의 부정이 중세 말기보다는 그리 심하지 않았는지, 주교는 경건하면서 겸손하면서도 사랑이 넘치는 이상적 인간인 동시에 목회자로 그려진다. 죽음의 독화살이 상처를 내고 독을 퍼지게 하는 건 바로 육체 부분이며 주교의 영혼엔 죽음의 화살이 결코 미치지 못한다.

공포의 독재자여 그대가 화살을 쏜 곳에 머무르는
그대의 자부심을 심어 주는 데 매우 소중한 그 승리도
그대가 뻐기는 화살도 아무런 상처를 내지 못한다.
상처에 독을 스며들게 하는 건 바로 죄업.

몸뚱아리야 태어날 때 받아 온 것,
본래 흙과 뒤섞이는 건 너무나 당연한 이치.

육체의 죄악에만 죽음의 화살이 설치지.
영혼이란 불멸의 부분을 겨냥하지 못한다.

Where then thy sting, dread tyrant, where
The triumph to thy Pride so dear,
Harmless thy boasted dart is found: —
'Tis Sin gives venom to the wound.
—The body, given him at his birth,
Must mingle with its native earth.

'Gainst that alone Death's darts prevail,
Against th'immortal parts they fail:
("The Bishop and Death" 77-84)

상기한 세 등장인물과는 달리 정반대의 삶을 영위하다 인생을 낭비하고 마지막 순간 죽음 앞에서 공포에 질려 읍소하는 인물들도 많이 등장한다. 이러한 인물들이 가장 많이 범하는 죄악 중 으뜸가는 것은 시칠 줄 모르는 탐욕이다. 그것이 권력이건 재물이건 혹은 명예이건 상관없이 욕망을 절제하여 안분지족을 누리지 못하고 이들은 세속적 가치 추구에 탐닉한다. 역설적으로 비극적이게도 이 주인공들은 그 욕망 자체에 탐닉하면서도 정작 자신의 행복은 누리지 못하고 다만 무한정 추구하고 축적해 갈 따름이다.

부와 명예와 권력을 모두 거머쥔 정치가의 몰락이 대표적인 경우이다. 정치가에게 죽음이 소환하겠다고 하자, 정치가는 온갖 감언이설과 뇌물로 임종의 순간을 조금이라도 연기하려고 한다. 마지막 수단으로 정치가가 기대는 건 자신이 전쟁을 일으켜서 죽음의 왕국을 더욱 번성하게 했다는 것이다.

> 내 위원회가 주도하여 일으킨 전쟁으로
> 피 흘린 시체더미를 보세요.
> 평화를 외치는 한심한 무리들에 제동을 건 덕택에
> 당신의 그늘진 영토를 확장시켜 놓았지 않습니까?
>
> And Battle, by my councils led,
> Beholds the bleeding heaps of dead.
> I've check'd th'ignoble cry of Peace,
> And thus your gloomy realms increase;
> ("The Battle" 98-101)

그리고 앞으로도 "전쟁이란 뇌물을 바칠 거니War is the bribe I have to offer" 자신은 빼달라고 읍소한다.

쾌락에 대해서도 마찬가지이다. 절제된 육체적 쾌락은 삶의 활기를 위하여 매우 필요하다. 그러나 쾌락에 이성을 잃고 중독되어 버리면 그건 인생의 낭비로 이어진다. 콤브는 음주, 매음, 도박행위를 통해 쾌락의 탐닉과 중독의 폐해를 지적하고 있다. 「술집 바The Dram Shop」에서 한 설교자의 말을 인용하면서 이 세상을 돌아다니는 악마 닉Old Nick이 가장 자주 출입하는 곳이 "도박판에 주사위가 굴러다니는 곳", "속임수의 카드를 섞고 있는" 곳, 그리고 "유혹하는 음녀를 만나는 길거리"이므로 이 세 곳에 드나들면 반드시 악마와 부딪치게 된다고 주장한다(9-16).

그러나 파멸을 모면하기 위하여
무엇보다 목숨을 걸고 피해야 할 것은
독약을 풀은 알콜 증류기에서 흘러나오는
술독에 빠지지 않는 것이다.
악마만 자주 거길 들락거리는 게 아니라
죽음도 걸핏하면 그와 동행한다.
그리하여 술집 바는 인류의 존재를
타락으로 내모는 죄악들이 자라고 있는
전 세계 들판을 합친 것보다 더 소출을 많이 내는 전답이다.

But above all, as you would shun
In Life and Death to be undone,
Indulge not in the liquid ill
That flows from the empoison'd Still,
Thither the Fiend loves to repair,
And Death, too oft, attends him there;
The Dram-shop is the spot that yields
More various ills than all the fields
Where grow the Vices that disgrace
Th'existence of the human race.
("The Dram shop" 17-22; 27-30)

오락 게임도 "이성적인reasoning" 현자가 보기에 "취약한 인간의 심성 중 최악의 부분"(6)이며 "놀이에 대한 과도한 애착"(8)이다 따라서 "오락 게임도 처음에는 즐거움을 가져오지만/마침내는 죽자사자 매달리는 사업으로 변하고Gaming, at first, a pleasure made,/Becomes, at length, a rav'nous

Trade"(4-5)라고 「오락 게임 테이블The Gaming Table」에서 주장한다.

식탐Gluttony도 마찬가지로 절제하지 못함에 기인한다. "이성의 학교Reason's school"의 가르침을 따르지 않고 탈선하여 "인간의 품성을 타락시키는" 악 중에서 식탐만큼 저열한 것이 어디 있겠는가라고 되묻는다. 실상 식탐이란 "비굴한 감각의 노예 상태에서/현자들이 이미 인간적인 약점으로 용인해 버린 탐닉이므로 그저 음식이라면 사족을 못 쓰는 파렴치하고 짐승 같은 죄인조차도 이에 대해선 별로 구차한 핑계를 대지 않는 형편이다Of any groveling slave of sense,/Not one can claim so small pretence/To that indulgence which the wise/Allow to human frailties,/As the inglorious, beastly sinner,/Whose only object is —a dinner"(11-6). 식탐 현장을 덮친 죽음사자에 대해 아래와 같이 익살스럽게 묘사하고 있다.

> 소름끼치는 웃음을 흘리며 기사가 벌떡 일어선다.
> 턱 밑에는 아직 냅킨이 대롱대롱
> 요리사는 공포에 질려
> 손에 든 튀긴 돈육을 떨어뜨리고
> 아녀자들은 비명을 내지르며, 접시들이 깨지고
> 마루바닥은 소스로 뒤범벅이 되고.

> Up starts the Knight, with hideous grin,
> The napkin dangling from his chin:
> The Cook, with apprehension big,
> Drops from his hands the roasted pig;
> The women scream'd, the dishes chatter'd;
> The floor with sauce was all bespatter'd;
> ("The Gluttony" 80-5)

식탐, 오락, 도박 중독증, 알콜 중독증 등은 자본주의가 진전될수록 더욱 심화 발전하여 그 맹독을 인류사회에 뿌린다. 역설적이게도 계몽주의는 향락주의에 관한 한 양날의 칼로 작용한다. 인간의 합리성을 강조하는 점에서 계몽주의는 중용과 절제의 미덕을 윤리의 기초로 삼는 듯 보이나 인식론에서는 뉴톤주의의 물질주의, 육체주의를 지향할 수밖에 없다. 뉴톤적 과학주의 패러다임에서는 우리의 체험이 물질현상에 근거하고 있으며 "그러한 사고는 비물질적, 비육체적, 정신적 영혼, 사후에 육체를 초월하여 존재하는 영혼에 대한 믿음을 지닌 전통종교에 위협적이었으며, 또한 자유의지라는 개념과 선악을 선택할 수 있는 능력이란 측면에서도 위협적인 요소로 간주되었다"(Open University, "The Enlightenment" 81).

그 결과 단테의 『신곡』에서 생생하게 묘사되었던 신의 존재, 즉 인간의 행위에 대한 도덕적 판관 역할을 하던 신은 사라지고,

> 만사가 물리적 현상과 과정으로 환원한 상태라면, 물질적 감각이 윤리 문제에서 매우 중요한 위치를 차지하게 된다. 쾌락의 추구와 고통의 회피가 인간의 행복과 복리의 핵심이라는 탄탄한 가설 위에 구축한 18세기 유물론자들의 주장은 기독교의 원죄설(인간의 원초적 타락) 그리고 다른 죄의식을 유도하는 도덕적 명령들을 부인함으로써 인간의 감각 그리고 육체와 도덕적 건강 사이의 관계에 초점을 맞추고자 하였다. 그 결과 중 하나가 향락주의에 대한 새로운 합법화와 쾌락의 의식적 추구였다.
>
> (Open University "The Enlightenment" 81-2)

뉴톤적 우주론에서 신은 다만 생성 최초의 모든 운동을 시발시킨 존재prime mover로 인정되지만 그 이후 우주기계는 자동적으로 물리 법칙

에 따라 작동되고 신은 다만 지켜보기만 하는 무관심한 관찰자로 인식된다. 이러한 신관은 에피쿠로스의 신관과 유사하다. 그리하여 신은 도덕적이건 신앙적이건 인간사에 일체 개입하지 않는다. 콤브는 기존의 전통적인 기독교 세계관에 계몽주의의 합리성을 융합하여 도덕적 기독교인의 이상형을 제시하려고 하였는데, 실상 세속인들은 역설적으로 계몽주의의 합리성보다 계몽주의의 물질적 쾌락주의에 더욱 경도되어 있었다. 콤브는 계몽주의의 철학과 실제의 모순성을 충분히 인식하고 있었으며 어쩌면 그의 『죽음의 무도』는 바로 이 중세적인 겁박의 문화 아이콘을 동원하여 동시대인의 무절제성, 중독적 쾌락주의에 제동을 걸고자 한 것인지 모른다.

정리하자면 콤브 시대에 죽음을 평안하게 맞는 안심입명의 요체는 합리적 삶이다. 합리성에 기초한 도덕적 가치로는 첫째, 절제의 미덕temperance이다. 감정의 흐름에 굴복하고 욕망의 고삐에 끌려 다니면 그건 실패한 삶이다. 둘째, 탈속적인 초연함을 견지해야 한다. 세속적 가치(권력, 재물, 명예)에 지나치게 몰입하여 보낸 인생은 낭비된 삶이다. 셋째, 근면성실성diligence은 복된 삶과 죽음의 기본이다. 그리고 마지막으로 가장 중요한 미덕은 안분지족content이다. 이 네 가지 미덕을 함양하면 현세도 복된 삶을 누리면서 죽음과도 평안한 친구 관계를 유지하며 저세상으로 출발할 수 있다고 콤브는 믿었다.

이 미덕은 계몽주의 기독교인이 신봉하는 시대정신이다. 작가는 당시의 지배적인 시대정신을 〈죽음의 무도〉라는 문화 아이콘을 빌려 문학적으로 형상화하고 있다. 그 결과 300여 년 전 홀바인의 중세적인 시대정신, 즉 중세 기독교 세계관이 강조하는 현세부정주의와는 판이한 18세기적 휴머니즘적 합리성에 기초한 『죽음의 무도』가 창조되었다. 하버마스Jürgen Habermas가 설파한 계몽주의의 낙관주의가 죽음의 사자까지도 나긋나긋하게 만든 것이다.

계몽주의 사상가들은… 여전히 예술과 과학이 자연의 힘을 통제하고 세상과 자아에 대한 이해, 윤리적 진보, 제도의 정의와 심지어 인간의 행복까지도 증진시킬 것이라는 엄청난 기대를 품고 있었다. (Habermas, "Modernity" 152)

자본주의 초기 단계에서 인간의 욕망 절제에 대한 콤브의 통찰과 열망은 높이 평가할 만하다. 그 스스로는 거의 감옥 생활로 일생을 보내긴 하였지만 그가 지닌 도덕적 비전은 현대에 와서도 여전히 유효하며 그 의의는 오히려 더욱 증대하고 있는 듯 보인다. 인간의 통제불능의 탐욕과 중독증은 콤브의 시대를 거쳐 현대에 진입하면서 사회악의 조장은 물론이거니와 실존적 공황상태와 황폐로 이어진다. 이제 뉴튼적 세계관도 계몽주의도 모더니즘도 모두 붕괴되고 익명의 독재 관리체제와 포스트모던 방종이 기묘한 동거를 하고 있는 시대를 우리는 살아가고 있다. 포스트모던 시대에 죽음은 매우 손쉬운 전투를 벌이고 있다. 이미 신의 권위, 이성의 부재로 인해 대부분 인류는 무장해제 당한 상태, 죽음은 자해하고 자살하면서 백기 투항한 병사들의 시체를 수거하기만 하면 된다. 콤브의 『죽음의 무도』는 다시 200년 후 코키스Da Sergio Kokis의 『퀘백의 죽음의 무도』로 다시 태어나면서 비합리성이 지배하는 포스트모던적인 광기의 포로가 된 군상들의 초상으로 전승되고 있다. 코키스의 21세기 『죽음의 무도』는 바로 포스트모던 자아의 실종 상태, 쾌락 중독마비 증세를 죽음의 사자로 형상화한다.

3. 코키스의 『퀘벡의 죽음의 무도』에 구현된 포스트모던 죽음관

1) 서론

코키스Da Sergio Kokis의 『퀘벡의 죽음의 무도*La danse macabre du Québec*』(1999)에는 소위 포스트모던 악이 성행하고 죽음해골은 그 악의 급류에 휩쓸려가는 인간들을 수거해 간다.[17] 여기서 포스트모던 악은 이성과 절제를 잃고 쾌락에 탐닉하는 군상들의 모습에서도 잘 드러나지만 더욱 심각한 악은 자신의 주체성과 자유의지를 상실한 포스트모던 개인의 자기소외적 존재 상황에서 극명하게 드러난다. 『고도를 기다리며』에 나오는 럭키의 대사처럼 지구의 종말이 다가오고 모든 것은 붕괴되고 황폐화되었다. 신이 실종되고 영혼이 증발되고 마침내 사후에 돌아갈 내세도 인간의 상상력에서 사라졌다. 정신적 황폐화는 비단 형이상학 영역에 국한된 것은 아니다. 제임슨의 주장처럼 우리의 현실 상황에서도 인간은 자신의 주체를 설정할 원점(0.0)을 놓쳐 버렸다. "그러나

17 〈죽음의 무도〉라는 문화 아이콘은 서구인들의 죽음에 대한 태도의 변천사를 연구하는 데 핵심적인 자료이다. 〈죽음의 무도〉의 연원에 대한 연구로서는 "스태믈러의 『중세 죽음의 무도』에 제시된 이 아이콘의 세 원천 작품 1) *Vadomori*, 2) *Des trois morts et des trois vifs*, 3) *Dispute between Death and Life*"(졸고 33)를 들 수 있다. 필자는 중세부터 현대에 이르기까지 서구인들의 죽음의 태도를 규명하기 위해 〈죽음의 무도〉를 구현한 세 텍스트를 골랐다. 1) 한스 홀바인 2세의 목판화 『예술적으로 상상되어 전아하게 묘사된 이미지와 이야기로 된 죽음의 양상』(1538); 2) 콤브의 『영국식 죽음의 무도』(1815); 3) 코키스의 『퀘벡의 죽음의 무도』(1999)이다. 제작 연도에서 드러나듯이 이 세 텍스트 사이엔 약 300년, 그리고 200년의 시간 터울이 존재하여 서구 죽음사에서 죽음관의 진화과정을 추적하는 데 매우 유용한 자료로 활용될 수 있다. 홀바인 텍스트에 대한 자세한 해석과 콤브 텍스트에 대한 개관적인 소개는 이 책 4장에서 이루어졌으며 포스트모던 죽음관을 다루고 있는 이 절은 〈죽음의 무도〉에 대한 일종의 마무리 작업 성격을 지니고 있다.

오늘날 조합자본주의, 그리고 소위 조직 속 인간, 국가와 사업에 있어서 관료주의, 인구 폭발 등의 시대에 종래의 부르주아 개별 주체는 더 이상 존재하지 않는 것이다"(*Cultural Turn* 6). 이 원점의 상실은 단순히 사회조직의 조건들에서 비롯된 것만은 아니며 더욱 회복 불가능한 상태, 즉 "전자 매체와 소비주의의 이미지화한 '자아'the imaged 'self' of electronic media and consumerism"(Gubrium 685)에 의해 근대적 자아는 형체도 없이 증발된다는 사실에서 그 심각성이 배가된다.[18]

이처럼 현세와 내세를 한꺼번에 잃은 포스트모던 인간들은 개별적 주체의 좌표 원점을 잃고서 방황하는 영원한 실향민이다. 개별적 주체가 없으므로 모든 것이 가능한Anything goes 포스트모던 시대에 장님처럼 순간순간 몸을 던지며 아슬아슬한 삶을 살아간다. 그리하여 온갖 정신적 병리현상이 마치 중세 말기의 흑사병처럼 우리 시대를 휩쓸고 있다. 흑사병은 육체의 병이었지만 현재 우리는 정신적 페스트를 앓고 있다. 중세에는 정신적 구원이 가능했지만 우리 시대엔 구원을 받을 주체가 붕괴되고 용해되어 버렸으므로 구원의 가능성은 기의 희박하다. 그리하여 코키스의 『죽음의 무도』에는 비만자, 자살자, 회사 일중독자, 집단주의 군중 등 온갖 종류의 정신질환자들이 미처 삶의 의미도 깨닫기 전에 죽음의 무도에 휩쓸려 춤추며 퇴장하고 있다.

이 절은 코키스의 『죽음의 무도』에 구현된 포스트모던 죽음 현상

18 푸코나 데리다, 보드리야르 또는 제임슨과는 달리 포스트모던 자아의 해체가 아니라 정립의 가능성을 제시한 학자도 허다하다. 기든스(Anthony Giddens)의 포스트모던 자아관이 대표적인 경우이다. 그러나 그의 개념은 다소 문제점을 지니고 있다. 터커(Kenneth H. Tucker)의 비판에 의하면 그의 포스트모던 자아는 "인간 존재의 숙명성과 변화하는 시간 속 개별 존재의 삽입성이 실존적 불안을 야기시킨다(the finitude of human existence and the embeddedness of individuals in a changing time generate anxiety)"(196)라는 하이데거의 전통적 존재론 내지는 본질주의에 근거하므로 매우 취약한 개념이다.

을 조명하기 위한 시도이다. 우선 포스트모던 시대의 죽음 현상에 대한 일반적 진단을 시도한 후 포스트모던 악의 근저에 작동하는 거대한 동인으로 육체문화의 창달을 상정한다. 이 동인 속에는 감각적 쾌락의 추구와 외모지상주의가 포함된다. 코키스의 유화에는 40개의 직업과 일상사에 대한 스케치가 담겨 있다. 콤브의 19세기 직업유형 외에 색다른 직업인으로는 주식회사 주주Reunion d'enterprise, 저널리스트Les journalistes, 회사 중견 사원Le cadre intermédiaire, 광신도Les croyants, 도심 폭력배La violence de la rue, 비만증 환자Les obèses, 오케스트라 지휘자Le chef d'orchestre, 스포츠 광Les sportifs, 여탕 사우나 이용자Le bain des femmes, 패션모델Vanité, 관광객Les touristes, 록 그룹Le group rock, 기아자Le maigres, 침묵하는 대중La majorité silencieuse, 암환자들Le pavillon des cancéreux, 자살자Les suicides, 재즈 음악가Jazz, 무숙자Les clochards 등 현대사회 병리현상의 피해자들이 예리하게 포착되어 시와 화폭에 담겨져 있다. 따라서 이 절에서는 코키스의 『퀘벡의 죽음의 무도』에 그려진 포스트모던 풍경 속의 그로테스크한 주인공인 죽음사자의 성격과 역할을 규명하고자 한다.

2) 포스트모던 시대의 죽음

코키스의 『퀘벡의 죽음의 무도』는 바로 포스트모던 악이 죽음사자의 하수인 노릇을 하며 인간들과 춤추며 마침내 죽음으로 안내하는 비극적이면서도 허무한 춤판이다. 홀바인이나 콤브의 『죽음의 무도』에선 죽음사자가 개별주체의 신앙적 도덕적 흠결을 겨냥하여 화살을 쏘았고 과녁이 된 당사자들은 각성과 참회의 순간을 짧으나마 체험한다. 물론 중세극 『만인*Everyman*』처럼 비교적 일정한 기간 지속되는 체계적인 참회과정을 겪는 것은 아니지만 죽음으로 소환된 개별당사자들은 자신이 왜 소환되었는지에 대한 깨우침을 받고 회한의 표정을 짓고 슬퍼하며 다시 한 번 새로운 삶이 주어졌으면 하고 간절히 바란다. 그들에게는 올바른 신앙과 윤리의 원점이 항상 존재했고 자신들이 다만 그 원점에서 너무 벗어나 살았다는 반성적 인식이 가능했기 때문이다. 포스트모던 죽음이 허무한 이유는 원점에 대한 기억을 망각하고 죽음에 대해 깨어 있지 못한 상태, 불명료한 의식 속에서 대부분 임종을 맞기 때문이다.

우리 시대는 원점이 없다. 중세나 계몽주의 시대의 원점이란 일종의 절대선positive good이다. 중세는 기독교의 인격신에 대한 신앙이, 계몽주의 시대에는 인간의 이성이 각기 그 원점으로 작용했다.[19] 그러나 우리 시대에는 그러한 긍정적이고 절대적인 가치기준이 실종했다. 도

19 여기서 원점이란 주체와 타자 사이에 공유되는 보편적인 관점을 상정한다. 이러한 관점은 회화사에서 화가와 회화 감상자 사이 공유되는 관점에서도 증명된다. 더닝(Willaim V. Dunnig)은 사회적 자아와 구별된 근대적 개별 주체의 발견을 데카르트의 공으로 돌린다. 그리하여 17세기 이후 회화의 특징은 캔버스 속의 데카르트적 코기토의 현존인데 캔버스의 관찰자와 관찰 위치가 화가와 삼상자 양측에서 보편적으로 공유된다는 사실에 있다. 그리하여 화가와 감상자는 회화의 구조상 "한 특정한 위치에 서 있는 단일한 응시자로서" 그림을 바라보고 "창문같이 투명한 그림 평면을 통해 회화 속의 환영적 회화 공간 속으로 자아감을 시각적으로 확장시킨다(visually extends a sense of self through a window-like transparent picture plane into an illusionistic pictorial space in the painting)"(Dunnung 332). 이러한 근대적 자아의 보편적 관점은 포스트모던 회화의 "파편화된 복합 관점"으로 넘어간다. "그러나 포스트모던 화가들은 그(레오 스타인버그)가 명명한 '평저형 회화 평면'을 창조하기 위해 복합 관점을 사용한다. 이는 응시자들을 어떤 특정 위치나 아이덴티티에 고정시키기를 거부할 정도로 다기한 관점들을 지닌 파편화된 수평적 회화 평면을 가리킨다(Postmodern painters uses multiple perspectives to create what he[Leo Steinberg] called a "flatbed picture plane"— a fragmented horizontal picture plane with a profusion of perspectives refuses to locate the viewer in any specific position or identity)"(Dunning 334). 그 결과 현대의 회화 감상자들은 브라우디(Leo Braudy) 분석처럼 "자신들 스스로 원래 파편들로 이루어진 공적 인간들의 파편들로 구성된 꼴라쥬 인격체들이다(collage personalities made up of fragments of public people who are, in turn, made up of fragments themselves)"(Dunning 334 재인용).

대체 인간이 도덕적으로 신앙적으로 살아야 할 이유가 어디에 있단 말인가? 최소의 비용으로 최대의 효과와 생산성을 가져오는 게 자본주의의 미덕이고 우리는 자신의 이익추구를 위해 최선을 다하면 그것으로 족하다. 따라서 무한 경쟁의 사회에서 경쟁자를 물리치기 위한 온갖 권모술수도 고려해야 할 효과적인 경영전략이다. 보드리야르의 원시/자본주의 사회의 비교에 의하면, 원시사회에서는 "기부하기, 양보하기, 교환하기DONNER RENDRE ÉCHANGER" 원칙이 삶의 근간을 이루었으나 포스트모던 사회에서는 "죽이기, 소유하기, 먹어치우기TUER POSSÉDER DÉVORER"란 "용어들, 그리고 이들을 둘러싼 환영들을 중심으로 우리의 개별적 무의식 전체가 억압적 분위기에서 조직된다tout notre inconscient individuel s'organise autour de ces termes et des phantasmes qui les encerclent, sous le signe de refoulement"(214).

그러나 이러한 원점 상실의 비관주의에 대해 정면으로 반박하는 학자들도 있다. 진화론적 유물론자 도킨스Richard Dawkins는 물론이거니와 플라내건Owen Flanagan 같은 철학자의 경우 전통적인 원점으로 기능했던 영혼이나 자유의지, 불변의 자아 등이 허구로 드러난다 해도 인간은 윤리적이고 의미 있는 삶을 영위할 수 있다고 장담한다.

> 비록 영혼이나 비물질적 정신, 불변의 자아 등이 없다손 치더라도, 비록 자유의지가 없다고 하더라도, 여전히 종국에는 인간이 있다. 인간이 무엇인가? 숙고하고 이성적 판단을 내리며 선택하는 의식적인 사회적 동물, 즉 진화하며 지속적인, 비록 영원하고 불변한 존재는 아니지만 도덕적으로 의미 깊은 삶을 추구하는 동물인 것이다.
> (Flanagan xiii)

그러나 우리 주위의 현실을 돌아보면 그들의 낙관적 미래상은 다소 비현실적인 듯하다. 전통적인 원점들이 사라질 경우 그 후유증은 상상을 초월하며 인류의 디스토피아 도래는 불가피한 듯 보인다. 설사 디스토피아가 가까운 미래에 도래하지 않는다 하여도 한 가지 분명한 사실은 바로 이 순간 우리는 일종의 과도기적 혼돈 상태에 빠져 있으며 소위 포스트모던 악의 희생자로 전락하고 있다는 사실이다. 그 단적인 증거는 인류의 죽음에 대한 태도의 코페르니쿠스적 전환에서 잘 드러나 있다. 영혼과 내세가 존재했던 19세기의 '달콤한 죽음'의 기억은 일부 기독교인이나 토속 신앙체계에만 남아 있을 뿐 현재 '추악한 죽음'이 포스트모던 시대를 횡행하고 있다. 서두에서 언급했듯이 우리 동시대인들은 현세와 내세를 동시에 잃은 인류 역사상 최초의 존재로 기록될 것이다. 그리하여 도킨스, 더넷Daniel Dennett 등 유물 무신론자들이 인류에게 불러일으키는 위무와 용기에도 불구하고 당분간 인류는 혼돈과 방황의 과도기를 겪지 않을 수 없을 것이다.

지구를 혼돈의 지옥으로 변환시키고 있는 악의 추동력은 육체문화의 창달과 인간주체 상실 내지는 자기 소외라는 두 경향이다. 이 악의 추동력이 바로 전통적 죽음의식을 대체해 버렸다. 장구한 인류 역사에서 죽음은 항상 인간의 과도한 탐욕에 대한 해독제 내지는 정화제 역할을 해 왔는데 포스트모던 시대에 들어와서 죽음의 성격이 변해 버린 것이다. 죽음은 외설적이며 추악한 존재로 바뀌었다. 훌륭한 도덕 설교자로서 메멘토 모리를 각성시켜 주던 죽음을 우리 시대는 제대로 대접하지 않는다. 톨스토이가 「이반 일리치의 죽음」에서 보여 주듯 절대고독의 죽음이고, 고러가 주장하듯 "외설적" 죽음이며, 아리에가 명명하듯 "추악한 죽음"이다. 우리는 죽음을 뒷방에 가두어 놓고 우리의 현재적 삶을 향락한다. 죽음의 공포(*timor mortis*, 이하 티모르 모르티스)가 우리 모두의 뼛속까지 각인되어 있으나 우리는 기꺼이 망각하며 살아가기를 자처한다. 임종 순간 중환자실에서 온갖 튜브줄에 포승당하여 마치 〈죽음의 무도〉에 나오는 죽음해골이 빙의한 듯 모골이 송연한 모습으로 이 세상을 떠날 때 비로소 우리는 죽음의 얼굴을 일별한다. 그러나 일상에서는 메멘토 모리의 깨우침 없이 모두들 자신들이 맞을 죽음은 그들이 목도한 이웃의 험상궂은 죽음 얼굴과는 다를 것이며 보다 품위 있고 공손할 것이라고 막연히 믿으면서 현재의 삶에 몰입한다.

홀바인과 콤브의 『죽음의 무도』를 지배했던 기독교 인격신과 이성이 증발하고 또 폐기처분된 결과 죽음은 초라한 신세로 전락했다. 포스트모더니즘이 발산한 방종과 무정부적 가치관이 결국 죽음이 갖는 건강한 인간성 회복력을 고사시켰다.[20] 바야흐로 포스트모던 시대에 접어들어 모든 것이 가능해졌고 인간은 도덕적 종교적 검열 없이 무한 제공되는 강도 높은 쾌락에 노출되고 결국 중독마비 상태에 속절없이 빠져들어 표류하게 되었다. 콤브의 합리주의 세계관에서 죽음은 이성과 죽마지우였다. 작중 인물 히긴스는 "분별력", "신중함", "사려 깊은 솜씨", "정당한 수단" 등 합리성에 기반한 삶을 영위하였으므로 죽음사자가 내방했을 때 "그러나 행복했던 한때가 끝나기만 하면/틀림없이 나 히긴스와 죽음은 친구가 될거야"(Combe "Tom Higgins")라고 하며 안심입명

20 포스트모더니즘의 방종과 무정부적 가치관이란 결국 료따르(Francois Lyotard)가 열거한 포스모던 특징인 "메타담론에 대한 불신(incredulity toward metanarrative)"(Lyotrad xxiv), 가치 다원주의, 반리얼리즘, 언어 게임과 규칙 위배(paralogy) 등을 통한 정통적 권위 허물기가 고급 비평 담론에서 일상적 담론 실천으로까지 하향침투한(trickle-down) 결과물이다. 이러한 포스트모던 과정은 밝음과 어두움이 병존한다. 주지하다시피 이 과정에서 소수자계급의 권리 신장이 성취된 반면 다양한 악습들이 횡행한다. 거대 구조악으로서는 신자유주의로 대표되는 새로운 형태의 세련된 착취형태도 생겨나게 되고 미시적·일상적 악의 차원에서는 도덕적 제어장치나 종교적 금기가 제거된 조건에서 사람들은 일종의 마비상태에서 전통적 도덕률을 무시하고 악행들을 거침없이 저지른다. 그러고도 양심의 가책을 느끼지 않는다. 곧 소개할 미국총기협회(NRA) 대변인의 후안무치함은 도덕적 마비의 전형적인 사례이다.

한다. 반면 이성과 절제를 포기하고 무한욕망 모드로 진입한 우리 시대의 인간들에게 죽음은 안중에도 없다. 자신의 삶과 죽음을 등거리에 두고서 관조하는 능력, 자신의 유한성을 인식하는 동시에 훌륭한 삶이 복된 죽음으로 이끈다는 "죽음의 기술*ars moriendi*"을 항상 명심하는 삶이 사라져 버린 것이다. 코키스는 바로 이러한 포스트모더니즘과 죽음의 관계를 통찰하고 현대인들에게 〈죽음의 무도〉라는 메멘토 모리를 상기시키며 경고한다.

포스트모던 시대에 들어서 우리 주위에서 죽음이 갑자기 사라져 버린 건 아니다. 오히려 미디어의 눈부신 진화로 우리는 과거에 비해 훨씬 더 많은 시체들을 생생하게 접하고 있다. 매일매일 쏟아져 나오는 뉴스나 영화 속의 시체 이미지를 통해 죽음은 오히려 더욱더 섬찍지근한 모습을 드러낸다. 다만 우리는 점층하는 강도로 반복된 죽음의 출현에 심드렁해지고 마비되어 우리는 잠시 곁눈질할 뿐 이내 눈을 돌리고 우리의 쾌락에 몸과 마음을 맡길 따름이다.[21] 다시 말하여 과거에 비해 우리는 죽음 이미지의 홍수에 휩쓸려 습관화되고 무감각해졌다고 보

21 이 부분을 쓰고 있는 가운데에도 미국 커네티컷 뉴 타운(New Town) 마을에서 무려 20명이나 되는 초등학교 1-3학년 아이들이 한 아스퍼거 증후군 환자의 반자동 소총에 의해 조준사격 살해당하였다. 그럼에도 불구하고 미국총기협회(NRA) 대변인은 총기생산 회사의 이윤을 제고할 저의로 미국 내 모든 학교를 무장시켜야 한다며 "무장한 선량한 자들로 하여금 무장한 악한들로부터 학교를 보호하게 하라는(let good guys with arms protect schools from bad guys with arms)" 양두구육의 후안무치한 발언을 한다. 이 부분에서 우리는 콤브가 설파한 자본주의 초기의 이윤추구의 철학은 이미 실종되었음을 알 수 있다: "권력과 재물은 획득될 수 있다./허나 그렇다고 권력이나 재물을/훨씬 능가하는/즐거운 마음이나 유유자적한 시간이/저절로 찾아오는 건 아니다./수단을 목적에 부합시키고/우리 행위와 양심을 친구로 섬기는 지혜는(Though Power and Wealth may be obtain'd,/It follows not that they have gain'd/The cheerful heart, th'approving hour/Which far outweigh both wealth and power./That Sense which suits the means to ends,/And keeps our deeds and conscience friends)"("Tom Higgins" 13-32).

는 게 옳다. 죽음이란 불편한 진실 앞에 우리는 본능적으로 스스로 눈을 가리고 장님술래를 자청한다. 따라서 코키스의 『죽음의 무도』는 욕망으로 눈이 멀어 죽음이란 현실을 직시하지 못하는 21세기 청맹과니들의 초상화인 동시에 가장행렬masquerade이다.

단테의 시대, 홀바인의 시대, 콤브의 시대에도 인간들은 세속애*avaritas*로 잠시 넋을 잃기도 했으나 참회의 순간 항상 지옥을 떠올리고 몸과 마음을 추슬렀다. 이제 우리는 천국과 지옥이 소거된 세계에 살고 있다. 과학적 인간관에 의해 영혼의 불멸성은 부인된 반면 무한 욕망 추구의 경연장이 바야흐로 펼쳐진다. 돈만 있으면 무엇이든 가능한 시대가 펼쳐진다. 무한한 재화의 범람과 영혼의 필멸성은 이 세상을 내세가 아닌 현세의 천국으로 만들었다. 중세인들처럼 사후세계의 축복을 위하여 수고로운 참회와 고행을 할 필요가 없어졌다. 어차피 다음 세계는 없는 거니까. 이것이 바로 포스트모던 까르페 디엠이다. 그 특징은 전술한 육체문화의 창달과 자기 상실 또는 망각의 찬양이다. 역설적이게도 그리스-로마시대는 물론 18-19세기 콤브의 계몽주의 시대에 이르기까지 일관되게 타기시되었던 감각적 쾌락과 무절제에 관련된 두 악덕이 포스트모던 시대에 가장 열망되는 미덕으로 돌변한 것이다. 절제와 이성이 소거된 말초적 쾌락의 유아기적 욕망추구라는 점에서 볼 때 어느 면에서 인류는 이천 년 전에 비해 성숙 진보하기는커녕 오히려 훨씬 퇴행하고 있다.

① 육체문화의 창달

전술하다시피 그 퇴행의 첫 증상은 럭키가 『고도를 기다리며』에서 배설물로 쏟아 놓은 장광설 속에 나오는 "육체문화의 창달l'essor de la culture physique"(*WFG* 60)이다. 20세기 후반에 들어와 인류는 신에서 그리고 영혼에서 점점 더 멀어지며 육체에 대한 찬양과 탐닉에 몰두한다.

영혼은 물질의 작용이며 육체적 활동의 산물일 따름이다. 육체문화의 번성은 전통적인 이성보다는 감각의 능력을 새롭게 발굴하고 이 능력에 인식의 정통성을 부여하려는 방향으로 나아갔다.[22]

육체의 감각에 의존하는 우리 현대인들은 엘리어트의 시 「텅 빈 인간들The Hollow Men」처럼 "두상이 (뇌수가 아닌) 짚으로 채워져Headpiece filled

22 그리하여 자의적 기호인 문자보다는 이미지를 세상의 재현방식으로 더욱 선호하고 이성적 추론이나 상상력보다는 감각적 직관을 더욱 중요시하였다. 퍼어스(Charles S Peirce)에 의하면 언어는 상징(symbol)이며 이미지는 도상(icon)으로, 전자는 사물과 언어의 관계가 자의적(arbitrary)이나 후자는 유사성(similarity)에 기초한다(Hawkes 127-30 재인용). 자의성에 기초한 언어/사물 관계는 인간의 창조적 상상력을 끊임없이 자극시켜 인간주체의 개별성, 독자성, 창발성을 무한히 향상시킬 수 있으나 유사성에 기초한 언어/사물 관계는 시각이라는 감관작용에 한정되어 있다. 즉, 시각적으로 고정된 이미지의 제시로 인해 인간의 개별 창발적 상상력이 개입할 여지를 허용하지 않아 단순한 모방과 수동적인 수용만을 강요할 따름이다. 가령 안나 카레니나에 대한 언어적 묘사를 재료로 삼아 독자들은 자신의 개별 주체적 상상력을 작동시켜 그만이 향유할 수 있는 자신만의 미적 취향에 어울리는 하나의 미적 대상을 형상화할 수 있으나 영화에서 특정한 여배우가 아이콘으로 등장하게 되면 대부분 환상은 깨어지고 동떨어진 이미지로 인해 미적 감흥도 사라지게 되는 경우를 종종 보게 된다. 개별적 상상력의 산물과 실제 시각적으로 제시된 아이콘의 괴리가 불러일으키는 미적 쾌감과 불쾌감의 근저에는 바로 이미지 예술과 언어 예술의 차이가 존재함을 알 수 있다. 그러나 대부분 현대인들은 예술 감상과정에서 타인이 독재적으로 강압하는(물론 교묘한 텍스트 배치 방식을 통하지만) 시각적 아이콘에 자신의 개별주체성을 포기하고 기꺼이 노예로 전락한다. 그리하여 3시간짜리 〈안나 카레니나〉 영화를 감상하고는 800페이지 소설 『안나 카레니나』를 독파한 양 착각한다. 그가 감상한 것은 자신만의 안나 카레니나가 아니라 보다 정확히 말하면 그는 단지 영화감독이 구성 조작한 〈안나 카레니나〉 아이콘을 시각작용을 통해 수동적으로 소비했을 뿐이며 그 과정에서 그의 창발적 상상력은 별로 작동된 바 없다는 사실이다.
"반시각중심주의적 저항의 담론"에 대한 비판으로 메를로 뽕티의 현상학에, 특히 "시각의 촉각적 성격 규명"에 근거한 김종갑의 글이 흥미롭다(『타자로서의 몸, 몸의 공동체』 273-4). 그의 논지는 필자가 주장하는 영화 감상의 과정과는 거리가 있다. 즉, 그가 말하는 시각 인식은 관찰 대상이 "손을 뻗으면 닿을 수 있는 지척"(295)에 있고 촉각의 대상이 되어야 하므로 필자가 말한 영화 재현의 아이콘에 입각한 순수 시각적 지각/상징적 관계에 근거한 상상화 과정〔Vorstellung, 아이저(Wolfgang Iser) 개념〕의 대비와는 논쟁점이 다르다(졸저 『기호학으로 본 연극세계』 344-55 참조).

with straw" 있다. 전통적 의미에서 영혼이 결핍된 우리들의 "메마른 목소리는, 우리가 같이 속삭일 때/조용하고 무의미하다./메마른 풀밭을 지나치는 바람처럼/아니면 먼지 낀 우리 지하실에 널린/깨어진 유리조각을 지나는 생쥐들의 발처럼Our dried voices, when/We whisper together/Are quiet and meaningless/As wind in dry grass/Or rats' feet over broken glass/In our dry cellar". 영혼이 없는 현대인들은 "형식이 없는 형태이며 색깔없는 색조이며/마비된 힘이며 동작 없는 제스처Shape without form, shade without colour/Paralyzed force, gesture without motion"일 따름이다. 엘리어트에 의하면 죽음에 대한 명상이 결여된 인간은 텅 빈 영혼의 박제 인간들이다. "응시하는 눈으로 죽음의 저편 왕국으로 건너간 자들이/우리를 떠올릴 수 있다면 우리를 타락하고/거친 영혼이 아닌, 단지/텅 빈 인간/박제 인간들로 기억한다Those who have crossed/With direct eyes, to death's other Kingdom/Remember us—if at all—not as lost/violent souls, but only/As the hollow men/The stuffed men". 이 시를 통해 엘리어트가 지향하는 세계는 감각주의와 유물론적 세계를 초월하여 존재하는 영혼의 세계이며 그 세계에 대한 축복받은 일별은 죽음에 대한 명상으로 시작한다.

영혼의 존재에 대한 각성으로 거듭난 엘리어트와는 반대 방향으로 나아가는 우리 현대인들은 감각소여와 육체의 욕구에 매달린다. 이는 이미 니이체의 『우상의 황혼』에서 철학적 선언이 이루어진 바 있다.

> 사람들은 문화를 '영혼'이 아닌 올바른 자리에 취임시켜야 한다. … 즉 육체, 몸짓, 식사, 생리현상에; 그러면 문제가 사라진다. … 육체를 경멸했던 기독교는 오늘날까지 인류 최대의 불행으로 남아 있다.
>
> (Antonio 7 재인용)

금세기 인식의 지렛대가 영혼에서 육체로 이동한 것은 하나의 혁명이다. 이는 비단 기독교적 인식론뿐만 아니라 역사를 거슬러 올라가 그리스-로마시대의 금욕주의 전통과도 대척점에 서 있다. 특히 에픽테토스가 보여 준 극단적인 육체혐오주의를 완전히 뒤엎는 육체찬미주의가 우리 시대의 압도적인 시대정신으로 자리 잡은 것이다. 육체의 정치학은 비단 여성주의 운동에만 국한된 것이 아니다. 책을 한 권 읽기보다 아령 한 번 더 들어 근육질의 식스팩을 만드는 게 보다 바람직한 생활지침으로 되었다. 성형수술로 재가공된 외모는 전제군주처럼 횡행하며 인품이나 학식, 현명함 등의 내면적 진실을 압도한다. 피상적 표피surface가 깊이depth의 본질을 압도한다(Jameson, *Postmodernism* 12). 제임슨이 주장하듯 후기 자본주의의 표피의 미학과 윤리학은 포스트모던 감각의 제국에서 버젓이 합법적·합목적적 진리가를 획득하고 우중들을 감동시키는 데 성공했다.

19세기까지만 하더라도 육체는 영혼의 승천을 훼방 놓는 존재이며 육체의 죽음은 곧 영혼의 해방을 의미했다. 마치 애벌레가 고치를 벗어난 나방으로 날아오르듯 영혼은 육체가 죽으면 해방된 존재로 영원한 대양을 건너는 내세의 여행을 떠나게 된다. 낭만주의 시대 문학은 그리하여 "죽음이란 현상이 지닌 그 내적인 아름다움에 대한 찬미"(Ariès, *The Hours* 442)로 채워져 있다. 그러나 20세기에 들어와 육체의 죽음은 영혼을 포함하여 모든 존재와 상황의 종료를 의미한다. 죽음은 거대한 벽이며 그걸 넘어서 나아갈 길은 없다. 살아 있는 동안 사람들은 죽음을 떠올리지 말고 죽음으로부터 끊임없이 도피를 하면서 현세의 쾌락을 누려야 한다.

이처럼 무게의 중심이 영혼에서 육체로 옮겨진 순간 포스트모던 삶의 성격은 결정된다. 육체가 사멸하기 전까지 육체에 봉사하는 삶이 인생이라면 인간은 누구나 육체의 노예로 전락할 수밖에 없다. 그리하여 영혼이 아닌 육체의 주체가 추구하는 모든 욕구를 채워 주는 삶이 바로 현대인의 삶이며, 인류 역사에서 그 유례를 찾아볼 수 없이 특이한 포스트모던 까르페 디엠의 등장을 의미한다.[23] 이러한 추세는 자본주의 사회에서 돈이라는 확실한 쾌락 구매 수단에 의해 더욱 강화된다. 자본주의하에서 몸의 욕망과 쾌락 성취는 17세기 까르페 디엠과는 성격을 달리한다. 그것은 바로 자본주의 상품 논리와 직결되어 있다.

> 그러나 몸의 귀환이 그렇게 좋은 것만은 아니었다. 몸의 귀환을 가장 반긴 것은 자본주의 시대의 상품 논리였다. 자본주의에 포섭된 몸은 그 본래 의미를 상실한 채 소비의 주체이자 대상으로 전락하였다. 몸은 '의미 없는 살덩어리'로서 자본주의가 조장하는 욕망을 순순히 실행하는 존재가 되었다. 몸이 부박해지고 눈먼 욕망만이 질주하는 이 현실은 예상치 못했던 중대한 착오였다.
>
> (홍성민 269)

② 감각적 쾌락의 추구

포스트모던 시대에 이르러 더 이상 인간들은 영혼의 단련이나 고행에 관심을 두지 않는다. 임종 시 영혼이 육체로부터 이탈하여 독자적 삶을 계속하는 것이 아니고 육체와 동시에 종식하고 사멸한다는 것이 과학적으로 증명된 이상 인간은 더 이상 실체 없는 영혼의 단련에 미련

23 17세기 영시단을 한때 사로잡았던 까르페 디엠 시들은 포스트모던의 허무주의와는 그 성질을 달리한다. 마벨(Andrew Marvell)의 「수줍은 연인에게(To His Coy Mistress)」를 비롯하여 헤릭(Robert Herrick)의 까르페 디엠 시들은 허무주의 시라기보다는 젊음과 낭만적 사랑을 구가하는 연애시이다. 말년에 가서 종교로 완전 귀화한 존 던의 청년시절 연애시 "The Flea", "Canonization"를 지배하는 세계관이 까르페 디엠인 건 당연한 현상이다. 그러나 우리 시대의 까르페 디엠은 청년, 중년, 노년의 구분이 없는 전 생애에 걸친 향락 허무주의이다. 더욱 비극적인 것은 우리 스스로 이런 향락 허무주의의 노예상태에 빠져 있다는 걸 반성할 수 있는 자의식조차 가지고 있지 않다는 사실이다.

을 둘 필요가 없게 된 것이다. 그리스 시대 소크라테스나 플라톤은 영혼주의자였다. 소크라테스가 보기에 세속인들은 육체의 끈질긴 주문과 요구에 휘둘려서 정신없이 살아간다. 인생이란 따라서 오로지 육체를 챙기는 데 급급한 찌꺼기의 시간이며 영혼의 입장에서 보면 매우 안타까운 기간이다. 그리하여 철학자는 육체가 접수하여 보내는 감각소여에 매혹당해 술 취한 듯 비틀대지 말고 이데아의 세계로 나아가야 한다고 주장한다. 그리하여 "우리는 육체와 가능한 한 최소한도의 접촉과 교류를 하고, 육체적 욕망에 허우적대지 않고 신이 우리를 기꺼이 해방시킬 그날까지 우리 자신들을 순수하게 보존하여 지식에 최대한도로 가까워지도록 노력해야 한다"(Plato 15)고 영혼의 단련을 무엇보다 강조한다.

실제로 서구의 존재론은 19세기까지 영혼중심주의에서 벗어나 본 적이 없다. 철학자가 아닌 예술가의 경우도 마찬가지이며 셰익스피어도 이러한 영혼예찬론에서는 예외가 아니다. 가령 그의 소네트 146에서 세속인의 가장 큰 어리석음은 영혼과 육체가 곧 이별을 하기로 예정되어 있는데 어리석게도 육체라는 집에서 천년만년 살 것처럼 착각하는 것이라고 소네트 화자는 주장한다. 그리하여 지상에서의 짧은 체류기간 선셋집에 살면서 어리석게도 영혼은 자기 소유도 아닌 주택에, 그것도 허물어진 집에 돈을 쏟아붓고 있다. 그렇게 전셋집 육체를 튼튼하고 기름지게 리모델링해 보았자 무덤 속 구더기에게만 좋은 일 시키고 있다는 게 화자의 육체관이다.

> 불쌍한 영혼이여, 내 죄 많은 흙덩어리의 중심이며
> 이 반도들의 주군이면서도 그들의 배치명령에 복종한 결과,
> 그대의 외벽은 그토록 사치스럽게 치장시키고는
> 정작 왜 그대의 내면은 수척해 가며 결핍증을 앓는가?

왜 그런 엄청난 비용을 들여 가며 그렇게 짧은 지상의 임차기간에
그 퇴락하는 저택에 돈을 쏟아 붓는가?
이 비대한 몸뚱이의 상속자들인 구더기들이
그대의 전세금을 다 먹어 치울까? 그게 그대의 몸의 끝인가?

Poor soul, the centre of my sinful earth,
Lord of these rebel powers that thee array
Why dost thou pine within and suffer dearth,
Painting thy outward walls so costly gay?
Why so large cost, having so short a lease,
Dost thou upon thy fading mansion spend?
Shall worms, inheritors of this excess,
Eat up thy charge? Is this thy body's end?
(Sonnet 146)

포스트모던 시대의 영혼은 그러나 육체를 호령할 권위와 권한을 박탈당했으며 포스트모던 인간들은 소크라테스가 말했듯 육체의 감옥에 갇힌 포로이다. "사람들은 먹고 또 먹고 또 쌓아놓고/키스하고 또 키스하다 지치고 물려/신물이 나다가도 여전히 허기져/집어 들고는 입안에 다 밀어 넣지도 못하고 만지작거린다On mange on mange et on ramasse/on baise on baise et on se lasse/on en a trop et il manque encore/on prend on laisse et on caresse"("Les sportifs"). 육체의 말초적 욕구에 복종하여 이것저것 배안으로 마구 쓸어 넣었지만 "배가 거북하고 팽팽히 불러 오니/흘러내리는 뱃살이 이리 접혔다 저리 부풀었다C'est lourd ça serre et ça se voit/ça plie ça gonfle/les bourrelets qui dégoulinent". 하지만 결국 그렇게 "혈관은 막혀만 간다ça bouche les vaisseaux"("Les sportifs"). 그리하여 열심히 조깅하고 자전거타고 줄넘기로 헉헉거리다 결국 털썩

주저앉아 버린다Flop. 코키스는 이 "스포츠" 에피소드를 「심장박동에 맞춘 발라드Ballade en rythme cardiaque」라고 부른다. 그리하여 이 시는 심장박동처럼 약강약강(˘ ' ˘ ')식의 약강iambus 이음보로 이루어져 있다. 다시 말하여 포스트모던 인간의 활동을 통제 지시하는 건 영혼이 있는 두뇌가 아니라 육체적 활동의 산실인 심장이다. 그런 의미에서 로마 철학자 루크레티우스가 인간의 영혼이 심장 부위에 거주한다고 주장한 해부학적 오류는 우리 시대에 와서 오히려 예언적인 통찰이 되었다.[24] 우리 시대 인간 활동은 육체, 그리고 이와 관련된 감각기관을 중심으로 이루어지며 육체활동의 산실은 바로 심장이기 때문이다.

육체적 욕구를 못 이겨 포식하다 육체의 무게를 못 이겨 다시 운동을 하나 그건 악순환에 불과하다. 포스트모던의 식탐욕은 단순한 육체적 욕망의 충족만이 아니다. 이는 20세기 영혼의 허기짐에 대한 반대급부이다. 물론 중세에도 성직자들의 식탐욕은 홀바인의 『죽음의 무도』 판화나 단테의 지옥에서도 칠거지죄Seven Deadly Sins 중 대표적 죄로 거론되었지만[25] 20세기의 식탐욕은 보다 노골화되고 심지어 공적인 영역에서 죄의식 없이 거론된다. 식탐욕은 영혼의 오염이나 하나님의 심판보

24 루크레티우스에 의하면 우리 몸 전체의 주인인 마음과 지능이라고 불리는 이해력이 존재하는데 그것은 가슴의 중앙 부분에 위치한다. 바로 이 부위에서 공포와 두려움이 꿈틀거리고 희열도 솟아오른다. 루크레티우스는 이를 마음(mind) 또는 중추 영혼(*animus*)이라고 부른다. 그리고 나머지 신경(spirit) 또는 말초영혼들(*anima*)은 온몸에 분산되어 지능의 지시를 받아 복종하며 반응한다(*Lucretius* 136).

25 단테의 『신곡』「지옥편」의 제3하계층은 식탐의 죄인들이 거주한다. 식탐을 부리는 인간들은 이 층의 입구를 지키는 케르베루스(Cerberus) 개처럼 "충혈된 눈으로 검게 기름기로 번들거리는 수염을 하고/불룩 튀어나온 아랫배에 손은 갈고리 같고/발톱으로 유령들을 베고 찢어 발기는"(VI) 모습과 흡사하다. 그들도 지상의 식탁에서 칼과 포크로 고기를 찢어발기며 개처럼 게걸스럽게 먹어 치웠던 것이다. 음식 쓰레기 더미와 뒤섞인 진눈깨비, 우박눈이 쏟아져 내리면 "그들은 개처럼 컹컹 짖어댄다"(VI).

다는 건강상의 문제, 즉 의학적인 이유에서 부정적으로 묘사될 뿐이다. 식탐의 고상한 형태인 식도락은 오히려 이상적인 삶의 방식으로 주입되고 권장되고 있는 실정이다.

「비만자Les Obèses」란 열한 번째 에피소드는 20세기 식탐욕과 죽음의 대면을 다룬다. 그 무엇보다도 물질적 풍요와 인간적 욕망의 무한함이 결합하면서 발생하는 최초의 그로테스크 현상은 비만이다. 자본주의 후기 소비주의 시대에 폴리Michael Foley가 주장하듯 홍수처럼 쏟아지는 광고Ad에 의해 촉발되는 이드Id적인 소비욕구와 모든 것이 가능해 보이는 포스트모더니즘 시대와 맞물리면서 현대인들은 일종의 기대와 좌절 사이의 엄청난 틈새를 느끼면서 그들의 불만과 짜증 분노는 더욱 증대된다.[26] 물질적 풍요로움이 만족과 쾌락을 가져오기는커녕 오히려 불만지수를 더욱 증가시킨다는 시대적 역설이 일상화된다. 그리하여 심리적 공복감을 채우기 위해 당장 손쉽게 구입 가능한 음식의 과다섭취가 일상화, 습관화된다. 과도한 경쟁으로 인한 정신적 불만은 육체적 불쾌감으로 이어지고, 그 불쾌감의 해소는 폭식으로, 그리고 폭식은 다시 심리적 스트레스로 이어지는 이런 악순환은 가속도로 진행된다.

> 남자 비곗덩어리들 여자 비곗덩어리들, 기름통들
> 수프와 나태로 잔뜩 채워져 터질 듯한 살,
> 내 양배추 수프도 꿀꺽 삼키고, 소스를 핥으며 와인도 들이켜라.
> 부풀대로 부푼 몸뚱아리에 더욱 쑤셔 넣자 이윽고 종말이 다가와
> 이내 몸을 뒹굴며 야단법석을 떨다가 니글거리는 배를 감싸고
> 토해 내며 코를 골다 배가 고파 죽는다.

26 폴리의 『부조리의 시대(The Age of Absurdity)』(New York: A CBS, 2010) 2부 2장 "the Ad and the Id" 참조.

초콜릿을 씹고, 생크림을 처바르고, 술을 들이켜고
설탕물에 코를 박는 나는 결코 우울할 줄 모르는 죽음일세.
핏물이 뚝뚝 떨어지는 스테이크, 무가당 케이크, 염장 어물
후추 친 버섯 수프, 소금을 듬뿍 친 수프, 마말레이드
비대한 자들이여 오라, 혀를 잼에 파묻고는
무덤까지 굴러서 미끄러져 가자.

Les suiffeux, les suiffeuses, boules de graisse
Les chairs gonflant, trop pleins de soupe et de paresse
Gobez mes choux, léchez la sauce, buvez le vin
Gavons encore les corps bouffis, bientôt la fin
Ensuite on roule, on se trémousse, ça bouillabaisse
Et l'on vomit, on stertore, on meurt de faim.

Je chocolatte, je crème-fraîches, je liqueurose
Je sucre-bec, je suis la Mort jamais morose
Rôtis-saignants, les gâteaux secs, la marinade
Fumets poivrés, tout bien salé, la marmelade
Venez les gros, tendez la langue aux confitures
Allons rouler et puis glisser, aux sépultures.
("Les Obèses")

여기서 각종 음식은 인간의 육체를 건강하게 정신을 건전하게 하는 섭생 수단이 되지 못한다. 무한 욕망에 의해 좌절되고 황폐화된 포스트모던 정신이 그 보상 수단인 식탐에 매달리게 되고 육체는 각종 산해진미의 섭취로 흉칙한 몰골로 변모한다. 육체는 식탐과 운동부족으

로 부풀어 오르고 더 이상 견디지 못해 토해 내어도 허기진 정신은 계속 음식 주입을 강요한다. 따라서 음식은 삶을 챙겨 주는 보호자가 아니라 죽음의 사자로 변신한다. 비만자들은 기름지고 달콤한 죽음의 미끼들을 섭렵하다 마침내 잼에 혀를 파묻고는 기름진 몸뚱이로 기름으로 번들거리는 황천길을 미끄러져 무덤에 이르게 된다. 여기서 역설적인 사실은 포스트모던 죽음사자가 선진국의 비만자란 전쟁 노획물을 인간의 식탐이란 어리석음의 결과물로 아무런 수고 없이 거저 획득하지만, 지구의 반대편에서는 한편 식량 부족과 기근으로 인한 다른 음식의 희생자까지 또한 죽음의 왕국으로 공짜로 데리고 간다는 것이다.

19번 에피소드 「술집 바에서Dans le bar」에서는 춤과 섹스에 몰입하는 호색한을 그리고 있다. "황홀한 섹스를 기대하며/뇌쇄적인 나의 매력을 흘리며/섹시하게 접근하여je m'offre lubrique/mon charme captive/pour mieux les baiser" 여자를 낚는 행위에 연애 사냥꾼은 온 신경을 곤두세운다. 역설적인 사실은 이 연애 사냥꾼은 역설적이게도 죽음 사냥꾼의 입장에서 보면 스스로 사냥감에 지나지 않는다. 죽음사자는 자신을 바에서 여자를 낚으려는 "정력이 넘치는 야수fauve nerveuse" 또는 호색한에 비유한다. 그를 흉내 내며 저승사자도 자신과 춤추고 싶어 하는 상대방이 누군지 탐색하느라 촉각을 세운다. 그러나 불행하게도 인간들은 자신들의 등 뒤에서 저승사자가 죽음의 무도회로 초대하는 유혹의 눈길을 보내고 손을 내미는 걸 전혀 깨닫지 못한 채 앞의 여자를 낚기 위해 온갖 작업을 걸고 있다. 마치 『장자』의 「인간세편」에서 버마재비가 등 뒤에서 자신을 노리는 까치를 염두에 두지 못하고 먹잇감인 매미를 호시탐탐 노리고 있듯이, 또 장자 자신은 과수원 주인을 의식하지 못하고 버마재비를 노리는 까치를 화살로 겨누고 있듯이, 포스트모던 인간들은 자신의 등 뒤에 있는 죽음사자를 의식하지 못한 채 자신의 감각적 욕망 충족에 눈이 멀고 혼을 빼앗기고 있다.

③ 외모지상주의

육체문화의 신장은 단순한 육체적 욕구의 충족에 머무르는 건 아니다. 육체를 아끼고 손상당한 육체, 균형미를 잃은 육체를 교정하는 성형수술에 대한 광적인 집착으로까지 육체문화는 발전한다. 특히 여성의 경우, 성형수술은 육체적 조련의 핵심 요소이다. 미셸 푸코의 가부장적 응시의 개념을 원용한 바르트키Sandra L. Bartky의 설명에 따르면, 첫 번째 조련은 몸매관리와 성형수술과 직결되며 두 번째 조련은 여성적인 매너와 몸짓, 그리고 마지막 조련은 피부 관리와 연결되어 있다.[27] 코키스의 『죽음의 무도』에서도 정신의 단련이 아닌 육체의 조련이 일상화되어 있다.

여자 욕탕le bain des femmes은 육체를 청결하게 관리하는 장소인데 코키스는 영혼을 정결하게 하는 "수녀원couvent"이라고 신성모독한다. "이 수녀원에서 서로 싸우질 말고 춤추며 우정을 맺자"라고 선언하다. 그리고 자신을 "나는 암컷femelle이고 스스로 예쁘고/날씬한 걸 알고 있어, 내 몸뚱이를 사랑한다"라고 육체 예찬론을 편다. 중세 시절 수녀원에서 육체는 부인과 고행의 대상이었지만 여기서는 여자 동성애자들이 "모두들 옷을 벗으니 닮았네" 하면서 육체적 쾌락에 탐닉하는 유흥장소이다. 그리하여 "플라토닉한 애무가/까마득한 옛날/사춘기 시절 환희의 소름을 돋게 한다Caresses chastes elles rappellent/de loin, de loin/les urticaires des pré-pubères"라고 환호성을 지른다. 쇠퇴해 가는 육체에서 인생의 지혜를 구하려는 선인

27 바르트키는 세 종류의 조련 실천항목으로 1) "일정한 크기와 일반적 윤곽을 지닌 육체를 생산하려는 의도의 실천(those that aim to produce a body of a certain size and general configuration)", 2) "이 육체로부터 제스처, 자세, 그리고 동작들의 특정한 목록을 제작하려는 실천(those that bring forth from this body a specific repertoire of gestures, postures, and movements)", 3) 마지막으로 "이 육체를 하나의 장식적 표면으로 전시하려는 지향을 가진 실천(those that are directed toward the displays of this body as an ornamental surface)"(27)을 들고 있다.

들과는 달리 쇠락과정에 저항하고 시간을 거슬러 올라가서 완벽한 육체의 순간, 이미 지나버린 순간을 재포착하여 그 순간의 감각적 쾌락을 재향유하려는 안타까운 몸짓을 보여 준다. 육체의 찬미는 남성의 경우에도 마찬가지이다. 남자들은 남탕에서Le bain des hommes 동성애적 쾌락을 누린다. "근육질에 머리를 빡빡 민 털복숭이 몸으로/서로 격렬하게 뒤엉키는/빼어난 미남 청년들/나신의 동성애자들Ah, ces garçons tous si charmants/musclés mignons rasés poilus/qui s'entrecroisent virilement/les ganymèdes, les gais et nus".

육체와 외모지상주의tyranny of appearance는 외모의 변형을 초래한다. 18번 「허영Vanité」은 성형수술에 대한 에피소드이다. "쭈글쭈글 뒤덮은 주름살이/당신을 늙게 만들다니, 감히 무례하게ces rides qui s'entassent/vous font vieillir, quelle insolence!"라고 호통치는 허영은 아름다운 외모를 다시 찾기를 모색한다. 세월의 흐름과 비례하는 영혼의 성숙과는 달리 성년이 된 이후 육체는 성숙하지 않으며 다만 쇠퇴할 따름이다. 그리하여 "가발이나 틀니 없다면 그대는 미이라나 포주와 다를 바 없다Sauf la perruque et le dentier/vous faites momie ou maquerelle". "잘 다듬어진 작은 코/북처럼 팽팽히 당겨진 피부… 그래도 온통 모든 말라비틀어진 사산아처럼 보인다Ce petit nez rafistole/la peau tendue comme un tambour… Ça fait mort-né tout desseché!". 그러나 죽음사자의 충고는 메멘토 모리이다. "아주 호사스러운 치장을 걸치고 반투명 상태로 연이어 지나가는 해골들을 보아라./그것들이 바로 넝마로 너덜너덜 허물어져 내리며/늙어 빠진 육체를 조롱하며/거드름 피우며 지나가는 나의 유령들에 불과하다Visez donc les squelettes qui défilent/si bien drapées et diaphanes./Ce sont mes spectres, elles pavanent/pour emmerder les chairs vioques/qui tombent en loques en se gâtant".

성형수술로 세월을 극복한 사람들은 감각적 쾌락을 추구한다. 화폐경제 체제하에서 쾌락 구매 행위는 바로 돈의 본성과 연결되어 있다. 짐멜Georg Simmel이 주장하듯, "돈의 소유는 이루 헤아릴 수 없이 많은 대상들을 향유할 수 있다는 가능성을 의미한다"(334). 왜냐하면 "자신의 원천으로부터 독립되고 또 명백한 그 비역사적 성격에서 비롯된 돈의 완벽한 독립성은 그 사용의 완벽한 비결정성에 투사되어 있다" (Simmel 334). 돈의 용도의 비결정성으로 인해 포스트모던 까르페 디엠에서는 돈과 쾌락의 물물교환이 가능하며 인기 있는 구매행위로 정착한다. 대표적인 경우가 원조교제이다. 자본주의적 사랑 계약의 전형적인 양상으로 쾌락을 사려는 늙은이 구매자와 돈을 갈구하는 젊은이 판매자 사이에 '원조교제Les couples mal assortis'가 성립된다. "어린 영계들과 몸을 섞는 술수 투성이의 늙은이들ces vieillards rem-

여자 욕탕

plis de ruse/qui se farcissent les jeunes mômes"이 등장하며, "음란하게 화장분을 바른 할머니, 군침을 삼키며 달콤한 말을 쏟아내는 할아버지/한쪽은 성형기술로 다른 쪽은 축재해 놓은 황금으로/세월의 흐름으로 썩어 버린 시체를 부끄럼도 모르고 파렴치하게 화장한다La mémé poudrée, lubrique/le pépé mielleux, rapace/l'un par l'art de la plastique/l'autre par l'or que l'on entasse/ils maquillent éhontés/et sans pudeur/la charogne affreuse du temps qui passe". 그들의 연애 상대역인 "새끼 고양이들, 귀여운 님프들이/애교를 부리면서 미이라 품속으로 부비며 파고든다Les minets et les nymphettes/aux momies coquettes blottis se frottent". "틀니, 관절염, 축 늘어진 살갗, 침을 질질 흘리며, 부르르 떤다. 노망든 할머니의 유방들Dentiers arthrites, les peaux qui pendent/bave tremblote/et les mammelles qui radotent"과 놀아

나는 섹스 파트너들, "젖을 빨리고 꼭 껴안긴 채 이 불륜의 젊은이들은 내 [죽음사자의] 시체 썩는 맛과 유사한 악취 풍기는 육체를 때가 되기 전 미리 실컷 즐긴다Ainsi sucés et mal étreints/ces jeunes gens si mal aimés/ils goûtent bien avant l'heure/aux effluves malodorants/de mes charmes sarcophages".

과도한 육체적 쾌락의 추구는 중독마비 증세로 진전되며 자아를 상실과 파탄의 상태로 몰아간다. 자신의 이성적 원점에서 너무 멀리 떨어진 자아는 자신에 대한 폭력을 저지르기 쉽다. 단테가 규정했듯 자신에 대한 폭력은 바로 자살행위이다. 몸을 숭배하며 몸의 욕구에 맹종하고 노예화된 자아는 마침내 자신의 몸을 옷가지처럼 내팽개치는 황당한 결과를 낳는다. 포스트모던 시대 범람하는 자살이 바로 전형적인 보기이다. 그리하여『신곡』「지옥편」에서 자살수형자들은 자기 육체에 대해 폭력을 저질렀으므로 이제 지옥에서 나뭇가지에 걸린 자신의 옷을 다시 입지 못한다.

죽음의 관점에서 보면 자살은 한편 믿음직한 사업 파트너이며 둘도 없는 막역지우이다. 손 하나 까딱하지 않고 무수한 전리품들을 노획할 수 있다.「자살」이란 에피소드에서 상품과 재화 등 외형적인 풍요로움이 흘러넘치는 가운데 내면적 궁핍에 의해 자신의 목숨을 끊는 수많은 사람들이 묘사된다. 낭만주의 시대 콤브의 자살 삽화는 "아 슬프도다. 나는/사랑했으나 너무 지나치게 사랑한 사람의 얘기를 들려주겠네 Alas, I've, such a tale to tell/Of one who lov'd, but lov'd too well" (Combe, "The Suicide")식의 낭만적 자살이었다.[28] 그러나 후기 자본주의하의 자살은 보다 정신병적이

28 콤브의『죽음의 무도』중 자살 에피소드는 결혼을 하루 앞둔 헨리와 캐롤라인이란 두 연인의 비극적인 사건이다. 헨리가 결혼식날 아침 해변을 산책하다 익사하는 사람을 구하려고 물에 뛰어들었다가 죽게 되고 이 소식을 들은 신부 캐롤라인도 파도 속으로 스스로 몸을 던져 신랑의 품에 안겨 죽어 해변에 같이 묻히게 된다. 지금도 그곳을 지나는 뱃사람들이 배를 멈추고 묵념을 한다는 전설을 이 에피

며 내면의 황폐화가 초래한 중독현상, 그 이후 바로 진전되는 자기 상실, 자기혐오 단계에서 주로 발생한다. 그리하여 마약이나 알코올 등은 청소년들을 죽음으로 안내하는 전위대 내지는 첨병에 해당한다.

죽음사자는 자신의 후원자들, 즉 자살자들에게 사의를 표하기 위한 헌사를 바친다. 그에게 이 시대의 사춘기 젊은이들은 아직 "근육도 여물지 못하고/새벽 동터 오는 눈길로/미완성된 형체로", "자신들을 파괴하고는… 나에게로 부유하여 온다".

(죽음은 그의 후원자들에게 감사의 뜻을 전하기 위해 이 소네트를 고른다)
사춘기의 몸들
근육도 여물지 못하고
새벽 동터 오는 눈길로
미완성된 형체로

친애하는 부모님들이여, 얼마나 신나는 잔치인가요.
이 젊은이들 망가지나니
험상궂게 소리 없이 웅크린 자세로
나에게로 부유하여 온다.

신사 숙녀 여러분 이 흔쾌히 타락한
천상의 음식을 포장하여
공짜로 제공하시는군요.

소드는 그리고 있다(Combe, "The Suicide").

그대들은 틀림없이 백만장자가 되고
소모적인 전투 한 번 안 치루고
그 수많은 싱싱한 육체의 전리품을 공짜로 챙길 것이오.

(La Mort choisit le sonnet pour remercier ses bienfaiteurs)
Les chairs pubescentes
ces muscles inoccupés
ces regards presque naissants
et ces formes inachevées.

Quel festin, mes chers parents
ces jeunes gens qui se défoncent!
Hagards, tapis et sans parole
ils voguent seuls à ma dérive.

Cette manne, messieurs dames
que vous m'offrez de sin bon gré
avilie, enveloppée et gracieuse…

Vous devez être bein riches
pour gaspiller sans faire la guerre
tant de chair fraîche au prix de rien.
("Les Suicides")

물론 현대 청소년 자살의 주된 원인은 후기 자본주의의 소외되고 비인간화된 사회에서 찾을 수 있을 것이다. 청소년들은 소비재가 홍수처럼 쏟아져 나오고 광고는 끊임없이 소비욕구를 자극하는 후기 산업 사회에 살고 있다. 재화goods가 신god을 대체하였으며 "나는 소비한다. 고로 존재한다"라는 후기 자본주의의 철학이 지배하게 된다. 소비행위는 그러나 잘못된 "사적 환타지의 성취"에 지나지 않는다. 캠벨의 주장에 따르면 포스트모던 소비자들은 소비행위를 통해 자신을 버리고 타자로 변신하려는 변신을 꿈꾸지만 이는 가망 없는 판타지에 지나지 않는다.

> 현대 소비주의의 근본 원칙은 당연히 결코 해소될 수 없는 욕망에 의해 추구된 사적 판타지의 성취이다. 소비는 한 생활 세계, 아이덴티티 공간, 상상된 존재의 창조를 의미한다. 그것은 실존적 상황에서 타자로 변신하려는 낭만적 희구를 표현한다. 거기에서는 어떤 존재로 변신했건 궁극적으로는 모든 아이덴티티는 인위적 산물, 즉 인공물의 배열이라는 인식에 의해 환상이 깨어진다.
>
> (Friedman 158 재인용)

3) 결론

그 본질적인 성격상 육체 감관적 인식은 이성적 성찰과는 달리 한계와 절제를 모르며 자신을 망각한 채 중독마비 증세로 나아간다. 중독마비는 마침내 자기 상실, 자기 파괴의 극단적 형태인 자살 시도 등으로 이어진다. 이처럼 자아에 대한 성찰이 결핍된 일상의 축적으로 인해 장님으로 변한 현대인들은 자신들이 장님인 줄도 모른다. 인간성의 본향을 잃고 마치 치매에 걸린 노인처럼 그들은 자기 집에 들어가지 못하고 내가 누군가 하면서 골목골목을 헤매고 있다. 자기가 누군지 모르는 사람들은 그러나 아직도 희망이 있다. 코키스의 『죽음의 무도』에 등장하는 인물들은 자신들이 집 나가서 자기 집을 잃어버렸는지조차도 모르는 절대 치매환자이다. 절대 치매환자들은 나름대로 유쾌하며 때로는 당당하기까지 하다. 그들은 집을 못 찾는 당혹한 심정에 지나가는 행인에게 여기가 어딘지를 묻는 노력도 기울이지 않고 으쓱거리며 어딘가 총총히 사라진다.

상기한 중독증 환자들이 바로 포스트모던 시대의 그로테스크한 군상들이다. 코키스는 "우리를 억압하는 모든 그로테스크한 것들을 묵과할 수 없었다je ne pouvais pas laisser de cote tout le grotesque qui nous opprime"(11)라고 발문에서 밝히고 있다. 이 그로테스크한 군상들의 비극성은 자신들이 그로테스크한 존재라는 걸 자각하지 못한다는 사실에서 더욱 첨예하게 드러난다. 모더니스트 주인공들은 원점에 대한 기억과 또 희구를 지니므로 항상 전전긍긍해 한다. 그러나 포스트모더니스트 주인공들은 카프카 『성』의 주인공 K와는 달리 성에 들어가지 못한다고 불안해하지 않는다. 그들은 지킬박사와 하이드처럼 이중적 삶을 영위한다. 주중에는 『변신』에 나오는 그레고르 잠자처럼 혼이 빠져 나가도록 업무에 매달렸음에도 불구하고 빠져 달아난 혼을 불러와서 자아를 정립하는 명상 치유 방식을 선호하지 않는다. 대신 주말이나 밤이 오면 대성당처럼 웅장한 쇼핑몰로 달려가 교회예배 치르듯 쇼핑으로 마음과 욕망을 정화시킨다(Foley 18-9). 나아가서 용모지상주의 시대에 육체적 자본 가치를 상승시켜 생존력을 강화할 프로젝트의 일환으로 헬스클럽을 출입한다.

현기증이 날 정도로 작동되는 후기 자본주의 메커니즘에서 일상의 노동은 즐기기에는 너무 경쟁과 강도가 심하며 이는 극단적인 스트레스 상태로 이어진다. 이러한 정신적 피폐감으로부터 해방되는 길은 바로 감각적 쾌락에 몰입함으로써 깨어나는 정신을 마비시키는 방법이다. 그런 의미에서 정신적 구도행위를 쿨하게 대체할 수 있는 가장 현실적인 육체적·감각적 반응이 바로 소비행위이다. 즉, 소비행위로 몰입하여 억압된 이드에 대한 보상적·물신적 만족을 채워 주며 육체문화를 신장시켜 감각적 쾌락을 만족시켜 주는 것이 21세기 인간의 문화소비행태이다. 이 소비 욕구는 성격상 "인간들이 실재reality보다 상업적으로 생성된 판타지에 더욱 가치를 둔다"(Stromberg 490). 이는 단순히 고객이 상품에 대해 매료된 수준을 넘어서서 상품의 "노예로 전락함enthrallment"(Stromberg 490)을 의미한다. 이처럼 상업광고는 새로운 욕구, 새로운 자아를 끊임없이 생산해 내며 이로 충동된 이드의 욕망은 그 내재적 본질상 해소될 수 없다. 마치 중독현상처럼 보다 더 강한 쾌락 대상을 넘보는 계기를 만드는 데 불과할 따름이다. 상품소비의 중독성의 폐해는 일상생활에 고스란히 반영된다.

> 행복의 기준은 매일매일의 광고 속에 등장하는 고급 승용차와 도심의 전경이 내려다보이는 널따란 아파트를 소유하고, 주말마다 가족을 동반해 교외를 드라이브하는, 그리고 고급 식당에서 행복한 미소를 짓는 남자와 여자가 누리는 것을 공유하는 것이다. 그 모든 것은 절대다수의 사람들에게는 도저히 도달할 수 없는 대상, 그저 욕망의 대상일 뿐이지만 모든 사람은 그 욕망의 대상을 향해 경쟁하고 있는 것이다. 그리고 그 욕망을 충족시킬 수 있는 유일한 길은 소비행위이다. 소비는 화폐취득에 의해서만 가능하다. 더 많은 화폐소득을 얻기 위해서는 제한된 안정된 지위를 향해 경쟁해야 한다. 그 경쟁에서 승리하기 위해서는 상품 가치를 높여야 한다. 이것이 우리의 일상이다.
> (서영표 16)

중독 성향의 육체적 쾌락 몰두 덕택에 홀바인이나 콤브의 시대에 비해 포스트모던 죽음사자의 업무량은 현저히 줄어들었다. 과거의 죽음사자들은 임종자들을 선택, 방문, 심판하는 복잡한 과정을 거쳤지만, 포스트모던 시대의 죽음사자는 자신의 자리만 지키고 있으면 된다. 포스트모던 인간들은 스피노자가 말한 코나투스*conatus*를 잃고서 자기 보존을 위한 정진 수행을 하지 않는다. 영혼의 불멸성을 불신하고 육체문화의 창달에만 전념하는 동시대의 인간들은 육체 감각의 중독으로 스스로 망가지고 피폐한 상태로 자진하여 마침내 죽음 앞에 제 발로 걸어들어오게 되는 것이다. 마치 불나방처럼 한 치 앞을 내다보지 못한 채 욕망의 불꽃에 몸을 던져 마침내 화염에 휩싸여 파멸하게 된다.

에드손의 『위트』에 나타난 죽음의 역설과 공포

1. 서론

죽음의 공포(*timor mortis*, 이하 티모르 모르티스)는 에드손Margaret Edson의 『위트*W;t*』(1995)에 등장하는 말기 암 환자 비비안Vivian에게도 어김없이 엄습한다.[1] 그 공포는 환자가 겪는 기이한uncanny 체험에 기인한다. 죽음의 영토는 비비안이 여태까지 발을 딛고 살아 온 삶의 영역과는 완전히 판이한 곳이다. 가치관과 세계관이 전도된 영토에서는 모든 것이 역설적인 상황으로 변모하고 여주인공은 바로 그 경계 지역에 서서 당혹한 채 극도의 두려움에 떨고 있다. 그녀의 티모르 모르티스는 현대적 죽음의 전형적인 현상이며 이 에필로그에서는 그녀의 죽음을 맞는 태

1 1995년 캘리포니아 코스타 메사(Costa Mesa)의 사우스 코스트 레퍼토리(South Coast Repertory) 극단에서 초연된 연극은 1999년 연극 부문 퓰리처상을 받게 되면서 미국 현대 고전극의 반열에 오르게 된다. 작품명도 이 극이 다루는 형이상학적 기상(Metaphysical conceit)에 어울리게 *Wit*가 아니라 *W;t*이다. 그 이유는 본문에서 상세히 설명하겠지만 죽음과 삶 사이를 'i'로 보느냐 ';'로 보는가 여부는 현대적 죽음관에서 엄청난 차이를 가져온다. 전자로 보면 영혼불멸에 기초한 내세관이며 후자로 보면 영혼필멸에 의한 내세부정을 의미한다.

도를 단순한 개인의 죽음현상으로 이해하지 않고 현대적 죽음의 전형적인 유형으로 파악하여 서구의 죽음학 관점에서 조명하고자 한다. 그러기 위하여 우선 현대적 죽음의 특성과 깊이 관련된 1) 죽음의 역설을 이 연극 작품에서 밝혀낼 것이며 이 죽음의 역설이 비비안의 티모르 모르티스와 직결되므로 서구의 죽음학사에서 핵심을 이루는 논쟁인 2) 에피쿠로스의 티모르 모르티스 극복 방법을 적용할 것이다. 궁극적으로 그녀의 죽음은 유물론Physicalism과 영혼/육체 이원론Dualism, 그리고 현대적 의학과 시학의 충돌을 극명하게 보여 주므로 그리스-로마 철학에서 이를 각각 대변하는 3) 에픽테토스와 루크레티우스의 영혼/육체론에 기대어 비비안이 마지막 안심입명에 이르는 과정을 해석하는 것이 이 글의 목적이다.

2. 죽음의 역설

『위트』에 드러난 첫 번째 역설은 죽음 체험의 대체불가능성에서 비롯한다. 이 대체불가능의 특수개별성Eigentlichkeit은 우리 시대의 영혼필멸관과 합세하여 여주인공을 절망과 공포로 몰아간다. 과거에도 죽음은 대체될 성질의 사건은 물론 아니었다. 하지만 과거의 죽음은 육체의 죽음이었을 뿐 영혼은 죽음 이후 계속 내세의 삶을 지속한다고 믿었기 때문에 사실상 만사가 끝장나는 죽음은 아니었다. 단지 그들은 현재 이승의 친지들과 작별을 고하고 과거에 죽은 영혼들과 만나기 위해 그쪽 편으로 이사 갈 따름이다. 그러나 다윈 이후 시대에 팽배한 실존적 불안Angst은 육체가 죽으면 이사를 갈 영혼도 들어갈 집도 없다는 인식이다. 이처럼 비비안은 적어도 영혼의 존재에 관한 경계지역에 서 있다. 그녀의 의식을 지배하는 학문세계에선 영혼의 불멸을 믿는 17세기 시인 존 던John Donne을 신봉하지만 그녀의 일상적 아비투스는 유물 무신론적 태도에 근거하여 작동한다. 일상 삶에서 그녀는 존 던처럼 기도와 찬송으로 기독교적 인격신을 숭배하는 성무일정을 준수하진 않았다. 학문과 삶의 괴리에도 불구하고 건강한 시절 비비안은 자신의 삶이 매우 올바르고 바람직하다고 믿어 왔다. 어쨌든 비비안은 17세기 영국시인 존 던의 세계적 권위자이며 특히 백미인 영성 소네트Holy Sonnet에 조예가 깊어 존 던의 사생관에 관한 한 자타가 공인하는 최고의 해석가이다.

> 나는 삶과 죽음에 대해 모르는 게 없다. 결국 나는 던의 영성 소네트 전공 학자이며 이 작품이야말로 영어로 된 어느 문학 작품보다 더 무한히 심원한 경지에서 인간의 유한함을 탐색하고 있지 않는가?
> (*Wit* 12, 이후 면수만 표시함)

그러나 존 던이라는 타자의 죽음관에 대해선 탁월한 해석을 내리는 비비안은 막상 자신의 죽음과 대면해서는 마치 "시간은 가차 없이 흐르는데 문제지를 받아들고 정답을 쓰지 못하는 학생처럼 어쩔 줄 몰라"(70) 허둥거린다.

이처럼 시와 현실 사이, 자아와 타자 사이에는 엄청난 틈새가 벌어져 있다. 비비안은 시비평가이며 시, 즉 언어구조물을 통해 현실을 체험한다. 그러나 언어가 재현한 삶과 실제 삶 사이에는 건널 수 없는 심연이 놓여 있다. 그녀가 체험한 죽음은 존 던의 언어 텍스트 속에 머무른 학문적 간접 체험이다. 실제 죽음을 실존적으로 체험하게 되면서 비로소 비비안은 언어의 무능함과 언어의 위장효과에 대해 통감하며 일종의 언어적 자의식을 갖게 된다. 그녀가 언어구조물에 갇혀 세상을 체험해 왔음을 증명해 주는 좋은 보기는 처음 말기 암 선고를 받았을 때 보여 주는 그녀의 반응이다. 그녀는 일종의 사형선고를 받고서도 "암이라고 취소하라고 해Cancer, Cancel"라고 던진다. 그리고 "암에 의해 자연의 무상한 순리가 헐벗겨지고By cancer nature's changing course untrimmed" 라고 중얼거리면서 셰익스피어 소네트 18번의 "우연히by chance"를 "암에 의해"라는 말장난으로 바꾸어 버린다. 이처럼 그녀는 시적 언어 텍스트 바다에서 유영하면서 현실의 뭍과는 너무 멀리 떨어진 채 암선고의 비극성조차도 시적 말장난으로 호도하려는 시도를 한다.

두 번째 역설은 시학과 의학의 괴리에서 빚어진다. 가령 지식이란 개념도 의학과 시학에선 서로 다른 의미망을 갖는다. 켈레키언Kelekian 박사가 비비안에게 권고가 아닌 강제에 가깝게 8차에 걸친 항암치료를 받도록 하면서 "이것이 우리의 지식에 의미 깊은 기여를 할 것이오."(11)라고 한다. 여기서 지식은 물론 새로운 의학 정보이며 그건 전적으로 신체적 · 물질적 활동에 관한 과학적 지식이다. 그 지식을 위하여 비비안은 "최고 강도full-force"의 총량full-dose 항암제 투여를 겪어야 하는 실험용 쥐로 변신하게 된다. 비비안이 추구하고 교수하는 지식은 영혼, 감정, 이성 등과 연관된 인문학적 지식이다. 그리하여 비비안의 학생들이 배우는 건 존 던의 시를 통한 미적 쾌감과 삶의 진실에 대한 의식적 깨우침, 나아가서 사랑 등 도덕적 각성일 것이다. 이처럼 시학과 의학의 지식은 정반대 개념이다. 의학과 시학의 학문적 목표가 서로 상이하기 때문이다. 시학은 아름다움, 도덕성의 문제, 감정적 배려 등을 함양하려는 목표가 있다면, 의학은 과학주의, 효율성, 기능주의 등 합리적 판단을 우선시하기에 때로는 매우 부도덕하고 냉혹한 태도를 견지한다. 시학과 의학의 괴리는 "기능불능의dysfunctional 위트 문제를"(Kim 161) 제기하며 이 작품의 역설적 비극성을 더욱 첨예하게 부각시킨다. 단적인 보기로 효율성을 위하여 "최고 강도"의 항암치료를 받고 있는 비비안에게 따뜻한 인간적 배려를 베풀기는커녕 중환자실에 격리되어 있는 그녀에게 주치의 켈레키언은 "격리는 문제가 되지 않아요, 이틀이면 족하니, 바캉스 왔다고 생각하세요"(46)라고 덧붙인다. 제이슨Jason도 죽음의 공포에 떨고 있는 환자의 심정에 공감하지 못하고 엉뚱하게 누가 무서우냐고 되묻는다.

> 비비안: … 환자가… 불안에 떨고… 공포에 질릴 때는 어떡하나요?
>
> 제이슨: 누구에 대해서요?
>
> 비비안: 그냥 그저… 됐어요.
>
> 제이슨: 베어링 교수, 미합중국 대통령이 누구죠?
>
> (58)

비비안의 공포를 이해하지 못한 제이슨은 그녀가 의식이 혼미한지 테스트하기 위해 미국의 대통령이 누구냐는 의식 확인 질문을 던지는 황당한 상황을 연출한다. 그들은 "인간애보다 연구를 더욱 선호하는"(58) 것이다.

시적 승화과정은 진리, 도덕, 미적 차원은 물론, 이를 초월한 종교적 경지까지 인간을 고양시켜 준다. 그러니 의학 치료과정은 인간을 하나님을 닮은 최고의 피조물에서 고통을 참지 못하고 뒹구는 동물의 차원으로 격하시킬 뿐만 아니라 육체를 해부하여 단순한 생체 표본의 묶음이나 논문 데이터 정도로 환원시켜 버린다는 데 두 번째 역설이 존재한다. "나라는 존재를 받아들이길 실제로 표본 비커나 책 커버 정도 아니면 작고 검은 잉크 마크가 실린 하얀 종이쪽 정도로 생각한다는 거지What have become to think of *me* is, in fact, just the specimen jar, just the dust jacket, just the white piece of paper that bears the little black marks"(53). 시적 승화과정을 일상화된 학문연구로 겪어 온 한 고매한 학자가 의료과정에서 "병원 내에서 기계적인 데카르트 육체"(Kim 158) 내지는 동물로 환원, 타락해 버린 것이다. 여기서 역설성을 배가하는 것은 평생 책을 읽던 비비안이 여기서는 의사나 레지던트들의 책이 되어 그들에게 연구 실험 데이터를 제공해 주고 있다는 사실이다. 클라바Elizabeth Klaver에 의하면 이 작품은 인문학계, 의학계 공히 "인간을 다루는 데 있어서 공감을 배제해 버린 관점에 굴복한 데 대한"(660) 책임에서 벗어날 수 없음을 그리고 있다.

세 번째 역설은 육체와 영혼의 괴리에서 빚어진다. X-레이를 찍는 과정에서 벌어지는 정신과 육체의 우스꽝스러운 괴리는 그 단적인 보기이다.

> 비비안: 나는 철학박사예요.
>
> 영상기사: 심호흡을 하시고 잠시 멈추세요.
>
> 비비안: … 17세기 시 전공 학자.
>
> 영상기사: 옆으로 도시고 팔을 머리 위로 그대로.
>
> (17)

비비안과 영상기사의 부조리 대화 속에 숨은 진실은 X-레이 흉부 사진을 찍는 동안 환자의 영혼 상태는 아무런 의미가 없다는 사실이다. 환자가 철학박사이든, 인간 최고의 지적 상상력을 발휘하는 형이상학 시의 대가이든, 아니면 까막눈이든 영상기사에겐 아무런 차이가 없다. 기계 앞에서는 그냥 육체를 가진 동물 아니면 고깃덩어리에 불과한 생체조직일 따름이다. 이 진실은 포스트모던 죽음관에 대한 예리한 통찰로 이어진다. 즉 육체의 죽음이 영혼의 죽음으로 직결되는 탈근대에서 아무리 고귀한 영혼이라도 죽는 순간 고깃덩어리에 불과하며, 곧 그 덩어리는 이윽고 식물로, 마침내 화학원소 상태의 무기물로 환원될 운명인 것이다.

영혼과 육체의 괴리에서 빚어진 통렬한 역설은 치료 목적의 격리 방식에서도 드러난다. 격리치료는 "내 건강을 해치고 있다"(47)는 사실이다. 일단 투병 단계에 들어가면 항암제 투여와 환자의 육체 반응은 상호 대립갈등 관계로 바뀐다. 항암제는 비비안의 육체에서 암세포를 제거하는 과정에서 면역기능까지도 들어내 버렸다. 그녀에게 "모든 생명체는 건강 위험인자"(47)로 변해 버렸다. 만약 영혼의 면역기능을 박탈당한 사람이 있다면 모든 이웃 사람이 그에게는 정신 위험인자로 돌변하기 때문에 아마 대인 공포증 환자로 변할 것이다. 그 결과 극심한 우울증, 자살 충동으로 결국 육체의 훼손까지 초래할지 모른다. 마찬가지로 육체의 면역기능 상실로 인한 비비안의 격리 상황은 그녀의 정신을 극도의 우울 공포 상태로 몰아간다. 육체를 담당하는 의사와 영혼을 연구하는 영문학자는 정반대의 길을 가지만, 그들이 취급하는 육체와 영혼은 매우 역설적으로 이 지점에서 만난다.

이 세 번째 역설인 육체와 영혼의 괴리는 존 던의 시학인 형이상학 기상Metaphysical conceit의 풍부한 시적 원천이 되고 있다. 그리하여 이 희곡은 "오묘한 언어 반응의 모순된 '유희'이며 말장난과 형이상학 기상의 도도한 흐름이다an ironic 'play' of linguistic chemistry, a rapid series of puns and metaphysical conceit"(Wriglesworth 214). 사실 항암 약물 부작용으로 자신의 "뇌수를 모두 토해 내 버린다barf my brains out"면 그녀의 말처럼 "자신의 학문 분야의 지대한 손실"(32)이 될 수는 있을지 모른다. 육체가 죽으면 사라질 운명에 처한 영혼의 물질 집적체 뇌수는 사실 아무런 의미가 없다. 뇌수는 어디까지나 뇌수이지 영혼이나 심적 기능의 주체일 수는 없다. 다만 영혼의 기능을 가능하게 하는 생체조직일 따름이다. 『고도를 기다리며』 속의 럭키가 토해 놓는 언어의 토사물에서는 최소한 신의 무관심, 인간 노작의 무의미함, 지구의 황폐화 등 형이상학적 요소를 판독할 수 있지만 비비안이 설사 뇌수를 토해 놓는다고 해도 그 뇌수 속에 포함되었던 그녀의 찬란한 인문학적 보물이란 건 한갓 물질, 생체 세포 조직 덩어리에 불과하다. 적어도 생화학적 요소로 분류한다면 그렇다. 비비안의 풍요로운 영혼의 뇌수나 일자 무식군의 뇌수나 별 차이가 없는 것이다. 뇌수 물질 속에 육체화되지 않고 버티는 영혼이 독립되어 존재할 수 있을까?

한걸음 더 나아가 에드손의 탁월한 형이상학적 기상은 바로 뇌수와 의사나 영문학자의 학술 논문을 동일한 카테고리로 파악해 버린 데서 그 정체를 발휘한다. 이 형이상학 위트에 의하면 학자들의 학문 연구란 게 기껏해야 뇌수로 이루어진 "토사물emesis"(33)에 불과하다. 수많은 학자들이 필사적으로 자신의 뇌수를 토해 내어 학술지에 기고하여 "출판하라 아니면 망할 것이다Publish or Perish"라는 협박하의 노예 상태로 살아간다. 비비안의 경우에는 역설적으로 오로지 학문적 연구에만 전념하며 세속적 쾌락을 금욕한 결과, "출판하라 그러면 망할 것이다Publish and Perish"의 공식의 덫에 오히려 걸려들었다. 너무도 당연히 학자의 학문연구도 제행무상이라 삶의 본질이나 전부가 될 수 없다. 그녀가 머리와 입으로 각기 토해 놓은 토사물은 17세기 영시에 대한 경이로운 학문적 업적이 아니라 역설적이게도 자궁암 치료를 위한 연구를 수행하기 위한 중요한 데이터 "업적output"(33)으로 영문학계가 아닌 암종양학계에 길이 남게 된다. 이 위트의 진수는 학문적 업적과 토사물이 각각 영혼과 육체의 구토현상으로 "폭력적으로 얽어매어지게yoked together in violence" 된 데 있다.

그러나 가장 충격적인 마지막 역설은 "암세포 세상 연극theatrum-mundi-cancer"의 역설이다. 엘리자베스조 5막 구조가 외견상 인생살이와 암세포의 생장과정에서도 적용되는 듯 보인다. 비비안을 비롯하여 대부분의 사람들은 자신들의 일생 플롯 구성이 "신화-영웅-목가풍mythic-heroic-pastoral"(6) 구조를 바탕으로 하여 이 세 요소가 5막에 걸쳐 조화롭게 배분되며 특히 말년은 목가적 분위기에서 삶을 마칠 수 있길 소망한다. 그러나 비비안 몸속에 침입한 암세포는 "전이된 4기 자궁암"(12)

이며 그녀에게 "5막은 없다"(12). 그녀의 5막은 모든 것이 사멸하는 죽음이다. 반면 비비안의 "세상 연극*theatrum mundi*"에 음험하게 틈입한 암세포의 5막은 그럼에도 불구하고 영원불멸이다. 암세포는 죽지 않고 암세포의 무대에선 막이 내려지지 않는다.

> 실험실에서 정상세포 조직을 배양하면 그들은 깔끔한 융합적 단층 개별체로 자랄 때까지만 복제를 거듭해요. 그들은 20번 또는 50번 정도 그러나 마침내 망가져 버려요. 암세포를 배양하면 그들은 멈출 줄 모른다는 거죠. 어떤 접촉저지도 소용없어요. 그냥 쌓이고 쌓여 그냥 무한복제를 영원히 되풀이해요.
>
> (56)

그리하여 배양 암세포가 얻은 웃기는 별명이 바로 "배양세포의 불멸성Immortality in culture"(56)이다. 이는 생물학적 불가사의에 그치지 않고 과학적인 해명이 불가능한 종교적 기적에 가까운 사건이며 창조적 기획자의 섭리가 숨어 있음직한 반과학적 현상이다. 인류 역사상 영혼이 영원불멸하고 육체나 물질은 무상하고 필멸이라 확신한 인간에게 창조주인 시석 기획자는 영혼은 덧없는 것이고 진짜 영원불멸은 암세포의 육체 물질이라고 농담을 던진다. 이 암세포의 불멸성은 성배를 찾아 순례모험을 떠나는 인간들을 비웃으면서 이 세상 최고의 실험실에서 최고로 똑똑한 연구자들도 어쩔 줄 모르게 만드는 자연의 가장 당혹스러운 기적이다. 인간이 육체를 채찍질하면서까지 지켜 온 영혼의 불멸과 내세에 대한 종교적 신앙을 악성 종양이란 괴이한 살덩어리의 불멸이란 사건으로 한순간 웃음거리로 만들어 버리는 조물주의 짓궂은 장난은 가히 경악스럽다. 이것이 바로 이 작품이 드러내는 최고의 역설이다.

3. 에피쿠로스의 티모르 모르티스 극복

전술한 바와 같이 죽음의 지하세계로 이어지는 계단을 하나씩 내려갈 때마다 비비안은 매번 새로운 역설의 충격에 사로잡힌다. 여태까지 익숙하고 자신만만했던 세계는 점점 멀어지고 불확실한 미래에 대한 공황상태에 가까운 공포가 전신을 휩쓸고 지나간다. 의학이 발달한 우리 시대에 〈죽음의 무도*danse macabre*〉는 눈앞에 펼쳐지는 무도 장면이 아니다. 해골 죽음이 춤추면서 우리에게 수작을 걸어오지 않는다. 죽음 사자의 등장은 내면적 사건이다. 즉, 몸의 내부에서 일어나는 각종 암세포의 무궁무진한 활약상일 경우가 많다. 그런 모습은 우리의 육안으로는 판별이 불가능하며 X-레이, CT, MRI 등 특수 촬영을 통하여 우리 눈에 시각화된다. 그 이미지 속에 죽음의 사자 암세포가 음험하게insidious 그 모습을 드러낸다. 평소에 심각한 고통도 느끼지 못하고 그저 조금 피로하고 미약한 통증이나 마비 정도의 외면적 자극만 감지했는데 첨단 기계는 치명적인 죽음사자의 검은 그림자를 보여 준다. 죽음의 그림자 이미지를 본 순간 당사자는 삶에서 죽음의 영토로 이미 돌이키기 힘든 걸음을 한 발 내딛은 셈이다. 그 형벌의 영토에서 발을 안전하게 다시 뺄 수 있는가의 문제는 약물, 방사능 등 항암치료 과정의 성패에 달려 있다. 따라서 의사의 암 검사와 판정 사이의 시간은 바로 아직 한 발을 죽음의 왕국에 들여놓기 직전이며, 이 순간에 인간은 티모르 모르티스를 가장 몸서리치게 느낀다.

제이슨이 골반 검사를 하기 직전 매우 수치스러운 자세를 취한 상태에서 비비안이 되뇐 건 존 던의 영성 소네트 10이다.

죽음이여 오만하지 마라, 혹자는 그대를
막강하고 무시무시하다고 일컫지만 그대는 그런 존재가 아니야.

그대가 자빠트렸다고 생각한 사람들이
죽지 않기에, 가엾은 죽음이여, 나 또한 그대가 죽일 수 없어.

Death be not proud, though some have called thee
Mighty and dreadful, for, thou art not soe,
For, those, whom thou think'st, thou dost overthrow,
Die not, poore death, nor yet canst thou kill mee.
(Holy Sonnet 10)

티모르 모르티스에 떨면서 비비안은 주문처럼 이 시구를 읊조린다. 그러나 이 주문 행위는 정신적 위안에 지나지 않는다. 죽음의 사자인 암세포는 생리적 현상으로 그녀의 고귀한 영혼과는 별도로 그녀의 육체에서 전혀 다른 자연법칙에 의해 생장 번식하고 있다.

암은 진단이 아니고 선고이다. 마치 흉악범인양 말기 암이란 사형 선고를 받은 그녀가 느끼는 티모르 모르티스는 과연 정당한 것인가 아니면 무지의 소산인가? 답이 너무나 명백한 질문인 듯 보이지만 이 티모르 모르티스는 매우 중요하면서도 복잡하고 현학적인 논쟁의 역사를 가지고 있다. 우선 그녀가 겪는 공포에 대한 본질을 규명하기 위해 에피쿠로스의 티모르 모르티스 치료법을 알아보자. 철학이 마음의 병을 고쳐 주는 정신의술이라고 여겨졌던 고대 그리스에서 에피쿠로스는 죽음의 공포라는 병을 치료하는 의사를 자임했다. 죽음에 맞선 인간의 상황을 그는 "성벽 없는 도시이다"라 불렀다. 그러나 죽음의 실체를 알고 나면 죽음의 공포라는 병은 자연히 쾌유된다고 믿었다. 그가 진단하기에 영혼을 좀먹는 병은 "신, 죽음, 그리고 우리 자신의 욕망의 성격에 대한 오도된 믿음"(Lillegard 64)이다. 그리하여 이 "오도된 가치 판단은 합리적 논증에 의해 노출되고 발본되어야 한다"(Warren 8)고 믿었다. 신과 죽음에 대한 에피쿠로스의 사유를 네 문장으로 줄이면 1) 신은 우리 일에 관여하지 않는다, 2) 죽음은 공포의 대상이 아니다, 3) 선은 획득하기 쉽다, 4) 악은 피하기 쉽다(Warren 7).

첫 번째 분석의 대상으로 에피쿠로스의 『중요한 가르침(*Kyriai Doxai*, 또는 *KΔ 2*)』을 살펴보자. "죽음은 우리에게 아무 것도 아니다. 산해散解된 것은 지각할 수 없고 지각하지 않는 것은 우리에게 아무 것도 아니다"(*KΔ 2*). 이 명제를 풀이하면, 몸이 해체되고 그 결과 영혼까지도 산산이 흩어져 사라지면 죽음을 지각할 주체가 없어진다. 따라서 지각 자체가 불가능한데 죽음이 무슨 해악을 인간에게 끼칠 수 있는가이다.

에피쿠로스의 촌철살인적인 명제에도 불구하고 비비안은 죽음에 대한 무지가 불러일으키는 공포와 항암치료 과정에서 파도처럼 끈질기게 밀려오는 통증으로 혼절과 각성을 거듭하는 투병생활을 한다. 그녀에게 에피쿠로스의 치료법은 아무런 효능이 없다.[2] 비비안의 티모르 모르티스 문제를 보다 이론적으로 논증하기 위해 워렌James Warren이 해석한 죽음해악evil of death 문항을 살펴보자. 그는 죽음이 해악이며 기피와 공포의 대상이라는 믿음을 네 가지 경우로 나누어 분석한다.[3] 워렌의 네 문항은 아래와 같다.

2 에피쿠로스 자신은 요도 결석에 걸려 신장과 온몸이 요독으로 부풀어 올라 마침내 보름여 만에 죽게 된다. 비비안 못지않은 격렬한 통증을 겪지만 그는 평생 죽음의 의미를 성찰해 온 철학자답게 자신의 제자에게 지금 극심한 육체적 고통에 시달리지만 그대와 나눈 지난여름의 철학적 토론을 생각하면 그 고통을 잠시 잊을 수 있었다는 편지를 작성하고 죽음을 맞는다.

3 여기서 유념해야 할 사실은 내세에 대한 가설이 워렌의 검증 항목에 포함되어 있는가 하는 점이다. 사실 사후의 복리에 대한 두려움은 그리스-로마 죽음철학에 있어서 핵심적인 요소를 차지하는데 워렌은 이를 명시적으로 제시하지는 않는다. 그러나 이 글에서는 문항 2)를 내세에 대한 간접적인 언급으로 해석하기로 한다.

1) 죽음이 이미 죽은 자에게 나쁜가?

2) 자신이 죽을 것이라는 사실이 사람에게 나쁜가?

3) 자신이 오래 못 살고 일찍 죽는 게 사람에게 나쁜가?

4) 삶에서 죽음으로 넘어가는 과정을 겪는 게 사람에게 나쁜가?

(*Facing Death* 3)

1)의 경우 죽은 자는 지각 불가능하므로 에피쿠로스의 말처럼 해악을 느낄 수 없다. 그러나 『위트』의 비비안은 워렌이 분류한 죽음의 해악 중 1)을 제외한 나머지 세 가지 경우 모두에 해당되는 폐해를 입는다. 우선 2)의 경우 자신이 죽을 것이라는 주장은 단순히 육체만 죽는 것이 아니라 육체가 죽으면 영혼도 사멸한다는 영혼사멸설 내지는 내세부정설을 의미한다. 따라서 내세에 대한 확신이 결여한 비비안에게 죽음은 공포 그 자체이다(물론 현세에서 지은 죄로 내세에서 지옥에 떨어질까 봐 전전긍긍하는 만인Everyman의 공포는 또 다른 의미의 두려움이다).[4] 죽음 이후 영혼의 존재에 대한 의심은 그녀의 학창시절 존 던 수업시간의 기억과 겹친다. 자궁암 판결 후 처음 떠올린 기억은 22살 때 존 던 전문가 애쉬포드 교수와의 만남이다. 이 자리에서 존 던의 죽음에 대한 교수의 설명은 바로 이 문제의 정곡을 찌르고 있다. 존 던의 영성 소네트Holy

4 사실 티모르 모르티스의 원형적인 형태는 중세의 죽음관을 반영하는 것으로 죽음 자체를 두려워하는 것이 아니라 사후의 심판을 두려워하는 내용을 담고 있다. 그런 원형 중 하나가 가톨릭 성무일과 중 만도(晩禱) 3번 응답성가이다. "날마다 죄를 지으면서도 회개하지 않으니 죽음의 공포가 나를 뒤흔드네. 지옥에선 속죄할 수도 없는데, 오 주여 자비를 베풀고 저를 구원해 주소서(Peccantem me quotidie, et non poenitentem, timor mortis conturbat me. Quia in inferno nulla est redemptio, miserere mei, Deus, et salva me)." 위키피디아(Wikipedia) timor mortis 항목 참조[Richard L. Greene. (1933-04). "A Middle English 'Timor Mortis' Poem". *The Modern Language Review* (Modern Humanities Research Association) 28(2): 234-8 재인용].

Sonnet 6번의 마지막 행은 보다 엄정한 고증에 의해 1610년 웨스트몰랜드 초고에 기초한 가드너Helen Gardner판과 비비안 자신이 부주의하게 인용한 악판본 두 가지 종류가 있다.

> A) And Death shall be no more; Death, thou shalt die! (비비안 인용 악판본)
>
> B) And death shall be no more, Death, thou shalt die. (웨스트몰랜드 정판본)

애쉬포드 교수의 설명에 따르면 존 던에게 죽음은 떠들썩하고 극적인 사건이 아니다. 단지 죽음은 한순간 숨결의 멈춤에 불과하다.[5] 그 숨결은 다름 아닌 바로 영혼의 실체substance이며 그 실체는 곧 내세에서 영생의 지복을 누린다. A) 악판본에서 세미콜론이나 느낌표 등은 바로 존 던이 품은 영혼의 불멸성에 대한 확고한 신념을 훼손시키는 것이다. 즉, 세미콜론은 삶과 죽음을 영원히 갈라놓으며 느낌표는 죽음을 엄청나게 극적인 사건으로 돌변시켜 영혼이 건너갈 내세가 마치 없을 듯한 인상을 준다. 애쉬포드가 보기에 "삶, 죽음, 영혼, 신, 과거, 현재는 극복 불가능의 장애물이 아니고 세미콜론이 아니며 그저 콤마에 지나지 않

5 전통적으로 영혼의 불멸성과 필멸성에 대한 신조에 의해 죽음관은 크게 두 파로 나뉜다. 1910년 5월 15일 일요일 런던의 바울 대성당에서 에드워드 7세의 입관 추도 집전 미사에서 스코트-홀랜드 신부는 이 부분을 감동적으로 설교한다. 인간은 "서로 도저히 화해할 수 없는 것처럼 보이는 죽음에 대한 두 태도 사이에서 방황한다". 첫 번째 태도에 의하면 죽음은 "돌이킬 수 없는 최악의 재난"이며 "우리를 덫에 옭아매는 잔인한 매복이며 파괴의 구렁텅이이다. 두 번째 태도에 의하면 "죽음은 아무것도 아니야. 중요하지 않아. 단지 나는 잠시 빠져 나와 옆방으로 갈 따름이야. 아무 일도 일어나지 않았고, 모든 게 옛날 꼭 그대로야. 나는 나고 너는 너고…". 보다 자세한 내용은 이 책 18-9쪽 참조.

는다"(15). 즉, 현세와 내세 사이에는 단지 가벼운 콤마에 해당하는 죽음 사건이 끼어 있을 따름이며 따라서 시구 마지막도 느낌표가 아닌 단순한 마침표일 수밖에 없다. 그러나 비비안은 이 사소한 부호의 차이가 자신의 전 인격을 송두리째 뒤흔들어 놓는 엄청난 차이를 낼 줄 그 당시엔 미처 생각하지 못했다.

둘째, 자신이 오래 못 살고 일찍 죽는 게 사람에게 나쁜가는 비비안의 세속애와 연결되어 있다. 세계적인 존 던 학자로서 어쩌면 사랑, 자녀 등 개인적 욕망까지도 희생하고 쌓아 올린 학문적 업적이 바야흐로 그 정점을 찍으려는 순간 침입한 암세포의 사형선고는 그녀에게 너무 억울하고 가혹한 것이다. 조금만 더 유예기간을 주면 이제 필생의 업적을 남길 수 있을 텐데, 그러고 나서 죽어도 학문적 영생을 누릴 수 있을 텐데 하는 억울함이 파도처럼 밀려오는 것이다.

그러나 무엇보다 그녀를 넌더리 치게 하는 것은 4) 삶에서 죽음으로 넘어가는 과정을 겪는 게 사람에게 나쁜가라는 죽음과정의 육체적 고통이다. 항암치료 중 그녀가 겪은 죽음의 공포는 대부분 바로 무자비한 이 치료과정의 고통이며, 이를 견뎌내는 초인적인 투쟁과 감내로부터 발생한다. 인간의 생명을 연장해 주는 첨단 의학 기술이 발달되지 않았던 전근대의 환자들은 투약이나 수술에 과도하게 의존하지 않고 노환이라는 체념 상태에서 인간의 필멸적 운명을 조용히 받아들였다. 그러나 『위트』의 주인공 비비안은 생명을 연장받는 대신 품위 있는 말년을 맞지 못하고 폐부를 찌르는 고통과 무감각한 혼수상태를 오가며 비참한 삶을 영위하고 있다. 격렬한 고통 속에서도 자아의 소멸과 세상의 종말을 야기시키는 죽음에 대한 공포는 시시각각으로 그녀의 목을 죄어 온다.

아리에가 규정하듯 우리의 죽음은 그리 아름답지 못한 "더러운 죽음"이다. 중환자실에 코마 상태의 환자를 칭칭 감고 있는 튜브들은

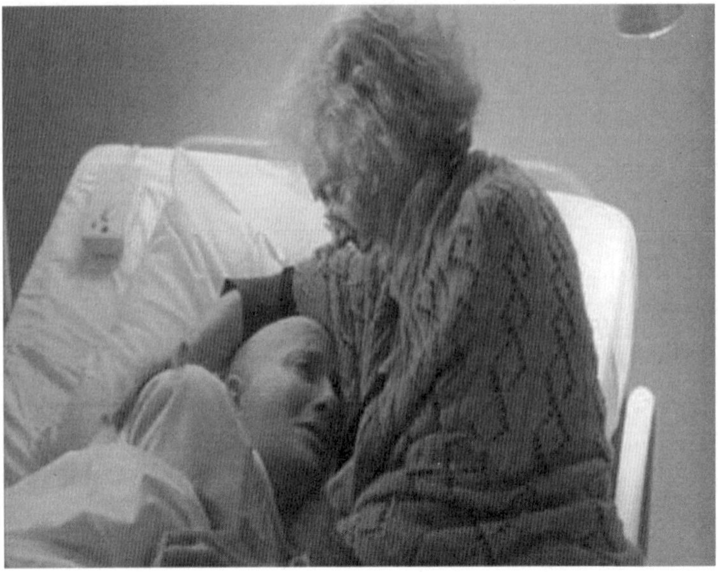

애쉬포드 교수의 병문안

병마다 "선택의 여지가 없는 현대의 기술적 품목"을 담고 있는 구원의 은총의 로프이기도 하지만 또한 "새로운 종류의 죽음 공포이다"(Gilbert 168). 우리 시대의 죽음은 아리에가 묘사하듯 〈죽음의 무도〉 한 장면을 연상시킨다.

> 그것(죽음의 부인)으로 인해 과거의 야만성이 의료기술이란 탈을 쓰고 다시 기어들어 오게 되었다. 튜브줄로 뒤덮인 채 병원에서 맞는 환자의 죽음이 이제 낯설지 않게 되었는데 이는 강시僵屍나 춤추는 해골의 표정보다 더 끔찍한 얼굴로 다가온다.
> (*The Hour* 614)

이처럼 비비안의 삶에서 마지막 단계는 죽음의 공포에 의해 지배되며 그 공포는 아무도 자신을 대신하거나 공감해 줄 수 없다는 처절한 고독, 현세에서 아직 완성하지 못한 세속적 프로젝트에 대한 미련, 다가올 내세에 대한 불안, 그리고 각종 치료와 수술에 수반되는 격렬한 통증으로 요약된다. 그러나 죽음에 대한 공포가 항상 이런 식으로 인간을 위협한 것은 아니었다. 그런 의미에서 비비안의 죽음은 전형적인 현대인의 죽음이며 더러운 죽음이다. 19세기까지만 하더라도 죽음은 어느 정도 순치되고tamed 아름다운beautiful 죽음이었다. 죽음을 포용하는 긍정적 태도는 소크라테스나 플라톤, 에피쿠로스, 에픽테토스, 루크레티우스, 그리고 중세 신학자들에 이르기까지 역사적으로 면면히 이어 내려오고 있다. 특히 철학의 경우 『파이돈』에서 설파된 것처럼 철학적 삶은 바로 죽음과정과 동일시되었다.

4. 에픽테토스와 루크레티우스의 영혼/육체론

전술한 바와 같이 에피쿠로스의 죽음치유 모델은 비비안의 죽음 공포 극복의 완벽한 치료법엔 다소 못 미친다. 이제 서구의 다른 현자들이 설파한 죽음의 공포 극복의 지혜를 빌려와 현대인들이 고독과 고통 가운데 겪는 "더러운 죽음"의 상황을 무대화된 비비안 사례를 통해 재음미하고자 한다. 서구 현자들의 죽음에 대한 인식은 크게 두 갈래로 나뉜다. 소크라테스, 플라톤, 아리스토텔레스, 에픽테토스, 키케로Cicero, 그리고 중세 신학자들로 면면히 이어지는 영혼불멸론 계열과 데모크리토스, 에피쿠로스, 루크레티우스, 그리고 다윈 등 현대의 자연과학자들로 이어지는 영혼필멸론 계열로 나뉜다. 이 절에서는 특히 에픽테토스와 루크레티우스 죽음관의 영혼/물질관에 근거한 죽음 공포 해결 방식에 초점을 맞출 것이다. 에드손의 연극 텍스트에서 다루고자 하는 현대인의 죽음 공포에 대한 가장 실감나는 논증이 바로 이 두 철학자에 의해 수행되고 있기 때문이다.

죽음의 정의가 영혼이 육체를 이탈하는 현상이라면 평소에도 육체로부터 이탈하려는 구도 작업을 하는 철학자는 죽음학을 평소 실천하고 있었으니 죽음 공포를 느낄 까닭이 없다는 소크라테스, 플라톤을 필두로 조금 떨어진 동시대인인 에픽테토스도 영혼불멸론자이다. 따라서 그의 죽음 공포 극복 방식은 영혼사멸론자인 에피쿠로스와는 판이하다.[6] 에픽테토스가 보기에 죽음의 공포를 물리치기 위하여 죽음훈련이 필요하다. 그 과정은 비아속체非我屬體, the Externals에 대한 집착을 끊는 과정이다. 우선 가장 보잘 것 없으면서 잘 분실되는 것부터 하나하나 버리기 시작한다. 너의 가구, 가축, 보석 등 유형적인 재산은 물론 친구, 친지, 심지어 가족, 아내까지도 비아속체이며 마침내 영혼을 제외한 너의 육체까지도 비아속체로 규정한다. 이들에 대한 애착을 버리는 과정이 바로 죽음연습이다. 그가 존경해 마지않는 디오게네스처럼 "본인이 소유한 모든 것이 일시적으로 부착되었을 뿐 언제든지 떨어져 나갈 수

6 에피쿠로스는 완전한 영혼사멸론자라고 볼 수는 없다. 루크레티우스는 감히 범접할 수 없는 스승으로 모시는 에피쿠로스가 사멸론자라고 믿지만 키케로는 에피쿠로스를 영혼불멸과 신의 존재를 믿는 철학자로 판단한다. 에피쿠로스의 영혼관에 따르면 "[영혼은] 전 신체에 걸쳐 분포된 미세한 부분들의 집합구성체로 숨결과 매우 흡사하고 다른 한편으로는 모종의 열기가 융합된 숨결과 유사하다. … 또한 이 [구성요소들]보다 훨씬 미세한 〈제3의〉 부분이 있는데 바로 이 부분 때문에 구성체의 나머지 영역과 긴밀한 조화를 이루고 있다"(*ER* 13). 이 〈제3의〉 부분에 대한 에피쿠로스 본인의 명확한 입장이 드러난 텍스트는 현재 없다. 그러나 키케로의 옹호에도 불구하고 그의 신관과 영혼관의 애매한 태도는 후세대, 특히 강력한 기독교주의가 대세를 이루는 중세에 이르러 무신론, 영혼불신론으로 매도된다. 그리하여 단테의 『신곡』 칸토 X, 제6하계층에서 에피쿠로스 추종자 무리들이 화염 석관 벌을 받고 있다. 이들은 영혼이 죽으면 육체도 죽으니 죽음을 두려워할 필요가 없다고 주장한 자들이라 석관 속에 들어간 육체가 죽지 않고 화염 석관의 열기에 살이 문드러지는 형벌을 받고 있는 것이다.

있다"(Epictetus 193)고 믿었기 때문이다. 그리하여 누군가 무얼 달라고 하면 언제든지 내어 놓을 준비가 되어 있었다.

한편 영혼불멸론과는 반대편에 서 있는 로마 철학자 루크레티우스는 플라톤이나 에픽테토스와는 죽음에 대한 견해를 달리했다. 그의 스승은 에피쿠로스이다. "고로 죽음은 우리에게 아무 것도 아니다. 우리에게 눈곱만큼도 영향을 미치지 않는다. 마음의 본성은 필멸이기 때문이다"(830-2).[7] 살아서는 죽음이 닥치지 않았고 이미 죽은 뒤에는 고통과 슬픔을 느낄 내가 없기 때문이다. 나아가서 우리가 죽은 후 우리 구성체들이 수거되어 새로운 생명이 부여된다고 하더라도 우리에게 아무 상관없다. 이미 우리 자신에 대한 기억이 파괴된 이후이며 "그 사이에 '삶의 단절*vitae pausa*'이 발생했기" 때문이다(860). 그리하여 만약 혹자가 사후에 무덤에 갇힌 채 썩어 버린다든지 불에 타 죽는다든지 맹수 아가리의 밥이 되어 버리는 운명에 분개한다면 이런 종류의 사람은 인간이 몸과 마음 모두 임종 시에 사멸할 운명이라는 걸 깨닫지 못한 사람이다. 그리하여 어리석게도 그들은 "실제 죽음에서 사멸한 자신을 애통해하고 또 불에 타서나 살가리 찢겨질 때 그 고통을 느낄 수 있는 또 다른 자아가 살아남을 수 없다는 사실을 망각하고 있는 것이다"(884-6).

이 연극은 시학과 의학의 투쟁이며 어느 면에서는 에픽테토스와 루크레티우스의 투쟁이기도 하다. 애쉬포드 교수처럼 영혼의 불멸을 믿으면 죽음이란 단순한 콤마에 지나지 않지만 제이슨처럼 영혼의 필멸을 신봉하면 죽음은 세미콜론이다. 그런 면에서 제이슨은 로마 철학자 루크레티우스 계열이며 비비안은 에픽테토스에 근접한다. 암병동은

7 텍스트는 Lucretius. *Lucretius on the Nature of Things (De Rerum Natura)*. Trans. W. H. D. Rouse, Revs. Martin F. Smith (Cambridge: Harvard UP, 1992)인데 문체가 정형시 형식을 취하므로 영어 번역본 면수 대신 라틴어 시행을 표시한다.

따라서 서구의 양대 죽음 내지는 영혼관이 정면으로 충돌하는 현장인 셈이다. 우선 비비안의 영혼관을 에픽테토스와 연결시킨 후 제이슨과 루크레티우스를 비교해 보겠다.[8]

그녀의 정체성 혼란은 에픽테토스적 인식과정을 거친다. 인간의 능력 안의 아속체我屬體, What belongs to me와 능력 밖의 비아속체로 명확히 구분하는 이 철학자의 인식에 의하면 나의 육체도 외존물이고, 나의 귀속물이 아닌 비아속체이다. 따라서 숭모하는 디오게네스의 말을 인용하면 육체란 이미 항상 누가 처분해도 상관없는 "형편없는 시체miserable corpse"(Epictetus 57)에 불과하다. 제우스의 목소리를 빌려 에픽테토스는 육체에 관련된 아속체와 비아속체를 제우스 신의 입을 빌려 이렇게 설명한다.

> 이 육체는 너의 소유물이 아니다. 단지 교묘하게 구성한 진흙덩어리이다. 내가 육체를 너의 소유로 만들어 주지 않은 대신, 나의 일부를 너에게 주었나니, 긍정과 부정적 충동인 욕망과 혐오의 능력, 즉 인상들impressions(감각소여)을 올바르게 활용할 수 있는 능력을 부여하였도다. (Epictetus 6)

그 결과 그의 삶의 근본 원칙은 따라서 "네 귀속물, 즉 아속체는 어떤 희생을 치루더라도 꼭 지키며 타인에게 속하는 건 바라지도 마라"(Epictetus 59)이다. 가령 물건을 잃을 때도 아속체를 잃는 것과 비아속체를 잃는 것은 큰 차이가 난다. 강도나 간통을 당해 참담한 심정이

8 이하 에픽테토스와 루크레티우스의 죽음관은 이 책 1부 1장 영혼의 존재 부분에 체계적으로 상술되어 있다. 여기에는 『위트(*W;t*)』 작품 분석상 다소 겹치는 부분이 있다.

되었을 때도 잃은 걸 재물이나 미모의 아내 정도로 생각하면 이들은 모두 당신의 통제 권한 밖의 외존물이므로 지나치게 위축되거나 길길이 날뛸 이유는 없다. 단지 나 자신의 통제 권한 안에 존재하는 아속체인 선악을 구분하는 도덕능력을 잃게 된다면 이야말로 오히려 크게 분개하고 애통할 일이다.

육체, 즉 비아속체에 대한 비비안의 타자의식은 에픽테토스와 동일하나 아직 철학자의 완성된 육체/정신 인식론까지 도달하진 못한다. 에픽테토스에 의하면 비아속체에 대한 집착은 자신을 파멸로 이끄는 지름길이 된다. 반면 아속체인 "이성과 현명한 판단력은 제신들과 공유하는 요소들이다"(15). 우리가 창조될 때 두 개의 요소가 결합되었는데 동물적인 비아속체와 신적인 아속체이다. "우리 대부분은 인간의 비참한 숙명을 드러내는 전자의 결합 쪽으로 이끌리지만 그래도 소수 정예는 이 신성하고 축복이 깃든 연대를 선호한다"(11). 그러나 일반 우중인 우리들은 어리석게도 "육체가 병들어 죽어 가면 그걸 회피하기 위해 온갖 수단을 강구하지만 영혼이 병들어 죽어 갈 때 우리는 손가락 하나 까딱하지 않는다"(15). 비아속체에 대한 개념 설정에서 에픽테토스와 어느 정도 차이는 있지만 비비안도 인간의 지성, 영혼이 육체나 물질보다 중요하며 "이성과 현명한 판단력"의 배양을 목표로 하는 인문학적 정신이 결국 세상을 구할 수 있다는 믿음을 가진 영문학자이다. 에픽테토스처럼 물질이나 육체는 일시적이며 비본질적인 비아속체라고 믿는 인문학자임에는 근본적인 차이는 없다.

즉, 비비안이 "추상적"(52)이나마 존 던의 영혼/육체 인식에 공감했으며 존 던 자신도 형이상학적 존재의 아이덴티티만 달랐지 영혼의 불멸을 신봉했다는 점에서 에픽테토스와 다를 바 없다. 존 던의 영성 소네트에서 "죽음, 너도 죽을 것이다"라는 진술은 죽음이 비아속체인 육체를 사망시킬 수는 있지만 불멸의 영혼 하나님에 귀속되는 영혼에는 손가락 하나 댈 수 없다는 의미로 비비안은 해석하고 있다. 그러나 존 던과는 달리 비비안의 딜레마는 자신의 지식과 실존적 각성이 서로 엇물려 있다는 데 있다. 즉 그녀의 머리로는 에픽테토스, 존 던, 애쉬포드 등의 영혼불멸을 지지하지만 세미콜론과 콤마의 엄청난 차이에 무지했던 학부 학생처럼 실존 체험으로는 백지 상태에서 전 생애를 보냈다.

다시 말해, 『위트』의 주인공 비비안은 존 던의 평생 화두인 육체와 영혼의 문제, 영혼의 불멸성을 가르치고 연구하면서도 정작 본인 스스로는 육체와 영혼이란 화두에 대한 실존적 성찰을 해 본 적이 없다. 소크라테스처럼 죽음연습인 철학하기를 삶 속에서 실천해 보지 못했으며 에피쿠로스나 루크레티우스처럼 육체가 죽으면 영혼도 사멸한다는 철저한 신념에 기대어 죽음 공포에서 벗어난 적도 없다. 티모르 모르티스는 그녀 삶에서 낯선 주제였다. 그녀는 죽음이란 화두를 떠올릴 겨를 없이 지적으로 너무 바빴으며 학문 영역이란 보다 고상한 세속적 업적 달성에 매진해 왔다. 학문적 명성도 에픽테토스의 규정에 따르면 비아속체에 불과한데, 그녀는 이를 전심전력 추구하며 심지어 방해가 될 수 있는 결혼조차 하지 않았다. 그녀는 학문적 업적이 고매한 정신적 작업이며 물질의 추구나 육체의 단련과는 판이한 본질적이고 불멸의 작업이라고 착각하고 있었을 뿐이다. 보다 철저한 에픽테토스의 정의에 따르면 학문적 성취도 그것이 영혼의 단련, 그 순수 목표를 벗어나는 순간, 가령 학문적 명성에 대한 욕망에 오염되는 순간 바로 비아속체로 전락하는 것이다.

그 결과 평소 존 던의 영성 소네트를 가르치며 학문적으로 이 분야에선 세계적으로 손꼽히는 저명학자로 성공했지만 그녀의 실존적 삶은 역설적이게도 영혼의 불멸성을 노래하는 존 던의 시세계와는 완전 유리되어 있다. 논문에서 강의실에서 존 던의 죽음관, 신관에 대한 거칠 것 없는 유창한 해석을 내리고 설파하지만 정작 자신의 실존적 죽음에 대해선 깜깜 무지였다. 마치 「이반 일리치의 죽음」에 나오는 이반처럼 "케이에스는 사람이다. 사람들은 죽게 되어 있다. 고로 케이에스도 죽을 것이다"라는 삼단논법을 문법학교에 귀에 못이 박히도록 들었지만 정작 자기와 케이에스는 서로 다른 별종이라고 비비안은 생각한다. 케이에스에게 죽음이 찾아올 수도 있지만 자신은 예외적인 존재가 아닌가? 이반은 임종과정에서 문법책의 내용과 자신의 삶은 엄연히 다르다고 극구 부인한다. 케이에스는 논리학 책 속에서 일반화되고 추상화된 인물이지만 자신은 가슴이 아리도록 아름답고 즐거운 유년체험을 지닌 특수하고 개별적이며 실존적인 존재이기 때문에 케이에스처럼 삼단논법의 지배를 받아 죽을 수 없는 존재라 굳게 믿는다. 비비안도 자기 고유의ownmost 죽음과 자기가 관찰한 타인의 죽음을 너무 쉽게 동일시하고 있었던 것이다.

제이슨은 루크레티우스의 유물론 계열이다. 그는 루크레티우스처럼 사후 영혼을 믿지 않는다. 루크레티우스에 의하면 실제로 죽음의 과정에서도 영혼의 필멸을 확인할 수 있다. 임종자는 단계별로 죽어 간다. 처음엔 발가락이 무감각해지며 손가락, 발, 다리, 그리고 다른 신체 부위로 "죽음의 냉랭한 발걸음"이 점차 파고든다. 만약 신경이 불멸이라면 분명히 전 신경이 신체의 어떤 부위로 집중되어 감각이 보다 예민해져야 하는데 이러한 부위를 임종자의 어느 곳에서도 찾아볼 수 없다. 관찰컨대 신경은 갈가리 해체되고 대기로 방산되어 사멸한다. 그런 의미에서 죽음과정이란 육체의 사멸과정인 동시에 신경이 육체의 모든 기공을 통해 방산된 결과 신경이 희박하게 되는 과정이라고 설명하고 있다(*Lucretius* 551-5). 그리고 죽음 현상도 마음과 신경의 작용과 연결시켜 유물론적 해석을 내리고 있다. 마음과 신경은 육체 속에 "밀봉되어 있어야만 감각을 일으키는 작동을 할 수 있지 죽음 이후 육체 외부의 대기 속 바람으로 내팽개쳐지면 그렇게 할 수 없다"(573-5). 살아 있는 육체 내에서 근육이나 뼈 등을 통하여 작동하는 신경이 공허한 대기에서 작동할 수단이나 매체가 없기 때문이다. 한마디로 "육체의 보호막이 해체되고 생명의 숨결이 체외로 내팽개쳐지면 마음의 감각들은 신경과 더불어 해체된다고 인정해야 한다"(579-83).

이처럼 루크레티우스나 제이슨은 육체의 구성과 성질에 대해 완전히 매료된 유물론자이다. 그들에게 따라서 죽음 이후에 존속되는 "비육체적 영혼"의 존재는 상상할 수조차 없다. 마치 케이건Shelly Kagan이 주장하듯 접시 위에 음식을 다 먹고 난 후 음식에 대해 거론하는 건 터무니없는 노릇이다.[9] 육체의 현상에 대해 루크레티우스는 당시 황무지에 가까운 과학적 실증 실험 상황에서도 나름대로 연역적 방식으로 아무런 실험적 증거 없이 철학적 관찰을 호기롭게 전개한다. 가령 사후 영혼의 존속에 대한 비판에서도 영혼의 씨앗이 혹시 시체 속에 잔존하거나 다른 곳에 남아 있다고 가정하면서 영혼의 사멸을 증명한다. 하지만 그 과정은 매우 비과학적이고 피상적 인상과 관찰에 지나지 않는다. 그는 만약 영혼이 굼벵이 몸속으로 스며든다면 육체를 여의어 이제 추위도 더위도 모르고 질병에서도 해방된 영혼이 왜 육체와 재결합하여 온갖 고통과 수난을 다시 자청하는 이유는? 게다가 그 영혼은 인간이 아닌 굼벵이 영혼이 아닌가? 이런 연역적 방식으로 루크레티우스는 육체의 죽음 후 영혼이 살아남는 것은 불가능하다는 걸 증명한다(713-40).

21세기의 제이슨은 다르다. 그는 21세기 루크레티우스처럼 유심론적 태도를 비웃고 생명과학에 대한 열변을 토한다. 때로는 지나쳐서 자신의 학문적 발견에 황당한 경이감을 표출하기도 한다. 가령 옛날 스

9 Shelly Kagan. #2 Death: Yale Lecture. Youtube.

승 비비안을 자궁 골반 검사하면서 자궁 속에서 오렌지만한 암세포 덩어리를 손으로 확인한 순간 환자에 대한 인간적 공감의 슬픔보다는 암세포에 대한 과학적 발견의 신비로움에 경탄한다. 그러나 루크레티우스보다 그는 훨씬 객관적 · 과학적 진실에 다가가 있으며 그의 경탄과 열정, 자신감은 나름 확고한 정당성을 지니고 있다. 가령 암의 정체성에 대한 태도에서도 제이슨에 따르면 암은 불가사의한 세포이다. 그건 배양조건에서 "망가지지 않고conk out"(56) 무한히 자가증식하는 "배양세포의 불멸"(56)을 구현하는 존재로 규정한다. 영혼의 불멸성을 간구하는 말기 암 환자들이 보기에 영혼이 아닌 그들의 숙적, 즉 물질, 육체적 존재인 암세포가 오히려 불멸의 권좌를 미리 선점해 버린 것이다. 그런 점에서 인체 생명과학 연구가 17세기 형이상학 시보다 훨씬 제이슨에게 신비롭고 매력적인 지적 훈련이다.

의심할 바 없이 제이슨 같은 유물론자들은 일단 인문학적 공감에 대해서는 인색하다. 말기 암 환자들이 갖는 죽음에 대한 공포는 바로 영혼불멸과 필멸에 대한 불확실한 믿음으로 비롯한다. 그들은 대체로 영혼불멸을 지지하며 현세와 내세 사이에 죽음이란 콤마가 찍혀 있다는 생각으로 암치료를 받는다. 그러나 정작 암치료를 수행하는 의료관계자들은 병자의 몸을 단순한 인육flesh으로 취급한다. 루크레티우스 말처럼 정신은 육체의 물질적 작용의 산물일 따름이다. 정신에 대한 과학적 근거 없는 유심론적 인식을 채택하기보다 그들에겐 차라리 육체가 더욱 오묘한 존재이며 연구 대상이다. 루크레티우스주의자인 제이슨에게 영혼의 구원을 간구하는 17세기 시는 "센티멘탈한 짓거리"(77)이거나 "삶의 의미나 주워섬기는 쓰레기"이며 "엔자임 반응행태가 베어링 교수 수업보다 더욱 시적이다*Enzyme kinetics* was more poetic than Bearing's class"(77). 죽음을 하나의 생리적 현상 이상 이하도 아닌 자신의 의학적 연구의 흥미롭고 도전적인 테마 정도로 파악하는 제이슨이 그녀의 공포를 이해하기는 힘들다. 물론 연극 대본과는 달리 HBO 영화에서는 제이슨을 단순히 차가운 유물론자가 아닌 과학적 태도와 인간적 동정 사이에서 어린애처럼 당황하는 감정처리가 미숙한 의사로 그리고 있다.

5. 결론

에픽테토스와 루크레티우스의 갈등 구도는 의학과 시학의 충돌로 이 연극에서는 무대화된다. 그런 의미에서 『위트』는 형이상학적 기상이며 육체를 치료하는 의학과 정신을 고양시키는 시학이란 두 극단적으로 대립하는 요소를 비끌어매려는 노력이다. 죽음을 두 시간 가량 앞두고 비비안은 실존적 벼랑 끝에 내몰리고 자신의 삶을 어떤 식으로든 마감해야만 했다. 이제 비비안에게 남은 건 자신을 포기하는 절차인 "코드 설정code status"(67)뿐이다. 코드 설정에는 두 가지가 있다. "소생 코드full code"와 "소생 불원DNR: Do Not Resuscitate"인데 전자의 경우엔 심장 박동이 멈추면 응급실로 옮겨 인공 소생술을 사용하여 정상화시키는 코드이며 후자인 경우엔 사망처리하는 것이다. 간호사 수지의 설명을 듣고 비비안은 오히려 그녀에게 감사를 표한다. 수지는 시나 상상력에 대해서 문외한이지만 적어도 이 대화에서는 죽음과 삶에 대해서 "추상적으로"(69) 언급하지 않았으며 직설적으로 단순한 단어를 사용했다는 것이다. 죽음에 직면하여 비비안은 "지금은 언어의 검술이나 기이한 상상력의 비상, 황당한 관점의 이동, 형이상학적 기상이나 위트를 구사할 시점이 아니란 걸"(69) 너무나 명백하게 깨달은 것이다. 인간적 친절과 동정이 더욱 값진 시점인 것이다. 언젠가 수업시간에 자신의 학생이 반박했듯이 진리는 난해할 필요가 없으며 평범하고 명백한 것이다. 비비안은 일생 동안 "사람이 똑똑한 천재만 되면 모든 걸 다 해결할 수 있으리라 믿었는데" 인생의 마지막 순간에 "그녀는 발각되어 버린 것이다"(70). 깨우침의 순간 "무서워요, 오 하나님, 나는… 나는… 아니, 숨고 싶어요. 조그만 공 속으로 돌돌 말려 들어가고 싶어요"(70).[10]

이제 비비안은 평생 자신과 동일시했던 존 던이 아닌 자신만의 언어로 죽음현상을 규정하고 싶어 한다. 그러나 그녀에게 시간이 모자란다. 마치 "기말 시험에 난해한 문제를 앞에 놓고"(70) 씨름하는 학생처럼 무엇을 적어 넣을지 모르고 쩔쩔매고 있는데 임종 두 시간 전 그녀의 소원은 아마 에픽테토스의 안심입명이었을 것이다. 에픽테토스는 죽음 순간의 안심입명에 대해 언급한다. "바라옵건대 내가 죽음을 담담하게, 자유롭게 제한, 금기 없이 만드는 노력을 기울이면서 나 자신의 인격관리에만 전념하고 있을 때 죽음이 나에게 덮쳐 오기를"(151), "저보고 이제 이 축제를 떠나라고 하시니 떠나렵니다. 단지 당신과 같이 이 축하 잔치를 즐길 수 있도록 허여해 주신 데 대해, 또 당신의 작품들을 모아주고 당신의 통치를 이해하게 해 주신 데 대해 다만 감사를 드릴 따름입니다"(151).

마지막 임종 순간 무대 위 장면은 초자연적이다. 비비안은 병상에서 일어나 환자복을 벗고 누드 상태로 빛 속으로 나아간다. "비비안은 모든 걸 벗어 던진다. 병원 팔찌, 모자, 가운. 이 자발적 자기 비우기 내지는 크네오시스kneosis 상태"를 뤼글워쓰Chad Wriglesworth는 레비나스의 "타자의 얼굴", 즉 "신성한 반향을 지닌 인간적 현존a human presence with

10 에픽테토스가 진단하듯 비비안도 예외 없이 죽음 앞에선 마치 어린애처럼 군다. 경험부족과 무지에 가득 찬 어린애처럼. 그러나 이러한 어리광은 철없는 짓이라고 에픽테토스는 충고한다. "죽음이 무엇인가? 무시무시한 탈. 그것을 벗으면 그뿐, 그것이 물어뜯지는 않는다. 마침내 육체와 영혼은 분리되어 우리가 태어나기 전의 분리된 상태로 돌아간다. 그게 지금 일어난다고 호들갑 떨 이유가 어디 있는가? 에픽테토스의 죽음관에 대한 보다 자세한 내용은 이 책 135쪽 참조.

sacred reverberations"(218-9)이라고 해석한다. 그러나 필자는 레비나스의 철학적 개념보다는 전술한 에픽테토스의 비아속체나 보다 소박한 개념으로 비비안의 마지막 이미지를 해석하고자 한다. 에픽테토스가 가르치듯 비비안은 영혼을 제외한 외적인 치장물들을 하나하나 벗어 던진 후 나체로 구원의 빛으로 나아가는 것이기 때문이다.

영혼과 육체가 분리되는 순간, 독립된 실로 존재했던 이 연극의 네 가지 모티프가 한 실타래로 모이게 된다. 즉 에픽테토스의 죽음관, 존 던의 영성 소네트, 애쉬포드 교수가 마지막으로 읽어 준 『도망치는 토끼 바니*The Runaway Bunny*』 동화, 그리고 비비안의 승천 이미지, 이 네 모티프들은 모두 구원의 이미지이며 영혼불멸에 대한 신앙의 극화이다. 임종 마지막 순간 비비안은 마치 톨스토이의 이반처럼, 또 바니 동화의 아기 토끼처럼 결코 어머니를 떠날 수 없으며 모태 상태의 순진무구한 영혼의 본향이기도 한 절대자의 영역으로 나아가는 것이다. 그리하여 비비안이 실오라기 하나 걸치지 않고 빛이 쏟아지는 곳으로 나아가는 모습에 대해 한 청중이 왜 나체이냐고 물었을 때 작가 에드손은 "구속救贖의 은총으로 나아가는 데 입을 어떤 다른 옷이 있겠어요. 이 세상에 올 때의 복장 그대로이지"(Carter 25)라고 대답했다. 사이크스John D Sykes Jr.가 적절하게 해석하듯, "비비안이 스스로 이루지 못한 자기 자족성self-sufficiency의 환상 벗어나기를 하나님이 대신 완성시켜 준다. 성경의 비유를 들면 그녀는 (오직) 독선의식righteousness 의상을 걸치고 있었는데 그건 차용한 의상에 불과하다"(167). 여기서 의상은 에픽테토스가 의미한 바로 비아속체에 해당한다. 그럼에도 불구하고 이아넌Carol Iannone이나 HBO 영화사는 이 구속의 은총이라는 종교적 의미를 간과하고 있다고 사이크스는 비판한다. 즉 이아넌은 인간적 친절에 의해 안식을 구한다고 해석하고 있으며, 또 영화본은 "젊음으로 돌아가려는(게다가 완전히 복장을 갖추고) 소망이 베어링 박사의 구속성을 전달"(167)하는 식으로 묘사한다고 사이크스는 비판하고 있다. 사이크스의 비판은 영혼불멸의 신앙에 대한 무대화라는 관점에서 정확한 진단을 내리고 있는 것이다.

존 던의 정의에 의하면 위트는 "억지에 가까운 재치의 억누를 수 없는 발산Itchy outbreaks of far-fetched wit"(20)이다. 이 위트는 일반 독자들에겐 구질구질한 논구를 거치지 않고 바로 문제의 핵심에 이르게 해 주는 "지적 기능을 연마시켜 주는 귀중한 훈련"(20)인 동시에 17세기 시문학 관례와 시적 인유 등에 해박한 학자들에게 이 위트는 "네가 얼마나 멋진good 사람인지 보여 주는 한 방법이다"(20). 물론 비비안은 위트의 분석에서 타의 추종을 불허하므로 자신만큼 인간의 최고 지적 상상력을 가진 멋진 사람이 드물다고 자부해 오고 있었다. 그러나 그건 어디까지나 영혼의 상태나 능력에 한정된 평가이다. 육체가 한갓 생체 조직 상태로 X-레이의 조사照査 대상일 때 그토록 비천한 육체와 더할 나위 없이 고매한 영혼의 불완전한 동거는 오히려 인간 실존의 부조리한 비극성을 극명하게 드러내 주었다. 그러나 임종 마지막 순간에 그녀는 형이상학 기상이 아닌 에픽테토스적 치유방식을 통해 육체와 영혼의 모순적 결합 상태를 해체하고 안심입명에 이르게 된다. 그 점에서 이 연극은 영혼 구속의 포스트모던 과정이다.

참고문헌

강지수. 「계시적 상상력과 역사적 텍스트: 『신곡』, 『진주』, 『공작부인 이야기』를 중심으로」. 『중세르네상스영문학』 11. 2003: 243-58.

김균진. 「영혼불멸설과 죽은 자들의 부활신앙」. 『신학논단』 27집. 1999: 131-56.

———. 「현대사회와 죽음의 배제」. 『신학논단』 29집. 2001: 175-201.

김기중. 「Epiktetos 철학에 있어서 인간의 본질에 관하여」. 『인문학연구』 14. 1984: 73-88.

김묘주. 『唯識思想』. 서울: 경서원, 1997.

김선희. 「죽음의 의미상실에 대한 철학적 치유의 가능성 – 철학적 사고실험을 통한 상담방법과 실천적용」. 『철학연구』 93. 2011: 201-30.

김외식. 「죽음과 사후의 삶에 대한 실천신학적 접근 (I)」. 『세계 신학』 35. 1997: 204-37.

김운찬. 「『신곡』과 아랍의 저승 이야기들」. 『지중해 지역연구』 6-2. 2004: 27-36.

김재홍. 「상식의 철학자 에픽테토스와 스토아 윤리학」. 『서양 고전 학교 연구』 17. 2001: 97-132.

김종갑. 『타자로서의 몸, 몸의 공동체』. 서울: 건국대학교출판부, 2004.

김지하. 『살림』. 서울: 동광출판사, 1987.

도킨스, 리처드. 이한음 옮김. 『만들어진 신』. 서울: 김영사, 2007.

문영석. 「해외죽음학(Thanatology)의 동향과 전망」. 『종교연구』 39. 2005: 293-313.

박상진. 「누가 단테를 구원할 것인가?: 『신곡』에 나타난 기억에 관한 미적 고찰」. 『한국이탈리아어문학회』 18. 2006: 63-110.

———. 「한없음의 잉여: 『신곡』의 보편성의 문학적 기원」. 『비평과 이론』 13. 2008: 179-210.

———. 「천국, 빛과 색으로 물들다 『신곡』」. 〈서양고전, 인간을 말하다〉. 서울대학교. 2013. 4. 2.

박승찬. 「생명의 원리에서 인격의 중심에로 – 서양철학적 관점에서 본 영혼론」. 『가톨릭 신학과 사상』 67. 2011: 59-157.

서영식. 「노예철학자 에픽테토스의 명예관」. 『철학논총』 68. 2012: 323-42.

서영표. 「소비주의 비판과 대안적 쾌락주의 – 비자본주의적 주체성 구성을 위하여」. 『공간과 사회』 32. 2009: 5-41.

셸링, F. W. J. 심철민 옮김. 「철학과의 연관에서 본 단테에 대하여」. 『한국헤겔학회』 32. 2012: 231-43.

송영진. 「에피쿠로스의 원자론과 신의 문제」. 『동서철학 연구』 65. 2012: 23-51.

안경승. 「한계에 대한 인식과 지혜」. 『복음과 상담』 12. 2009: 122-46.

오유석. 『쾌락』. 서울: 문학과 지성사, 1998.

———. 「스토아학파에 있어서 진리의 기준」. 『지중해 지역 연구』 17권 제2호. 2009: 36-61.

오지은. 「원자 이탈과 에피쿠로스의 자유」. 『철학』 97. 2008: 67-92.

윤노빈. 「플라톤의 『파이돈』에 관한 연구」. 『文理科大學 論文集』 17. 1978: 299-312.

이시우. 「『주역』 '生生之謂易'을 통해 본 유가의 사생관 고찰」. 『동서철학 연구』 58. 2010: 139-65.

이은기. 「중세 말 문학적 상상력의 근원으로서의 시각 이미지: 단테의 『신곡』과 당대 종교미술을 중심으로」. 『서양미술사학회논문집』 37. 2012: 7-29.

이진남. 「에피쿠로스의 욕망과 쾌락: 인간 중심의 윤리」. 『인문사회과학연구』 13. 2012: 183-211.

임병철. 「두명의 단테: 『신곡』에 등장한 오디세우스에 대한 한 해석」. 『역사와 경계』 53. 2004: 105-31.

임성철. 「에피쿠로스의 감각주의적 인식론의 구조에 나타난 기본 개념의 의미와 역할」. 『철학논총』 39.1. 2005: 289-308.

———. 「에피쿠로스의 '쾌락' 개념의 사상적 체계와 토대 – *Kyriai doxai*를 중심으로」. 『철학연구』 34. 2007: 65-97.

———. 「에피쿠로스의 윤리 사상의 근간에 나타난 자기 추구의 윤리학으로서의 철학 실천에 관하여 – 『메노이케우스에게 보내는 편지』를 중심으로」. 『철학논총』 61. 2010:

457-83.

임홍순.「정치적 쾌락주의에 대한 비판적 고찰-Epicurus 학파와 Thomas Hobbes 철학의 비교를 중심으로」.『서경대학교 논문집』 제22집. 1994: 517-32.

장경춘.「영혼이 '하모니아(Harmonia)'라는 심미아스의 가설에 대한 고찰(『파이돈』 91 c6-95 a2)」.『서양고전학연구』 35. 2009: 93-121.

전헌상.「아리스토텔레스와 에픽테토스 윤리학에서의 프로하이레시스-'우리에게 달려 있는 것'과의 연관성을 중심으로」.『서양고전학연구』 Vol. 43. 2011: 123-48.

조대호.「아니무스와 아니마-루크레티우스의 『사물들의 본성에 대하여』 III. 136-76을 중심으로」.『중세철학』 17. 2011: 1-32.

차형구.「필립 아리에스의 죽음관에 대한 연구: 죽음에 대한 중세인의 태도를 중심으로」.『서양중세사 연구』 23. 2009: 150-73.

키에르케고르. 박환덕 옮김.『죽음에 이르는 병』. 서울: 범우사, 2002.

한형곤.「신곡에 나타난 죄와 벌」.『이어이 문학』 Vol. 12. 2003: 23-46.

———.「단테문학의 현주소」.『이탈리아문학』 15. 2004: 201-21.

허정명.「Flannery O'Connor의 작품에 나타난 그로테스크 기법」.『동서문화』 26권. 1994: 125-42.

현남규.「원자론: 루크레티우스(Lucretius)의 원자, 극미 및 쿼크의 대비」.『과학 교육』. December 1991: 7-62.

홍성민.「질주하는 몸의 욕망과 자아의 재귀-루키즘의 욕망과 동양의 신체미학」.『철학연구』 44. 2011: 268-302.

황훈성.『기호학으로 본 연극세계』. 서울: 신아사, 2000.

———.『지상에 남겨진 신발』. 서울: 도담, 2007.

———.「서구 죽음학에서 베케트 죽음관 자리매기기」.『영어영문학』 58.4. 2012: 611-33.

Select Bibliography

Ackerley, Chris. "Afterword: Samuel Beckett's Cemeteries". *Beckett and Death*. Eds. Steven Barfield, Philip Tew, and Matthew Feldman. New York: Continuum International, 2009: 206-22.

Adorno, Theodor W. Trans. E. B. Ashton. *Negative Dialectics*. New York: Continuum,

1983.

Aho, James. "The Danse Macabre". *Sociological Spectrum*, Vol. 26 (2006): 387-403.

Antonio, Robert J. "Nietzsche's Antisociology: Subjectified Culture and the End of History". *American Journal of Sociology*, 101.1 (1995): 1-43.

Ariès, P. "The Reversal of Death: Changes in Attitudes toward Death in Western Societies". *American Quarterly*, 2.5 (1974): 536-53.

———. Trans. Helen Weaver. *The Hour of Our Death: The Classic History of Western Attitudes toward Death over the Last One Thousand Years*. New York: Random House, 2008.

Armstrong, David. "Philodemus, the Herculaneum Papyri". Eds. Dane R. Gordon and David B. Suits. *Epicurus: His Continuing Influence and Contemporary Relevance*. Rochester: RIT Casry Graphics Arts, 2003, 17-44.

Arseneau, Mary. *Recovering Christina Rossetti: Female Community and Incarnational Poetics*. New York: Palgrave MacMillan, 2004.

Asals, Frederick. *Flannery O'Connor: The Imagination of Extremity*. Athens: University of Georgia Press, 2007.

Atkinson, David W. *The English Ars Moriendi*. New York: Peter Lang, 1992.

Bailey, Cyrill. "The Mind of Lucretius". *The American Journal of Philology*, 61.3 (1940): 291-8.

Baldwin, Hélène L. *Samuel Beckett's Real Silence*. London: Pennsylvania University Press, 1981.

Bardis, Panos D. *History of Thanatology: Philosophical, Religious, Psychological, and Sociological Ideas Concerning Death*. Lanham: University of America, 1981.

Barfield, Steven and Philip Tew. "Critical Forward: Beckett and Death". *Beckett and Death*. Eds. Steven Barfield, Philip Tew, and Matthew Feldman. New York: Communication International, 2009: 1-9.

Barfoot, C. C. "Christina Rossetti in and out of Grace". Eds. Liebregts and Wim Tigges. *Beauty and the Beast: Christina Rossetti, Walter Pater, R. L. Stevenson and Their Contemporaries*. Amsterdam and Atalanta: Editions Rodopi B. V., 1996: 7-20.

Barnes, Johns C. and Jennifer Petrie, Eds. *Dante and the Human Body: Eight Essays*.

Dublin: Four Courts, 2007.

Barry, Elizabeth. "Beckett, Augustine, and the Rhetoric of Dying". *Beckett and Death*. Eds. Steven Barfield, Philip Tew, and Matthew Feldman. New York: Continuum International, 2009: 72-89.

Barsky, Robert. "Outsider Law in Literature: Construction and Representation in *Death and the Maiden*". *SubStance*, 26.3 (1997): 66-89.

Bartky, Sandra Lee. "Foucault, Femininity, and the Modernization of Patriarchal Power". *The Politics of Women's Bodies: Sexuality, Appearance, and Behavior*. Ed. Rose Weitz. New York: Oxford University Press, 1998: 25-45.

Battiscombe, Georgina. *Christina Rossetti: A Divided Life*. New York: Holt, Rinehart and Winston, 1981.

Baudrillard, Jean. *L'échange symbolique et la mort*. Paris: Éditions Gallimard, 1976.

Bauman, Zygmunt. *Mortality, Immortality and Other Life Strategies*. Cambridge: Polity, 1992.

Baumgaertner, Jill P. *Flannery O'Connor: A Proper Scaring*. Wheaton: Harold Shaw, 1988.

———. "American Gargoyles: Flannery O'Connor and the Medieval Grotesque by Anthony Di Renzo". *American Literature*, 66.3 (1994): 607-8.

Beaty, N. L. *The Craft of Dying: A Study in the Literary Tradition of the Ars Moriendi in England*. New Haven: Yale Studies in English, 1970.

Becker, Ernst. *The Denial of Death*. New York: Free Press, 1997.

Beckett, Samuel. *Proust*. New York: Grove, 1931.

———. *En attendant Godot*. Paris: Les Éditions de Minuit, 1952.

———. *Samuel Beckett: The Complete Short Prose (SBCSP): 1929-89*. London: Faber & Faber, 1956.

———. *Endgame: A Play in One Act*. New York: Grove, 1958.

———. *Molloy, Malone Dies, The Unnameable*. London: Calder, 1959.

———. *Proust*. New York: Grove, 1970.

———. *Collected Shorter Plays (CSP)*. London: Faber & Faber, 1984.

———. *The Complete Dramatic Works*. London: Faber & Faber, 1986.

Bell, Mackenzie. *Christina Rossetti: A Biographical and Critical Study*, 4th ed. London: Thomas Burleigh, 1898.

Berman, Sandra L. *Facing Death: Images, Insights, and Interventions*. Bristol, PA: Taylor & Francis, 1991.

Bett, Richard. "Immortality and the Nature of the Soul in the "Phaedrus". *Phronesis*, 3.1 (1986): 1-26.

Binski, Paul. *Medieval Death: Ritual and Representation*. London: The British Museum, 1996.

Bloom, Harold, Ed. and Introd. *Bloom's Shakespeare through the Ages: The Sonnets*. New York: Infobase Publishing, 2008.

Booth, Howard J. "A Dream of Life: D. H. Lawrence, Utopia and Death". *English Studies*, 80.5 (1999): 462-78.

Bowker, John. *The Meanings of Death*. Cambridge: Cambridge University Press, 1991.

Brinkmeyer, Robert H. Jr. *The Art and Vision of Flannery O'Connor*. Baton Rouge: Lousiana State University Press, 1989.

Brown, Frank B. "The Beauty of Hell: Anselm on God's Eternal Design". *The Journal of Religion*, 73.3 (1993): 329-56.

Burlinson, Kathryn. *Christian Rossetti*. Plymouth: Northcote House, 1998.

Buxton, Charles R. *Prophets of Heaven and Hell: Virgil, Dante, Milton, Goethe*. New York: Cambridge University Press, 1945.

Campbell, James I. "The Angry God: Epicureans, Lactatius, and Warfare". Eds. Dane R. Gordon and David B. Suits. *Epicurus: His Continuing Influence and Contemporary Relevance*. Rochester: RIT Casry Graphics Arts, 2003, 45-68.

Carse, James P. *Death and Existence: A Conceptual History of Human Mortality*. New York: John Wiley & Sons, 1980.

Carter, Betty. "John Donne Meets the Runaway Bunny". *Books and Culture*, 5.5 (1999): 24-5.

Chapman, Alison. *The Afterlife of Christian Rossetti*. New York: St. Martin, 2000.

Charles, Edna Kotin. *Christina Rossetti: Critical Perspective, 1862-1982*. Selinsgrove: Susquehanna University Press, 1985.

Chick, Edson M. *Dances of Death: Wedekind, Brecht, Durrenmatt, and the Satiric Tradition*. Columbia: Camden House, 1984.

Choron, Jacques. *Death and Western Thought*. New York: MacMillan, 1963.

———. *Modern Man and Mortality*. New York: MacMillan, 1964.

Clark, James M. "The Dances of Death in Medieval Literature: Some Recent Theories of Its Origin". *The Modern Language Review*, 45.3 (1950): 336-45.

Cole, Thomas. "The Ideology of Old Age and Death in American History". *American Quarterly*, 31.2 (1979): 223-31.

Collins, Marie. "A Little Known 'Art of Dying' by a Brigittine of Syon: A Daily Exercise and Experience of Death by Richard Whitford". Ed. Jane Taylor. *Dies Illa: Death in the Middle Ages: Proceedings of the 1983 Manchester Colloquium*. 1983.

Combe, Wiliam. *The English Dance of Death*, Vol. I, II. New York: Bibliobazaar, 2008.

Conley, Susan. "Rossetti's Cold Women: Irony and Liminal Fantasy in the Death Lyrics". Eds. Mary Arseneau, Anthony H. Harrison, and Lorraine Janzen Kooistra. *The Culture of Christina Rossetti: Female Poetics and Victorian Contexts*. Athens: Ohio University Press, 1999.

Crace, Jim. *Being Dead: A Novel*. New York: Saint Martin's, 1999.

Critchley, Simon. *Very Little … Almost Nothing*, 2nd ed. London: Routledge, 2004.

D'Amico, Diane. *Christina Rossetti: Faith, Gender and Time*, Baton Rouge: Louisiana State University Press, 1999.

Danaher, David S. "A Cognitive Approach to Metaphor in Prose: Truth and Falsehood in Leo Tolstoy's 'The Death of Ivan Il'ich'". *Poetics Today*, 24.3 (2003): 439-69.

Dante, Alighieri. Trans. Allen Mandelbaum. *The Divine Comedy: Inferno; Purgatorio; Paradiso*. New York: Everyman's Library, 1995.

Davies, Paul C. "The Debate on Eternal Punishment in Late Seventeenth-and Eighteenth-Century English Literature". *Eighteenth-Century Studies*, 4.3 (1971): 257-76.

Davis, Natalie Z. "Holbein's Pictures of Death and the Reformation at Lyons". *Studies in the Renaissance*, Vol. 3 (1956): 97-130.

De Lacy, P. H. "Lucretius and the History of Epicureanism". Transactions and Proceedings of the American Philological Association, Vol. 79 (1948): 12-23.

Dillon, Matthew. "Dialogues with Death: The Last Days of Socrates and the Buddha". *Philosophy East and West*, 50.4 (2000): 525-58.

Dowell, Bob. "The Moment of Grace in the Fiction of Flannery O'Connor". *College English*, 27.3 (1965): 235-9.

Dunnig, William V. "The Concept of Self and Postmodern Painting: Constructing a Post-Cartesian Viewer". *The Journal of Aesthetics and Art Criticism*, 49.4 (1991): 331-6.

Edgecombe, Rodney S. "Mors Viva: Literary Rendering of Life-to-Death Transitions". *The Modern Language Review*, 98.1 (2003): 11-26.

Edson, Margaret. *W;t*. New York: Faber & Faber, 1993.

Ehnmark, Erland. "The Problem of Immortality". *The Harvard Theological Review*, 44.1 (1951): 1-23.

Elam, Keir. "Dead Heads: Damnation-narration in the 'Dramaticules'". Ed. John Pilling. *The Cambridge Companion to Beckett*. New York: Cambridge University Press, 1994: 145-66.

Elias, Amy. "The Postmodern Turn on: the Enlightenment". *Contemporary Literature*, 37.4 (1996): 533-58.

Elias, Norbert. *The Loneliness of the Dying*. Oxford: Blackwell, 1985.

Enright, D. J., Ed. *The Oxford Book of Death*. New York: Oxford University Press, 2008.

Epictetus. 김재홍 역. 『엥케이리디온: 도덕에 관한 작은 책』. 서울: 까치, 2003.

———. *Epictetus: Discourses and Selected Writings*. Ed. and Trans. Robert Dobbin. London: Penguin, 2008.

Epicurus. *Epicurus: The Extant Remains*. Trans. Cyril Bailey. Oxford: Clarendon Press, 1926.

———. *The Stoic and Epicurean Philosophers: The Complete Extant Writings of Epicurus Epictetus Lucretius Marcus Aurelius*. Ed. Whitney J. Oates. New York: The Random House, 1940.

———. *The Handbook*. Trans. Nicholas P. White. Indianapolis: Hackel Publishing, 1983.

———. *The Epicurus Reader: Selected Writings and Testimonia*. Ed. and Trans. Brad Inwood and L. P. Gerson. Indianapolis: Hackett, 1994.

Evans-Wetz, W. Y., Ed. *The Tibetan Book of the Dead or the After-Death Experiences on the Bardo Plane, According to Lāma Kazi Dawa-Samdup's English Rendering*. Oxford: Oxford University Press, 2000.

Feldman, Fred. "Some Puzzles About the Evil of Death". *Philosophical Review*, 100.2 (1991): 291-304.

———. *Confrontation with the Reaper*. New York: Oxford University Press, 1992.

Feldman, Matthew. "Introduction: 'Strange Exalted Death!' Disinterring Beckett and Death". *Beckett and Death*. Eds. Steven Barfield, Philip Tew, and Matthew Feldman. New York: Continuum International, 2009: 9-22.

Fergusson, Francis. *Dante's Drama of the Mind: A Modern Reading of the Purgatorio*. Princeton: Princeton University Press, 1968.

Fifield, Peter. "Beckett's Amnesiacs, Neuropsychology, and Temporal Moribundity". *Beckett and Death*. Eds. Steven Barfield, Philip Tew, and Matthew Feldman. New York: Continuum International, 2009: 128-47.

Fineman, Joel. *Shakespeare's Perjured Eye: The Invention of Poetic Subjectivity in the Sonnets*. Berkeley: University of California Press, 1986.

Fingarette, Herbert. *Death: Philosophical Soundings*. Chicago: Open Court, 1996.

Fingesten, Peter. "Delimitating the Concept of the Grotesque". *The Journal of Aesthetics and Art Criticism*, 42.4 (1984): 419-26.

Fischer, John Martin, Ed. *The Metaphysics of Death*. Stanford: Stanford University Press, 1993.

Flanagan, Owen. *The Problem of the Soul*. New York: Basic Books, 2003.

Fletcher, Berry S., John Fletcher, Barry Smith, and Walter Bachem. *A Student's Guide to the Plays of Samuel Beckett*. London: Faber & Faber, 1978.

Foley, Michael. *The Age of Absurdity: Why Modern Life Makes It Hard to Be Happy*. New York: A CBS, 2010.

Fowlie, Wallace. "Dante and Beckett". Ed. Stuart Y. McDougal. *Dante among the Moderns*. Chapel Hill: University of North Carolina Press, 1985, 128-52.

Friedman, Alan W. "D. H. Lawrence: Pleasure and Death". *Studies in the Novel*, Vol. 22

(2000): 207-28.

Friedman, Jonathan. "Consuming Desires: Strategies of Selfhood and Appropriation". *Cultural Anthropology*, 6.2 (1991): 154-61.

———. "The Past in the Future: History and the Politics of Identity". *American Anthropologist*, 94.4 (1992): 837-59.

Fulton, Robert, Ed. *Death and Identity*. New York: Wiley & Sons, 1965.

Gallop, D. *Plato Phaedo*. New York: Oxford University Press, 2002.

Gerson, Loyd P. "Plotinus and Epicurean Epistemology". Eds. Dane R. Gordon and David B. Suits. *Epicurus: His Continuing Influence and Contemporary Relevance*. Rochester: RIT Casry Graphics Arts, 2003, 69-80.

Gertsman, Elina. "The Dance of Death in Reval (Tallinn): The Preacher and His Audience". *Gesta*, 42.2 (2003): 143-59.

Gilbert, Allan H. *Dante's Conception of Justice*. Durham: Duke University Press, 1925.

Gilbert, Sandra M. *Death's Door: Modern Dying and the Ways We Grieve*. New York: W. W. Norton, 2006.

Gilchrist, Anne G. "Death and the Lady in English Balladry". *Journal of the English Folk Dance and Song Society*, 4.2 (1941): 37-48.

Gilson, Simon A. "The Anatomy and Phyciology of the Human Body in the Commedia". Eds. John C. Barnes and Jennifer Perie. *Dante and the Human Body: Eight Essays*. Dublin: Four Courts, 2007.

Ginsberg, Warren. *Dante's Aesthetics of Being*. Ann Arbor: The University of Michigan, 2002.

Glannon, Walter. "Epicureanism and Death". *Monist*, Vol. 76 (1993): 222-34.

Glass, James M. "Multiplicity, Identity and the Horrors of Selfhood: Failures in the Postmodern Position". *Political Psychology*, 14.22 (1993): 255-78.

Goethe, Johann Wolfgang von. *Conversations with Eckermann 1823-1832*. Toronto: University of Toronto, 1901.

Gollob, Hedwig. "Holbein und die Danses Macabres". *Zeitschrift für Kunstgeschichte*, 17.1 (1954): 89-93.

Gonzales-Crussi, F. *Approaching the Unknowable, Commonwel*. New York: Commonweal

Foundation, 127.13 (2000): 27-28.

Gordon, Dane R. "The Philosophy of Epicurus: Is It an Option for Today". Eds. Dane R. Gordon and David B. Suits. *Epicurus: His Continuing Influence and Contemporary Relevance*. Rochester: RIT Casry Graphics Arts, 2003, 5-16.

Gordon, Sarah. *Flannery O'Connor: The Obedient Imagination*. Athens: University of Georgia Press, 2003.

Gorer, Geoffrey. *Death, Grief, and Mourning in Contemporary Britain*. London: Cresset, 1965.

Gosset, Louise Y. "The Added Dimension: The Art and Mind of Flannery O'Connor". Eds. Melvin J. Friedman and Lewis A. Lawson. *American Literature*, 39.2 (1967): 245-6.

Greenblatt, et al., Eds. *The Norton Anthology of English Literature*, Vol. 1, 8th ed. New York: W. W. Norton, 2006.

Grey, William. "Epicurus and the Harm of Death". *Australasian Journal of Philosophy*, 77.3 (1999): 358-64.

Gross, Kenneth. "Infernal Metamorphoses: An Interpretation of Dante's 'Counterpass'". *MLN*, 100.1 (1985): 42-69.

Gubrium, Jabler F. and James A. Holstein. "Grounding the Postmodern Self". *The Sociological Quarterly*, 35.4 (1994): 685-700.

Gventzadze, Veronica. "Atomism and Gessendi's Conception of the Human Soul". Eds. Dane R. Gordon and David B. Suits. *Epicurus: His Continuing Influence and Contemporary Relevance*. Rochester: RIT Casry Graphics Arts, 2003, 81-112.

Habermas, Jürgen. "Modernity versus Postmodernity". Eds. Victor Taylor and Charles E. Winquist. *Postmodernism: Critical Concepts*, Vol. II. New York: Routledge, 146-57.

Haggerty, George E. "American Fiction and the Metaphysics of the Grotesque by Dieter Meindl". *American Literature*, 70.1 (1998): 215.

Hammond, Eleanor P. "Latin Texts of the Dance of Death". *Modern Philology*, 8.3 (1911): 399-410.

———. "The Texts of Lydgate's Danse Macabre". *Modern Language Notes*, 36.4 (1921): 250-1.

Hanford James H. and John Marcellus Steadman, Jr. "Death and Liffe: An Alliterative Poem". *Studies in Philology*, 15.3 (1918): 221-94.

Hard, Robin, Ed. *The Discourses of Epictetus*. London: Everyman's Library, 1995.

Hardy, Donald F. *Narrating Knowledge in Flannery O'Connor's Fiction*. Columbus: University of South Carolina Press, 2003.

Harpham, Geoffrey. "The Grotesque: First Principles". *The Journal of Aesthetics and Art Criticism*, 34.4 (1976): 461-8.

Hawkes, Terence. *Structuralism and Semiotics*. Berkeley: University of California Press, 1977.

Hawkins, Peter S. *The Language of Grace: Flannery O'Connor, Walker Percy, an Iris Murdoch*. Cambridge: Cowley Pub, 1983.

Herman, Peter C. "What's the Use? Or the Problematics of Economy in Shakespeare's Procreation Sonnets". Ed. James Sciffer. *Shakespeare Sonnets: Critical Essays*. New York: Garlan Pubs Inc., 1999, 263-83.

Hertel, Christiane. "Dis/Continuities in Dresden's Dances of Death". *The Art Bulletin*, 82.1 (2000): 83-116.

Hick, John. "Response to Nielsen". Ed. Stephen T. Davis. *Death and Afterlife*. London: MaCmillan, 1989, 31-5.

Hijiya, James A. "American Gravestones and Attitudes toward Death: A Brief History". *Proceedings of the American Philosophical Society*, 127.5 (1983): 339-63.

Hoelter, Jon W. and Rita J. Epley. "Religious Correlates of Fear of Death". *Journal for the Scientific Study of Religion*, 18.4 (1979): 404-11.

Hoffman, Frederick. *The Mortal No: Death and the Modern Imagination*. Provincetown: Princeton University Press, 1964.

Holbein Jr., Hans. *The Dance of Death by Hans Holbein the Younger, A Complete Facsimile of the Original 1538 Edition of "Les simulachres and historiees faces de la mort"*. New York: Dover, 1971.

Hood Ralph W. and Ronald J. Morris. "Toward a Theory of Death Transcendence". *Journal for the Scientific Study of Religion*, 22.4 (1983): 353-65.

Hubler, Edward. *The Sense of Shakespeare's Sonnets*. Westport: Greenwood, 1952.

Hustis, Harriet. "Three Rooms off: Death and the Reader in Tolstoy's *The Death of Ivan Ilych*". *LIT*, 11.3 (2000): 261-75.

Hyland, Peter. *An Introduction to Shakespeare's Poems*. New York: Palgrave Macmillan, 2003.

Irvins, Jr., William M. "An Early Picture of a Printing Press". *The Metropolitan Museum of Art Bulletin*, 19.2 (1924): 42-4.

Jameson, Fredric. *Postmodernism: Or the Cultural Logic of Late Capitalism*. Durham: Duke University Press, 1991.

———. *The Cultural Turn: Selected Writings on the Postmodern 1983-1998*. New York: Verso, 1998.

Jenkins, Keith A. "Flannery O'Connor's Religion of the Grotesque by Marshall Bruce Gentry". *South Central Review*, 5.1 (1988): 104-6.

Jones, Kathleen. *Learning not to Be First: The Life of Christina Rossetti*. Glouchestershire: The Windrush, 1991.

Kafka, Franz. *Franz Kafka: The Complete Stories*. Ed. Nahum N. Glatzer. New York: Schocken, 1971.

Kamm, F. *Morality, Mortality*. New York: Oxford University Press, 1993.

Katz, Claire. "Flannery O'Connor's Rage of Vision". *American Literature*, 46.1 (1974): 54-67.

Kerferd, G. B. "Epicurus' Doctrine of the Soul". *Phronesis*, 16.1 (1971): 80-96.

Kilcourse, George A. *Flannery O'Connor's Religious Imagination: A World with Everything off Balance*. Manwah: Panlist, 2001.

Kim, Hwasoon. "The 'Ironic Significance' of the Body in Margaret Edson's *W;t*". *The Journal of Modern British and American Drama*, 19.1 (2006): 151-72.

Klaver, Elizabeth. "A Mind-Body-Flesh Problem: The Case of Margaret Edson's *W;t*". *Contemporary Literature*, Vol. 45 (2004): 659-83.

Klotz, Kenneth. "The Golden Bough: Literature and the Idea of Immortality". *Journal of Aesthetic Education*, 13.4 (1979): 29-37.

Knight, G. Wilson. *The Mutual Flame: On Shakespeare's Sonnets and the Phoenix and the Turtle*. New York: The Macmillan Co., 1955.

Koestenbaum, Peter. *Is There an Answer to Death*. New York: Prentice-Hall, 1976.

Kokis, Sergio. *La danse macabre du Québec*. Montréal: XYZ, 1999.

Kramer, Scott. "Socrates' Dream: Crito 44a-b". *The Classical Journal*, 83.3 (1988): 193-7.

Kuberski, Philip. "The Metaphysics of Postmodern Death: Mailer's Ancient Evenings and Merrill's the Changing Light at Sandover". *ELH*, 56.1 (1989): 229-54.

Kübler-Ross, E. *On Death and Dying*. London: MacMillan, 1969.

———. *On Life After Death*. Berkeley: Celestial Arts, 1991.

———. *The Tunnel and the Light*. New York: Marlowe & Co., 1999.

Kurtz, Leonard. P. *The Dance of Death and the Macabre Spirit in European Literature*. New York: Columbia University Press, 1934.

Landry, Hilton. *Interpretations in Shakespeare's Sonnets*. Berkeley: University of California Press, 1963.

Lawlor, Sean. "O Death Where Is Thy Sting? Finding Words for the Big Ideas". *Beckett and Death*. Eds. Steven Barfield, Philip Tew, and Matthew Feldman. New York: Continuum International, 2009, 50-72.

Leighton, Angela. "When I am Dead, My Dearest: The Secret of Christian Rossetti". *Modern Philology*, Vol. 87 (1990): 77-89.

Leishman, J. B. *Themes and Variations in Shakespeare's Sonnets*. New York: Harper and Row, 1961.

Lillegard, Norman. *On Epicurus*. London: Wadsworth, 2003.

Lindheim, Nancy. "Body, Soul, and Immortality: Some Readings in Dante's Commedia". *MLN*, 105.1 (1990): 1-32.

Lingis, Alphonso. "To Die with Others". *Diacritics*, 30.3 (2000): 106-13.

Lock, Margaret. "Death in Technological Time: Locating the End of Meaningful Life". *Medical Anthropology Quarterly*, 10.4 (1996): 575-600.

Long, A. A. *From Epicurus to Epictetus: Studies in Hellenistic and Roman Philosophy*. Oxford: Clarendon, 2006.

Long, A. H. "Soul and Body in Stoicism". *Phronesis*, 27.1 (1982): 34-57.

Lucretius. Trans. Brown, P. Michael. *Lucretius: De Rum Natura III*. Warminster: Arts and Phillip, 1978.

———. *Lucretius on the Nature of Things*. Trans. W. H. D. Rouse and Revs. Martin F. Smith. Cambridge: Harvard University Press, 1992.

Lyotard, Jean-Francois. *The Postmodern Condition: A Report on Knowledge*. Minneapolis: University of Minnesota Press, 1979.

MacKenzie, Clayton. "The Masacre at Paris and the Danse Macabre". *Papers on Language and Literature*, 43.3 (2007): 311-30.

Malebranche, Nicolas. *Treatise on Nature and Grace*. Trans. and Introd. Patrick Riley. Oxford: Clarendon, 2003.

Malin, Irving. "Flannery O'Connor and the Grotesque". *The Added Dimension: The Art and Mind of Flannery O'Connor*. Eds. Melvin J. Friedman, et al. New York: Fordham University Press, 1966, 108-22.

———. "Flannery O'Connor and the Grotesque". *The Added Dimension*. New York: Fordham University Press, 1977, 108-22.

Marin-Arrese, Juana I. "To Die, to Sleep: A Constructive Study of Metaphors for Death and Dying in English and Spanish". *Language Sciences*, 18.1-2 (1996): 37-52.

Marsh, Jan. *Christina Rossetti: A Literary Biography*. London: Jonathan Cape, 1994.

Marshall, Linda E. "What the Dead Are Doing Underground: Hades and Heaven in the Writings of Christina Rossetti". *Victorian Newsletter*, Vol. 72 (1987): 55-60.

Matz, Robert. *The World of Shakespeare's Sonnets*. London: MaFarland & Company Inc., 2008.

Maxwell, Catherine. "The Poetic Context of Christina Rossetti's 'After Death'". *English Studies*, Vol. 76 (1995): 148-55.

Mazzeo, Joseph A. "Dante and Epicurus". *Comparative Literature*, 10.2 (1958): 106-20.

McGann, Jerome J. "The Religious Poetry of Christina Rossetti". *Critical Inquiry*, Vol. 10 (1983): 127-44.

Meyer, Richard E. "'Pardon Me for Not Standing': Modern American Graveyard Humor". *Of Corpse: Death and Humor in Folklore and Popular Culture*. Ed. Peter Narváez. Logan: Utah State University Press. 2003, 140-68.

Miller, James. *Dante and the Unorthodox: The Aesthetics of Transgression*. Waterloo, ON: Wilfrid Laurier University Press, 2005.

Mitford, Jessica. *The American Way of Death Revisited*. New York: Knopf, 1998.

Moller, David W. *On Death without Dignity: The Human Impact of Technological Dying*. Amityville: Baywood, 1990.

———. *Confronting Death: Values, Institutions and Human Mortality*. New York: Oxford University Press, 1996.

Momeyer, Richard W. *Confronting Death*. Bloomington: Indian University Press, 1988.

Moore, Andrew M. "Diogenes's Inscription at Oenoanda". Eds. Dane R. Gordon and David B. Suits. *Epicurus: His Continuing Influence and Contemporary Relevance*. Rochester: RIT Casry Graphics Arts, 2003, 209-14.

Morgan, Alison. *Dante and the Medieval Other World*. New York: Cambridge University Press, 1990.

Morris, Harry. "Hamlet as a 'Memento Mori' Poem". *PMLA*, 85.5 (1970): 1035-40.

———. "The Dance-of-Death Motif in Shakespeare". *PLL*, 12.3 (1972): 15-28.

Muir, Kenneth. *Shakespeare's Sonnets*. London: George Allen & Unwin, 1979.

Muller, Gilbert H. *Nightmares and Vision: Flannery O'Connor and the Catholic Grotesque*. Athens: University of Georgia Press, 1972.

Murphy, Jeffrie G. "Rationality and the Fear of Death". *Retribution, Justice, and Therapy Philosophical Studies Series in Philosophy*, Vol. 16 (1979): 205-22.

Nichols, James H. *Epicurean Political Philosophy: The De rerum natura of Lucretius*. Ithaca: Cornell University Press, 1976.

Nielsen, K. "Death and the Meaning of Life". Ed. E. D. Klemke. *The Meaning of Life*. Oxford: Oxford University Press, 153-9.

Nockles, Peter Benedict. *The Oxford Movement in Context: Anglican High Churchmanship, 1760-1857*. Cambridge: Cambridge University Press, 1994.

———. "The Spider's Shadow: Christina Rossetti and the Dark Double Within". Eds. Liebregts and Wim Tigges. *Beauty and the Beast: Christina Rossetti, Walter Pater, R. L. Stevenson and Their Contemporaries*. Amsterdam and Atalanta: Editions Rodopi B. V., 1996, 21-30.

Nuland, Sherwin B. *How We Die: Reflections on Life's Final Chapter*. New York: Alfred A. Knopf, 1994.

Nystrom, Christine. *Human Symbolic Evolution*. In Chapter 5, Metaphor, 81.

O'Connor, Flannery. *Mysteries and Manners*. Eds. Sally and Robert Fitzerald. New York: Noonday, 1970.

———. *The Complete Stories*. New York: Farrar, Straus and Giroux, 1971.

———. *Letters of Flannery O'Connor: The Habit of Being*. Ed. Sally Fitzerald. New York: Farrar, Straus and Giroux, 1979.

O'Connor, Mary C. *The Art of Dying Well: The Development of the Ars Moriendi*. New York: Cambridge University Press, 1942.

O'Connor. William van. "The Grotesque in Modern American Fiction". *College English*, 20.7 (1959): 342-6.

Ogle, Marbury B. "The Sleep of Death". *Memoirs of the American Academy in Rome*, Vol. 11 (1933): 81-117.

Oh Yeung-Jin. "Discourse of Death and Cultural Transgression in D. H. Lawrence". 『신영어영문학』 Vol. 31 (2005): 55-78.

Olney, James. "Metaphor, and Meaning: *The Death of Ivan Ilych*". *The Journal of Aesthetics and Art Criticism*, 31.1 (1972): 101-14.

Oosterwijk, S. "Money, Morality, Mortality: The Migration of the Danse Macabre from Murals". *Harlaxton Medieval Studies*, Vol. 15 (2007): 37-56.

Open University. *The Enlightenment* (e-book). The Open University, 1991.

Ottlinger, Claudia. *The Death-Motif in the Poetry of Emily Dickinson and Christina Rossetti*. Frankfurt am Main: Peter Lang, 1996.

Oxenhandler, Neal. "Seeing and Believing in Dante and Beckett". Ed. Mary Ann Caws. *Writing in a Modern Temper: Essays on French Literature and Thought in Honor of Henri Peyre*. Saratoga, CA: Anima Libri, 1984: 214-23.

Pachmuss, Temira. "The Theme of Love and Death in Tolstoy's *The Death of Ivan Ilych*". *American Slavic and East European Review*, 20.1 (1961): 72-83.

Palazzo, Lynda. *Christina Rossetti's Feminist Theology*. New York: Palgrave. 2002.

Patrides, C. A. "Renaissance and Modern Views on Hell". *The Harvard Theological Review*, 57.3 (1964): 217-36.

Perrett, Roy W. "Tolstoy, Death and the Meaning of Life". *Philosophy*, No. 60 (1985):

231-45.

———. *Death and Immortality*. Boston: Martinus Nijhoff, 1987.

Plato. Trans. G. M. A. Grube. *Phaedo*. Indianapolis: Hackett Pubs, 1977.

Prabu, Joseph. "The Idea of Reincarnation". Ed. Stephen T. Davis. *Death and Afterlife*. London: MaCmillan, 1989, 65-80.

Presley, Deelma E. "The Moral Function of Distortion in Southern Grotesque". *South Atlantic Bulletin*, 37.2 (1972): 37-46.

Raymond, Gozzi Jr. "Death and Metaphor". *ETC: A Review of General Semantics*, 64.2 (2007): 172-3.

Ricks, Christopher. *Beckett's Dying Words*. Oxford: Oxford University Press, 1995.

Ritchie, A. D. "Theories of Immortality". *Philosophy*, 17.66 (1942): 117-27.

Robinson, Michael. *The Long Sonata of the Dead: A Study of Samuel Beckett*. New York: Grove, 1969.

Roe, Dinah. *Christian Rossetti's Faithful Imagination: The Devotional Poetry Prose*. New York: Palgrave, 2006.

Rosenbaum, Stephen E. "Death as a Punishment: A Consequence of Epicurean Thanatology". Eds. Dane R. Gordon and David B. Suits. *Epicurus: His Continuing Influence and Contemporary Relevance*. Rochester: RIT Casry Graphics Arts, 2003, 195-208.

Rosenblum, Dolores. *Christina Rossetti: The Poetry of Endurance*. Carbondale: Southern Illinois University Press, 1986.

Rossetti, Christina. *The Face of the Deep: A Devotional Commentary on the Apocalypse*, 2nd ed. New York: E. and J. B Young, 1893.

———. *Family Letters of Christina Georgina Rossetti with Some Supplementary Letters and Appendices*. Ed. William. M. Rossetti. New York: Charles Scribner's Sons, 1908.

———. *The Complete Poems of Christina Rossetti A Variorum Edition Vol. I, II, III*. Ed. R. W. Crump. London: Louisiana State University Press, 1979.

Rumi, Jalal Al-Din. "Resurrections and Immortality". Ed. D. J. Enright. *The Oxford Book of Death*. Oxford: Oxford University Press, 2008, 151.

Russell, Daniel R. "Epicurus on Friends and Goals". Eds. Dane R. Gordon and David B.

Suits. *Epicurus: His Continuing Influence and Contemporary Relevance*. Rochester: RIT Casry Graphics Arts, 2003, 167-82.

Russell, Robert. "From Individual to Universal: Tolstoy's 'Smert' Ivana Il'icha". *The Modern Language Review*, 76.3 (1981): 629-42.

Sandman, Lars. *A Good Death: On the Value of Death and Dying*. Berkshire: Open University Press, 2005.

Scarre, Geoffrey. *Death*. Montreal: McGill-Queen University Press, 2007.

Schafer, Paul. M. "The Young Marx on Epicurus: Dialectical Atomism and Human Freedom". Eds. Dane R. Gordon and David B. Suits. *Epicurus: His Continuing Influence and Contemporary Relevance*. Rochester: RIT Casry Graphics Arts, 2003, 127-38.

Schiffer, James, Ed. *Shakespeare's Sonnets: Critical Essays*. New York: Garland Inc., 1999.

Schleif Corine. "The Proper Attitude toward Death: Windowpanes Designed for the House of Canon Sixtus". *The Art Bulletin*, 69.4 (1987): 587-603.

Schumacher, Bernard N. *Death and Mortality in Contemporary Philosophy*. New York: Cambridge University Press, 2011.

Schwarz, Erika S. *Erfurter Totentanz*. Köln: Böhlau Verlag Weimar, 1955.

Seale, Clive. *Constructing Death: The Sociology of Dying and Bereavement*. Cambridge: Cambridge University Press, 1998.

Sedon, Keith. *Epictetus' Handbook and the Tablet of Cebes*. New York: Routledge, 2005.

Seltzer, Richard. *Mortal Lessons: Notes on the Art of Surgery*. New York: Simon & Schuster, 1976.

Shakespeare, William. Ed. Stephen Booth. *Shakespeare's Sonnets*. New Haven: Yale University Press, 1977.

———. *The Oxford Shakespeare: The Complete Works*. General Eds. Stanley Wells and Gary Taylor. Oxford: Oxford University Press, 1988.

———. Ed. Katherine Duncan-Jones. *Shakespeare's Sonnets*. Croatia: Thomas Nelson and Sons Ltd., 1997.

———. Ed. Evans G. Blackmore. *The Sonnets*. New York: Cambridge University Press, 2006.

Shaknovich, Marianna. "Theological Paradox in Epicurus". Eds. Dane R. Gordon and David B. Suits. *Epicurus: His Continuing Influence and Contemporary Relevance.* Rochester: RIT Casry Graphics Arts, 2003, 157-66.

Sharpe, Lesley. "Conerning Aesthetic Education". Ed. Steven D. Martinson. *A Companion to the Works of Friedrich Schiller.* Rochester: Camden House, 2005, 145-67.

Shepherd, David. "Conversion, Reversion, and Subversion in Tolstoy's 'The Death of Ivan Il'ich'". *The Slavonic and East European Review*, 71.3 (1993): 401-16.

Shinn, Thelma J. "Flannery O'Connor and the Violence of Grace". C*ontemporary Literature*, 9.1 (1968): 58-73.

Simmel, Georg. *The Philosophy of Money*. Trans. Tom Bottomore and Davis Frisby. New York: Routledge, 1978.

Socrates. *The Last Days of Socrates*. New York: Penguin, 2003.

Soskice, Janet Martin. "The Ends of Man and the Future of God". Ed. Ward Graham. *The Blackwell Companion to Postmodern Theology*. Oxford: Blackwell, 2005, 68-78.

Spitzer, Leo. "The Farcical Elements in Inferno, Cantos XXI-XXIII". *Modern Language Notes*, 59.2 (1944): 83-8.

Srigley, Susan. *Flannery O'Connor's Sacramental Art*. Notre Dame: University of Notre Dame Press, 2004.

Stannard, David. E. "Death and Dying in Puritan New England". *The American Historical Review*, 78.5 (1973): 1305-30.

Stephenson, John S. *Death, Grief, and Mourning: Individual and Social Relations*. New York: Fresco, 1985.

Stewart, Paul. "Sterile Reproduction: Beckett's Death for the Species and Fictional Regeneration". *Beckett and Death*. Eds. Steven Barfield, Philip Tew, and Matthew Feldman. New York: Continuum International, 2009, 169-87.

Storck, Willy F. "Aspects of Death in English Art and Poetry-I". *The Burlington Magazine for Connoisseurs*, 21.113 (1912): 249-56.

——. "Aspects of Death in English Art and Poetry-II, Catalogue Raisonné of Representation". *The Burlington Magazine for Connoisseurs*, 21.114 (1912): 314-9.

Strack, Stephen, Ed. *Death and the Quest for Meaning: Essays in Honor of Herman Feifel.* Northvale: Jason Aronson, 1997.

Strauss, Jonathan. "After Death". *Diacritics*, 30.3 (2000): 90-104.

Strodach, George K. *The Philosophy of Epicurus*. Evanston, IL: Northwestern University Press, 1963.

Stromberg, Peter G. "The 'I' of Enthrallment". *Ethos*, 27.4 (1999): 490-504.

Sykes Jr., J. D. "Wit, Pride and the Resurrection: Margaret Edson's Play and John Donne's Poetry". *Renascence*, 55.2 (2003): 163-74.

Taylor, Francis H. "The Triumph of Decomposition". *Parnassus*, 4.4 (1932): 4-39.

Thon, Peter. "Bruegel's *The Triumph of Death Reconsidered*". *Renaissance Quarterly*, 21.3 (1968): 289-99.

Tolstoy, Leo. *Collected Short Fiction*. Trans. Louise and Aylmar Maude, and Nigel J. Cooper. New York: Everyman's Library, 2001.

Topping, Ryan. *Two Concepts of the Soul in Plato's Phaedo*. Lanham: University Press of America, 2007.

Tucker, Kenneth H. "Aesthetics, Play, and Cultural Memory: Giddens and Habermas on the Postmodern Challenge". *Sociological Theory*, 11.2 (1993): 194-2.

Turner, C. J. G. "The Language of Fiction: Word-Clusters in Tolstoy's *The Death of Ivan Ilyich*". *The Modern Language Review*, 65.1 (1970): 116-21.

Vavilov, S. I. "Lucretius". *Physics, Philosophy and Phenomenological Research*, 9.1 (1948): 21-40.

Velleman, J. David. "Well-Being and Time". Ed. John M. Fischer. *The Metaphysics of Death*. Stanford: Stanford University Press, 1993, 327-62.

Vendler, Helen. *The Art of Shakespeare's Sonnets*. Cambridge: The Belknap Press of Harvard University Press, 1997.

Vlastos, Gregory. *Ironist and Moral Philosopher*. New York: Cornell University Press, 1991.

Voegelin, Eric. "Immortality: Experience and Symbol". *The Harvard Theological Review*, 60.3 (1967): 235-79.

Warren, James. "Lucretius, Symmetry Arguments, and Fearing Death". *Phronesis*, 46.4

(2001): 466-91.

———. *Facing Death: Epicurus and His Critics*. London: Clarendon, 2006.

Weisman, Avery D. *The Realization of Death: A Guide for the Psychological Autopsy*. New York: Jason Aronson, 1974.

Weller, Shane. "Orgy of Falso Life in Common: Beckett and the Politics of Death". *Beckett and Death*. Eds. Steven Barfield, Philip Tew, and Matthew Feldman. New York: Continuum International, 2009, 31-50.

Wellwarth, George E. "Ghelderode's Theatre of the Grotesque". *The Tulane Drama Review*, 8.1 (1963): 11-23.

White, David E. "Epicurus and Bishop Butler". Eds. David E. White, Dane R. Gordon, and David B. Suits. *Epicurus: His Continuing Influence and Contemporary Relevance*. Rochester: RIT Casry Graphics Arts, 2003, 113-26.

Wickerstrom, Gordon M. "'The Ur-Divine Comedy': Drama of Art and Revolution". *Educational Theater Journal*, 24.3 (1972): 269-22.

———. *On Death Without Dignity: The Human Impact of Technological Dying*. Amityville: Baywood, 1990.

Wilson, K. J. "More and Holbein: The Imagination of Death". *The Sixteenth Century Journal*, 70.1 (1976): 51-8.

Wood, Ralph. *Flannery O'Connor and the Christ-Haunted South*. Grand Rapid: Wm. B. Eerdmans, 2004.

Wriglesworth, Chad. "Theological Humanism as Living Praxis: Reading Surfaces and Depth in Margaret Edson's *W;t*". *Literature and Theology*, 22.2 (2007): 210-22.

찾아보기

서양문학에 나타난 죽음

초판 1쇄 발행 2013년 12월 25일
초판 3쇄 발행 2018년 11월 20일

지은이 황훈성
펴낸이 성낙인
펴낸곳 서울대학교출판문화원

출판등록 제15-3호

주소 08826 서울시 관악구 관악로 1
대표전화 02-880-5252 | **팩스** 02-888-4148
홍보마케팅팀(주문 상담) 02-889-4424, 02-880-7995
이메일 snubook@snu.ac.kr
홈페이지 www.snupress.com

ISBN 978-89-521-1538-6 93840

이 저서는 2009년 정부(교육부)의 지원을 받아 수행된 연구임(NRF-2009-812-A-266)